de Gruyter Studienbuch

Günter Meckenstock

Das Christentum: Werden im Konflikt

Selbstwahrnehmung für das Gespräch
der Religionen

Walter de Gruyter · Berlin · New York

∞ Gedruckt auf säurefreiem Papier,
das die US-ANSI-Norm über Haltbarkeit erfüllt.

ISBN 978-3-11-019123-3

Bibliografische Information der Deutschen Nationalbibliothek

Die Deutsche Nationalbibliothek verzeichnet diese Publikation in der Deutschen Nationalbibliografie; detaillierte bibliografische Daten sind im Internet über http://dnb.d-nb.de abrufbar.

© Copyright 2008 by Walter de Gruyter GmbH & Co. KG, D-10785 Berlin

Dieses Werk einschließlich aller seiner Teile ist urheberrechtlich geschützt. Jede Verwertung außerhalb der engen Grenzen des Urheberrechtsgesetzes ist ohne Zustimmung des Verlages unzulässig und strafbar. Das gilt insbesondere für Vervielfältigungen, Übersetzungen, Mikroverfilmungen und die Einspeicherung und Verarbeitung in elektronischen Systemen.

Printed in Gemany

Umschlaggestaltung: deblik, Berlin

Für die Umschlaggestaltung wurden Auszüge der Abbildung *Fresken in Sant Angelo in Formis zum Leben Christi, Szene: Das Abendmahl* verwendet (aus: *10.000 Meisterwerke der Malerei*, Berlin: Zenodot Verlagsgesellschaft vorm. The Yorck Project, 2002).

Druck und buchbinderische Verarbeitung: AZ Druck und Datentechnik GmbH, Kempten

Inhaltsverzeichnis

Einleitung: Alte und neue Konflikte 1

I. Herausforderungen durch die Moderne 13
   A. Motive 14
      1. Freiheitswürde 14
      2. Wirklichkeitserklärung 18
         a. Verfahrensrationalität 19
         b. Beobachtung und Experiment 20
      3. Wirklichkeitsgestaltung 22
         a. Technisches Handeln 22
         b. Erwerbsorientierte Daseinsvorsorge .. 24
         c. Säkulare Staatlichkeit 25
      4. Wirklichkeitsdeutung 26
         a. Entwicklung 26
         b. Kontingenz 29
   B. Radikale Religionskritik 31
      1. Projektionsvorwurf 32
      2. Entlarvungspolemik 34
      3. Bemächtigungsvorwurf 39
         a. Religion als Unglaube 39
         b. Religionsloses Christentum 40

II. Christentum im Feld der Religionen 43
   A. Beschreibung von Religion 44
      1. Begriff 45
         a. Definition 46
         b. Forschungsansätze 48
      2. Wahrnehmungen 55
         a. Außenperspektive 55
         b. Innenperspektive 57

3. Leistungen 59
   a. Trauerbewältigung 60
   b. Gemeinschaftsbindung 61
   c. Statusdeutung 62
   d. Komplexitätsreduktion 64
B. Weltreligionen 66
   1. Wiederkehrreligionen 67
      a. Hindu-Religionen 67
      b. Buddhismus 71
   2. Geschichtsreligionen 75
      a. Judentum 76
      b. Christentum 85
      c. Islam 91

III. Jesus der Christus 99
   A. Person und Würde 100
      1. Verkündigender Jesus 101
         a. Gottespredigt 103
         b. Erneuerung Israels 105
         c. Vollmacht 107
      2. Verkündigter Christus 110
         a. Messias / Christus 111
         b. Gottessohn und Kyrios (Herr) 114
      3. Metaphysische Zweinaturenlehre 117
         a. Personale Einheit 118
         b. Wechselbestimmung der Naturen ... 119
      4. Existentielles Zeugnis 122
         a. Geschichtliches Urbild 122
         b. Gesicht Gottes 124
   B. Wirksamkeit 126
      1. Biblische Vorstellungen 127
         a. Opferkultische Sühne 127
         b. Mysterienkultische Teilgabe 129
         c. Sittliche Versöhnung 129
         d. Geschichtsspekulative Zeitenwende . 130

Inhaltsverzeichnis VII

    2. Metaphysisches Heilsgeschehen 131
       a. Ursünde 132
       b. Stellvertretende Genugtuung 135
    3. Existentielle Heilserfahrung 140
       a. Existenzsünde 141
       b. Integrative Beseelung 144

IV. Das Göttliche 147
  A. Gotteserfahrung 148
    1. Schöpferische Erhaltung 149
       a. Biblische Urgeschichte 149
       b. Weltbejahung 152
    2. Befreiende Gerechtigkeit 154
       a. Gesetzesforderung 155
       b. Rechtfertigung 158
    3. Lebendiger Geist 161
       a. Gründung der Kirche 161
       b. Bändigung des Enthusiasmus 167
  B. Gottesgedanke 170
    1. Spekulative Trinitätslehre 171
       a. Begegnungsgestalten 172
       b. Binnenrelationen 174
    2. Metaphysisches Beweisstreben 177
       a. Ontologischer Gottesbeweis 178
       b. Kritische Begrenzung 180
    3. Existenzvollzüge 183
       a. Verantwortliches Freiheitshandeln .. 183
       b. Unmittelbares Selbstbewusstsein ... 187

V. Glaubensgemeinschaft 191
  A. Selbstverständnis der Kirche 192
    1. Biblische Motive 193
       a. Leib Christi 194
       b. Erwähltes Volk Gottes 196

		2.	Bekenntnismerkmale 197
			a. Einheit 199
			b. Heiligkeit 201
			c. Allgemeinheit 204
			d. Ursprungstreue 205
		3.	Ordnung 206
			a. Stiftungsrecht 207
			b. Verkündigungsrecht 208
		4.	Selbständigkeit 210
			a. Vorrang 211
			b. Nebenordnung 213
	B.	Bestehen der Kirche 214
		1.	Verkündigung 215
			a. Predigtwort 216
			b. Zeichenhandlungen 217
			c. Taufe 219
			d. Abendmahl 223
			e. Amt 228
			f. Bildergebrauch 231
			g. Kirchenbau 238
		2.	Heilige Schrift 241
			a. Aneignende Auslegung 241
			b. Kanonische Geltung 243
			c. Lebendige Auslegung 245
			d. Absichernde Fixierung 246
			e. Historische Kritik 248
			f. Kategoriale Differenzierung 252
			g. Hermeneutische Erschließung 254
VI. Politische Impulse 257
	A.	Frieden und Krieg 257
		1.	Jesu Gebot der Liebe 258
			a. Gottesliebe und Nächstenliebe 259
			b. Feindesliebe 261
			c. Gewaltverneinung 262

Inhaltsverzeichnis

2. Bedingte Gewaltbejahung 264
   a. Geschichtlicher Wandel 264
   b. Kriterien 265
3. Kirchliche Gewaltmotivation 266
   a. Bewaffnete Wallfahrten 267
   b. Hilfe und Befreiung 268
   c. Heiliges Land 269
   d. Ende der Kreuzzüge 270
4. Friedensstärkung 271
   a. Kriegsvölkerrecht 271
   b. Friedenssicherung 273

B. Menschenwürde 275
1. Menschenrechte 276
   a. Begründung 276
   b. Aufgabe 280
   c. Entwicklung 281
   d. Religionsfreiheit 285
2. Gesellschaftskonflikte 290
   a. Geltung der Frau 291
   b. Wirtschaftsordnung 296

Ausblick: Dialog der Religionen 299

Abkürzungsverzeichnis 307
Literaturverzeichnis 309
Personenregister 331
Sachregister 334

Einleitung: Alte und neue Konflikte

Am Anfang steht der Konflikt. Die Herkunft des Christentums aus dem Judentum drückte dem Beginn den Stempel auf. Aus einer innerjüdischen Erneuerungsbewegung wurde eine Religion, die im Römischen Reich mit sehr verschiedenen Gestalten von Kult und Spekulation konkurrieren musste. Der auf das Judentum konzentrierte Herkunftkonflikt wurde geöffnet für eine markante Vielfaltserfahrung. Das Christentum profilierte sich nicht nur im Gegenüber zum Judentum, sondern auch im Gegenüber zur hellenistisch-römischen Reichskultur mit ihren mannigfaltigen Schulen und Traditionen. Aus dieser Konkurrenz mit den unterschiedlichsten Religionsströmungen ging das Christentum siegreich hervor.

Am Anfang steht der Konflikt. Dies gilt nicht nur für die Selbstidentifizierung nach außen gegenüber den anderen religiösen Auffassungen und Kulten, sondern auch für die Formierung nach innen. Beides ist miteinander verwoben. Die Festlegung bestimmter Frontstellungen nach außen ist zugleich die Festlegung bestimmter Präferenzen nach innen. Und umgekehrt. Die Ausbildung bestimmter Überzeugungen innerhalb der neuen Gemeinschaft führt zu abgrenzenden oder angleichenden Außenbeziehungen. Das Christentum ist seit seinen Ursprüngen vielfältig und eben deshalb konfliktträchtig. Die internen Konflikte wurden phasenweise so heftig und scharf ausgetragen wie die externen Konflikte.

Das Christentum ist eine Glaubensreligion. Zentral sind nicht rituelle Handlungen, sondern Überzeugungen. Glaube als Sinngewissheit lebt in Konflikten. Christlicher Glaube artikuliert sich in den verschiedensten kulturellen, rechtlichen, politischen, ethnischen Umgebungen, drückt sich je eigentümlich aus in den Entwicklungsstadien eines Individuums, einer sozialen Gruppe, einer Gesellschaft, einer Kultur, muss in allen diesen Konstellationen seine Orientierungskraft bewähren. Die Konflikte zwingen zur deutlichen Profilierung, zwingen zum Bekenntnis: so verstehen wir das; so sind unsere Überzeugungen; das sind unsere Handlungsregeln. Das Christentum muss seine lebendige Vielgestaltigkeit immer neu durch Spiritualität aktualisieren. Viele seiner Glaubensbilder, Erzählungen, Vorstellungen sind fließend und schwebend. Seine Lebendigkeit und Kräftigkeit erweist sich gerade darin, dass diese Bilder in den unterschiedlichsten Deutungszusammenhängen erschließend und überzeugend wirken. Christlicher Glaube will und muss in Personen, Gruppen und Gesellschaften immer wieder auf neue Erfahrungskonstellationen eingehen.

Die Theologie gab dem christlichen Glaubensbewusstsein im Gegenüber zum Judentum und zu den heidnischen Kulten ein eigenständiges Profil, die Freiheit vom Ritualgesetz einerseits und die Freiheit von den vielen Göttern andererseits. Die Theologie formulierte die Selbstcharakterisierung christlichen Glaubens aber nicht nur im Blick auf die vielfältig konkurrierenden religiösen Gemeinschaften, sondern auch im Blick auf die Gestaltung anderer Kultursphären. Von seinen Ursprüngen an musste sich das christliche Glaubensbewusstsein mit Philosophie, Recht, Politik, Moral auseinander setzen.

Die Ausbreitung der christlichen Kirche veränderte die Vielheitserfahrung. Durch die Monopolstellung in den mittelalterlichen Reichen Europas wurden andere Religionen zu Randerscheinungen. Das Judentum wurde vielerorts in eine Ghettoexistenz gezwungen. Die Abwehr des machtvoll vordringenden Islam wurde vornehmlich als militärische und weniger als religiöse Herausforderung empfunden. Diese Dominanz des Christentums in Europa und den von Europa abhängigen Gebieten hat sich seit der Aufklärung intern und extern völlig gewandelt. Die christliche Theologie der Religionen muss das christliche Glaubensbewusstsein neu in Beziehung setzen zur Vielfalt der Religionen auf dieser Erde.

Das Christentum ist durch diese geänderte Außenlage aber auch zu einer anderen Wahrnehmung seiner inneren Konflikte gezwungen worden. Friede und Verständigung zwischen den Konfessionskirchen ist nach den zerstörerischen europäischen

Religionskriegen wachsend zu einem vielerorts proklamierten Handlungsziel geworden. Parallel zu den transnationalen politischen Organisationen wurden auf Seiten der Konfessionskirchen transnationale und transkonfessionelle Bünde geschlossen: die ökumenische Bewegung wurde gegründet.

In den westlichen Industriegesellschaften wird das Christentum gegenwärtig zugleich von innen und von außen in seiner religiösen Prägekraft in Frage gestellt: Welche Orientierung kann das Christentum in den westlichen Industriegesellschaften durch Kirche und Theologie geben? Mit welchem Selbstverständnis und welcher Zielsetzung kann das Christentum die Begegnung mit anderen Religionen bestehen? Das Christentum steht in einer doppelten Frontstellung, nämlich in der Auseinandersetzung mit dem westlichen Säkularismus und in der Auseinandersetzung mit den anderen Religionen. Diese beiden Herausforderungen sind markant miteinander verknüpft.

Die erste Herausforderung ist die wachsende Profanität. Durch die kulturellen Umbrüche seit der Aufklärung ist die traditionelle Formung der individuellen und sozialen Lebensprozesse durch die institutionalisierten Großkirchen rückläufig. Die Grundströmung zunehmender Funktionalisierung vermindert die Bedeutung des kirchlichen Christentums. Die Lebenswelten der gesellschaftlichen Gruppen und Individuen sind hoch individualisiert. Säkulare Profanität bestimmt das Klima gesellschaftlichen Miteinanders.

Während sich in der vorindustriellen Gesellschaft die Lebensläufe zumeist in kleinen, religiös geordneten Lebensverhältnissen vollzogen, ist in der industriell organisierten Gesellschaft die Arbeitswelt räumlich von der Wohnwelt getrennt. Die Arbeitswelt ist vornehmlich durch ihre funktionale Organisation bestimmt.

In der industrialisierten Arbeitswelt sind lebenslange Herrschafts- und Dienstbeziehungen in freie Arbeitskontrakte umgewandelt. Persönliche Treue und Hingabe sind durch sachliche Leistung ersetzt. Aus der Bedarfswirtschaft wurde die Erwerbswirtschaft. Nicht mehr die persönliche Verwobenheit in den lebenslang geübten Beruf, sondern die sachliche Arbeitsleistung austauschbarer Hände und Köpfe wird verlangt und entlohnt. Die vielfältigen Arbeitstätigkeiten werden ohne religiöse Ordnung, Rahmung und Deutung durchgeführt.

Mit der enormen Horizonterweiterung der Neuzeit steht die tradierte christliche Frömmigkeit dauernd in der Gefahr, Antworten auf Fragen zu geben, die so keiner mehr stellt. Zur Lebensbewältigung und Weltdeutung ist die kirchliche Religion immer weniger vonnöten. Und umgekehrt ist das kirchliche Christentum für viele Zeitgenossen unverständlich geworden. Trotz aller Medienpräsenz vergrößert sich der Abstand zwischen den Hauptströmungen der Moderne und der traditionellen Kirchlichkeit. Die Selbstisolierung unter dem Banner der Herkunftstreue führt zu einer Nischenexistenz. Die Erosion der gesellschaftlichen Bedeutung schreitet konstant voran. Diese Schwäche verunsichert. Diese Verunsicherung lässt den Nebel des Vagen und Banalen attraktiv erscheinen.

Die kritisch-distanzierte Außensicht auf die Religion ist in den westlichen Industriestaaten zumeist mit einer zunehmenden Liberalisierung der Innensicht verbunden. Exklusivitätsanspruch und Missionsbestreben sind zugunsten eines schiedlichen Nebeneinanders zurückgenommen bzw. gemindert worden. Die Historisierung des religiösen Bewusstseins, die Individualisierung der Lebensführung, die Mobilität der Lebenspraxis und die arbeitsteilige Differenzierung der Lebenswelten begünstigen ein soziales Klima, in welchem konfessionelle Fixierungen aufgelöst und religiöse Gestaltungskraft begrenzt werden. Religion wird in ihrer artikulierten Gestalt geradewegs zum Ausweis von Bildung. Denn denjenigen, die den durch soziale Organisation und wissenschaftlich gesteuerte Technik hinausgeschobenen Lebenshorizont noch bewusst wahrnehmen, ist die Religion ausdrücklich bedeutsam.

Das Christentum hat zweifellos für die Genese der modernen Weltgesellschaft eine sehr hohe Bedeutung, weil hier die Entwicklung zur Glaubensreligion, die alle Bindungen an heilige Zeiten und Orte, alle Festlegungen auf bestimmte Abstammungsgruppen und Ritualhandlungen abgestreift hat und allein aus einer für alle Menschen offenen Gottesbeziehung der Wahrheit, Liebe und Gewissensgemeinschaft lebt, umfassend vollzogen wurde. Viele vermeintlich religiöse Konflikte sind Konflikte eines an der Stammeszugehörigkeit orientierten Verhaltens (Tribalismus) mit einer funktional organisierten freiheitlichen Gesellschaft. Im Christentum hat sich das Religionssystem gegenüber anderen gesellschaftlichen Funktionskreisen in seinen Zielvorstellungen verselbständigt und durch die Unterscheidung von organisatorischen und geistlichen Prozessen eine funktionale Binnendifferenzierung vorgenommen. Für den Fortbestand der gesellschaftlichen Leistungskraft der christlichen Religion ist vorrangig, die dogmatische Steuerung und die institutionellen Strukturen mit den anderen gesellschaftlichen Funktionsbereichen verträglich zu machen.

Die zweite Herausforderung ist die wachsende Anwesenheit nichtchristlicher Religionen in den traditionell christlichen Ländern. Durch die gewaltigen Migrationsbewegungen der letzten Jahrzehnte sind große nichtchristliche Bevölkerungsgruppen in ehemals überwiegend christliche Länder Europas eingewandert. Die ehemals weitgehend homogen christlichen Länder haben nun durch die Migrationsbewegungen größere religiöse Minderheiten. Besonders die Zuwanderung aus ehemaligen Kolonialgebieten beispielsweise nach Frankreich und Großbritannien hat zu größeren sozialen Konflikten geführt, die zunehmend auch durch religiöse Impulse geprägt sind. Aber auch die Anwerbung von Gastarbeitern und der wirtschaftlich motivierte Zustrom von Flüchtlingen haben beispielsweise in Deutschland eine islamische Minderheit geschaffen, die zunehmend ihre religiöse Ausrichtung geltend macht.

Kenntnisse fremder Religionen, über Judentum und Islam hinausgehend, gelangten nach Europa seit dem 15. Jahrhundert durch Reisende, Händler, Eroberer und christliche Missionare. So wurde in wachsendem Umfang sowohl von schriftlosen Stammeskulturen als auch von alten Schriftkulturen berichtet. Die zunehmende Kolonialisierung fremder Länder durch die europäischen Mächte gaben den Berichten häufig die Tendenz, diese politischen Expansionsbestrebungen durch den Nachweis einer Unterlegenheit der indigenen Kulturen zu rechtfertigen. Zugleich ließen diese Berichte die indigenen Stammeskulturen als ursprünglich und häufig reizvoll erscheinen, denn diese Stammeskulturen standen in deutlichem Kontrast zur abnehmenden Gemeinschaftsbindung in den arbeitsteiligen funktional organisierten Gesellschaften Europas.

Besonders seit dem 19. Jahrhundert wurde eine Vielzahl religiöser Texte Indiens, Chinas und anderer asiatischer Länder in europäische Sprachen übersetzt und der wissenschaftlichen Forschung erschlossen. Durch diese philologischen Publikationen wurde der euro-amerikanische Kulturraum näher bekannt mit den religiösen Lebensäußerungen anderer alter Kulturen. Der durch das Christentum geprägte Kulturkreis, der bis dahin in einem schwierigen und nicht selten gewalttätigen Nebeneinander zum Judentum und Islam stand, nahm nun auch die südasiatischen und die ostasiatischen Religionen zur Kenntnis. Im Gegenzug war das Weltparlament der Religionen 1893 in Chicago Ausdruck dafür, dass insbesondere die süd- und ostasiatischen Religionen den christlichen Kulturkreis für sich entdeckt hatten.

In der Begegnung mit anderen Religionen, besonders mit dem Islam, wird nicht die Bedeutung von Religion generell bestritten, sondern umgekehrt der spezifische Gehalt der christlichen Überzeugung und des christlichen Lebensgestaltung durch andere religiöse Lebens- und Überzeugungsmuster herausgefordert. Im Gegenüber zu anderen Religionen wird das Christentum in der spezifischen Konstellation seiner wesentlichen Überzeugungen gefordert.

In der Auseinandersetzung mit den anderen Religionen wird das Christentum häufig für einen Sachwalter der westlichen Kultur gehalten; teilweise versteht es sich auch selbst so. Zugleich aber steht es auch im Gegensatz zu bestimmten Tendenzen der westlichen Kultur.

Die heutigen Begegnungen mit den anderen Religionen sind eingebettet in die Herausforderungen durch die Moderne, sind selbst Teil dieser Herausforderung. Das Christentum hat sich seit Reformation und Aufklärung in Lehre, Lebensgestaltung und Sozialordnung tiefgreifend verändert. Am Christentum lässt sich studieren, welchem Umformungsdruck alle Religionen seitens einer funktionalen Gesellschaftsorganisation ausgesetzt sind und welchen Umformungsimpulsen sie nicht ausweichen können: Beispielsweise der Forderung nach individueller und korporativer Religionsfreiheit; der Entwicklung zu sozialer Mannigfaltigkeit; der Trennung von Religion und Staat.

Das Christentum hat in seiner jetzt zweitausendjährigen Geschichte sich als erneuerungskräftig, wandlungsfähig und konfliktstark erwiesen. Diese Stärke liegt in der inspirierenden Ursprungskraft, die sich in immer neuen Begegnungen und Konstellationen bewährte. Indem christliches Glaubensbewusstsein sich in liebevoller Lebenspraxis und überzeugendem Wahrheitszeugnis immer wieder angemessen mitteilen will, kann es sich in vielfältiger Bestreitung und Bejahung artikulieren.

Religion ist in allen Ländern, Gesellschaften und Zeitaltern präsent. Die Kulturentwicklung in den westlichen Industriegesellschaften seit der Aufklärung hat die Gestaltung von Religion tiefgreifend gewandelt. Die immer dichter werdenden Beziehungen zwischen den Erdteilen und Staaten haben zu neuen Religionskonflikten geführt.

Religion findet neue Aufmerksamkeit. Besonders die mit religiösen Legitimationsfiguren auftretende Gewalt verschreckt und lässt nach dem Wert und dem Charakter von Religion neu fragen. Religion drängt in die Öffentlichkeit zurück. Dabei gewinnen besonders fundamentalistische Positionen verstärkt Gewicht. Das Zurückdrängen ins Private scheint gescheitert. Aber wie kann die öffentliche Wirksamkeit der Religion aussehen? Der Doppelcharakter wird offenkundig: Religion als individuelle Lebensäußerung, die sozial unverbindlich ist und neben vielen anderen Lebenskräften Platz hat, steht neben Religion als öffentlichem Gut, das einer Gesellschaft die Bindungskräfte des Miteinanders garantiert und deshalb sehr gepflegt werden muss. Beide Auffassungen werden staatlich vertreten und praktiziert.

Die gegenwärtige religiöse Lage, in der negative und positive Religionsfreiheit, radikale Religionsbestreitung und exklusive Religionsdurchsetzung gegeneinander stehen, ist weltweit durch die gegenläufigen Tendenzen einer zumeist individualistischen Verschleifung und einer zumeist fundamentalistischen Profilierung bestimmt. Diese Tendenzen, die sich in den großen Weltreligionen schon lange beobachten lassen, haben auch nach dem Ende des Ost-West-Konflikts an Schärfe nicht abgenommen. In den politischen und kulturellen Großkonflikten werden religiöse Überzeugungen, Traditionen und Werthaltungen in einer verwirrenden Gemengelage von den unterschiedlichsten Parteien aus den verschiedensten Motiven herangezogen und als Legitimationsinstanzen in Stellung gebracht. Dass Religion erhebliche gesellschaftliche Kräfte freisetzen kann, spielt gegenwärtig in der islamischen Welt eine große Rolle. Die tradierte Religion in ihren fundamentalistischen Gestalten wird als Bollwerk gegen die westliche Lebenswelt, gegen Säkularismus, Kapitalismus, Individualismus in Anspruch genommen. Militant ausgetragene gesellschaftliche Prozesse in vielen Ländern stellen global verschärft nicht nur die Frage nach den Selbstbegrenzungsfähigkeiten von Religion, sondern auch nach deren Friedensimpulsen.

Konfliktträchtig ist seit alters besonders die Beziehung zwischen Christentum und Islam. Die Islamisierung des östlichen Mittelmeerraums durch die arabischen Eroberungszüge im siebten und achten Jahrhundert hat zunächst vornehmlich das byzantinische Reich und dessen Kirchlichkeit betroffen. Das hellenistisch geprägte Christentum erstarrte weitgehend in der damals erreichten Lehrgläubigkeit. Die acht Jahrhunderte dauernden Kämpfe in Spanien, die Kreuzfahrerzüge und die seit dem Fall von Byzanz 1453 bis ins 19. Jahrhundert dauernden Militäraktionen auf dem Balkan haben der Begegnung von Christentum und Islam häufig kriegerische Züge gegeben. Galt es aus der Sicht des Christentums über viele Jahrhunderte die Angriffe islamischer Völker (Araber, Türken) abwehren zu müssen, so wurden dann durch eine imperialistische Politik im 18. und besonders im 19. Jahrhundert westlich-christliche Gesellschaftsideen in islamische Länder getragen. Im Zuge der seit dem 15. Jahrhundert praktizierten europäischen Kolonialpolitik in allen Erdteilen erfuhren die betroffenen Völker und Länder häufig das Christentum als Begleitfaktor der Fremdherrschaft. So kam es in den Kolonialländern zu Konflikten mit den dort beheimateten Religionen, beispielsweise mit dem Hinduismus. Die Expansionspolitik der europäischen Länder stand in den Anfängen in einem komplizierten Verhältnis zu kirchlich unterstützten Missionsanstrengungen. Zudem ergaben sich gravierende Unterschiede daraus, ob die Kolonien primär dem Handel, der Beherrschung oder der Besiedlung dienen sollten. Bei einer feindlichen Unterwerfung wurde das aufgenötigte Christentum zumeist als ein Instrument kultureller Einpassung wahrgenommen. Mit der Entkolonialisierung im 19. und 20. Jahrhundert wurden auf protestantischer Seite die ehemals von europäischen Missionsorganisationen abhängigen Kirchen eigenständig. Die der katholischen Kirche zugehörigen Gemeinden sind in die auf das römische Papsttum zentrierte Organisation eingebunden.

Ausgefeilte religionstheoretische Erörterungen gibt es im euroamerikanischen Kulturbereich seit der Aufklärung und den neuzeitlichen konfessionellen und kulturellen Vielfaltserfahrungen. In der durch das Christentum geprägten Kulturwelt waren die Vielfaltsdeutungen der Antike, ein regionales und funktionales Nebeneinander vielfacher Götterverehrung, nicht mehr wiederholbar. Der Absolutheitsanspruch des Christentums selbst erforderte eine neue Stufe der Reflexion auf die mit diesem Absolutheitsanspruch verträgliche Vielfaltserfahrung.

Die politisch-extremistischen Aktionen des religiösen Fundamentalismus haben die Aufmerksamkeit für die Sphäre der Religion und die Welt der Religionen deutlich verstärkt. Das Christentum wird gleichsam von außen in seinen Leistungen für gesellschaftliches Gedeihen neu befragt und beurteilt, teilweise auch neu entdeckt. Doch ist damit keine Bereitschaft zur Rückkehr zu alten Überzeugungen und Verhaltensmustern verbunden. Die Moderne ist die selbstverständliche Basis des neuen Interesses. Der Fundamentalismus jeglicher Ausrichtung bildet isolierende Verhärtungen, die mit der Fremdblockade auch zur Selbstblockade führen.

Die konfliktträchtigen Begegnungen mit den anderen Religionen und die Herausforderungen durch die Moderne haben die internen Konflikte zwischen den christlichen Konfessionskirchen überlagert. Doch sind diese Konflikte keineswegs bewältigt und überwunden. Im euroamerikanischen Kulturkreis sind die regionalen Ausprägungen dieser Konflikte sehr unterschiedlich, doch führen die unterschiedlichen Grundüberzeugungen der Konfessionskirchen zwangsläufig zu differenten Einschätzungen der Vielfalt und unterschiedlichen Behandlungen der virulenten Probleme. Die internen Konflikte prägen auch den Umgang mit den externen Konflikten.

Das Christentum steht in einer konfliktträchtigen doppelten Herausforderung einerseits durch den grundlegenden Kulturwandel der Moderne, andererseits durch die auch lebensweltlich wirksame Begegnung mit anderen Religionen. Die folgende Darstellung des Christentums in wichtigen Konfliktlagen ist so aufgebaut, dass zunächst die beiden Konfliktfronten kurz beleuchtet werden. Im ersten Kapitel werden wesentliche Impulse der auf Autonomie und Aufklärung gerichteten Moderne skizziert; diese Herausforderung durch die Moderne schließt ein die generelle Bestreitung der Sinnhaftigkeit und Wahrheitsfähigkeit jeglicher Religion, wie sie von der radikalen Religionskritik formuliert wird. Im zweiten Kapitel wird das Christentum im Feld der Religionen geschildert, wobei sowohl auf die der Modernität verpflichteten religionswissenschaftlichen Beschreibungen, Begründungen und Analysen der Religion in ihren vielfältigen Äußerungen eingegangen als auch das Gegenüber des Christentums zu den gegenwärtigen Weltreligionen geschildert wird.

Sodann werden in vier Kapiteln die Themenfelder behandelt, durch die das Profil des Christentums in den Konflikten besonders hervortritt. Hier werden charakteristische Überzeugungen und Handlungsmuster thematisiert, die für das christliche Glaubensbewusstsein wesentlich sind. Im dritten Kapitel wird die zentrale Überzeugung des Christentums thematisiert, Jesus sei der Christus, in Jesus von Nazareth sei Gott der Menschheit segensvoll und heilsam begegnet und diese Begegnung wirke fort. Im vierten Kapitel wird die durch diese Begegnung geprägte Gotteserfahrung angesprochen: Die von Jesu Verkündigung ausgehende Gottesbegegnung bestimmt das Verständnis des Göttlichen; Gott wird durch die Impulse verstanden, die im Leben und Wirken Jesu aufscheinen. Das fünfte Kapitel hat die durch Jesus inspirierte Glaubensgemeinschaft zum Gegenstand; die christliche Kirche hat ein spezifisches Selbstverständnis entwickelt, das die Art ihres Zusammenlebens bestimmt; für ihr Bestehen sind die Gestalten ihrer Verkündigung und ihr Umgang mit den biblischen Büchern wesentlich. Im sechsten Kapitel werden im Blick auf die gegenwärtig virulenten Themen der Gewalt und der Menschenwürde politisch-gesellschaftliche Impulse skizziert, die sich aus dem christlichen Glaubensbewusstsein ergeben. Im Ausblick wird kurz angegeben, welche Gesichtspunkte sich für den aktuellen interreligiösen Dialog empfehlen. Mit dem interreligiösen Dialog hat sich die Aufgabe des Gesprächs zwischen den christlichen Konfessionskirchen keineswegs erledigt.

Die Darstellung ist darum bemüht, die inhaltlichen Konfliktfelder durch klassische Positionen zu kennzeichnen. Die gegenwärtigen Konflikte haben zumeist eine lange Vorgeschichte und gehören zu größeren Kulturbewegungen, die verdeutlicht werden sollen. Explizit eingegangen wird nur auf verstorbene Autoren. Die großen Linien sollen markiert werden; dafür werden historische Feinheiten abgeblendet. Insgesamt steht das Bemühen im Vordergrund, das Wesentliche der Problemlagen hervortreten zu lassen.

Die Darstellung hat keine Fußnoten und keine Zitate. Literaturbelege werden in dem blockweise gruppierten Literaturverzeichnis leicht aufgefunden werden. Bei der Erstnennung werden die Namen historischer Personen durch Kapitälchen hervorgehoben und durch die Lebensdaten (soweit sie ermittelt werden können) ergänzt. Griechischsprachige Autoren werden in der griechischen Version, lateinischsprachige Autoren in der lateinischen Version ihres Namens aufgeführt. Jahreszahlen ohne Zusatz sind durchweg auf die Zeit ‚nach Christi Geburt' bezogen. Jahreszahlen, die Angaben zur Zeit ‚vor Christi Geburt' machen, erhalten vorangestellt ein kleines ‚v' (beispielsweise ‚v100' statt ‚100 v. Chr.').

Das vorliegende Studienbuch will keine Geschichte der Konflikte des Christentums liefern. Vielmehr sollen die Konflikte aufgespürt werden, die das Christentum wesentlich geprägt haben und immer noch sein Selbstverständnis prägen. Die Darstellung ist aus der Perspektive eines deutschsprachigen Theologen geschrieben, der die Impulse der Reformation und Aufklärung bejaht.

I. Herausforderungen durch die Moderne

Die neuzeitliche Kultur stellt besondere Anforderungen an die Darstellung und Entfaltung des christlichen Glaubens. Dem Kraftfeld neuzeitlicher Kultur kann sich das christliche Glaubensbewusstsein nicht entziehen. Die neuzeitliche Kultur hat zumeist gegen die Beharrungstendenzen des institutionalisierten Christentums einen tiefgreifenden und langfristigen Wandlungsprozess der christlichen Lebensauffassung und Lebensgestaltung in Gang gesetzt. Dieser Kulturwandel greift tief in die dogmatisch-ethische Lehrbildung und in die religiös geprägte Lebenspraxis ein.

Das Christentum steht seit der Aufklärung unter dem Druck der Umformung. Dieser Wandlungsdruck trifft auch alle Religionen, die mit der wissenschaftlich-technischen Zivilisation in einen engeren Zusammenhang treten. Wird die Antwort im Fundamentalismus gesucht, so führt das zu einer Verschärfung sozialer und mentaler Spannungen. Die Abkapselung gegen die moderne Lebenswelt, die Flucht ins Ghetto, in die Nische, ist den konstitutiven Belangen des christlichen Glaubens letztlich fremd. In der Selbstisolierung wird der Glaube erstarren und verdorren. Fundamentalismen und Selbstabschottung sind Strategien, sich den Herausforderungen durch die Moderne zu verweigern; sie führen zu Selbstverlust gerade in der Beharrung.

Die Bestreitung des konfessionell lehrhaften Christentums hat sich seit der Aufklärung verschärft. Da diese Kritik häufig an bestimmte Motive des christlichen Glaubens anknüpfte, wurde in der christlichen Theologie überwiegend, allerdings in unterschiedlicher Intensität, ein Prozess der Selbstreflexion, der Selbstkritik und der Veränderung in Gang gesetzt. Doch nicht nur bestimmte Ausprägungen des christlichen Glaubensbewusstseins, sondern die Wahrheitsfähigkeit und Legitimität der Religion überhaupt sind unter den Bedingungen neuzeitlicher Kultur in einen scharfen Gegensatz von Bestreitung und Begründung eingespannt. Das Christentum ist davon betroffen; es kann bestimmte Impulse der neuzeitlichen Kultur anerkennen und aneignen; es muss gegenläufig den Schatten des Nihilismus zu erhellen suchen.

A. Motive

Das Christentum hat zum Entstehen, zur Entwicklung und Ausprägung der neuzeitlichen Kultur wichtige Anstöße gegeben. Mit den Wirkungen dieser Impulse hat es nun teilweise heftig zu kämpfen. Die Herausforderungen, auf die das Christentum überzeugend antworten muss, sollen im Folgenden durch einige Hinweise auf die Motive, die für das Werden der Moderne leitend sind, angedeutet werden. Diese Motive sind zum Verständnis der Konflikte wichtig, denen sich das christliche Glaubensbewusstsein und die anderen Religionen stellen müssen. Bei der Darstellung der neuzeitlichen Problemlagen sind sie der bestimmende Hintergrund.

Die neuzeitliche Entwicklung des abendländisch-westlichen Kulturraums ist durch einen *dynamischen Wandel* der Wirklichkeitsauffassung und Gesellschaftsordnung, durch die *autonome Gestaltung* der Lebensbereiche und die *methodische Regulierung* der Wirklichkeitsbeziehungen charakterisiert. Die beispiellose Leistungskraft der neuzeitlichen Kultur speist sich aus dem Vorrang von Verfahren vor Positionen.

1. Freiheitswürde

Individuell und sozial beanspruchen neuzeitliche Menschen die Autorschaft der mannigfaltigen Beziehungen, in denen die Wirklichkeit erfahren wird. In Erkennen, Wollen, Tun und Fühlen wollen die Menschen ihr Selbst gestalten.

Die Idee der Freiheit steht im Zentrum der individuellen Lebensgestaltung und der gesellschaftlichen Organisation. Jede

Person kann und muss in den westlichen Industriegesellschaften individuelle Entscheidungen zu Berufswahl, Lebensform, Lebensstil, Lebensgestaltung, moralischem Habitus, politischer Einstellung usw. treffen. Die Gesellschaft muss die Freiheitstätigkeiten aller Gesellschaftsmitglieder so organisieren, dass eine Koordination der mannigfaltigen und teilweise gegenläufigen Interessen und Motive vorgenommen wird und Gesellschaft und Individuen sich gegenseitig stützen.

Menschen wollen selber bestimmen, wer sie sind, wie sie leben wollen, an was sie sich orientieren wollen, für was sie verantwortlich sein wollen. Sie akzeptieren nur das als für sie wichtig und verbindlich, was sie als solches auch bejaht haben. Auch das Fremde soll ihr Eigenes werden. Die bloße Übernahme von Fremdem als ein Sich-fügen in Vorgegebenes verfällt der Ablehnung. Die heute selbstverständliche Autoritätskritik meint die Befreiung von traditioneller Geltung.

Das Prinzip der Selbstbestimmung ist markant formuliert von GIOVANNI PICO DELLA MIRANDOLA (1463-1494) in der 1487 als Einleitung zu seinen 900 Thesen verfassten Rede „De dignitate hominis" (posthum erschienen in den Opera 1496). Pico, Schüler des MARSILIO FICINO (1433-1499), trug eine neue Sicht der Gottebenbildlichkeit des Menschen vor. Der Mensch sei von Gott geschaffen, ohne dass dieser ihm eine bestimmte Lebensordnung und Seinsweise vorgeschrieben habe. Alle Dinge seien dem Menschen untertan. Während die Engel immer das seien und blieben, was sie von Anfang an waren, sei der Mensch frei, Engel oder Dämon zu werden. Dies mache die Würde des Menschen aus. Als Herr über die Welt sei der Mensch für die Welt und für sich verantwortlich. Darin sei der Mensch das Ebenbild Gottes.

Die Freiheit des Gewissens ist von MARTIN LUTHER (1483-1546) in seinem Kampf mit dem Papst um die Erneuerung der christlichen Kirche markant beschworen und bewahrheitet worden. Auf dem Reichstag zu Worms 1521 berief sich der bereits vom Papst aus der Kirche ausgeschlossene Luther vor Kaiser und Reichsständen auf sein Gewissen, um seine Treue zu seinen öffentlich geäußerten im biblischen Wort gegründeten

Glaubensüberzeugungen zu legitimieren. Im Gewissen haben alle Menschen gleiche Würde.

Dieser Impuls der Renaissance und der Reformation ist in der Aufklärung zu einem umfassenden Programm der geistigen, künstlerischen, sozialen, politischen Gestaltung der Freiheitsidee ausformuliert worden. Die Würde des Menschen trat in den Mittelpunkt der Kultur.

Insbesondere IMMANUEL KANT (1724–1804) ging bei seinen ethischen, rechtstheoretischen und religionsphilosophischen Überlegungen allein und strikt von der praktischen Freiheitsidee, von der Selbstbestimmung des vernünftigen Willens aus. Eine religiöse Fundierung sittlicher Grundsätze durch die Aussage, diese Forderungen an das menschliche Wollen seien Gottes Wille, lehnte Kant ab. Eine solche Fundierung hebe als heteronome Setzung alle eigene Verbindlichkeit des moralischen Freiheitshandelns auf. Bestimmungsgrund des Willens dürfe allein das praktische Vernunftgesetz sein. Moralische Urteile zu Güte und Bosheit müssten auf das vernünftige Freiheitswollen, auf die Regelbildung des praktischen Vernunftgebrauchs, auf dessen Regeln (Maximen) für das Handeln bezogen sein. Kant begründete die Religion, insbesondere das Christentum, aus der vernünftigen Freiheitspraxis, aus dem sittlich-verantwortlichen Freiheitswillen der praktischen Vernunft.

Die Freiheitswürde lässt sich aussprechen in dem Gedanken, dass der Mensch Zweck an sich ist. Das gilt sowohl für die Außenbeziehung als auch für die Innenbeziehung. Alle konkreten Zwecksetzungen müssen an der humanen Selbstzweckheit ausgerichtet werden. Menschsein als Zweck an sich selbst besitzt einen absoluten Wert; es kann niemals in eine Nutzen-Kosten-Rechnung völlig aufgehen und hat deshalb keinen Preis. Jeder Mensch als sittliche Person kann niemals nur als Mittel zum Gebrauch für einen Willen betrachtet werden, sondern muss in der Beziehung zu sich selbst und zu anderen Personen die Selbstzweckheit achten.

Die Freiheitswürde schließt eine elementare Wertung des Menschseins und jedes Menschen ein. Jeder Mensch hat Würde, die unverfügbar ist, die nicht gradual gestuft und nicht für andere

Werterwägungen kalkuliert werden kann. Die Freiheitswürde motiviert die elementare Wertbejahung, dass jeder Mensch für sich und aus sich wertvoll ist, dass dieser Selbstwert, der in sich selbst gegründet ist und nicht durch Zuschreibung von außen oder durch Wertübertragung von anderen Instanzen zustande kommt, immer und allenthalben vorausgesetzt werden muss. Dies gilt individuell und sozial, nach innen und außen. JOHANN GOTTLIEB FICHTE (1762–1814) hat in seiner Freiheitsphilosophie vom Boden des Moralismus aus vehement Forderungen an den Gottesbegriff formuliert, um die Freiheitswürde des Menschen im Licht der Absolutheit Gottes verstehen zu können.

Die Freiheitsorientierung bringt kräftige Schübe sozialer Pluralisierung und personaler Individualisierung. Immer mehr Menschen wollen ihre eigenen Lebensentwürfe realisieren. Die sozialen Muster werden dadurch permanent verändert. Die zentrale Freiheitspraxis gibt der modernen Gesellschaft einen hohen Grad sozialer Mobilität. Die zunehmende Arbeitsteilung bei fortschreitender Technisierung der Wirtschaftstätigkeit eröffnet wachsend neue Praxisfelder, die höchst unterschiedlich gestaltet werden können.

Wird Religion primär als Bewahrerin herkömmlicher Werte und Lebensstile wahrgenommen, so gerät sie leicht auf die Seite der Fremdbestimmung. Selbstbestimmung steht dann gegen Fremdbestimmung. Religion, auch das Christentum, wird als Hindernis betrachtet und muss überwunden werden. Die emanzipative Kraft des Christentums wird übersehen. Dabei hat die urchristliche Forderung, den Glauben nur auf die Wahrheit und die freie Überzeugung zu gründen, und die reformatorische Forderung, die Glaubensäußerung sozial allein in die Freiheit des Gewissens zu stellen, die Zentralstellung der Freiheitswürde bedeutsam gefördert.

Mit seiner Hochschätzung der christlichen Individualität hat der Protestantismus der christlichen Freiheit eine geschichtsmächtige Gestalt gegeben. Die einzelnen Frommen wurden auf ihre Eigenverantwortung, auf ihr Gewissen hin angesprochen, ihre Überzeugungen bekamen gegenüber der kirchlichen Hierarchie eigenes Gewicht. Kirchliche Gemeinschaft und fromme Individualität gingen im Protestantismus ein Wechselverhältnis ein.

Der Protestantismus hat den Weg zur theologischen Hochschätzung der vernünftigen Welthaftigkeit des Lebens beschritten. Die Heiligung des Lebens vollzieht sich nicht sakral, sondern in den alltäglichen Lebensvollzügen. Dadurch konnte der Protestantismus das Eigenrecht vernünftiger Gesellschafts- und Weltgestaltung unterstützen und theologisch mitgestalten. Der Beruf wurde zum alltäglichen Gottesdienst.

2. Wirklichkeitserklärung

Neuzeitliche Wissenschaft zielt auf Wirklichkeitserklärung. Sachverhalte der Wirklichkeit sollen in ihrem Ist-Zustand so erfasst werden, dass sie genetisch aus ihrem Zustandegekommensein und prognostisch in ihren künftigen Veränderungen erklärt werden. Erklärung setzt eine strikte Anwendung des Schemas von Ursache und Wirkung voraus. Dieses Verknüpfungsschema gilt auch, wenn statistisch Sachverhaltsbeschreibungen, die keine Einzelzuordnung von Phänomenen zulassen, vorgenommen werden.

Die Wissenschaftspraxis im Europa der beginnenden Aufklärung des 17. Jahrhunderts basierte zunehmend auf dem Postulat prinzipieller Vernunftautonomie. Damit war jede Wissenslegitimation aus Autorität ausgeschlossen. Eine sich exklusiv auf Offenbarung berufende und deren Autorität in Anspruch nehmende Theologie kollidierte mit dem rationalen Wissenschaftsverständnis der Aufklärung, das kommunikative Zustimmung auf definierten Verfahrenswegen zu erreichen suchte. Gerade die zerstörerischen Wirkungen der Konfessionskriege empfahlen nachdrücklich ein von der Wissenschaft geprägtes Sozialverhalten. Die naturwissenschaftlich-technischen Erfolge unterstützten den Zuwachs an allgemeiner Wertschätzung.

Die wissenschaftliche Wirklichkeitserklärung ist in ihrer Methodologie nicht religiös fundiert und gebunden. HUGO

GROTIUS (1583–1645) hat in den Prolegomena zu seiner Schrift „De iure belli ac pacis libri tres" (1625) erstmals für die Naturrechtslehre formuliert, was später auf alle Wissenschaft ausgeweitet wurde, nämlich die Lehre gelte unabhängig davon, ob es Gott gebe und ob er sich um die Menschen kümmere oder nicht. Diese Selbständigkeit der Wissenschaft gilt gegenüber allen religiösen, weltanschaulichen und moralischen Bindungen bzw. gegenüber jeder perspektivischen Ausrichtung der Forschenden. Wissenschaftliche Aussagen sind allein ihrer eigenen Rationalität verpflichtet.

Seit der Aufklärung ist die Wissenschaft gegenüber der christlichen Religion selbständig geworden. Diese Verselbständigung der Wissenschaft hatte häufig den Anspruch zur Folge, die Wissenschaft habe bei der Formulierung des Wirklichkeitsverständnisses einen Vorrang vor allen anderen Bereichen, vor Religion, Kunst, Philosophie. Ja, es wurde auch der Anspruch formuliert, die Wissenschaft sei das einzig legitime Wirklichkeitsverständnis und gebe den anderen Kultursphären den Rahmen vor. Dieser Anspruch auf Suprematie ist aber eine unzulässige Ausweitung. Denn die Wissenschaft nimmt mit ihrer Methodologie zugleich eine Selbstbegrenzung ihres Geltungsfeldes vor. Religion ersetzt nicht Wissenschaft. Umgekehrt ersetzt Wissenschaft aber auch nicht Religion. Beide stehen heute zueinander in relativer Distanz.

a. Verfahrensrationalität

Wissenschaft ist methodisch geleitetes Erkennen, das in seinen auf Allgemeinheit zielenden Aussagen begründungspflichtig nach bestimmten Regeln ist. Die Grundform der Wissenschaft begegnet erstmals in dem Konzept von Geometrie, das THALES VON MILET (etwa v620–v550) zugeschrieben wird. Hier werden elementare Sachverhalte durch allgemeine Sätze und ihre Beweise erfasst. Die jeweils spezifischen Konstruktionslösungen individueller Figurenaufgaben ersetzte Thales durch allgemeine Sätze zu wesentlichen Figureneigenschaften, die für alle nur denkbaren Konstruktionen als gültig bewiesen werden. Die Aussagen erhalten dadurch ein ausgewiesenes Geltungsfeld. ARISTOTELES (v384–v322) formulierte Wissenschaft als einen Aussagenzusammenhang, dessen Sätze zueinander in einer logischen Ordnungsstruktur stehen und auf Prinzipien aufruhen. Aussagen, die wissenschaftlich sein sollen, müssen mehrere Anforderungen erfüllen. Diese Anforderungen können im Satzpostulat, Überprüfbarkeitspostulat und Unabhängigkeitspostulat formuliert werden.

Satzpostulat: Wissenschaftliche Aussagen treten mit Wahrheitsanspruch auf; wissenschaftliche Sätze implizieren immer die Behauptung, dass sie wahr sind. Dies gilt auch für diejenigen Aussagen, deren Geltung inhaltlich nach einem Wahrscheinlichkeitsgrad angegeben wird.

Überprüfbarkeitspostulat: Wissenschaftliche Aussagen müssen überprüfbar sein. Die Verfahrensschritte, die zu wissenschaftlichen Aussagen führen, müssen von anderen Personen wiederholbar sein. Alle Annahmen sind ausgeschlossen, die das Postulat der Überprüfbarkeit unterminieren würden. Wissenschaftliche Theorien müssen im Blick auf ihren Gegenstand und ihr Untersuchungsverfahren verständlich nachprüfbar sein.

Unabhängigkeitspostulat: Wissenschaftliche Aussagen dürfen nicht vor Beginn des methodisch kontrollierten Untersuchungsprozesses bereits feststehen. Im Prozeß des Forschens muss das Ergebnis offen sein. Das Forschen ist allein der Rationalität des Verfahrens verpflichtet. Das Unabhängigkeitspostulat meint nicht die Voraussetzungslosigkeit einer Wissenschaft, sondern die Vorurteilslosigkeit des wissenschaftlichen Forschens; die Voraussetzungen müssen genau formuliert werden.

b. Beobachtung und Experiment

Die wissenschaftliche Wirklichkeitserklärung ist gegenwärtig am Muster der exakten Naturwissenschaften orientiert. Die Methodologie basiert auf Beobachtung und Experiment. Die Naturbeobachtung ist seit GALILEO GALILEI (1564–1642) durch die Naturbefragung ersetzt. Im Experiment, dessen methodologische Bedeutung besonders ISAAC NEWTON (1643–1727) betonte, werden unter genau definierten Bedingungen Naturvorgänge so zubereitet, dass sie der Beobachtung zugänglich und in ihren Abläufen erfassbar werden. Dadurch können komplexe Sachverhalte auf ihre Faktoren analysiert werden. Durch Induktion werden die empirisch gewonnenen Ergebnisse zu allgemeinen Aussagen.

Der Zweifel ist seit RENÉ DESCARTES (1596–1650) ein geschätztes Mittel der Wahrheitsfindung. Das von PLATON (v427– v347) überlieferte untersuchende Fragen des SOKRATES (v479–v399) ist radikalisiert zum umfassenden Zweifeln. In der Ausrichtung auf die Erfahrung werden alle wissenschaftlichen Aussagen als prinzipiell überholbar gesetzt. Die wissenschaftlich durch experimentelle Untersuchungen erreichbaren Ergebnisse können eine hypothetisch formulierte Annahme zum Sachstand zwar widerlegen, nicht aber endgültig bestätigen. Das Ganze der Wirklichkeit ist wissenschaftlich uneinholbar.

Wissenschaftliche Aussagen werden im Blick auf bestimmte Sachverhalte in eine Theorie zusammengefasst. Die Stärke einer wissenschaftlichen Theorie wird nach ihrer Erklärungsleistung bewertet. Eine Theorie ist umso leistungsfähiger, je genauer sie die Regel für das Gewordensein des gegenwärtig erfassten Sachverhalts und für dessen zukünftige Entwicklung angeben kann.

In die Theoriebildung ist die Beteiligung des Beobachters am Ereignis aufzunehmen. Ein strikter Objektivismus, der den zu untersuchenden Sachverhalt in völliger Unberührtheit von der Untersuchung und Theoriebildung sieht, ist selbst als methodisches Ideal nur in bestimmten Gegenstandsbereichen überzeugend. Insbesondere die Quantentheorie hat auch für die Naturwissenschaft die Beteiligung des Beobachters thematisiert. Bei allen Theoriebildungen, die auf Sachverhalte der Freiheitswelt bezogen sind, muss mit einer Eigenwirkung der Theoriebildung gerechnet werden: Die Bekanntmachung einer Theorie kann die künftige Entwicklung der in der Theorie zu erfassenden Sachprozesse beeinflussen.

Die neuzeitliche Erkenntnishaltung ist geprägt durch die Forderung an die Erkennenden, die eigenen Interessen während des Untersuchungsprozesses einzuklammern und von den eigenen Wünschen und Belangen abzusehen. Gerade diese Fähigkeit zur Selbstabstraktion, die Fertigkeit, Distanz und Fremdheit auszuhalten, diese Bereitschaft, von sich selbst wegzusehen und die Verallgemeinerung von Sachverhalten zu akzeptieren, ermöglicht eine Wirklichkeitserklärung, die für die Wirklichkeitsgestaltung weitreichende Impulse geben kann.

3. Wirklichkeitsgestaltung

In der neuzeitlich-westlichen Kultur dominiert ein Verhältnis zur Wirklichkeit, das Veränderung und Indienstnahme an die Stelle von Hinnahme und Anpassung setzt. Die Wirklichkeit soll gerade in ihren Veränderungsmöglichkeiten erkannt und im Sinne der menschlichen Zwecksetzungen gestaltet werden. Dabei wird die Variabilität der Zwecksetzungen bejaht und Vollkommenheitsstreben durch Entwicklungsschritte ersetzt.

a. Technisches Handeln

Die neuzeitliche Wirklichkeitsgestaltung erfolgt durch technisches Handeln in industriellem Maßstab und zielt auf eine Daseinsvorsorge, die insbesondere durch Erwerbsorientierung angetrieben wird. Technik ist ein kunstfertiger, zielgerichteter, zweckgebundener Einsatz besonders erzeugter Mittel (Instrumente) zur Veränderung vorgegebener Zustände. Die industrielle Weltgestaltung setzt die Kenntnisse der Naturvorgänge in Produktionsvorgänge um, die bestimmte Wirklichkeitslagen für menschliche Zwecksetzungen in Dienst nehmen und im Sinne der Daseinserhöhung zubereiten.

Das technische Handeln wird gestützt durch ein umfassendes Messbarkeitsstreben. Die ganze Wirklichkeit soll gemessen werden. Bei Kulturbereichen, die gegenüber der Zählbarkeit abweisend sind, werden bereichsfremde Messgrößen aushilfsweise eingesetzt. So kann beispielsweise der bei einer Versteigerung erzielte Geldwert zum aussagekräftigen Maßstab für die Einschätzung der Schönheit bzw. ästhetischen Qualität eines Kunstwerks genommen werden. Gelingt die Einrichtung anerkannter Messverfahren gerade auch für die wertende Urteilsbildung, so können unübersichtliche und zerstörerische Gegensätze in moralischen und ästhetischen Kontroverslagen rational behandelt und entschieden werden. Alles-oder-Nichts-Kontroversen werden in Mehr-Weniger-Entscheidungen überführt.

Das Prinzip der Quantifizierung meint die umfassende Entdeckung oder Herstellung diskreter Größen. Relative oder graduale Größenaussagen werden in eindeutig-numerische Größenaussagen überführt. Qualitative Bestimmungen werden mit quantitativen Größenmustern korreliert. Gegensätze und Übereinstimmungen zwischen oder innerhalb bestimmter Sachverhalte werden dadurch zählbar. Mathematik, mathematisierte Wissenschaft und Technik sind in ihrer Entwicklung eng miteinander verwoben.

Die Wirklichkeitsgestaltung prägt die Weltbeziehung. Die heutige Lebenswelt, die in hohem Maße durch den Menschen selbst gestaltet und hergestellt ist, ist der Ort der Selbstzurechnung, wo der Mensch immer wieder unausweichlich sich selbst begegnet. Die Veränderung der Wirklichkeitsgestaltung vom Bearbeiten der vorgegebenen Natur zum Herstellen von Kunstdingen impliziert, dass die Welt immer stärker als von Menschen geschaffen wahrgenommen werden muss, dass die aus der Welt erfahrenen Leiden, Mängel und Beschädigungen vom Menschen unentrinnbar verantwortet werden müssen.

Die Entwicklung der Technik setzt eine bestimmte Disposition voraus und verstärkt durch ihre Erfolge diese Disposition. Die neuzeitliche Technologie ist primär analytisch. Alle Handlungen werden in ihre elementaren Teilschritte zerlegt. Die erfolgende Synthese der so erreichten Elementarsachverhalte folgt dem Prinzip einer maximalen Wirksamkeit im Sinne der größtmöglichen Nutzenstiftung. Durch dieses Verfahren kann die natürliche Ausstattung des Menschen stark erweitert werden.

Durch die technischen Konstruktionen wird ein objektiver Zivilisationszusammenhang hergestellt. Die Lebenswelt wird zu einer Produktion des kunstreich geschaffenen technischen Apparats. Dies wirkt auf die Selbstwahrnehmung und das Selbstverhältnis des Menschen zurück. Die Technik kann ein solches Eigengewicht bekommen, dass sie aus der Mittelfunktion heraustritt und dominant wird. Der Mensch unterwirft sich den von ihm selbst heraufgeführten Zwängen. Damit wird die Doppelgesichtigkeit der Technik manifest. Sie befreit sowohl vom Zwang der Natur und unterwirft zugleich den Menschen den selbstgeschaffenen Zwängen. Emanzipation und Einzwängung gehen also gleicherweise von der Technik aus.

Die heute vertraute Technik setzt die Entzauberung der Welt voraus. Dafür hat die jüdisch-christliche Frömmigkeit wesentliche Impulse gegeben. Nach biblischem Schöpfungsbericht ist die Welt dem Menschen übereignet. Der Mensch kann die Welt erforschen und gestalten. Göttliche Ansprüche werden dadurch nicht verletzt. Diese religiöse Überzeugung begründet eine rationale Weltbeziehung, auf der die wissenschaftliche Welterforschung und die technische Weltgestaltung aufruhen.

In zielgerichteten Handlungen unter Berücksichtigung theoretischer Erkenntnisse wird der Wille zur Naturbeherrschung und Weltgestaltung operationalisiert. Die technischen Aktionen sind in hohem Maße in ökonomische Organisationen und Unternehmungen eingepasst. Dies alles wird vom Vertrauen getragen, dass der vermehrte, verbesserte und sich ausbreitende Einsatz von immer verfeinerter Technik eine permanente Höherentwicklung des gesellschaftlichen und individuellen Lebens bewirken werde. Hemmnisse, Widrigkeiten und Brechungen des Lebens werden als Probleme aufgefasst, die bei zureichendem Technikeinsatz lösbar seien.

b. Erwerbsorientierte Daseinsvorsorge

In den westlichen Industriegesellschaften ist die technische Wirklichkeitsgestaltung in die Strukturen einer kapitalorientierten Erwerbswirtschaft gegossen. Die dadurch begünstigte Funktionalisierung der Wirtschaftsabläufe führt immer neu zu prüfenden Überlegungen, ob und wie die etablierte Wirtschaftspraxis durch bessere und rationellere Verfahrensweisen ersetzbar sei. Die Durchführung der vielfältigen Arbeitstätigkeiten ist nicht mehr auf religiöse Ordnung und Deutung angewiesen. Die Leistungskraft der kapitalorientierten Erwerbswirtschaft basiert vornehmlich auf der weitgehenden Durchsetzung von Funktionalisierungen. Die einsetzbaren Mittel zur Erreichung eines Zwecks werden als ersetzbar durch Äquivalente genommen. Die Beziehung zwischen Aufgabenstellung und Mitteleinsatz wird im Blick auf Kostenreduzierung und Nutzenoptimierung untersucht.

Die westlichen Industriegesellschaften gestalten die Daseinsvorsorge institutionell und organisatorisch so aus, dass die Lebensrisiken der einzelnen Menschen und der Gemeinschaften minimiert werden, dass für möglichst viele ein optimaler Schutz gegen Krankheit, Alter, Unfälle usw. erreicht wird. Ziel der modernen Sozialorganisation ist die Eingrenzung, möglichst das Ausschalten von Schmerz, Lebensbeeinträchtigung und Leid.

Die technisch-industrielle Entwicklung hat unter den Bedingungen der liberalen Kapitalwirtschaft zu einer enormen Steigerung der Produktivität und der materiellen Versorgung geführt. Für die Religion hat sich damit der gesellschaftliche Kontext grundlegend gewandelt. Sinnorientierung erfolgt nun unter den Bedingungen materieller Fülle. Alltäglicher Mangel an Subsistenzgütern ist zu einer Aufgabe gesellschaftlicher Verteilung geworden.

c. Säkulare Staatlichkeit

Die furchtbaren Schrecknisse und Verwüstungen der europäischen Konfessionskriege im 16. und 17. Jahrhundert haben die destruktiven Wirkungen politisch-religiösen Handelns deutlich werden lassen. Ein Grundmotiv moderner Staatlichkeit im Bereich des Christentums war gerade von Seiten des antifeudalen politischen Liberalismus, Religion aus ihrer öffentlichen Wirksamkeit zurückzudrängen ins Private. Damit sollte insbesondere der dominante Einfluss der Kirche auf Gesellschaft und Staat begrenzt bzw. beendet werden. Religion sollte nicht mehr zur

Legitimation der Staatskonstitution und der Herrschaftsausübung dienen. Jeglicher Form von Gottesgnadentum wurde die Idee vom Gesellschaftsvertrag entgegengesetzt. Religion sollte auch nicht die staatliche Machtausübung inhaltlich formen. Deshalb wurde in teilweise heftigen Auseinandersetzungen mit der Kirche die Trennung von Staat und verfasster Religion fast überall explizit vollzogen.

Das aufklärerische Motto ‚Religion ist Privatsache' geht von einer verderblichen Wirksamkeit der Religion auf die politische Gemeinschaft aus. Die Religion soll deshalb als unpolitische Herzensangelegenheit in ein gesellschaftliches Nischendasein abgedrängt werden. Die entgegengesetzte Befürchtung, der Staat zerbröckele ohne die Bindekraft der Religion, ist seit der Aufklärung ebenfalls geäußert worden. Das Gegeneinander beider Thesen formuliert ein fundamentales Dilemma in der Verhältnisbestimmung von Staatlichkeit und Religion.

4. Wirklichkeitsdeutung

Der Leitgedanke des neuzeitlichen Wirklichkeitsverständnisses ist die Entwicklung. Nicht das Sein, sondern das Werden ist der gedankliche Schlüssel zur Wirklichkeit. Das Augenmerk gilt den natürlichen, sozialen, seelischen und geistigen Veränderungen im Sinne einer gerichteten Entwicklung. Das Streben nach Vollkommenheit und der Werdeprozess zur Vollkommenheit lassen Beweglichkeit, Wandlungsfähigkeit und Veränderungsbereitschaft dominant werden gegenüber dem ruhig-idealen Besitz der Vollkommenheit.

a. Entwicklung

Der Leitgedanke der Entwicklung bestimmt die Selbstwahrnehmung der verschiedenen Kulturbereiche wie Recht, Wissenschaft, Kunst, Religion. Die Entwicklungsgedanke ist offen konzipiert. Die Ereignisse und Zustandsveränderungen werden nicht als gerichtet auf ein festes unverrückbares Vollkommenheitsziel verstanden. Das Endziel und die Teilziele auf dem Weg werden selbst als veränderlich aufgefasst. Das Beschreiten der anstehenden Wegstrecken wird selbst als offener Prozess behandelt, dessen Fortgang auch über die Ziele entscheidet. Diese Prozesse werden nicht als Entfaltung keimhaft angelegter Potentiale auf einen alles bestimmenden Endzustand gedacht. Teleologische Entwicklungskonzeptionen im Sinne einer die Vollendung heraufführen Naturkraft (Entelechie) sind verabschiedet. Die Gegenwart wird im Licht des Gewordenseins gesehen, das unterschiedliche Faktorenmuster und Parameter der Entwicklung erhellt. Durch diese Selbsthistorisierung werden die frei formbaren Kultursphären in ihrer Variabilität gedacht und in ihrer Relativität gewertet. Die Variabilität der Ereignisse und Zustände wird nicht mehr durch den Gedanken der göttlichen Vorsehung und Führung stabilisiert. Der Geschichtsprozess ist offen.

Durch den Entwicklungsgedanken werden qualitativ unterschiedliche Kulturphänomene im selben Erfahrungsraum und Zeitmoment erfasst. Evidente Wahrnehmungen von Ungleichzeitigkeit im selben Zeitpunkt, die den schnellen Wandel der modernen Erfahrungswelt belegen, werden in ihrer Vielfältigkeit als Werdemomente gewürdigt und in ihrer Pluralität bejaht. Nicht mehr ‚richtig' und ‚falsch' ist das elementare Unterscheidungsschema, sondern ‚veraltet' und ‚zukunftsträchtig'.

Die Orientierung innerhalb des objektiven Wandels wird ermöglicht und erleichtert durch das Präsenthalten der genetischen Zusammenhänge und der Zuordnung objektiver Sachverhalte zu entsprechenden Bewusstseinsformationen. Der historische Umgang mit Sachverhalten ist längst zum normalen Umgang geworden. Dadurch werden Wahrheitsansprüche und Rechtsansprüche deutlich in ihrer Geltung und Brisanz herabgestuft. Der Verzicht auf Ewigkeitsaussagen schärft den Blick für Wandlungsimpulse, öffnet aber auch die Tür für eine umfassende Banalisierung der Deutungen.

Der Entwicklungsgedanke wird durch das moderne Verständnis von Raum und Zeit gestützt. In der antiken Philosophie wurden Raum und Zeit als durch die Ereignisse nicht beeinflusster fester Rahmen gedacht. Der natürliche Zustand eines Körpers sei die Ruhe. Die Bewegung komme durch besondere Kraftwirkung zustande. In der nach ALBERT EINSTEIN (1879–1955) und seiner Relativitätstheorie formulierten Naturauffassung sind Raum und Zeit dynamisch-relative Größen. Das Universum wird heute nicht als im Wesentlichen unveränderlich gesehen, sondern als expandierend mit zeitlich fixierbarem Anfang, allerdings ohne Aussagemöglichkeit für das Ende.

Den Variationsreichtum von Welt wissenschaftlich ohne Annahme einer Entelechie oder einer externen Teleologie zu deuten, lässt sich beispielhaft in der modernen Biologie beobachten. CHARLES ROBERT DARWIN (1809–1882) formulierte, basierend auf seinen Beobachtungen bei der Expedition des Vermessungsschiffes „Beagle" (1832–1836), eine Evolutionstheorie, die den Glauben an die qualitative Überlegenheit und Unvergleichlichkeit des Menschen gegenüber den anderen Lebewesen erschütterte. Indem der Mensch in eine Entwicklungslinie mit allen Lebewesen gestellt wurde, scheint die Würde und der Vorrang des Menschen verneint zu sein: Der Mensch sei nur Glied im allgemeinen Entwicklungsprozess und dessen Gesetzen unterworfen, mithin qualitativ nicht von den Tieren unterschieden. Die Entwicklung zu höheren Lebensgestalten gehorche folgenden Gesetzen: Mutationen (Veränderungen) in den Erbanlagen der Lebewesen träten spontan auf. Die dadurch entstehende Variation müsse sich im Überlebenskampf bewähren. Die Individuen mit der besseren Anpassung an die Lebensbedingungen würden sich in der Generationenfolge durchsetzen und zu einer Auswahl innerhalb der vorhandenen Variation führen.

Der Entwicklungsgedanke wurde seit der Aufklärung häufig gegen das Christentum und die Religion eingesetzt. Der Sozialphilosoph AUGUSTE COMTE (1798–1857) vertrat einen sozialphilosophischen Evolutionismus, wonach die Religion einem vergangenen Abschnitt der menschheitlichen Kulturentwicklung zugehöre; Religion stehe am Beginn und sei von der Metaphysik, diese nunmehr von der positiven Philosophie abgelöst worden. Der Evolutionismus hatte in den sozialphilosophischen Diskus-

sionen des 19. Jahrhunderts Konjunktur. Die neuzeitliche
Gesellschaft wurde als Ergebnis einer Entwicklung konstruiert
aus fernen und fremden Anfängen (vgl. die Geschlechterbeziehung bei JOHANN JAKOB BACHOFEN [1815–1887], die Zivilisation bei LEWIS HENRY MORGAN [1818–1881], den historischen
Materialismus bei FRIEDRICH ENGELS [1820–1895]).

HERBERT SPENCER (1820–1903), ein strikter Verfechter
individueller Freiheit (Gesetz gleicher Freiheit), der das biologische Evolutionsgesetz vom ‚survival of the fittest' formulierte
und die Entwicklung von militärischen zu komplexeren industriellen Gesellschaftsformen darstellte, konstatierte Wirkungen
der im Totenkult wurzelnden Religion bis in seine von der
Wissenschaft geprägte Gegenwart. Die moderne Auffassung,
Privateigentum sei unverletzlich, stamme aus der religiösen
Tabuisierung bestimmter Dinge und Orte. Wird das Muster des
Überlebenskampfes (Sieg des Tauglichsten) auf das sittliche
Freiheitshandeln des Menschen angewendet, so kann es zum
Argument gegen eine Ethik der Solidarität werden. Ein menschliches Handeln, das an allgemeiner Freiheitswürde orientiert ist
und dafür auch auf die Durchsetzung von Eigeninteressen
verzichtet, gerät unter den Verdacht der Untüchtigkeit.

Der christliche Glaube hat den Entwicklungsgedanken stark
gefördert. Er ist geradezu ein Kennzeichen des Christentums,
insbesondere des protestantischen Christentums. Das Zurücktreten der seinsorientierten Sakramentsfrömmigkeit gab dem
Entwicklungsgedanken stärkeres Gewicht. Nicht nur das Konzept der göttlichen Heilsgeschichte im Großen, sondern auch das
individuelle Glaubensleben im Einzelnen werden als Werdegeschehen verstanden. Es ist ein Werden in Seligkeit.

b. Kontingenz

Welt und Selbst begegnen in ihrer Vorfindlichkeit als so und
nicht anders seiend. Dieses So-sein wird nicht als notwendig
erfahren, als so sein müssend, sondern als kontingent, als auch
anders sein könnend. Das Auch-anders-sein-können impliziert
eine konkrete Offenheit der Stellungnahme zu diesem So-sein.

Die Individualisierung moderner Lebensentwürfe und Lebensläufe geht mit einer Steigerung des Möglichkeitsbewusstseins einher. Immer häufiger werden Situationen und Konstellationen des Lebens als kontingent wahrgenommen. Dies impliziert eine Aufforderung zur Deutung.

Gerade die Selbstwahrnehmung, in der viele Gegebenheiten, die für die Lebenslagen und Erwartungshaltungen bestimmend sind (beispielsweise Familienzugehörigkeit, Volkszugehörigkeit, Zeitalter, Begabungen usw.) als schicksalhaft erscheinen, kann deutend so aufgenommen werden, dass die Schicksalhaftigkeit aus einem höheren Blickwinkel durchscheinend wird für die Kontingenz dieser Gegebenheiten. Die Variabilität der Gegebenheiten drängt dazu, sittlich und religiös aufgenommen und bearbeitet zu werden.

Kein Mensch ist Herr seines Ursprungs und Gewordenseins. Kein Mensch ist für sein eigenes Geborenwerden verantwortlich, und doch muss jeder Mensch mit diesen schicksalhaften Vorgaben sittlich umgehen. Das Herkommen ist für jeden Menschen schicksalhaft, unverfügbar, unausweichlich. In welchem Land und in welcher Gesellschaft, in welcher Zeit und in welcher Gruppe, in welcher Familie und welcher Religion eine Person geboren wird, ist für deren Lebensgestaltung, für Chancen und Aufgaben prägend. Doch findet damit keine Determination des Lebenslaufes statt. Dies macht die geschichtliche Existenz aus. Gerade das Heraustreten des Menschen aus seiner Ursprungsbindung eröffnet und prägt die sittliche Verantwortung und Lebensgestaltung.

Christlicher Glaube ist symbolische Identitätsvergewisserung angesichts sozialer oder personaler Fragmentarisierung. Tod, dramatische Lebensveränderungen und Schuld werden in ihm symbolisch bearbeitet. Schuld, Übel und Bosheit vergehen nicht einfach, sie bleiben aus der Vergangenheit präsent bei der verantwortlichen Person und im Verhalten der anderen zu ihr. Deshalb muss sittliches Wollen und Tun durch Vergebung und Versöhnung immer wieder neu werden. Dieses Neuwerden wird religiös dargestellt. Dadurch kann das soziale und personale

Leben von den Belastungen der Vergangenheit befreit werden und eine neue Offenheit gewinnen.

B. Radikale Religionskritik

Seit den zerstörerischen Konfessionskriegen des 16. und 17. Jahrhunderts und den Emanzipationsimpulsen der Aufklärung hat sich die kritische Auseinandersetzung um die Religion verändert und verschärft. Die Plausibilität des Gottesgedankens und die Gemeinwohlverträglichkeit des kirchlichen Glaubensbewusstseins wurden radikal bestritten. Die Tiefe des Wandels lässt sich in Anlehnung an die von KANT formulierten drei elementaren Vernunftfragen: ‚was kann ich wissen? was soll ich tun? was darf ich hoffen?' (vgl. Kritik der reinen Vernunft B 833) dartun. Der Gottesgedanke war bis in die Reformationszeit für alle drei Vernunftinteressen Garant und Prinzip der Antwort: Gott wurde gedacht als Schöpfer-Herr, als Gesetzgeber-Richter und als Geschichtslenker-Erlöser. Dies wurde durch die neuzeitliche Gedankenbildung fortschreitend bestritten. So wurde das Weltwissen durch die Erkenntniskritik der experimentell und hypothetisch arbeitenden Naturwissenschaft ohne Gottesbegriff formuliert, wurden die Norm- und Handlungsregeln durch die Ideologiekritik der Aufklärung autonom aufgestellt, wurde der Hoffnungshorizont durch die Jenseitskritik von Historismus und Positivismus immanent beschrieben.

In den westlichen Industriegesellschaften ist die selbstverständliche Einschätzung verbreitet, das wissenschaftlich-technisch bestimmte Bewusstsein des modernen Menschen sei mit Religion unvereinbar und Religion gehe deshalb unaufhaltsam dem Verschwinden entgegen. Diese kulturdiagnostische Einschätzung beruft sich zumeist auf Argumente, die von der Religionskritik des 19. Jahrhunderts und des beginnenden 20. Jahrhunderts geäußert worden sind. Dabei geht es nicht um die Existenz der Götter oder die Existenz Gottes. Das waren die Fronten in den alten Auseinandersetzungen, als um das Dasein, das Wesen und die Eigenschaften der vielen Götter oder des einen Gottes gestritten wurde. Nein, darüber ist die moderne Religionskritik hinaus: Die radikale Religionskritik bestreitet die Sinnhaftigkeit von Frömmigkeit überhaupt. Die Religionskritik behauptet, Frömmigkeit überhaupt, jede Frömmigkeit sei Krankheit der Seele oder des Geistes, sei wunschträumende Verblendung oder vertröstendes Unterdrückungsinstrument oder Bemäntelung der eigenen moralischen Schwäche oder alles dieses zusammen.

Die neuzeitliche Religionskritik unterscheidet sich von der antiken Religionskritik durch ihren Allgemeinheitsanspruch, ihr Verfahren und ihre Konsequenz. Die neuzeitliche Religionskritik bietet ein kritisch-genetisches Verfahren auf, um das Vorkommen der Religion plausibel zu machen und dieses Vorkommen als Verirrung zu entlarven.

1. Projektionsvorwurf

Die Kernthese der radikalen Religionskritik lautet, die Religion sei zu verstehen als Hilfsmittel, um Menschen in bestimmten geistigen, leibseelischen oder politisch-sozialen Konstellationen das Bestehen ihrer Mängellagen zu erleichtern. Diese Kompensation sei illusionär und könne durch den wissenschaftlichen und sozialen Fortschritt behoben werden.

Die Bestreitung einzelner religiöser Vorstellungen und Praktiken, ja auch die Bestreitung der gesamten Götterwelt ist alt. Sie begegnet in der Geschichte der Religionen und philosophischen Schulen in verschiedener Gestalt.

In der griechischen Philosophie des 5. vorchristlichen Jahrhunderts wurde der Projektionsvorwurf gegen die Götterwelt erhoben. XENOPHANES (etwa v560–v467) prangerte das Menschliche der Götter an und wies darauf hin, dass die Götter nach dem Maßstab der sie vorstellenden Menschen gestaltet seien. Seinen Projektionsvorwurf begründete Xenophanes mit den Göttervorstellungen der Äthiopier und Thraker: stumpfnasig und schwarz seien die Götter der Äthiopier, blauäugig und rothaarig die Götter der Thraker (vgl. Diels/Kranz, Fragment 16); dementsprechend würden auch, wenn sie könnten, Ochsen, Rosse und Löwen die Götter nach ihrer eigenen Gestalt machen (vgl. Fragment 15).

KRITIAS (etwa v460–v403), ein athenischer Aristokrat und Feind der Demokratie, Onkel Platons, trug in dem Satyrspiel „Sisyphos" (vgl. Diels/Kranz, Bd. 2, 386–389) seine Götterkritik als Projektionstheorie vor. Er meinte, die Götter seien erfunden worden, um dem Gesetz auch in den Situationen Geltung zu verschaffen, in denen eine Übertretung des Gesetzes weder festgestellt noch geahndet werden könne. Die Furcht vor dem blitzeschleudernden Zeus würde als Mittel genutzt, um die Menschen einzuschüchtern und auf die Einhaltung des Gesetzes zu verpflichten.

Die neuzeitliche radikale Kritik an der Religion wird im Namen der Wissenschaft vorgetragen und kann anthropologisch, soziologisch oder psychologisch ausgerichtet sein. Dabei werden zumeist konkrete Formationen des religiösen Bewusstseins, d. h. bestimmte Gestalten von Religion zum Ausgangspunkt der Untersuchung genommen. Es wird dann gefragt, welche Leistungen diese religiösen Vorstellungen, Wertungen und Forderungen für das Funktionieren des menschlichen Lebens, des gesellschaftlichen Zusammenseins, der moralischen Wertung oder der Seelentätigkeit erbringen. Die anthropologische, soziologische oder psychologische Religionskritik zielt jeweils darauf, bestimmte Gestalten und Funktionen als charakteristisch für die Religion zu identifizieren und diese Gestalten und Funktionen dann als tilgbar oder als ersetzbar durch andere soziale oder psychische Instanzen zu behaupten. Immer wird der Religion vorgeworfen, sie sei illusionäres Medium zur Flucht aus der Lebenswirklichkeit. Sie verhindere das Menschwerden und Menschsein des Menschen. Deshalb gebiete die Wissenschaft die Erziehung zur Realität gegen jede religiöse Scheinwelt.

Alle Lebensumstände und Daseinsweisen, die durch keinen Fortschritt elementar geändert werden können, bleiben in der Religionskritik unerörtert. Auch wenn die radikale Religionskritik sich politisch und rechtlich weithin nicht durchsetzen konnte, kann sie doch in Gestalt von Funktionalisierungsvermutungen in vielen Diskussionen einen Generalverdacht gegen die Religion markieren.

2. Entlarvungspolemik

Die radikale Religionskritik greift die Religion als eine Verstellung, Verschleierung oder Beschädigung der Wirklichkeit an. Sie erhebt den Vorwurf gegen die Religion, ein falsches Bewusstsein im Menschen hervorzurufen und zu unterhalten. Deshalb müsse die Religion in ihrer Unwahrheit und schädigenden Wirksamkeit entlarvt werden. Die Religion verkrüppele die Menschen und mindere ihre Lebenschancen.

Die neuzeitliche Religionskritik hat den Projektionsvorwurf zu einer umfassenden Theorie ausgebaut. LUDWIG FEUERBACH (1804–1872) erzielte mit seinem Hauptwerk „Das Wesen des Christentums" (1841) eine große Wirkung. Er griff die von GEORG WILHELM FRIEDRICH HEGEL (1770–1831) in einem großartigen System entfaltete spekulative Philosophie des Geistes an, die als tiefsinnige Begründung der Religion und der Höchstgeltung des Christentums gelesen werden konnte. Gegen Hegel vertrat Feuerbach die Position einer an der Sinnlichkeit orientierten Philosophie. Den Gegensatz von Materialismus und Idealismus wollte er durch eine Bildertheorie der Erkenntnis basal unterfangen. Er wendete sich gegen alle substantiellen Allgemeinbegriffe, seien sie idealistischer oder materialistischer Art, und ging von den konkreten sinnlichen Wahrnehmungen aus. Er vertrat eine sensualistische Erkenntnislehre und eine idealistische Ethik.

Feuerbach konzipierte die Philosophie als Anthropologie. Der Mensch, ein Lebewesen mit Bewusstsein – das unterscheide ihn vom Tier –, ist für Feuerbach das Zentrum alles Denkens, Wollens und Fühlens. Für die Religionsphilosophie gelte, dass die Anthropologie das Geheimnis der Theologie sei. Die Religion, das Bewusstsein des Unendlichen, habe das unendliche

Wesen des Menschen, die Unendlichkeit des Bewusstseins und Wesens, zum Gegenstand. Vernunft, Willenskraft und Liebe seien die vollkommenen Gattungsbestimmungen des Menschen. Anfang, Mittelpunkt und Ende der Religion sei der Mensch. Wahrer Gegenstand und Inhalt der Theologie sei die Anthropologie. Die Theologie sei unwahre Anthropologie. Bewusstsein und Erkenntnis von Gott sei eigentlich Bewusstsein und Erkenntnis des Menschen von sich selbst als Gattung. Gott und Mensch seien eins, göttliches und menschliches Wesen identisch, die Prädikate Gottes und die Prädikate des Menschen dieselben. In der Religion verhalte sich der Mensch zu seinem eigenen Wesen als zu einem anderen Wesen. Der Mensch habe ein doppeltes Bewusstsein, ein Bewusstsein von sich als einzelnem Menschen und ein Bewusstsein von der Gattung Mensch. In der Religion setze das Individuum das Gattungswesen außer sich. Die Mängel, die der einzelne Mensch bei sich wahrnehme, kompensiere er durch die Projektion der Vollkommenheit der Gattung in den Himmel. In der Religion mache der Mensch sein eigenes Verlangen, sein eigenes Streben sichtbar, verwirkliche seine Sehnsucht vollkommen. Die Sehnsucht sei das Motiv, das den Menschen in seinem Elend zur Ausbildung der Religion treibe, das den Mensch in die Entzweiung mit sich selbst führe, um in der Religion sich selbst als Äußeres anzuschauen.

In kindlicher Weise werde in der Vorstellung Gottes das Innere, das Selbst des Menschen ausgesprochen. Indem die Religion die Außendarstellung des Wesens des Menschen sei, lassen sich die religiösen Lehren und Vorstellungen, speziell die christlichen Dogmen, entschlüsseln als Spiegelungen des menschlichen Wesens in sich selbst. Der göttliche Sinn im Menschen sei die Wahrheitsliebe des Menschen, sein Wahrheitsgefühl. Der Grundzug des menschlichen Wesens sei die Liebe. Die Liebe vermittele zwischen Vollkommenem und Unvollkommenem.

KARL MARX (1818–1883) knüpft in seinen frühen Abhandlungen an die Religionskritik Ludwig Feuerbachs an. Mit Feuerbach, der die Kritik der Religion im wesentlichen geleistet habe, verstand Marx die Religion als die ins Illusionäre geflüchtete Spiegelung einer verkehrt gewordenen Welt und eines verkehrt gewordenen Menschenwesens. Die von Feuerbach vollzogene Kritik der Religion sei die Basis für alle andere Kritik. Die wahre Wirklichkeit sei nicht im Himmel, sondern auf Erden. Der Mensch wende sich der irdischen Wirklichkeit zu, sobald er die Scheinhaftigkeit der Himmelswirklichkeit erkannt habe. Die Religion mit ihrem illusorischen Himmelsglück sei der Ausdruck einer verkehrten Welt und zugleich der Protest gegen dieses Elend. Der desillusionierende Kampf gegen die Religion sei der Kampf für die gesellschaftliche Selbstwerdung des Menschen. Der selbstzentrierte Mensch werde in der Wahrheit des Diesseits die Selbstentfremdung überwinden und alle Illusionen durch lebendiges Glück ersetzen. Marx fordert die praktische Ausrichtung der Philosophie und des gesellschaftlich orientierten Denkens. Die Praxis müsse Vorrang vor der Theorie bekommen.

Marx ging in seiner Religionskritik inhaltlich über Feuerbach nicht wesentlich hinaus. Ein besonderes Gepräge gab er der Religionskritik dadurch, dass er in der ökonomisch-soziologischen Analyse der Gesellschaft untersuchte, wie die Religion als ideologischer Überbau die Klassenherrschaft stabilisiere. Die Entwicklung der Produktivkräfte führe dazu, so die These, dass auch die Produktionsverhältnisse und die Gesellschaftsstruktur insgesamt, damit aber auch der ideologische Überbau der Gesellschaft revolutionär verändert werden müsse. Dann könne und solle auf die Religion verzichtet werden. Für Marx hatte die Religionskritik vornehmlich politisch-taktische Bedeutung, insoweit bestimmte kirchliche Gruppen bestimmte politische Gruppen stützten und die revolutionären Impulse abblockten. Die inhaltlichen Bestimmungen der Religion waren bei ihm ganz vage und unbestimmt. Auch das ideologiekritische Erklärungsmodell von Basis und Überbau blieb schematisch-blass.

SIGMUND FREUD (1856–1939), der sich in einer Traditionslinie mit Feuerbach, Marx und Nietzsche sah, hat deren Religionskritik psychologisch ausgebaut. Nach Freuds Kulturtheorie dient die Religion der illusionären Ersatzbefriedigung für kulturell geforderte Verzichtleistungen. Religiöse Vorstellungen seien symbolische Produktionen, in denen wichtige geschichtliche Erinnerungen gespeichert seien und die auf ihre archaische Erbschaft hin entschlüsselt werden könnten. Der unaufhaltsame Fortschritt des wissenschaftlichen Denkens werde die Illusion des religiösen Glaubens untergraben. Die kulturell erforderlichen Entbehrungen seien rein rational begründbar, nämlich durch Hinweis auf den jeweils erreichten Grad der Naturbeherrschung. Dies werde die Menschen mit der Kultur weitgehend versöhnen.

Vergesellschaftung und Zusammenleben hielt Freud elementar bedroht durch die Aggressionsneigungen, die eine selbständige und ursprüngliche Triebanlage des Menschen sei (vgl. Jenseits des Lustprinzips, 1920). Dieser Aggressionstrieb müsste durch seelische Dispositionen beschränkt und niedergehalten werden. Er werde vornehmlich domestiziert durch das menschheitliche Schuldgefühl, das beim Urvatermord erworben worden sei und in jeder ödipalen Konstellation erneuert werde. Das Schuldgefühl sei umso größer, je mehr Aggressionswünsche verdrängt werden müßten.

Die menschliche Kultur bestehe in der Ausbildung von Institutionen erstens zur Beherrschung der äußeren Natur und zweitens zur Regelung der zwischenmenschlichen Beziehungen (vgl. Die Zukunft einer Illusion, 1927). Beide Richtungen der Kultur seien miteinander verknüpft. Das Gedeihen der Kultur erfordere Verzichtleistungen von Einzelnen und Gruppen. Zu deren Kompensation müssten psychologisch wirksame und sozial verbindliche Befriedigungen institutionell gesichert werden. Klassengesellschaften, die auf Ungleichheit und Herrschaft basieren, bedürften, da sie keine materielle Kompensation aufböten, illusionärer Befriedigungen. Die Unterdrückten müssten sich in einer Klassengesellschaft mit der Herrschaftsklasse identifizieren im Namen eines gemeinsamen Kulturideals. Hier ist nach Freud der Ort der Religion. Die Religion sei das gattungsgeschichtliche Korrelat zur Zwangsneurose und befriedige die Vatersehnsucht, die aus der unstillbaren Hilflosigkeit geboren werde. Die religiöse Ersatzbefriedigung gehöre zum psychischen Inventar der vorwissenschaftlichen Kultur.

Gegen die Annahme des dialektischem Materialismus, der Mensch sei von Natur aus gut und erlange in der klassenlosen Gesellschaft sein Glück, argumentierte Freud skeptisch und antiutopisch (vgl. Das Unbehagen in der Kultur, 1930). Das Verhalten der Menschen lasse erkennen, dass ihr Leben gerichtet sei auf das Vermeiden von Schmerz und das Erleben von Lustgefühlen. Diesem natürlichen Lustprinzip widerstreite aber das Gesetz der mikrokosmischen und makrokosmischen Welt. Das Glück der Menschen sei im Bauplan der Welt nicht vorgesehen. Leidvermeidung sei demnach wichtiger als Glückserwerb. Im Kontrast zu Naturbeherrschung und Kunstgenuss schilderte Freud die Religion als soziale Glückstechnik, die den Wert des Lebens herabmindere und die Weltwahrnehmung verzerre. Die Religion sei eine kollektive wahnhafte Umbildung der Realität, die ihren Teilnehmern den privaten Weg in die Neurose erspare.

Seine Generalthese, religiöse Phänomene gleichsam wie Neurosen des Individuums als Wiederkehr urgeschichtlicher Vorgänge der menschlichen Familie zu verstehen, wendete Freud auch auf die Frage an, wie der jüdische Monotheismus und das Bild seines Stifters Moses durch projektive Mythenbildung entstanden sei (vgl. Der Mann Moses und die monotheistische Religion, 1939). Der Monotheismus, hervorgegangen aus Totemismus und Polytheismus, wurzele im imperialistischen Universalismus der ägyptischen Pharaonenherrschaft. Moses habe den bilderlosen ägyptischen Sonnenkult (Aton) verbunden mit dem Jahwe-Kult der midianitischen Stämme. Moses habe ein strenges Regiment geführt und sei von den aufbegehrenden Juden ermordet worden. Diese hätten den Mord verdrängt. Moses sei zum Ich-Ideal des jüdischen Volkes geworden. Es habe auf diesen einen Gott die Züge übertragen, die Moses als Überbringer des Monotheismus gezeigt habe, nämlich streng und unerbittlich zu sein. Moses habe dem Volk den Auserwählungsglauben gegeben und die Hoffnungen des großen Vatergottes eröffnet. Nach jahrhundertelanger Latenzzeit sei aus der Reue der Phantasiewunsch nach einem Messias erwachsen. Der Messias sollte mit seiner Wiederkunft sein Volk erlösen und die versprochene Weltherrschaft bringen. Diese mythischen Hoffnungen seien dann durch das Christentum und besonders durch Paulus übernommen und weiterentwickelt worden.

3. Bemächtigungsvorwurf

Die deutschsprachige protestantische Theologie nahm, erschüttert durch den Ersten Weltkrieg, wichtige Impulse der radikalen Religionskritik auf. Die Schule der ‚Dialektischen Theologie' wandte sich polemisch gegen jedes theologische Verständnis des christlichen Glaubens aus der menschlichen Frömmigkeit, weil sie diese als menschliche Aktion, sich Gottes zu bemächtigen, beurteilte. Die theologische Religionskritik machte auf die Ambivalenz der Religion aufmerksam. Die Frömmigkeit als menschliches Werk könne nur durch das gnadenvolle Offenbarungshandeln Gottes gerechtfertigt werden. Der christliche Offenbarungsglaube sei wegen der alleinigen Autorschaft Gottes nicht betroffen von den Analysen der radikalen Religionskritik.

a. Religion als Unglaube

KARL BARTH (1886–1968) erörterte in seinem groß dimensionierten Lehrbuch „Die kirchliche Dogmatik" die Problemlage, die der christlichen Theologie aus dem Vorhandensein der vielfältigen Religionen erwächst (vgl. § 17). Die allein aus der Offenbarung Gottes lebende Glaubensexistenz müsse in Beziehung gesetzt werden zur christlichen Religion, die eine bestimmte Analogie zu anderen menschlichen Religionen aufweise. Offenbarung müsse mit Frömmigkeit konfrontiert werden.

Barth brandmarkte die protestantische Theologiegeschichte seit der Aufklärung als eine häretische Umkehr der durch die offenbarende Selbstdarbietung Gottes gesetzten Ordnung: Für die freie vernünftige Wahrheitsforschung sei die Offenbarung von der Religion her verstanden worden. Der Mensch habe sich zum Beurteiler Gottes aufgeschwungen. Theologisches Denken könne und dürfe aber keinen anderen Ausgangspunkt haben als den Glauben, der allein durch den heiligen Geist geschenkt werde. Und folglich könne auch die Religion, jegliche menschliche Religion, mithin auch die christliche Religion, nicht anders als von der Offenbarung her verstanden werden. Die Religion, jede Religion sei Unglaube, weil in der Religion sich der Mensch eigenmächtig Bilder von Gott mache, vor denen er sich dann selbst rechtfertige. Deshalb sei die Religion gottloser Widerspruch gegen die göttliche Offenbarung. Die Religion mache Rechtfertigung und Heiligung zum eigenen Werk des Menschen. In der Offenbarung Gottes in Jesus Christus werde der Götzendienst und die Werkgerechtigkeit der Religion aufgedeckt. Die Offenbarung widerspreche der Religion, um diese als Akt des Widerspruchs aufzuheben.

Mystik und Atheismus identifizierte Barth als die beiden Wege, um auf die durch die Geschichte erkennbare Hinfälligkeit der Religionen zu antworten. Auf beiden Wegen werde nicht von einer Religion zu einer anderen neuen übergegangen, sondern werde das Bedürfnis nach Veräußerlichung und nach Darstellung überhaupt bestritten. Die Mystik verzichte auf den religiösen Ausdruck und ziehe sich ganz in den Binnenraum zurück. Das mache auch die Wortetymologie deutlich: ‚Mystik' sei doppelstämmig und leite sich sowohl von ‚die Augen und den Mund verschließen' als auch von ‚einweihen' her.

Dass die christliche Religion die wahre Religion sei, gelte in dem Sinne, in welchem auch von einem gerechtfertigten Sünder geredet werden könne. Die christliche Religion sei eine Aussage über ein gnadenvolles Handeln göttlicher Offenbarung, das sich in und trotz menschlicher Frömmigkeit durchsetze. Dass Religion Glaube und nicht Unglaube sei, das könne nur rechtfertigungstheologisch entfaltet werden. Und das tat Barth.

b. Religionsloses Christentum

DIETRICH BONHOEFFER (1906–1945) wertete in seinem Programm einer religionslosen Interpretation des Christentums den Religionsbegriff theologisch ab, um die Gesprächsfähigkeit zur säkularen Kultur zu gewinnen. Für Bonhoeffer war die autonome Kultur kein Gegenstand christlicher Bestreitung, sondern ein Gegenstand christlicher Hermeneutik, sie nämlich vom Evangelium her besser zu verstehen, als sie sich selbst verstehe. Die Mündigkeit der Welt begriff Bonhoeffer als eine große Chance, die biblische Glaubenserfahrung des leidenden Gottes ohne religiöse Verstellungen zu formulieren. Der Christ sei durch die moderne Mündigkeit von religiösen Ideologisierungen befreit. Der christliche Glaube entfalte sich nur in der diesseitigen Fülle irdischen Lebens, seiner Aufgaben, Fragen, Erfahrungen des Gelingens und Scheiterns.

Bonhoeffer lehnte erstens eine christliche Polemik gegen die autonome Kultur ab. Dies könne nur zu kultureller Isolation und Abgleiten in die sektiererische Subkultur führen. Den salto mortale ins Mittelalter, wie ihn die politische und religiöse Romantik teilweise propagiert und vollzogen habe, demaskierte Bonhoeffer als regressiven Verzweiflungsschritt in eine heile Kinderwelt, der mit der Preisgabe der intellektuellen Redlichkeit zu hoch bezahlt werden müsse und zu einem inakzeptablen heteronomen Klerikalismus führe.

Bonhoeffer lehnte zweitens eine christliche Apologetik ab, welche das Scheitern der autonomen Kultur angesichts von Tod und Schuld, von Lebensnöten und tiefgehenden Konflikten behaupte und von diesen Grenzerfahrungen her dringend den Vormund Gott empfehle. Habe ein Mensch diese Nöte nicht oder wolle sich nicht darin bemitleiden lassen, so werde ihm entweder seine Bedürftigkeit gerade und trotz seiner Kräftigkeit eingeredet oder er werde zum verstockten Sünder bzw. zum saturierten Bürger gestempelt. Nach dem Verlust der öffentlichen Bedeutung der Gottesvorstellung für Weltbild und Gesellschaftsgestaltung versuche diese Apologetik, die Religion im Persönlichen und Privaten festzumachen, indem sie gerade auf die menschlichen Schwächen abhebe, darin das Sündersein identifiziere und die Kammerdienergeheimnisse dann zur religiösen Erpressung nutze. Diese Apologetik begründe die Theologie vom Rand und nicht von der Mitte des Lebens her, von den Schwächen der Menschen und nicht von ihren Stärken her, habe keine Zuversicht auf das Wort Gottes für den ganzen Menschen. Bonhoeffer folgte dem Kompass intellektueller Redlichkeit. Die vorurteilslose Wahrnehmung der autonomen Kultur führe zu einem religionslosen Glaubensverständnis. Die Gottesfrage müsse aus ihrer religiösen Einklammerung und Ummantelung befreit werden. Gott sei als Lückenbüßer für menschliche Schwachheiten, als Arbeitshypothese für den immer kleiner werdenden Bereich des Unerklärlichen einfach überflüssig geworden. In der traditionellen Frömmigkeit sei ein allgemeiner metaphysischer Gottesglauben vorgeordnet gewesen der konkreten Gotteserfahrung in Christus. Diese Einbettung sei nun durch das Ende der Metaphysik hinfällig geworden. Die christliche Gotteserfahrung könne nun besser artikuliert werden, denn der metaphysische Gottesglaube sei nur eine verlängerte Welterfahrung gewesen. Das mythische Auferstehungsverständnis habe das Christentum zu einer Erlösungsreligion gemacht, die den Mensch aus Not, Sünde und Tod an ein besseres Jenseits wies. Die christliche Auferstehungshoffnung sei aber ein rückhaltloses Hineinführen ins Diesseits, weil die Teilhabe an Christi Kreuz und Auferstehung gerade die Mitte des Lebens treffe. Das Mitleiden Gottes mit dieser Welt stünde im Zentrum des christlichen Glaubens. Darin sah Bonhoeffer den Wegweiser für den neuen Weg, den die Theologie beschreiten müsse.

II. Christentum im Feld der Religionen

Das Christentum gehört ins weite Feld der Religion. Es ist eine der geschichtlich-konkreten Religionen. Es versteht sich als die Religion, die zentral bezeugt, Gott habe sich der Menschheit endgültig in Jesus offenbart. Durch dieses Zeugnis steht es in Konflikt mit den anderen konkreten Religionen. Durch die Art, wie das Christentum die göttliche Selbstmitteilung in ihrer Beziehung zu menschlicher Frömmigkeit glaubend aufnimmt, steht es auch in Konflikt mit der eigenen Glaubensartikulation. Das Christentum macht die Religion selbst zu ihrem Thema. Es beleuchtet die Abgründe der Religion und verschließt dabei nicht die Augen vor eigenen Fehlentwicklungen.

Religion ist ein Menschheitsthema. Zeugnisse religiöser Praxis und religiöser Vorstellungen sind seit der Altsteinzeit überliefert. In allen Perioden der menschheitlichen Kulturentwicklung begegnen Darstellungen religiöser Überzeugungen. Religiöse Gestaltungsimpulse sind in allen Lebensbereichen wirksam. Religion nimmt teil an den Entwicklungen der Kultur.

Religion begegnet zu allen Zeiten und an allen Orten. Religion begegnet in schier unüberschaubarer Mannigfaltigkeit von Lebensakten und Vorstellungsarten. In religiöser Praxis formulieren Menschen ihr Selbstverständnis, ihre Wirklichkeitserwartungen, ihren Lebenshorizont. Was menschlich ist, wird in einem gesteigerten Sinn erfahren und ausgedrückt im Bezug auf das Heilige, das Absolute, das Himmlische, das Göttliche.

Gefühl, Verstand, Wille, Phantasie, alles wird durch die Religion angeregt und gefördert, in der Religion beansprucht und geformt. Religion ist keine schmückende oder schreckende Beigabe zur Lebensführung, sondern in ihr formuliert der Mensch sein innerstes Wesen. Deshalb kann Religion auch nicht einfach beiseite gelegt oder abgestreift werden: wenn bestimmte religiöse Vorstellungen und Werte kritisiert und verabschiedet werden, so werden die alten durch neue ersetzt.

Religion ist konkret in unüberschaubarer Vielfalt. Sie ist eine elementare Lebenskraft, die in keiner Gestalt ausschließlich und endgültig festgelegt werden kann. Religion ist die Sphäre, in der sich Menschen äußern über das, was ihnen zutiefst und zuletzt wichtig und bedeutsam ist. Gestalt und Inhalt der Äußerung ändert sich mit dem Lebenshorizont. Die Religion des Kindseins ist eine andere als die Religion des reifen Erwachsenseins und diese wiederum anders als die Religion des Altseins. In der individuellen Lebensentwicklung, in der sozialen und menschheitlichen Entwicklung wird auch die Religion immer wieder umgestaltet. Sie ist immer neu interpretierbar, im Lebenslauf einer Person, einer Gruppe, eines Volkes, der Menschheit.

Religion ist integrierendes Moment der allgemeinen Kultur. Sie prägt diese Kultur mit, so wie es die Sittlichkeit, das Recht, die Wissenschaft und die Kunst tun. In den modernen Gesellschaften bildet die Religion einen eigenen Bereich, in dem sie eingeübt und praktiziert wird. Die Vielzahl konkreter Religionen ist im öffentlichen und im wissenschaftlichen Bewusstsein präsent und bedarf einer eigenen Aufmerksamkeit.

Das Christentum muss sich auf diese Lage einstellen. Es nimmt sich unter den Bedingungen der Moderne als eine konkrete Religion wahr, die sich zu ihrem Status als Religion und zu den anderen begegnenden Religionen verhalten muss. Dabei sind besonders auch die Untersuchungen und Ergebnisse der Religionswissenschaft zu berücksichtigen. Im Folgenden wird zunächst eine Beschreibung der Religion gegeben, die auch auf die Einsprüche der radikalen Religionskritik mehr implizit antwortet, und dann das Christentum in seinem Gegenüber zu den heutigen Weltreligionen skizziert.

A. Beschreibung von Religion

Zahlreiche Untersuchungen in mannigfaltigen Wissenschaften sind den vielfältigen Erscheinungen von Religion in Gegenwart und Vergangenheit auf der Spur. Religion hat viele Ausdrucksgestalten und Darstellungen, viele Gebräuche und Lehrmeinungen, viele Rituale und Institutionen, viele gesellschaftliche Einrichtungen und kulturelle Verknüpfungen. Neben der hochkomplex vermittelten und in viele Gesellschaftsbereiche hineinwirkenden Frömmigkeit der institutionalisierten Großreligionen steht die private Frömmigkeit einzelner Menschen, die alle öffentliche Darstellung meidet. Neben der über den ganzen Tageslauf immer wieder artikulierten Frömmigkeit von Mönchen und Nonnen steht die stumme Frömmigkeit vermeintlich unreligiöser Menschen, die ihre religiöse Artikulation auf wenige spärliche Gebärden einschränken. Neben der für viele Traditionen offenen Frömmigkeit liberaler Gruppen steht die Frömmigkeit fundamentalistischer Gruppen, die ihre eigenen Darstellungswelten in scharfer Abgrenzung pflegen.

Die Beschreibung der Religion beginnt mit einer Begriffsbestimmung. Darin soll das Feld der Religion umschritten und abgesteckt und die Forschungsansätze knapp erläutert werden, die bei den religionswissenschaftlichen Untersuchungen leitend waren und sind. Sodann werden Wahrnehmungen der Religion aus der Außenperspektive und aus der Innenperspektive geschildert. In der Außenperspektive werden statistische Übersichten gegeben, in der Innenperspektive wesentliche Eindrücke geschildert, die sich bei der Begegnung mit religiösen Phänomenen einstellen. Schließlich wird Religion im Blick auf die Leistungen beschrieben, die für die Gesellschaft und den Einzelnen erbracht werden. Diese Wahrnehmungen und Leistungen werden innerhalb der christlichen Theologie auch im Blick auf die Kirche erörtert.

1. Begriff

Der Begriff der Religion hat eine lange Geschichte. Ein allgemein anerkanntes Verständnis der Religion und ihres Begriffs hat sich bis heute nicht ergeben. Die Vielzahl der Begriffsformulierungen kann skeptisch machen, ob ein überzeugendes Verständnis überhaupt möglich ist.

Im Folgenden wird eine neue Begriffsbestimmung vorgenommen, nicht um mit einem deduktiv-apriorischen Verfahren zu operieren, sondern um die Klarheit und Überprüfbarkeit der Darstellung sicher zu stellen. Meine Definition ist möglichst offen gehalten, um die Vielfalt der Religionsphänomene nicht zu beschneiden und den unterschiedlichen Forschungsansätzen gerecht werden zu können.

a. Definition

Das deutsche Wort ‚Religion' stammt ab vom lateinischen Wort ‚religio'. Dieses Wort hat in der lateinischen Literatur ein weites Bedeutungsfeld und ein verbreitetes Vorkommen. In vorchristlicher und christlicher Zeit haben antike Autoren zwei unterschiedliche etymologische Ableitungen vorgenommen, die aus unterschiedlichen Sacheinschätzungen zu unterschiedlichen Bedeutungsbestimmungen kommen.

MARCUS TULLIUS CICERO (v106–v43) leitete das Wort ‚religio', das gewissenhafte Sorgfalt ausdrücke, vom Verb ‚religere' ab. Bestimmte Handlungen sollen in einer durch eine numinose Gegebenheit hervorgerufenen Scheu genau vollzogen oder gemieden werden. Cicero wollte damit eine Sachaussage zur römischen Frömmigkeit treffen. Römer seien in ihrer rituellen Praxis, in ihren den göttlichen Mächten gewidmeten Handlungen gewissenhaft. Die für den römischen Kult zuständigen Priester und Opferbeschauer bedächten genau alles für die Götterverehrung Wichtige und gingen es immer wieder durch (vgl. De natura deorum II,72; vgl. III,5). Die sorgfältige Beachtung der numinosen Befehlsgewalten, die gewissenhafte Erfüllung des göttlich Angeordneten im Sinne kultischer Pflichten machen ‚religio' und ‚pietas' aus. Eine ähnliche Ableitung, die durch AULUS GELLIUS (2. Jh.) überliefert ist (vgl. Noctes Atticae IV,9,1–2), hat der mit Cicero befreundete Grammatiker NIGIDIUS FIGULUS (v100–v45) vorgenommen, der einen alten Liedvers zitiert.

LUCIUS CAELIUS FIRMIANUS LACTANTIUS (ca. 250–325), christlicher Schriftsteller und Prinzenerzieher, nahm eine andere etymologische Ableitung als Cicero vor. Lactantius leitete ‚religio' nämlich von ‚religare' (zurückbinden) her. Lactantius wollte dadurch die menschliche Frömmigkeitspraxis sachlich auf den christlichen Schöpfungsglauben beziehen. Die Menschen seien dem Schöpfergott zu Gehorsam verpflichtet und verbunden; sie seien ‚religati' (vgl. Divinae institutiones IV,28,2).

AURELIUS AUGUSTINUS (354–430) hat diese semantische Ausrichtung von religio aufgenommen. Die menschlichen Seelen müßten sich mit Gott verbinden (vgl. Retractationes I,12,9). Die wahre Erkenntnis strebe auf die Einheit aller Dinge zu und verehre damit Gott. Religion sei Gottesverehrung gerade dadurch, dass sie die Glaubenden mit dem einen allmächtigen Gott verbinde (religare) als Ursprung und Ziel aller Dinge und aller Wahrheit (vgl. De vera religione 111–113). Religion sei Gottesverbundenheit, auch Gottesverehrung und Gottesanbetung (vgl. De civitate Dei X,1).

In den Sprachen, die das lateinische ‚religio' nicht aufgenommen haben, gibt es keine semantisch genau korrespondierenden Wörter. Der Religionsbegriff lässt sich etymologisch durch die Ableitung von ‚religio' aus Wortwurzel und Ursprungsbedeutung nicht eindeutig aufklären. In den wissenschaftlichen Untersuchungen der Religion liegen zahlreiche divergierende Definitionen vor. Keine Definition hat bisher allgemeine Anerkennung gefunden. In meinen Darstellungen lasse ich mich von folgendem Verständnis der Religion leiten:

Religion ist orientierende Wirklichkeitserschließung im Modus der Ergriffenheit.

Religion erschließt Wirklichkeit. Was wirklich ist, scheint offenkundig zu sein. Doch der Aufbau der Erfahrungswelt zeigt unausweichlich, wie komplex und täuschungsanfällig menschliches Fühlen, Denken, Wollen und Handeln sind. Das was in Welterfahrung und Selbsterfahrung sich als Wirklichkeit aufdrängt, setzt einen unaufhörlichen Prozess von Erkennen, Gestalten, Untersuchen, Vergewissern und Darstellen in Gang, der darauf zielt, die Wirklichkeit des Wirklichen auszuloten. Der hoch differenzierte Prozess von der sinnlichen Gewissheit zur selbstreflektierten Geistigkeit wird getragen und begleitet von

Grundüberzeugungen zum Charakter des Wirklichen im Kontext des Möglichen und Wesentlichen. Wirkliches wird durchscheinend für seinen Grund und sein Ziel, seine Offenheit und seine Verpflichtung, seine Geltung und seinen Wert. Religion gibt Orientierung. Ihre Wirklichkeitserschließung hat orientierende Kraft. Die Bedrängnis und Verweisungsoffenheit der Wirklichkeitsbegegnungen wird sinnhaft strukturiert. Religion ist unmittelbares Innesein dessen, was in der unüberschaubaren Vielfältigkeit von Wirklichkeitsbegegnungen bezwingende Kraftimpulse gibt und evidente Geltungsmuster setzt. Religion überschreitet das Vorhandene, indem sie den Mehrwert des Vorhandenen wahrnimmt. Vorhandenes wird durchsichtig für die tragende Wirklichkeit. Religion setzt jeweils beim Einzelnen, beim Konkreten, beim Besonderen ein und transzendiert es. Das Ganze erscheint im Einzelnen. In der Religion sind Absolutheitserfahrung, Welterfahrung und Selbsterfahrung zusammengeschlossen. Religion drängt zur Mitteilung und wechselseitigen Prüfung ihrer Orientierungserfahrung.

Religion ergreift; sie hält diese Ergriffenheit fest. Religion ist das unmittelbare Innesein absoluter Bedeutsamkeit. Die orientierende Wirklichkeitserschließung geschieht im Modus existentieller Ergriffenheit. Religion ist Ergriffenheit durch das unabweisbar Bestimmende, wodurch Menschen in ihrem Innersten erfüllt und in Beschlag genommen werden. Die Erfahrung des Göttlichen, Transzendenten, Jenseitigen, Absoluten gibt dieser Ergriffenheit ein eigentümliches Gepräge. Diese Ergriffenheit hat eine letzte Verbindlichkeit, Bedeutsamkeit, Ernsthaftigkeit, eine große Prägekraft für die anderen Lebensmomente und Lebensbeziehungen.

b. Forschungsansätze

Große Aufmerksamkeit fand der Religionsbegriff erst nach der Reformation. Angesichts der Verwüstungen, die zahlreiche europäische Länder durch die konfessionellen Bürgerkriege erleiden mussten, wurde die ‚natürliche Religion' konzipiert, die friedensstiftend und von den polemischen Differenzpunkten der Konfessionen frei sei. Die konfessionell strittigen Heilszusagen und Heilsmitteilungen wurden durch einen vernünftigen Gottheitsglauben ersetzt, der mit einem von Tugend bestimmten Leben zusammenstimmt.

EDWARD HERBERT OF CHERBURY (1583-1648) hat in seiner Abhandlung „De veritate" die ‚natürliche Religion' erstmals skizziert, die in der Aufklärung zum Muster der Kritik an den christlichen Konfessionskirchen wurde. Diese rationale Religion, die für alle positive Religion mustergültig sei, fasste Herbert in fünf Aussagen zusammen: das göttliche Wesen, das (I.) existent sei, müsse verehrt werden (II.); die Gottesverehrung bestehe vornehmlich in der rechtschaffenen Charakterformung (III.); Vergehen müssten zu ihrer Sühnung bereut werden (IV.); nach diesem Leben werde es Lohn und Strafe geben (V.). Die Vernunft habe den Primat auch im Gebiet der Religion.

Durch das Konzept der ‚natürlichen Religion' war für alle künftigen Diskussionen die unabweisbare Frage gestellt, wie die Sphäre der Frömmigkeit angemessen zu verstehen und zu beurteilen sei. Die grundlegende Auseinandersetzung um die Religion nach ihrer objektiv-gesellschaftlichen Seite (Kultus, Kirche usw.) wie nach ihrer subjektiv-individuellen Seite (Religiosität, Frömmigkeit, Glaube) war eröffnet.

Geschah diese Auseinandersetzung in der europäischen Aufklärung zumeist kontrovers zwischen der christlichen Theologie und der mehr oder minder konfessionskritischen Philosophie, so geriet deren Konzept einer ‚natürlichen Religion' selbst in die Kritik. FRIEDRICH SCHLEIERMACHER (1768-1834) warb in seinen programmatischen Reden „Über die Religion" (1799) nachdrücklich gerade bei den zeitgenössischen Aufklärern um eine Wertschätzung der positiven historischen Religionen, die, anders als die abstrakte natürliche Religion, vom Pulsschlag konkreter Lebendigkeit bewegt seien. Insbesondere die Romantik unterstützte dann diese Zuwendung zum konkret gestalteten Christentum und pries die Religion als geformte Lebensganzheit.

Die allgemeine Religionswissenschaft, die in der zweiten Hälfte des 19. Jahrhunderts als eigene Fachdisziplin institutionalisiert wurde, grenzte sich entschieden gegen die konfessionskirchlich organisierte Theologie, aber auch gegen die idealistisch ausgerichtete Religionsphilosophie ab. Das Bestreben um religiöse Neutralität und erfahrungsorientierte Wissenschaftlichkeit gaben ihr das Gepräge. Der philosophischen Spekulation war sie abhold.

In ihren Anfängen war die religionswissenschaftliche Forschung stark interessiert an der Frage nach dem Ursprung und der Entwicklung der Religion. Die Vielfalt der Religionen wurde zumeist geordnet durch die Annahme, die Religion habe sich von einfachen zu komplexen Religionsgestalten entwickelt, vom Fetischismus zum Monotheismus (Ziel im Christentum), wobei der Wirkbereich der göttlichen Kraft von einer lokalen Kräftigkeit zur weltumfassenden ausgedehnt worden sei. Bei der Götterverehrung wurden folgende Typen von Religion unterschieden:

Polytheismus ist die Vorstellung von vielen Gottheiten, die als nebeneinander existent angenommen und gleichzeitig unterschiedlich verehrt werden. Die Zuordnung dieser Gottheiten und die Strukturierung ihres Nebeneinanders ist höchst mannigfaltig.

Henotheismus bezeichnet die hervorhebende Verehrung eines Gottes zu einem bestimmten Zeitpunkt, wobei weder das Vorhandensein anderer Gottheiten noch deren Verehrung zu anderen Zeitpunkten verneint wird. Henotheismus meint eine zeitlich beschränkte Sonderverehrung eines bestimmten Gottes, meint die situative Geltung der Einzigkeit eines Gottes in Augenblick der Verehrung.

Monolatrie meint die exklusive Verehrung eines Gottes ohne Bestreitung der Existenz anderer Götter, meint also eine interne, nicht aber externe Geltung der Einzigkeit Gottes in offensichtlich polytheistischem Umfeld. Monolatrie kann als regionaler Monotheismus verstanden werden.

Monotheismus bezeichnet den Gottesglauben, der andere Götter ausdrücklich als nicht existent behauptet. Monotheismus meint die allgemeine (interne und externe) Geltung der Einzigkeit Gottes mit expliziter allgemeiner Verneinung anderer Gottheiten.

Zentrale religiöse Vorstellungen und Praktiken, die auch in den Hochreligionen begegnen, wurden entwicklungsgeschichtlich durch den Rückgang in den Ursprung der Religion zu erfassen gesucht. EDWARD BURNETT TYLOR (1832–1917) hielt den Animismus für das früheste Stadium der Religionsentwicklung. Die Erfahrungen von Schlaf, Traum und Tod seien durch die Vorstellung einer Traumseele, Hauchseele, Schattenseele gedeutet worden. Im Traum löse sich die seelische Persönlichkeit vom Körper und wandere durch die nichtkörperliche Welt, wo sie auch längst Verstorbenen begegne; so verlasse beim Tod die Seele den leblos zurückbleibenden Körper. Die Beseeltheit als nichtkörperliche Lebendigkeit sei in einfachen Bewusstseinsformationen auch Tieren, Pflanzen und Dingen zugesprochen worden; daraus habe sich dann der Geisterglaube, der Polytheismus und der Monotheismus entwickelt. Der personhafte Gottesglaube stamme also aus dem Seelenglauben. Religion sei dementsprechend Glaube an geistige Wesen. Der Aberglaube in den modernen Gesellschaften entspreche den Stammeskulturen, die am Anfang der menschlichen Kulturentwicklung ständen.

JAMES GEORGE FRAZER (1854–1941) sah den Ursprung der Religion in der Magie, im Streben des Menschen, seine Umwelt zu beherrschen. Die Magie operiere im Schema von Ursache und Wirkung; die kontagiöse Magie wolle die gewünschte Wirkung durch Berühren herstellen, die imitative Magie durch analoge Handlungen; die Erfolglosigkeit magischer Praktiken habe den Animismus in Geltung gesetzt, wonach geistige Wesen Macht über die Welt ausübten; der Mensch müsse sich diese gewogen machen; daraus ergäben sich die verschiedenen Religionsstufen. In Abwandlung des sozialphilosophischen Entwicklungsmodells von Comte, der auf Religion und Metaphysik die positive praxisbezogene Wissenschaft folgen lässt, nahm Frazer die drei Stadien Magie – Religion – Wissenschaft an. Die Passivität der religiösen Weltbeherrschung werde durch die Aktivität der wissenschaftlichen Weltbeherrschung überwunden.

Zu Anfang des 20. Jahrhunderts wurde die Religionswissenschaft durch den Antagonismus zweier Forschungsschulen bestimmt, die auch heute noch in den wissenschaftlichen Diskussionen präsent sind: Religionsphänomenologie gegen Religionssoziologie. Das phänomenologisch-eidetische Religionskonzept und das soziologisch-funktionale Religionskonzept standen scharf gegeneinander. Die Hermeneutik des Verstehens und des frommen Gefühls wurde gegen die Hermeneutik des Beobachtens und der symbolischen Handlungen gesetzt. Innerliches Gegenstandsverständnis stand gegen äußerliche Gegenstandsbeobachtung.

Der *soziologisch-funktionale Religionsbegriff* beschreibt die funktionalen Leistungen von Religion für die Gestaltung von Gesellschaft und Weltbezug. Religion schaffe insbesondere moralisch-emotionale Bindung für den Zusammenhalt einer Gesellschaft.

ÉMILE DURKHEIM (1858–1917) ging in seiner Untersuchung „Les formes élémentaires de la vie religieuse, le systeme totémique en Australie" (1912) von sozialen Tatsachen, mithin von denjenigen Handlungen, Gedanken und Gefühlen aus, die sich dem Einzelnen von außen als Erwartungen der Gesellschaft zwingend aufdrängen. Der für Religion erhebbare Phänomenbestand könne nicht angemessen verstanden werden, wenn Religion als Beziehung auf Übernatürliches oder auf geistige Wesen aufgefasst werde. Religion gehöre zum Bereich sozialer Tatsachen. Soziale Tatsachen bestimmen neben biologischen und psychologischen Tatsachen regelhaft das Freiheitswollen der Individuen. Im Unterschied zur Magie sei Religion insbesondere bedeutsam für die Gemeinschaftsbildung. Religion integriere die Einzelnen in die Gesellschaft. Eine Gesellschaft gewinne nur Stabilität, wenn das egoistisch-disparate Verhalten der Einzelnen durch den Heiligkeitsbezug der Religion in gemeinschaftsfördernde Normen umgeschmolzen werde. Religion sei eine kollektive Angelegenheit. In Aufnahme der Totemismus-Theorie, wie sie der Ethnologe JOHN FERGUSON MCLENNAN (1827–1881) erstmals formuliert hatte, sah Durkheim die Religion ursprünglich in der Verehrung eines abgesonderten Totems („oteman' ,es gehört zu meiner Gruppe') durch eine Gruppe begründet. Indem eine Gruppe ein Ding, ein Tier oder eine

Pflanze absondere und als heilig verehre, werde ein Band von Überzeugungen und Praktiken geschaffen, das die Gemeinschaft der Verehrenden stifte und erhalte. Religion und Gesellschaft seien dem Einzelnen transzendent. Durkheim untersuchte die Religion nur im Blick auf ihre gesellschaftliche Leistung. Er erwartete, der moderne Rückgang religiöser Praktiken und Überzeugungen werde durch eine neue soziale Religion aufgefangen werden.

MAX WEBER (1864-1920) setzte mit dem sozialen Handeln ein, einem Handeln, das die handelnde Person sinnhaft auf das Verhalten anderer Personen bezieht und in seinem Ablauf orientiert. Sinnhaftes Handeln basiere auf der Annahme der Geltung bestimmter Werte. Anders als Verhalten sei soziales Handeln auf Ziele, Zwecke und Mittel ausgerichtet. Es könne deshalb nach seinen Bedeutungszusammenhängen und Beziehungsgeflechten analysiert und klassifiziert werden. Die Soziologie ermittle nicht die konkreten Ursachenkonstellationen einzelner Handlungen, sondern die generellen typischen Muster sinnhaften Handelns und sinnhaft Handelnder. Die Religion liefere durch Wertsetzung und Sinngebung soziale Handlungsbegründungen. Sie gebe Orientierung in der Mannigfaltigkeit möglichen Handelns. Die in Lebensbeeinträchtigungen erfahrene Sinnwidrigkeit werde von der Religion verarbeitet; dadurch werde Sinn stabilisiert. Durch ihre Verbindung mit anderen Formen sozialen Handelns begegne Religion nicht isoliert, sondern immer in bestimmten Milieus und Kulturen. Diese soziale Binnendifferenzierung und die Wandlungsfähigkeit von Religionen hat Weber vielfältig untersucht. Besonders die innovative Wirkung der Prophetie in ihrer Kritik am magischen oder priesterlichen Traditionalismus hat er herausgearbeitet. Um die Herkunft des Kapitalismus aus dem protestantischen Puritanismus plausibel zu machen, hat Weber nicht die reformiertpuritanische Wirtschaftsethik, sondern die Lehre von der doppelten Prädestination herangezogen. Über das ewige Heil und die ewige Verdammnis sei schon entschieden; ein Hinweis für den Einzelnen, ob er in Ewigkeit erwählt oder verdammt sei, lasse sich dem beruflichen Erfolg entnehmen; dieser müsse in weiterer Tätigkeit bewährt werden. Diese innerweltliche Askese habe die Wirtschaftsgesinnung des Kapitalismus befördert, der auf jegliche religiöse Begründung verzichtet für seine Arbeitsorientierung und sein nie zu befriedigendes investives Gewinnstreben.

Der *phänomenologisch-eidetische Begriff* bestimmt Religion als Ausdruck individueller Transzendenzerfahrung, als Ausdruck individuellen Erlebens des Unendlichen im Endlichen. Religion wird als Bereich des Heiligen verstanden; und das Heilige sei Epiphanie des Göttlichen. Religion sei Erleben, sei irrationales Erlebnis. Der Rationalismus der Wissenschaft habe hier einen inkommensurablen Gegenstand. Aus der Zentralstellung des Erlebens ergebe sich eine bestimmte Methodologie. Erleben dränge zum Ausdruck. Der Ausdruck verlange von anderen eine Hermeneutik des Verstehens und der Teilnahme.

RUDOLF OTTO (1869–1937) stellte in seinem Werk „Das Heilige" (1917) insbesondere die Rationalität und Ethik überschreitenden Züge des Heiligen heraus: das Numinose werde vom Menschen erlebt als ‚mysterium tremendum' und als ‚mysterium fascinans'. Nur im eigenen Erleben könne dieses für alle Religion elementare Gefühl des Numinosen begegnen. Über Religion reden könnten also nur diejenigen, die eigene Erlebnisse mit dem Numinosen haben.

GERARDUS VAN DER LEEUW (1890–1950) entwickelte seine religionsphänomenologische Methodologie im Anschluß an EDMUND HUSSERL (1859–1938), der die Phänomenologie auf den Prinzipien der epoché (gesteuerte Einklammerung der eigenen Überzeugungen und Vorurteile) und der Wesensschau (eidetische Reduktion) aufgebaut hatte: In spontaner einfühlender Hingabe durchleben die Forschenden das Phänomen, nehmen es in epoché und Wesensschau bewusst in reiner Sachlichkeit wahr und verstehen das benannte und geschaute Phänomen im Gesamtzusammenhang.

Die Religionsphänomenologie befindet sich durch ihren methodischen Ansatz in einer heiklen Lage, weil sie einerseits die Distanz zu ihrem Gegenstand wahren muss, um ihre religiöse Neutralität nicht zu gefährden, weil sie andererseits diesen

Gegenstand, der bei Neutralität überhaupt unsichtbar bleibe, nur durch eigenes Erleben von innen für erschließbar hält. Die unvermeidbare Innerlichkeit des Erlebens steht in Spannung zum Neutralitätsgebot; diese Innerlichkeit erzwingt eine perspektivische Erfassung, die normierende Wertungen einschließt. Die gegenwärtige *kulturwissenschaftliche Forschung* in der Religionswissenschaft ist interdisziplinär darauf gerichtet, religiöse Motivation und Gestaltung in den unterschiedlichsten Lebensäußerungen und Gesellschaftsbereichen zu erhellen. Die kulturwissenschaftliche Ausrichtung bedeutet Überschreiten der festgefügten Fachgrenzen, Hinwendung von der Semantik zur Pragmatik, Betonung von Kommunikation und Perspektivität, Herausstellen der reflexiven Verschränkung von Gegenstand und Wissenschaft. Die Religion als kulturelles Symbolsystem soll durch Beobachtung erforscht werden. Der Gegenstand Religion ist nicht unabhängig vom öffentlichen und wissenschaftlichen Diskurs über Religion. Die Wissenschaft ist an ihrem Gegenstand beteiligt. Deshalb gewinnt die Untersuchung der Kommunikation zentrale Bedeutung.

2. Wahrnehmungen

Wahrnehmungen zum Feld der Religion fußen auf Außenbetrachtungen, Binnenschilderungen und Eigenbeobachtungen. Eine erste Näherung durch Außenbetrachtung befasst sich mit den quantitativ erfassbaren Merkmalen der Religionen. Eine statistische Übersicht über die Größe und Verbreitung der Religionen gibt Entwicklungshinweise. In der Binnenperspektive werden einige wesentliche Züge religiöser Erfahrung angesprochen. Diese Charakterisierungen sind Gegenstandsaussagen, die Religion in direkter Aussagerichtung erfassen wollen.

a. Außenperspektive

Die statistische Übersicht der vorhandenen Religionen zeigt deutliche regionale Schwerpunkte und kulturell-gesellschaftliche

Prägungen. Alle quantitativen Angaben sind ziemlich grobe Näherungsangaben. Die statistische Erfassung von Religionen ist nämlich aus mehreren Gründen schwierig. Erstens sind statistische Daten allgemein für zahlreiche Staaten ziemlich unzuverlässig. Zweitens sind für Religionen in manchen Ländern Mehrfachzuschreibungen durchaus möglich und angemessen, beispielsweise in Japan eine doppelte Zuschreibung zu Buddhismus und Shintoismus, beispielsweise in Lateinamerika eine doppelte Zuschreibung zum Christentum und zu afroamerikanischen Kulten. Drittens wird in der Ermittlung der Religionszugehörigkeit nicht einheitlich verfahren. Überall, wo die Religionszugehörigkeit oder die Religionslosigkeit staatlich festgelegt ist, werden nur die Abweichler gezählt und alle anderen, gleich welche Überzeugungen oder Lebensorientierung sie haben, der staatlichen Norm zugerechnet. Nicht-Ablehnung bedeutet Zugehörigkeit. Nur in religionsneutralen Staaten wird nach einem expliziten Zurechnungsverfahren rubriziert. In kommunistischen Staaten wird die Zugehörigkeit zu einer Religion nicht dokumentiert, weil nicht gewünscht. Deshalb ist die Rubrik Religionslose oder Konfessionslose disparat.

Für das Jahr 2007 bestehen folgende Schätzungen (die Religionen sind alphabetisch gereiht):

Erdbevölkerung	6.615 Mill. Menschen
Konfessionslose/Atheisten	941 Mill.
Religionszugehörige	5.674 Mill.
Buddhismus	386 Mill.
Chinesische Volksreligion	388 Mill.
Christentum	2.195 Mill., davon 1.143 Mill. römische Katholiken
Hinduismus	888 Mill.
Islam	1.360 Mill., davon 1.000 Mill. Sunniten
Judentum	15 Mill.
Neureligionen	106 Mill.
Shintoismus	48 Mill.
Sikhismus	26 Mill.
Stammesreligionen	262 Mill.

(Hauptquelle: International bulletin of missionary research, Bd. 31, Nr. 1, Januar 2007, S. 32). Zugehörigkeitszahlen der Religionen relativ zur Entwicklung der Weltbevölkerung gibt es für das 20. Jahrhundert. Verglichen werden die Verhältniszahlen von 1998 mit denen von 1900 (vgl. Brockhaus Enzyklopädie, Bd. 24, Leipzig 2001, S. 58): Das Christentum macht konstant etwa ein Drittel der Weltbevölkerung aus. Der Islam wächst von 12 % auf 20 %. Der Hinduismus ist konstant bei 12 %. Der Buddhismus sinkt leicht von 8 % auf 6 %. Die Stammesreligionen gehen von 7 % auf 4 % zurück. Das Judentum ist vermindert von 0,8 % auf 0,3 %. Die Gruppe der Konfessionslosen/Atheisten wächst von 0,2 % auf 15 %.

b. Innenperspektive

Religion ist Widerfahrnis. Religiöser Erfahrung ist die Überzeugung eingeschrieben, dass diese Erfahrung nicht von der Frömmigkeit der Religiösen gemacht ist, sondern dass das fraglose Ergriffensein gewirkt ist vom Göttlichen selbst. Religion ist in ihrer Konstitution passivisch. Fromme erfahren sich in ihrer Ergriffenheit überwältigt von dem, was sie ergreift als eine übermächtige Instanz.

Das Überwältigende und Erschütternde religiöser Widerfahrnis drängt zu Verstehen und Verständigung. Das bedeutet Nachdenken über die erfahrenen Situationen und Kräfte unbedingter Inanspruchnahme, deren Verknüpfung mit den vielfältigen anderen Lebensregelungen und Mitteilung dieser Erfahrung an andere Menschen. Diese Formulierung von Erfahrung entwickelt eine bestimmte Regelhaftigkeit, baut eine eigene logisch strukturierte Welt auf.

Alle Bereiche des Selbsterlebens und Welterlebens können zu Situationen religiöser Widerfahrnis werden. Die daran anschließende und darauf bezogene religiöse Praxis erfordert temporale und soziale Verknüpfung. Die leitenden Überzeugungen müssen mitgeteilt und praktisch dargestellt werden. Daraus ergeben sich Fragen, wie bestimmte Erfahrungen zueinander in

Beziehung gesetzt werden können und wie die Sphäre des Religiösen zu anderen Kultursphären steht.
Religion begegnet als das ganz Andere. Die Vertrautheit, die für die alltägliche Lebenspraxis gilt, die Vertrautheit, in der alltäglich die Umwelt und Mitwelt wahrgenommen und behandelt werden, diese Vertrautheit wird unterbrochen. Der Alltag wird aufgebrochen und in ein neues Licht gestellt. Religion bricht in die gewöhnliche Wirklichkeit ein. Prophetische Berufungsberichte schildern diese Unterbrechungserfahrung dramatisch (vgl. Jes 6; Jer 1,4–19; Ez 1–3). Religion eröffnet neue Horizonte, führt in neue Welten. Die gewöhnliche Wirklichkeit, in der Menschen sich eingerichtet haben, wird aufgesprengt. Die vertraute Wirklichkeit wird überschritten. Eine neue Lebenskraft ergreift die Frommen und erfüllt sie. Das Staunen über das Neue gibt der gewöhnlichen Wirklichkeit eine veränderte Bedeutung, stellt sie in ein anderes Licht. Das Transzendente ist erschreckend und beglückend. In seinem Licht wird alles neu. Die göttliche Kraft strahlt auf die gewöhnliche Alltagswelt zurück und verwandelt sie.

Eine in vielen Religionen vorkommende Gestalt ist die Mystik. Dieser Weg nach innen, diese Versenkung in den Grund zielt auf ein Abstreifen aller Weltbezüge, zielt auf die Verschmelzung der Frommen mit dem Absoluten, dem Sein. Die duale Beziehung des Menschen zum Absoluten wird zum Ausgang für das Einswerden mit dem göttlichen Urgrund. Die Erfüllung ist die Aufhebung der Einzelpersönlichkeit und das Leben im göttlichen Sein. Die Mystik ist nicht interessiert an Gesellschaft und frommer Gemeinschaft, verneint alle Impulse zur Weltgestaltung, verzichtet auf konfessionelle Profilierung.

Religiöse Wirklichkeitserschließung ist passiv konstituiert. Dies wird häufig durch den Begriff der Offenbarung ausgedrückt. Ein Sachverhalt, der vorher unbekannt war, steht nun vor Augen. Oder ein Sachverhalt erscheint in völlig neuem Licht. Kraft ist plötzlich vorhanden in der Schwäche. Diese neue Klarheit war und ist unverfügbar. Das Eigentümliche des Erschließungsvorganges besteht darin, dass die Passivität dessen, dem die Offenbarung zuteil wird, augenfällig ist. Offenbarung ist die öffentlich-äußere Mitteilung eines Inneren, ist in besonderer Weise die göttliche Erleuchtung und Kundtuung. Religiöse Offenbarung wird als Selbstoffenbarung des Göttlichen erfahren. Wird Offenbarung als ungewöhnliche Erkenntnisquelle von besonderen Erkenntnisinhalten angesehen, so kann Offenbarung zum Instrument werden, die Allgemeinheit des Wahrheitszugangs zu verneinen und statt dessen einen besonderen exklusiven Zugang zu irrtumsfreier Wahrheitseinsicht zu behaupten. Die Bewahrheitung durch Selbsterfahrung, Selbstdenken und Selbstevidenz wird dann abgeschnitten. Offenbarung gewinnt den Charakter, Aussagen und Erkenntnisse in autoritärer und heteronomer Weise verbindlich machen zu wollen, weil die Exklusivität des Wahrheitszugangs das Offenbarte zu Spezialkenntnissen macht, die anderen verschlossen sind und verschlossen bleiben. Offenbarungsaussagen werden wie Spezialkenntnisse aus einer anderen Welt aufgefasst und behandelt. So werden die tiefen Menschheitsfragen nach Sinn des Lebens, nach Ursprung und Ziel gleichsam durch Spezialnachrichten beantwortet, die nur Eingeweihten in einem besonderen Medium zugänglich sind. Offenbarung gerät dann in den Verdacht, dass durch sie Gruppeninteressen legitimiert werden sollen, dass eine Gruppe von Wahrheitsverwaltern ihre soziale Position durch ihre privilegierte Wahrheitsrepräsentanz absichern wolle.

3. Leistungen

Religion kann mittels ihrer Leistungen beschrieben werden. Diese Leistungen will das funktionale Religionskonzept erfassen, das nicht an der inwendigen Erfahrung, sondern an der äußeren Darstellung, am symbolischen Zeichensystem orientiert ist: Es geht nicht um Erfassung des Heiligen, sondern um die Erfassung der Zuschreibung von Heiligkeit und der sozialen Wirkungen, die diese Zuschreibung erzeugt. Wird für religiöse Lebensvollzüge eine elementare Bedeutsamkeit und somit eine wesentliche Nichtersetzbarkeit angenommen, so lassen sie sich nicht durch kategorial andere nichtreligiöse Lebensvollzüge, wohl aber durch inhaltlich anders bestimmte religiöse Lebensvollzüge ersetzen. Glaube kann mithin nur durch Glauben ersetzt werden. Dies bestätigen gerade die so genannten Weltanschauungen.

a. Trauerbewältigung

Jeder Mensch hat nicht nur Gattungsbewusstsein, sondern auch Individuumsbewusstsein. Der Selbstbezug, die Selbstwahrnehmung als Individuum war vermutlich im Evolutionsprozess der entscheidende Faktor für die umfassende Durchsetzung des Menschen gegenüber anderen Naturwesen. Und das Individuumsbewusstsein dürfte maßgeblich durch die Wahrnehmung von Sterblichkeit geprägt sein.

Frühgeschichtliche Bestattungen belegen die religiöse Wahrnehmung der Sterblichkeit. Der Tod anderer betrifft die Hinterbliebenen, lässt sie für das Ergehen der Verstorbenen Sorge tragen und rückt ihnen das eigene künftige Ergehen in den Blick. Der Tod anderer, die wichtig sind, zu denen eine emotionale Bindung bestand und besteht, dieser Tod anderer lässt fragen, was denn nach dem Tod sei, wie es ihnen dann ergehe. Trauer wird durch die Bestattung ausgerückt und bewältigt. Trauer ist ein elementares Motiv für Religion.

Frühgeschichtliche Bestattungen bezeugen den Gestaltungswillen im Blick auf das Leben nach dem Tod, bezeugen die Zurüstung für das Jenseits, bezeugen teilweise aber auch die Abwehr von Wiedergängern. Bei Bestattungen überwiegen Belege und Zeichen für die Zuwendung der Hinterbliebenen zu den Verstorbenen; es gibt aber auch Techniken (beispielsweise Fesselungen), die auf Abwehrmaßnahmen hindeuten.

Das Vergänglichkeitsbewusstsein drängt zu religiöser Gestaltung. Hier knüpfen Begräbnisriten, Totenkult, Ahnenkult, Ewigkeitsglaube, Wiederkehrvorstellungen an. Der Tod hat für Menschen einen ganz spezifischen Charakter. Der Tod schneidet nämlich das Möglichkeitsbewusstsein ab. Der Mensch ist ja nicht nur der, der er ist, sondern auch der, der er sein kann. Dabei ist dieses Seinkönnen auch immer noch vor die Frage gestellt, was der Mensch als diese Person sein soll und sein will. Der Tod beschränkt den Möglichkeitsraum gegenüber der Wirklichkeit. Durch ihn werden Grundfragen der Lebensgestaltung mit letzter Dringlichkeit gestellt. Der Tod hebt das Seinkönnen aus der Unverbindlichkeit in die Verbindlichkeit. Der Tod ist unvertretbar, er ist der je meinige. Der Mensch kann nur in einem begrenzten Umfang sich und sein Leben entwerfen und gestalten. Der Tod stellt definitiv fest, was der einzelne Mensch ist. Das ist in seltenen Fällen im Sinne einer Vollendung gemeint; in den meisten Fällen im Sinne einer fragmentarischen Feststellung. Gerade durch das Wissen von der Endlichkeit wird allererst der Druck erzeugt, das Potential von Lebensentwürfen auch in diesem begrenzten Umfang zu realisieren. Der Tod tritt gleichsam als Klammer zwischen Wirklichkeit und Möglichkeit auf.

Das Bewusstsein des Todes prägt die Wahrnehmung und Einschätzung der Zeitlichkeit. Im menschlichen Leben als geschichtlicher Existenz steht immer noch etwas aus, was noch nicht wirklich geworden ist. Menschliches Dasein ist ständig unabgeschlossen. Erreicht es seine Grenze, dann ist dies zugleich der Verlust des In-der-Welt-Seins.

Mit dem Todesbewusstsein weiß jeder Menschen sein eigenes Ende, seine eigene Begrenztheit. Die Angst vor dem Tode ist mehr als die Furcht vor dem Ableben. Der Tod stellt die Frage nach Transzendenz. Immer wieder haben Menschen nach dem Danach gefragt. Das endliche und somit sterbliche Subjekt drängt darauf, die eigene Endlichkeit zu übersteigen. Der Umgang mit der Negativität des Todes prägt die menschliche Geistigkeit und gibt menschlichem Tun unausweichliche Verbindlichkeit.

b. Gemeinschaftsbindung

Religion verbindet Menschen zu Gemeinschaft. Jede Gesellschaft bedarf selbstverständlicher Bindekräfte, die das Gemeinschaftsbewusstsein kulturell tragen. Religion schafft diese Bindekräfte durch verehrende Überzeugungen und Handlungen.

Die Bildung menschlicher Gemeinschaft in stabilen Gruppen (Horden) erfolgte wohl in der älteren Altsteinzeit. Diese Gruppenbildung überschritt die sorgende Pflege der Nachkommenschaft, die einzeln oder in Rudeln erfolgen kann, durch die Wahrnehmung und Beachtung von Familienbeziehungen (Abstammung und Verwandtschaft). Erste Hinweise auf dieses Gruppenbewusstsein sind überliefert durch absichtsvolle Bestattungen.

Die bewusste Wahrnehmung von Abstammungsbeziehungen wurde durch die Ausbildung von Sprache gefördert. Die Identifikation von drei unterschiedlichen Generationen dürfte erst durch Sprachgebrauch sicher möglich sein. Mit der Sprache lassen sich dann auch Abstammungsbeziehungen zu bereits Verstorbenen herstellen. Durch Namen werden Verstorbene erinnert, dadurch können auch verzweigte Verwandtschaftbeziehungen in Gruppen gekennzeichnet werden. Gemeinsame Ahnen unter den Verstorbenen erlauben einer Gruppe mit zweistelliger Mitgliederzahl ein Selbstverständnis als Abstammungsgemeinschaft. Diese Gemeinschaft wird durch die gemeinsame Pflege eines Grabes augenfällig und stabil.

Religion baut Gemeinschaft. Religion gestaltet und verpflichtet Gemeinschaften. Für das prägende Miteinander von Menschen haben die Religionen eine wesentliche Bedeutung. Sie symbolisieren die Werthaltungen und ritualisieren die gemeinschaftlichen Lebensvollzüge.

Religiöse Kräfte, die das Zusammenleben in Gemeinschaften nachhaltig bestimmen und eine Gemeinschaft befriedend stärken, können aber auch durch Abgrenzung und Ausgrenzung nach außen destruktiv wirken und zerstörerische Gewalt entfesseln.

c. Statusdeutung

Religion deutet den Lebensstatus. Die Lebensdeutung wird zu einem eigenen Thema bei markanten Veränderungen im Lebenslauf. Lebensdeutung erfolgt zumeist als Statusdeutung. Beim Statusübergang wird die positionsbezogene Identität unklar und muss durch Initiation neu bestimmt werden. Der neue Status wird durch eine öffentliche Handlung bekannt gemacht und in einem religiösen Ritus dokumentiert.

Die Einführung eines Individuums oder einer Gruppe in einen neuen Status wird durch rituelle Handlungen und Unterweisungen gestaltet. Bei lebenszyklischen Veränderungen (Geburt, Pubertätsbeginn, Hochzeit, Tod), bei Berufung in eine besondere soziale Stellung (Weihe eines Häuptlings, Schamanen, Propheten), bei Aufnahme in eine besondere Gruppe (Geheimbünde, Mysterien, Bruderschaften) wird die Initiation als Übergang symbolisiert. Die Übergangsriten, so ARNOLD VAN GENNEP (1873-1957) in seiner 1909 publizierten Studie „Les rites de passage", sind jeweils in die drei Phasen Trennung, Umwandlung und Angliederung strukturiert.

Initiationsrituale sind in traditionalen Stammesgesellschaften markant beim Pubertätsbeginn besonders für die Knaben. Die nachwachsende Generation wird in die Handlungsmuster und das mythische Wissen des Stammes eingeführt und mittels Mutproben, Angsterfahrungen und Prüfungen (teilweise als Durchgang durch Tod und Wiedergeburt rituell gestaltet) in ihr durch Stammessolidarität bestimmtes Erwachsenenleben eingeführt. Knaben und Mädchen werden dabei auch erstmals in ihre geschlechtsspezifischen Verhaltensweisen eingeübt.

Statusveränderungen, die selbst religiös veranlasst sind, im Christentum beispielsweise die Taufe als Eintritt in die Gemeinschaft der Glaubenden, finden sich in allen Weltreligionen. Diese innerreligiösen Initiationsrituale können nicht durch externe Äquivalente ersetzt werden.

Für die religiösen Riten zur sozialen Integration von lebenszyklischen Statuswechseln (beispielsweise Geburt, Adoleszenz, Hochzeit, Tod) sind vermehrt nichtreligiöse Äquivalente eingetreten. Bestimmte Statuswechsel (beispielsweise bei Schulanfang) werden neu durch religiöse Riten begleitet.

Wegen der gesellschaftlichen Differenziertheit können die konkreten Situationen, in denen der Übergang ansteht, kaum noch angemessen definiert werden. Deshalb zieht sich die religiöse Interpretation des Statuswechsels auf eine allgemeinere

Beschreibung und auf eine fallweise Intervention der helfenden Begleitung zurück.

Die religiöse Bearbeitung von Statuswechseln kann ausgeweitet werden dazu, Ängste, die sich an faktisch eingetretenen oder an antizipierten Erwartungsenttäuschungen festmachen, rituell aufzufangen. Dies geschieht zumeist nicht mehr durch eine unmittelbare Problembearbeitung, sondern Religion interpretiert und symbolisiert die Grundlagen der zunehmend prägnant geordneten Erwartungsbereiche, legitimiert also bestimmte Erwartungsmuster.

d. Komplexitätsreduktion

Religion vereinfacht das Leben. Sie gibt Muster und Regeln, durch die unübersichtliche Lebenslagen und Situationen überschaubar werden. Sie gibt Orientierung, durch die komplexe Konstellationen so strukturiert werden, dass sie bewältigt werden können. Das Unfertige und Überschießende des Lebens wird in ihr thematisch.

Religion bearbeitet die Unverfügbarkeit des Anfangs und Endes des Einzellebens, die Schicksalhaftigkeit bestimmter Lebenserfahrungen, die Unabschließbarkeit der Reflexion, die Kontingenz des Daseins, die Ordnung der Welt, die Verpflichtung der Freiheit.

NIKLAS LUHMANN (1927–1999) will in seiner soziologischen Systemtheorie eine funktionale Analyse gesellschaftlicher Phänomene geben. Er operiert in seiner Untersuchung „Funktion der Religion" (1977; 2. Aufl., 1982) mit binären Grundbegriffen: Grundlegend für die Analyse sozialer und personaler Systeme sind die Unterscheidungen von innen/außen sowie Erleben/Handeln.

Die Systeme sind Instanzen, die in Beziehung zu einem Außen so stehen, dass sie dabei ihr Innen steuernd organisieren. In den Systemen sind die Elemente, aus denen sie bestehen, miteinander in Wechselwirkung verknüpft.

Zu jedem System gehört nach Luhmann eine Umwelt des Systems, die jeweils komplexer als das System ist. Die Beziehung zwischen System und Umwelt sei asymmetrisch, sei nie eine Punkt-für-Punkt-Beziehung. Durch eine Auswahlleistung gewinne das System eine eigene unabhängige Kapazität. Indem es die Innenbeziehungen zwischen den Auswahlelementen steigere, könne es den Umwelthorizont erweitern. Das System erschließe sich eine größere Umwelt.

In sozialen Systemen erfolge durch die Konstitution von Sinn eine modale Qualifizierung der System-Umwelt-Beziehungen. Die asymmetrische Beziehung des Systems zur Systemumwelt trete unter die Kategorien von Wirklichkeit und Möglichkeit. Durch die Sinnkonstitution werde Wirkliches (Gegebenes) erfasst zusammen mit seinen Möglichkeitsoptionen. Mit dieser Zuordnung werde die Selbstreferenz zum wesentlichen Merkmal von Systemen.

In jeder seiner Operationen beziehe sich ein Sinnsystem auch auf sich selbst. Dieser Selbstbezug führe zu einer Steigerung der Komplexität des Umweltbezuges. Der weitest gespannte Gegensatz eines Systems zu seiner Umwelt sei der Gegensatz von Gesellschaft und Welt. Die Gesellschaft sei in ihrer Beziehung zu Umwelt und zu Welt ein System, das durch die Konstitution von Sinn seine eigenen Auswahlleistungen begründe und dadurch auch sein Möglichkeitspotential bestimme.

Die Religion erfülle nach Luhmann eine gesellschaftliche Grundfunktion. Der These religionsloser Gesellschaft wird damit eine Absage erteilt. Die Religion erschließe die Unbestimmbarkeit von Sinnhorizonten und die Transzendenz von Systemumwelt. Die Religion überführe unbestimmbare Komplexität in bestimmbare, indem sie symbolisiere, was unbestimmbar sei und unbestimmbar bleibe. Genau dadurch weite sie den Horizont des Bestimmbaren.

Nach Luhmann wird im Zugleich von Bestimmtheit und Unbestimmbarkeit die religiöse Orientierung wirksam. Religion symbolisiere die Unbestimmbarkeit von Seinsbezügen so, dass die Unbestimmbarkeit in die Sinnkonstitution integriert werden könne.

Das Bezugsproblem von Unbestimmbarem und Bestimmtem könne religiös entweder von der Seite des Unbestimmbaren (indem es wie ein Bestimmbares behandelt wird) oder von der Seite des Bestimmten (indem es mit Elementen der Unbestimmbarkeit angereichert wird) behandelt werden. Die erste Variante liege in den einfachen Religionen, die zweite in den Hochreligionen vor.

B. Weltreligionen

Weltreligionen in einem strikten Sinn sind diejenigen Religionen, die einen universellen Geltungsanspruch haben und weltweit Mission betreiben wie Buddhismus, Christentum und Islam. Weltreligionen in einem weiteren Sinn sind diejenigen Religionen, die global vertreten sind wie das Judentum oder die einen größeren Anteil der Weltbevölkerung umfassen wie der Hinduismus.

Die Unterscheidung der Weltreligionen von den anderen Religionen ist keine qualitative Unterscheidung und nicht identisch mit der wertend gemeinten problematischen Gegenüberstellung von Kulturreligionen (Hochreligionen) und Naturreligionen (Primitivreligionen).

Alle Weltreligionen sind in Asien entstanden. Judentum, Christentum und Islam stammen aus Westasien (aus dem Nahen Osten), sind genetisch miteinander verbunden und werden häufig als abrahamitische Religionen summiert. Buddhismus und Hinduismus stammen (wie Jainismus und Sikhismus) aus Südasien und sind ebenfalls genetisch verbunden.

Werden die gegenwärtig vorhandenen global bedeutsamen Religionen betrachtet, so lassen sich zwei Religionsfamilien unterscheiden, die prägnant verschiedene Seinsüberzeugungen aussprechen: Wiederkehrreligionen und Geschichtsreligionen stehen neben einander.

Die Wiederkehrreligionen haben ein vielgestaltiges und vielwertiges Bild des Göttlichen. Die Geschichtsreligionen sind auf die Anbetung des einen Gottes konzentriert. Markant ist die Grundwahrnehmung und Vollendungshoffnung des Lebens:

Reinkarnation steht gegen Einmaligkeit, Streben nach Vollendung in Leere gegen Hoffnung auf Vollkommenheit in Liebe.

1. Wiederkehrreligionen

In Südasien, mit starker Ausstrahlung auf Ostasien und Zentralasien, sind die Hindu-Religionen und der Buddhismus entstanden, die auf der Überzeugung basieren, dass Sein und Leben durch eine immer währende Wiederkehr bestimmt sind. Dieser Kreislauf des Lebens mit Wachsen und Vergehen ist ein Kreislauf sich immer wiederholendes Leidens. Die dort beheimateten Religionen zeigen Wege zur Bewältigung dieser Grundüberzeugung.

a. Hindu-Religionen

Hinduismus ist die neuzeitlich-westliche Sammelbezeichnung für mannigfaltige religiöse Strömungen auf dem indischen Subkontinent. Erst während der englischen Kolonialherrschaft wurde die sprachliche Unterscheidung zwischen ‚Indern' (Bewohnern Indiens) und ‚Hindus' (Angehörige der einheimischen Religionen) eingeführt. Die religiöse Sammelbezeichnung wurde von der politischen Unabhängigkeitsbewegung am Ende des 19. Jahrhunderts aufgegriffen, um den in Sprache und Kultur sehr unterschiedlichen Völkern Indiens ein einheitsstiftendes Nationalmerkmal geben zu können.

Die Erfordernisse der Kolonialverwaltung verlangten Kenntnisse der religiösen Prägung der Bevölkerung. In der Orientalismus-Debatte wurden Hinduismus und Buddhismus typisiert und genealogisch bestimmt. Bestimmte Texte wurden als heilige Texte festgestellt, eine Bewertung der unterschiedlichen Strömungen durch Zuordnung zu diesen Texten vorgenommen.

Die Zuwendung zu ihren alten religiösen Traditionen stärkte das Selbstvertrauen der durch den europäischen Imperialismus bedrängten Kulturen. Die den kolonialen Zugriff abwehrenden und politische Freiheit fordernden Inder (beispielsweise Gandhi) bekamen durch die religionswissenschaftlichen Forschungen und Konstruktionen allererst genauere Kenntnisse über ihre eigene Herkunft. Sie übernahmen die religionsphilologischen Konstruktionen im Kampf gegen die Kolonialmächte.

Wichtige Anstöße für die Indologie kamen aus der Philologie. FRIEDRICH SCHLEGEL (1772–1829) legte mit der Schrift „Ueber die Sprache und Weisheit der Indier" (1808) den Grundstein. Der Sprachwissenschaftler FRIEDRICH MAX MÜLLER (1823–1900), der seit 1854 in Oxford lehrte und die grundlegende Methodik des religionswissenschaftlichen Vergleichs erstmals formulierte, gab die „Rig-Veda-Sanhita, the sacred hymns of the Brahmanas" (1849–1874) heraus und begründete die Reihe „The Sacred Books of the East" (1879– 1910).

aa. Herkunft

Hinduismus setzt die vedische Religion der ohne festen Wohnsitz und Tempel lebenden eingewanderten Arier voraus, bei denen die Rezitation heiliger mündlich überlieferter Hymnen (Veden) anlässlich von rituellen Opferhandlungen im Zentrum stand. Opferritual und Göttermythen zeigen eine enge Verwandtschaft zur altiranischen Religion des Avesta. Erstes Zeugnis der vedischen Religion ist der Rigveda (v18.–v13. Jahrhundert), ältester Text der indoeuropäischen Sprachen, dessen Hymnen erst im 5. nachchristlichen Jahrhundert verschriftet wurden. Die drei hymnischen Sammlungen des Samaveda, Yajurveda und Atharvaveda enthalten Rezitationsmelodien, Opfersprüche und magische Gebete (v12.–v9. Jahrhundert). In verschiedenen Prosatexten kündigt sich der Wechsel zur philosophisch-mystischen Literatur an, die in den Upanischaden (v8.–v3. Jahrhundert) dann zur Blüte kam und für die weitere spirituelle Entwicklung der indischen Religionen fruchtbar wurde.

bb. Entwicklung

Die religiöse und politisch-soziale Vorrangstellung der Priester (Brahmanen) wurde im v4. Jahrhundert durch die zahlreichen asketischen Reformbewegungen, besonders durch Buddhismus und Jainismus erschüttert. Der Jainismus ist in seinen Verhaltensregeln dadurch geprägt, dass keine anderen Lebewesen getötet werden dürfen, auch Insekten oder Kleinstlebewesen nicht. Die Jainas essen vegetarisch, trinken abgekochtes Wasser, kehren ihre Sitze mit Wedeln frei, tragen Mundschutz, um keine Insekten zu verschlucken. Einige Wanderasketen folgen dem Vorbild ihres Stifters MAHAVIRA (CA. V599–V527) und tragen Luftkleidung (d.h. praktizieren völlige Nacktheit), andere sind weiß gekleidet.

Die Auseinandersetzung mit den asketischen Reformbewegungen bestanden die Brahmanen durch eine markante Synthese, indem sie vedische Tradition, asketische Ideale und lokale Kulte in einem neuen System integrierten und dadurch den klassischen Hinduismus gestalteten (v2. bis 12. Jahrhundert). Dieser klassische Hinduismus, der zunächst neben dem Buddhismus breitenwirksam wurde und der den Buddhismus schließlich aufsog, entwickelte religiös eine flexible Zuordnung der mannigfaltigen Gottheiten in gestuften Bedeutungen und Verbindungen, wobei besonders Vishnu und Shiva hervorgehoben verehrt werden können. Tempelritual, Verehrung von Götterbildern, Pilgerschaft zu heiligen Orten erhielten neue Prägekraft. Architektonisch und ikonographisch reich geschmückte Tempelanlagen entstanden seit dem 5. Jahrhundert auf dem ganzen Subkontinent. Der klassische Hinduismus, dessen Synthese literarisch in den Sanskrit-Epen Mahabharata und Ramayana sowie in den Puranas (alten Texten) niedergelegt ist, stabilisierte den Vorrang der Brahmanen und wertete zugleich die nichtarischen Bevölkerungsgruppen religiös und sozial auf.

Größere religiöse Veränderungen brachten die islamische Eroberungen seit dem 12. Jahrhundert und die britische Kolonialherrschaft im 19. Jahrhundert. Der Islam konnte sich zwar vom 13. bis zum 18. Jahrhundert (Sultanat von Delhi 1206, Mogulreich 1522–1857) politisch auf dem indischen Subkontinent ausdehnen, doch wurde er mit seinem strengen Monotheismus und seiner Ablehnung des Kastenwesens nie zur Mehrheitsreligion. In der religiösen Bedrängung wurde die emotional geprägte Verehrung einer besonders erwählten Gottheit künstlerisch gepflegt. Gegen das von den Briten unterstützte missionarische Christentum wurde der Hinduismus durch religiöse und soziale Reformen wiederbelebt.

cc. Prägung

Die Hindu-Religionen sind höchst vielfältig in Riten, Festen, Wallfahrten, Zeichen und religiösen Autoritäten. Sie sind geeint in der Annahme, dass der Welt und dem Leben eine Ordnung (dharma) zugrunde liegt, die jeder Mensch nach sozialer Stellung (Kaste), Lebensalter und Geschlecht beachten soll. Sie nehmen ferner an, dass alle Wirklichkeit durch ein zyklisches Werden und Vergehen bestimmt sei. Die jetzige ungleiche Lebenssituation sei jeweils durch das moralisch-religiöse Verhalten im vorangegangenen Leben bestimmt. Erstrebt wird die Erlösung aus dem endlosen Kreislauf der Wiedergeburten. Dies gelinge, wenn die Individuumsseele (atman) in die höchste Realität (brahman) durch moralisch-religiöses Tun, durch Meditation oder Gottesliebe eingehe.

Die religiöse Praxis findet individuell durch die rituelle Verehrung eines Götterbildes (puja) und gesungene oder gelesene Gottespreisungen (bhakti) aus heiligen Texten statt. Einen gemeinschaftlichen Gottesdienst, einen Kanon heiliger Texte, eine zentrale religiöse Autorität gibt es nicht. Die Hindu-Religionen haben zumeist henotheistische Züge, indem phasenweise eine Gottheit vorzüglich verehrt wird. Im Lebenszyklus werden die Initiation (Beginn der religiösen Ausbildung, Eintritt in die Kastengemeinschaft), Hochzeit und Tod rituell besonders hervorgehoben. Bedeutungsvoll sind Wallfahrten, die zumeist Flüsse oder Quellen zum Ziel haben, in denen ein rituelles Bad religiöse Reinheit und Überwindung der unendlichen Existenzen mitteilen soll.

Die Hindu-Religionen sind eng verwoben mit einer zugleich religiösen und sozialen Standesgliederung, dem Kastenwesen. Durch Geburt gehört jeder Hindu einer Einzelkaste (jati) an. Dadurch sind die religiösen Rechte und Pflichten sowie seine soziale Stellung festgelegt. Jede der vielen tausend Einzelkasten gehört einer der vier Kastengruppen (varna) an, die in den Veden genannt und später in den Dharmashastra ab v200 genauer spezifiziert werden: brahmin (Priester), Krieger/Adel (kshatriya), Händler/Bauer (vaishya), Handwerker/Lohnarbeiter (shudra). Nur die ersten drei Kastengruppen gehören zu den Zweimal-Geborenen (die bereits auf eine Inkarnation als Mensch zurückblicken können) und dürfen die Initiation empfangen. Innerhalb der vier Kastengruppen, die für die Gesamthierarchie bestimmend sind, kann die soziale Wertschätzung der Einzelkasten lokal und regional stark differieren. Die Kasten grenzen sich sozial und religiös eindeutig und scharf gegen andere Kasten ab. Die Kasten, deren Mitglieder im ländlich-dörflichen Milieu abgegrenzt wohnen und nur untereinander heiraten, werden definiert durch die berufliche Spezialisierung, die bestimmte Berufstätigkeiten exklusiv einer bestimmten Einzelkaste zuschreibt, und durch eine religiöse Rein-Unrein-Einteilung aller Dinge, die gemeinsame Mahlzeiten dauernd oder temporär mit Mitgliedern anderer Kasten verbietet.

Bedeutendster Verehrungsort ist Varanasi (früher Benares), am nördlichen Ufer des Ganges gelegen. Auf 6 km Uferlänge führen 47 vielstufige Steintreppen (ghats) hinunter zum Fluß. Das Bad im Ganges hat religiöse Bedeutung. Die alten Tempelanlagen sind im 12. Jahrhundert im Zuge der muslimischen Eroberung Indiens zerstört worden. Die nach Großmogul AURANGZEB (1658-1707) benannte Moschee sollte in Varanasi den Sieg des Islam dokumentieren. Heute gibt es etwa 1500 Hindu-Kultstätten. Varanasi ist Zentrum der brahmanischen Gelehrsamkeit mit einer Sanskrit-Universität.

b. Buddhismus

Der Buddhismus stammt aus Nordindien. Er setzt die vedische Religion voraus. Er geht von der Annahme aus, menschliches Leben sei durch den ewigen Kreislauf der Wiedergeburten und durch das Karma (Summe der guten und schlechten Taten) bestimmt. Das Dasein sei grundsätzlich leidvoll und vergänglich. Buddhistische Frömmigkeit zielt auf endgültige Erlösung aus der unheilvollen Wirklichkeit, auf Entrinnen aus der immer leidvollknechtenden Welt. Ziel ist ein überweltlicher Heilszustand, der durch erlösende Einsicht in die ‚Vier Edlen Wahrheiten' erreicht wird: Leben ist Leid; Leid wurzelt in Begierde; Begierde muss beseitigt werden; das gelingt auf dem ‚Achtgliedrigen Edlen Pfad', wonach Ansicht, Wollen, Reden, Tun, Lebensunterhalt, Anstrengung, Wachsamkeit und Versenkung im Sinne der Erleuchtung zu bestimmen sind. Anders als im Brahmanismus der Upanischaden geschieht der Kreislauf der Wiedergeburten nicht einem individuellen Selbst (atman), sondern die menschliche Existenz ist eine unpersönliche vergängliche Instanz, die durch die Faktoren Körper, Empfindung, Wahrnehmung, Einprägung und Bewusstsein bestimmt ist und die leidvolle Wirklichkeit in abhängigem Entstehen durch Nichtwissen und Begierden herrschend sein lässt. Das Ziel der buddhistischen Frömmigkeit ist die Buddhaschaft, denn Buddha ist der Erwachte und also Erlöste.

aa. Beginn

Der Buddhismus wurde durch SIDDARTHA GAUTAMA (so die Namensgestalt in Sanskrit) im v6. oder v5. Jahrhundert begründet. Dies war eine Zeit des religiösen Umbruchs. Die vedische Religion, die auf die priesterliche Opferpraxis für die Götter konzentriert war, hatte an Überzeugungskraft verloren; im Blick auf die angenommene Seelenwanderung und das diese steuernde Gesetz der Tat (Karma) wurde Erlösung nicht mehr von richtig vollzogenen Riten, sondern von richtiger Erkenntnis erwartet; die Götter, als selbst dem Gesetz unterworfen, seien zur Erlösung unkräftig.

Siddartha, dessen achtzigjährige Lebenszeit früher zumeist mit v624–v544 angegeben, religionswissenschaftlich jetzt aber jünger angesetzt wird (Geburt v563 oder ca. v450), entstammt der zur Kriegerkaste gehörenden Sippe Gautama aus dem Stamm der Shakya, wurde ein lehrender ‚Erwachter' und trägt deshalb den Ehrennamen ‚Buddha'. Siddartha wuchs im väterlichen Schloss im nepalesischen Lumbini am südlichen Fuß des Himalaja üppig auf, begab sich bald nach der Geburt seines Sohnes auf die Suche nach Belehrung und Erkenntnis, wie der endlose

Kreislauf der Wiedergeburten zu verlassen sei, brach schließlich seine jahrelange überaus strenge Askese als sinnlos ab, gewann nach yogischer Versenkung die erleuchtende Einsicht in die ‚Vier Wahrheiten' und den ‚Achtgliedrigen Pfad', wies als Erwachter-Erleuchteter (Buddha) seinen ehemaligen Askese-Gefährten erstmals in der ‚Predigt von Benares' den mittleren Pfad und nahm sie zu Schülern an. Mit dieser Ordensgründung begann eine ausgebreitete und erfolgreiche Missionstätigkeit. Buddhas Mitteilung seiner Erkenntnis wurde vorbildlich für die Mönche. Die Zahl der Anhänger und Klostergründungen wuchs rasch. Buddha starb, nachdem er über 40 Jahre als asketischer Lehrer umhergezogen war, achtzigjährig in Kusinara und wurde dort eingeäschert.

Die Orte der Vier Großen Ereignisse, nämlich seiner Geburt, seiner Erleuchtung, seiner ersten Predigt und seines Todes werden besonders verehrt und gelten als heilige Stätten, an denen große Klosteranlagen mit Stupas und Tempeln errichtet wurden. In Bodh Gaya (früher Uruvela) südlich von Patna wurde ihm die erlösende Einsicht zuteil. Im Gazellenhain von Sarnath etwas nördlich von Varanasi (früher Benares) soll Buddha seine erste Predigt gehalten haben; die Anlage, die 1194 durch Muslime zerstört wurde, ist heute eine Ruinenstätte.

Die Berichte über sein Leben sind legendarisch stark überformt und angereichert. So sei die Mutter ohne Zutun des Vaters schwanger geworden; Siddartha sei unter kosmischen Zeichen aus der rechten Seite der Mutter geboren; himmlische Wesen hätten dem Neugeborenen gehuldigt; er habe heroisch in der Fremde mit dem Bösen gekämpft und die Welt lehrend erobert; sein Tod sei von Wundern begleitet gewesen. Die Gestalt des Buddha wird in den mannigfachen buddhistischen Schulen sehr unterschiedlich wahrgenommen, als Vorbild auf dem Weg zur Erlösung oder auch als helfender Gott. Seine Präsenz wird, wenn die Fortdauer in seiner Lehre als unzureichend empfunden wird, entweder doketisch durch die Vorstellung eines dauernden überweltlichen Wesens, das sich als geschichtlicher Mensch Siddartha nur verkleidet hatte, oder typologisch durch die Annahme einer Vielzahl von Buddhas gedacht; ja die künftigen

Buddhas (Bodhisattvas) können bereits, bevor sie die erlösende Erkenntnis erlangen, in der Welt wirken und sogar aus Erbarmen auf ihre eigene Erlösung verzichten, um den Menschen zu helfen.

bb. Entwicklung

Eine zutreffende allgemeine Bezeichnung der zahlreichen buddhistischen Richtungen, Schulen, Entwicklungsphasen und Gemeinschaften ist nicht etabliert. Am ehesten lassen sich regionale Profile zeichnen. In den ersten Jahrhunderten nach Buddhas Tod verbreitete und differenzierte sich der Buddhismus in Indien nach Lehre und Disziplin. Durch die kräftige Förderung des Kaisers AŚOKA (v268–v232), der verschiedentlich normierend in die Lehrstreitigkeiten eingriff, wurde der Buddhismus für etwa vier Jahrhunderte zur verbreitetsten Religion in Indien. Besonders seine Blüte in Nordwestindien war wirkungsvoll, denn von dort breitete sich der Buddhismus nach Zentralasien und dann weiter nach China, Korea und Japan aus. Kaiser Aśoka stieß wohl auch eine südliche Traditionslinie an. Durch seine Initiative kam der Buddhismus nach Lanka (Sri Lanka). Mit der indischen Kultur strahlte der Buddhismus auch nach Südostasien aus und etablierte dort eine eigene Traditionslinie. Durch die islamischen Eroberungen in Indien ging der Buddhismus schließlich im 13. Jahrhundert in Indien weitgehend zugrunde.

Der Buddhismus ist heute, reich differenziert in sehr unterschiedliche Schulen, in den süd- und ostasiatischen Ländern stark vertreten. Durch tibetische Flüchtlinge und durch eine Bewegung der Kastenlosen scheint eine neue Verbreitung auch in Indien begonnen zu haben. Der Buddhismus ist tolerant nach innen und außen, kann enge Verbindungen zur Volksfrömmigkeit eingehen (Amulett-Wesen). Gesellschaftspolitisch ist seine Ablehnung des hinduistischen Kastenwesens markant.

cc. Prägung

Der Buddhismus ist vorrangig eine Religion meditativer Erleuchtung. Er ist eine Religion, bei der Mönche und Nonnen im Mittelpunkt stehen. Für sie gelten die Ordensregeln (Vinayapitaka). Der edle Pfad schreibt den Erlösung Suchenden vor, nicht unwahr oder unüberlegt zu reden, sexuell enthaltsam zu sein, nichts Lebendiges zu töten, nicht zu stehlen, nur einmal am Tag zu essen, Vergnügung und Luxus zu meiden, sich keine geistige Vollkommenheit fälschlich anzumaßen. Mönche und Nonnen werden durch Laienanhänger, die nicht förmlich organisiert sind, in ihrem Lebensunterhalt versorgt. Am Vorabend jedes Neumonds und Vollmonds findet die Nacht hindurch regelmäßig eine Beichtfeier (Uposatha) statt, an der neben mindestens vier ordinierten Mönchen auch Laienanhänger teilnehmen. Mönche können in priesterlicher Funktion an Zeremonien (Schutzzauber, Hauseinweihung, Hochzeit, Bestattung) teilnehmen und rezitieren die heiligen Texte. Laienanhänger haben in einigen Schulen durch Spendentätigkeit und gutes Verhalten Aussicht auf eine bessere Wiedergeburt als Mönche bzw. Nonnen, um dann die Erlösung zu erstreben, die jetzt unerreichbar sei. Mönche und Laien können so gegenseitig ihr Karma durch verdienstliche Handlungen verbessern.

2. Geschichtsreligionen

In Westasien, mit starker Ausstrahlung auf Europa, Afrika, Amerika und Zentralasien, entstanden Judentum, Christentum und Islam, die in der Überzeugung gründen, Sein und Leben seien durch eine weltüberlegene göttliche Macht geschaffen und die Menschen seien gegenüber dem göttlichen Willen zu einer verantwortlichen Gestaltung ihres Verhaltens verpflichtet. Gott sei Schöpfer und Ordner der Welt. Der Mensch habe durch und in Gott seine Lebensmitte.

Die Geschichtsreligionen berufen sich jeweils auf eine prägende Stiftergestalt, das Judentum auf Mose, das Christentum auf Jesus, der Islam auf Mohammed (Muhammad). Alle drei Geschichtsreligionen haben eine lange Entwicklung genommen, die zu starken Veränderungen und Wandlungen geführt hat. Für die lebenspraktische Wahrnehmung dieser Religionen sind insbesondere ihre Feste markant. Sie haben gesellschaftliche

Prägekraft und wirken auch auf diejenigen Gesellschaftsmitglieder, die der lebendigen Frömmigkeit skeptisch oder distanziert gegenüber stehen.

a. Judentum

Der Begriff des Judentums, der an die Regionalbezeichnung ‚Juda' für das Gebiet um Jerusalem anknüpft, meint sowohl die an der jüdischen Bibel orientierte Religion als auch die im Hebräischen wurzelnde Kulturnation. Waren früher Religionszugehörigkeit und Volkszugehörigkeit miteinander verwoben, so sind sie seit etwa 200 Jahren wachsend auseinander getreten, ohne dass es zu einer eindeutigen Verhältnisbestimmung und Profilierung gekommen wäre. Das religiöse Judentum und das ethnisch-nationale Judentum sind intern vielfältig differenziert. Die verschiedenen Gruppierungen und Strömungen des religiösen Judentums sind durch die Überzeugung verbunden, Abraham sei ihr gemeinsamer Stammvater, das Land Israel seinen Nachfahren durch den Bundesgott JHWH (Jahwe) geschenkt und die Lebensführung durch das in der hebräischen Tora niedergelegte Gottesgesetz geregelt.

Das Judentum stammt vornehmlich aus dem Gebiet westlich des Jordans. Es ist aus der althebräischen Religion hervorgegangen und hat diese fortgeschrieben. Das Judentum ist eine monotheistische Religion, die auf die Regulierung des richtigen Verhaltens (Halacha) konzentriert ist. Die Zentralidee des Judentums ist die Wechselwirkung zwischen dem Bundesvolk Israel und seinem Gott JHWH als Geschichte des erwählten Volkes. In der Geschichte des Judentums sind Entwicklungsimpulse zur prophetischen Glaubensreligion und zur traditionalen Gesetzesreligion konfliktreich verknüpft.

aa. Herkunft

Der Monotheismus des Judentums wurzelt in der althebräischen Monolatrie, in der alleinigen (allerdings nicht unangefochtenen) Verehrung JHWHs durch die zwölf Stämme Israels. Nach biblischer Überlieferung empfing MOSE (vielleicht v13./v12. Jahrhundert) die Gottesoffenbarung für Israel am Berg Sinai. Die klassische Belegstelle für den Gottesnamen JHWH (Jahwe) ist die Erzählung vom brennenden Dornbusch. In dieser Berufung des Mose wird der Name JHWH programmatisch eingeführt. Die Gottheit gibt sich mit dem Namen „Ich bin, der ich bin" oder „ich werde sein, der ich sein werde" zu erkennen (Ex 3,14). Die Etymologie des Namens JHWH lässt sich nicht zweifelsfrei klären. Sicher ist der Name in Südpalästina beheimatet. Das Wort ist erstmals ägyptisch im v14. Jahrhundert unter AMENOPHIS III. (Pharao v1391–v1353) als Berg- und Territorialname belegt. Eine zweite Traditionslinie führt über das Aramäische nach Mesopotamien und würde eine alte Verknüpfung von JHWH und EL (mesopotamisch Ea/Enki) stützen. Eine dritte Traditionslinie führt auf die arabische Halbinsel; danach wäre JHWH ein Gewittergott wie Baal.

Der altisraelitische JHWH-Glaube hat sich schubweise vom Henotheismus unter Aufnahme monolatrischer Frömmigkeitsmotive zum metaphysischen Monotheismus entwickelt. Der altisraelitische JHWH-Glaube gedachte eines weltüberlegenen rettenden Eingreifens in die Geschichte (vgl. Schilfmeerlied Ex 15, Deborahlied Ri 5, Dekalog-Einleitung Ex 20,2 und Dtn 5,6). Die Bedrohung durch die Ägypter und die Kämpfe bei der Landnahme prägen die Erinnerung an das rettende Eingreifen JHWHs. Das eine Ereignis strahlte prototypisch auf alle folgende Rettungserfahrung aus.

Beim Übergang von der naturhaften Autarkie der nomadischen Sippen zur politischen Stammesbildung während der Landnahme und dann zur konsolidierenden Staatsbildung mit dem prägenden Königtum von DAVID um v1000 war der geschichtlich orientierte JHWH-Kultus wesentlicher Identifikationsfaktor. Die mehrmaligen Rettungserfahrungen prägten die Erinnerung und die religiöse Orientierung Israels.

Die henotheistische JHWH-Verehrung nahm die sippengebundenen altbeduinischen Vätergottheiten durch Identifikation in sich auf. Die Vätergötter, die sich aus den Erzählungen von

Abraham, Isaak und Jakob (Israel) erschließen lassen, sind wohl Individuationen der altbeduinischen El-Gottheit, deren sippenbezogener Ausschließlichkeitsanspruch sich durchaus mit der Anerkennung einer eingeschränkten Göttervielfalt vertrug. In der segmentären Nomadenkultur symbolisierte der Vätergott die Familiensolidarität. Die nomadische Monolatrie der Vätergottheiten war unpolemisch.

bb. Entwicklung

Der Untergang des nördlichen Königreichs Samaria v722, die erste Unterwerfung des südlichen Königreichs Juda v598(v597) und seine Vernichtung mitsamt der Zerstörung des Jerusalemer Tempels v587(v586) sowie die mit den beiden Eroberungen Jerusalems verbundenen Deportationen judäischer Gruppen nach Mesopotamien gaben der Herausbildung des Monotheismus besondere Impulse. Die althebräische Religion, die seit dem Sesshaftwerden von Nomadenstämmen vornehmlich im Gebirgsland westlich des Jordans sich aus besonderen Stammestraditionen formiert hatte, verlor mit der Zerstörung des von Salomo v955 geweihten Jerusalemer Tempels den Mittelpunkt der priesterlichen JHWH-Verehrung. Mit der Zerstörung Jerusalems durch die Babylonier begann für die Judenheit die Zerstreuung, die Diaspora. Auch nach dem Ende des Zwangsexils blieben Juden in Mesopotamien. Außerdem entstanden jüdische Diaspora-Gemeinden in Syrien, Ägypten und anderen Ländern des östlichen Mittelmeerraums. Das Verbot des Kultbildes (vgl. Dtn 4,15–24) hat die Tendenz zur Gesetzesfrömmigkeit und zum Wortgottesdienst gestärkt.

Entgegen der zeitgenössisch verbreiteten Auffassung, die Niederlage eines Volkes zeige die Schwäche seiner Götter, deuteten hebräische Propheten und Reformer die politischen Katastrophen als Strafgerichte JHWHs, der gerade darin seine Kraft beweise. Israel habe JHWHs Erwählung, die in Landgabe und Bundesschluss besiegelt sei, durch seine Untreue in der Verehrung anderer Götter ausgeschlagen. JHWH bediene sich anderer Völker als Instrumente seines Handelns an Israel. Die Niederlage des Volkes wurde als Sieg JHWHs gedeutet. Die politische Katastrophe führte nicht zur Unterwerfung unter die Götter der Sieger, sondern zur Etablierung eines strengen Monotheismus, JHWH sei der Schöpfer und Herr aller Welt. Der Glaube an JHWHs geschichtliche Erwählung Israels wurde nun eingebettet in den Glauben an JHWHs Herrschaft über alle Menschen und in allen Sphären der Welt. Die Mose-Geschichten vom Auszug aus Ägypten und vom verheißenen Land bekamen im mesopotamischen Exil eine neue Geltung. Im Glauben an JHWHs universales Geschichtshandeln fanden die Exilierten die Kraft zur Bewahrung der eigenen Identität. Alle Geschichte sei dem Handeln JHWHs unterworfen, der sich ein Volk erwählt habe, durch das er sein Heilshandeln an der Schöpfung zu seinem Ziel, dem messianischen Friedensreich, führen wolle. JHWH werde seinem Volk einen neuen Anfang geben.

Auf Anordnung des Perserkönigs KYROS v538 konnten Exilierte aus Babylonien in ihre Heimat Juda zurückkehren. Der in Jerusalem errichtete Neubau, der Zweite Tempel, der als alleiniger Ort des Opferkultes diente, wurde v515 geweiht. Die in den fünf Büchern Mose niedergelegte Tora wurde für die erneuerte Kultgemeinde als göttliche Lebensnorm förmlich eingeführt (vgl. Neh 8,1-8). Neben dem zentralen Opferkult in Jerusalem wurden andernorts Wortgottesdienste in Synagogen gehalten. Der Monotheismus des exklusiven JHWH-Bundes wurde vornehmlich durch Beschneidung, Heiligung des Sabbats, Reinheitsregeln und Speiseregeln signalisiert.

Unter wechselnder Oberherrschaft konnte das jüdische Zentralgebiet um Jerusalem religiös und politisch eine mehr oder minder eingeschränkte Eigenständigkeit etwa sechs Jahrhunderte bewahren. Der Übergang von der ägyptischen Ptolemäer-Herrschaft zur syrischen Seleukiden-Herrschaft um v200 brachte scharfe Auseinandersetzungen um die Hellenisierung und tiefe Spaltungen in der Judenheit (beispielsweise Pharisäer, Sadduzäer und Essener). In der frühjüdischen Apokalyptik (vgl. Dan 7) wurde die Sphäre des Wirklichen auf eine neue Weltzeit hin transzendiert. Die Befreiung aus dem Exil und zugleich das Nicht-ganz-in-Erfüllung-gehen der nationalen Hoffnungen weckten das Bewusstsein für die Mangelhaftigkeit jeglicher irdischen Realisierung.

Vom Kommen des Messias wurde zumeist die Befreiung von Fremdherrschaft und eine glanzvolle Heilszeit erwartet. Der erste Aufstand gegen die seit v63 bestehende römische Herrschaft brachte die Zerstörung des Zweiten Tempels im Jahr 70. Dadurch fand alle kultische Opferpraxis ihr Ende. Die Priesterschaft verlor ihre Wirkstätte. Das Judentum wurde priesterlos. Es gab nur noch Wortgottesdienste in den Synagogen. Rabbiner traten an die Stelle der Priester.

Die Trennung vom jungen Christentum wurde liturgisch vollzogen, als die Verfluchung der Nazarener (Christen) ins Achtzehn-Gebet, dort in die 12. Bitte um Vertilgung der Sektierer, aufgenommen wurde. Der BAR KOCHBA-Aufstand gegen die römische Herrschaft brachte die Vertreibung aus Judäa im Jahr 135; die Judenheit wurde landlos und verlor jede politische Eigenständigkeit.

Zentren der jüdischen Entwicklung waren in vorislamischer Zeit Galiläa im oströmischen Reich (bis 5. Jahrhundert) und Mesopotamien im Sassanidenreich, in islamischer Zeit Ägypten, Tunesien (Kairouan) und Spanien. Die Kreuzzugsbewegung und die Intensivierung der Sakramentsfrömmigkeit im lateinischen Christentum bewirkten in vielen mitteleuropäischen und westeuropäischen Ländern des Hochmittelalters eine verschärfte Judenfeindschaft. Die Vorwürfe der Hostienschändung und der Pestverbreitung führten immer wieder zu regionaler Verfolgung und Vertreibung.

Durch die Ausbildung von Zunftwesen und feudaler Grundbesitzordnung wurden Handwerk und Landwirtschaft für Juden verschlossen; es blieben vornehmlich Handel und Geldwirtschaft offen. Die jüdische Fluchtbewegung ließ in Osteuropa viele neue Gemeinden entstehen. Das westeuropäische Judentum und das osteuropäische Judentum nahmen eine sehr unterschiedliche Entwicklung. Während in Westeuropa eine wachsende Bereitschaft zur Eingliederung in die zunehmend säkular werdenden Gesellschaften bestand, gewann in Osteuropa der Chassidismus,

eine von persönlicher mystisch-asketischer Frömmigkeit geprägte Traditionsbewegung, großen Einfluss.
Vorbereitet durch einen biologistischen Antisemitismus, der seit dem 19. Jahrhundert (vgl. ARTHUR DE GOBINEAU, 1816-- 1882) im pseudowissenschaftlichen Gewand einer Rassenlehre die aggressive Abwertung des Judentums betrieb, führte das nationalsozialistische Deutsche Reich im Zweiten Weltkrieg in Konzentrationslagern und in speziellen Vernichtungslagern (Auschwitz-Birkenau, Belzek, Chelmno, Maidanek, Sobibor, Treblinka) die staatlich organisierte Massentötung von Juden durch (insgesamt etwa sechs Millionen). Diese Katastrophe (Schoa) führte dazu, dass durch UNO-Beschluss 1948 der Staat Israel durch eine Teilung des britischen Mandatsgebiets Palästina gegründet wurde. Die religiösen und politischen Implikationen dieser Selbständigkeit und Eigenstaatlichkeit nach über 1800 Jahren Landlosigkeit sind bis heute intern und extern umkämpft.

cc. Prägung

Zur Bestimmung des richtigen Lebensweges dienen zwei Traditionen. Die (nach heute verbreiteter Zählung) 39 kanonischen Schriften bilden die um 100 fixierte jüdische Bibel (Mikra [Lesung]), die in drei Teile (Weisung [tora], Propheten [neviim] und Schriften [ketuvim]) gegliedert ist (zusammen auch Tanach genannt). Die im v3.-v2. Jahrhundert für das hellenistische Diaspora-Judentum entstandene griechische Übersetzung (Septuaginta) enthält weitere 15 Schriften, die bei der Festlegung der jüdischen Bibel nicht berücksichtigt wurden. Die relativ späte einschränkende Konzentration der jüdischen Bibel auf die älteren hebräischen Schriften war wohl auch veranlasst durch die Frontstellung gegen das frühe Christentum, das sich vornehmlich auf die Septuaginta-Übersetzung bezog.

Die mündliche Weisung (Mischna) wurde um 200 in 63 Traktaten kasuistischer Normen durch Rabbi JEHUDA HA-NASI (ca. 175–217) gesammelt. Von der Mischna (Wiederholung) wurde angenommen, sie sei seit ihrer Kundmachung an Mose ununterbrochen mündlich überliefert worden. Zusammen mit ihrer kommentierenden Fortschreibung in der Gemara (Vollendung) wurde die Mischna im Talmud (Studium) überliefert. Besonders der babylonische Talmud (6. Jahrhundert) gewann eine große Bedeutung für die populäre Frömmigkeit. In sechs Teilen werden Landwirtschaft, Feste, Familienleben, bürgerliche Schadensfälle, heilige Opfer und reine Speisen durch göttliches Gesetz geordnet. Diese normative Lebensordnung wurde zum Einheitsband des Judentums in der Zerstreuung. Zur Auslegung berechtigte Rabbiner haben Einzelfragen zur Lebenspraxis immer wieder verbindlich entschieden. Diese nach-talmudischen Entscheidungen wurden dann ihrerseits gesammelt.

Ein Synagogen-Gottesdienst, zu dem mindestens zehn religionsmündige jüdische Männer anwesend sein müssen, besteht zumeist aus drei Teilen, in welchen überwiegend hebräische Texte rezitiert werden: einem anfänglichen Gebetsteil mit Psalmen und Meditationen, einem mittleren Leseteil, in welchem der für jede Woche vorgeschriebene Tora-Abschnitt (Sidra) und der zugehörige Propheten-Abschnitt (Haftara) vorgetragen wird, sowie einem abschließenden Gebetsteil mit dem Schema-Jisrael (vgl. Dtn 6) und dem Aaron-Segen (vgl. Num 6,24–26). Das den Gottesnamen bezeichnende Tetragramm JHWH wird bei der Lesung durch ein anderes Wort ersetzt, zumeist durch „Herr" (adonaj); dadurch soll der verbotene Missbrauch des Gottesnamens (vgl. Ex 20,7; Dtn 5,11) verhindert werden. Der Synagogen-Gottesdienst ist ein Laiengottesdienst ohne priesterliche Mittlerschaft. Seiner Ausrichtung und Gestaltung soll dauerhaft an den Tempelkult erinnern. Eine Predigt mit Tora-Auslegung ist agendarisch möglich, aber nicht vorgeschrieben.

Die Zugehörigkeit zum Judentum ist sowohl biologisch als auch rechtlich gefasst. Als jüdische Person gilt, wer von einer jüdischen Mutter geboren oder förmlich zum Judentum übergetreten ist. Der Aufnahmeritus ist für alle männliche Personen die Beschneidung, die als Zeichen des Bundes JHWHs mit Abraham und mit dem in ihm erwählten Volk Israel angesehen wird (vgl. Gen 17,9–14).

Die Feste im Lebenslauf beziehen sich auf die Zugehörigkeit zum Bundesvolk. Für männliche Juden ist die Beschneidung (Berit Mila) das erste religiöse Fest auf ihrem Lebensweg. Alle

Knaben sollen am achten Tag nach der Geburt beschnitten werden (vgl. Lev 12,3). Die Beschneidung ist eine Zueignungshandlung, ein Zeichen der Zugehörigkeit zum erwählten Bundesvolk. Mit der Beschneidung ist die Namensgebung verbunden. Bei Mädchen geschieht die Namensgebung zumeist in der Synagoge am ersten Sabbat nach der Geburt.

Jüdische Knaben werden religionsmündig mit 13 Jahren. Sie sind dann verpflichtet, alle Gebote der Tora zu halten und bei ihrem Morgengebet die Gebetsriemen (Tefillin) zu tragen. Am ersten Sabbat ihrer Mündigkeit werden sie in die Gottesdienstgemeinde aufgenommen, indem sie im morgendlichen Synagogengottesdienst öffentlich aus der Tora vorlesen. Für den Bar Mizwa (Sohn der Pflicht) folgt an diesem Tag ein Festmahl im Familienkreis. Auch bei Mädchen (Bat Mizwa) kann die Religionsmündigkeit gefeiert werden.

Der alltägliche Lebensrhythmus ist geprägt durch das Gebot der Sabbatheiligung (vgl. Ex 20,8–11; Dtn 5,12–15). Die siebentägige Woche findet nach göttlichem Vorbild ihren Abschluss durch einen Ruhetag (vgl. Gen 2,2). Der Sabbat beginnt am Freitagabend mit einer liturgischen Feier in der Familie und endet am Samstag mit Einbruch der Dunkelheit.

Die Feste im Jahreslauf werden nach einem Mondkalender an stabilen Monatstagen gefeiert. Das jüdische Jahr, beginnend etwa Mitte September, besteht aus zwölf Monaten (Tischri, Marcheschwan, Kislew, Tewet, Schwat, Adar, Nissan, Ijjar, Siwan, Tammus, Aw, Elul), wobei auf einen Monat mit 30 Tagen jeweils ein Monat mit 29 Tagen folgt. Da das gemeine Mondjahr elf Tage kürzer ist als das Sonnenjahr, wird, um diese Abweichung auszugleichen und die Zuordnung der saisonalen Feste zum Sonnenstand (z.B. Erntefest zur Erntezeit) zu wahren, in Schaltjahren im Februar (nach Schwat) ein dreizehnter Monat hinzugefügt (und der Monat Adar dann doppelt gezählt). Die Schaltordnung ist auf einen Zyklus von 19 Sonnenjahren ausgerichtet, der zwölf Gemeinjahre mit zwölf Monaten und sieben Schaltjahre mit dreizehn Monaten umfasst. Der jüdische Kalender zählt ab September 2007 bis September 2008 das Jahr 5768 seit Erschaffung der Welt.

Die Feste im Jahresverlauf gründen überwiegend in biblischen Bestimmungen (vgl. Lev 23), die alte nomadisch-bäuerliche Festzeiten durch religiös-geschichtliche Themen überformt haben. Die auf den Jerusalemer Tempel ausgerichteten Feste mussten nach der Zerstörung des Zweiten Tempels im Jahr 70 ohne Tempeldienst gestaltet werden.

Das Neujahrsfest (Rosch ha-Schana) wird zweitägig am 1. und 2. Tischri gefeiert. Der Versöhnungstag (Jom Kippur) am 10. Tischri beinhaltet gemeinsames Sündenbekenntnis vor Gott (vgl. Lev 16) und Vergebungsbitten im privaten Kreis. Das achttägige Laubhüttenfest (Sukkot) vom 15. bis 23. Tischri, ursprünglich Dankfest für die Weinernte, erinnert jetzt an die Zeit der Wüstenwanderung; an seinem letzten Tag (Fest der Torafreude) wird seit dem Mittelalter der jährliche Zyklus, die Tora (fünf Bücher Mose) öffentlich im Sabbatmorgengottesdienst vorzulesen, beendigt und der neue Zyklus begonnen. Das achttägige Lichterfest (Chanukka) vom 24. Kislew bis 3. Tewet wird durch einen achtarmigen Leuchter gestaltet, an dem jeden Tag ein weiteres Licht entzündet wird; dieses Fest erinnert an die v164 durch den Makkabäer-Aufstand erfolgte Wiederherstellung des Zweiten Tempels, der durch den Seleukiden ANTIOCHOS IV. EPIPHANES (König v175–v164) entweiht worden war. Das fröhliche Fest Purim am 14. Adar (in Schaltjahren 14. Adar II) knüpft daran an, wie Esther die von Hamam geplante Judenverfolgung erfolgreich verhindert hat. Das achttägige Passafest (Pessach) vom 15. bis 22. Nissan, hervorgegangen aus einem nomadischen Fest zum Weidewechsel, feiert die göttliche Rettung beim befreienden Auszug aus Ägypten (Ex 12–13); alter Sauerteig wird weggeschafft; während der Festwoche wird nur Ungegorenes zu sich genommen (Mazzenfest); nach dem anfänglichen Abendgottesdienst in der Synagoge wird beim Passamahl im Familienkreis der Auszug in vielfältigem Brauchtum erinnert. Das zweitägige Wochenfest (Schawuot) am 6. und 7. Siwan, in biblischer Zeit Dankfest für die Kornernte, heißt nach seinem Abstand von sieben Wochen (50 Tagen) zum Passafest; nachbiblisch wurde dieses Fest inhaltlich auf die Sinai-Offenbarung (vgl. Ex 19–20) ausgerichtet. Zum allgemeine Trauertag am 9. Aw wird 24 Stunden gefastet im Gedenken an die zweimalige Zerstörung des Tempels in Jerusalem. Passafest, Wochenfest und Laubhüttenfest wurden in biblischer Zeit gefeiert mit Wallfahrten zum Tempel in Jerusalem (vgl. Ex 23,14–17; Dtn 16,1–17). Das Judentum ist in vielfältige Richtungen und Gruppierungen gespalten. Die vielfältig variable Gottesdienstordnung kann der sephardischen (spanischen) oder aschkenasischen (rheinischen bzw. deutsch-polnischen) Tradition folgen. Das orthodoxe Judentum ist weiterhin auf die Wiederherstellung des Tempels ausgerichtet, während das liberale Judentum diese Wiederherstellung ablehnt. Die Speisegesetze (vgl. Lev 11,44f) gehören zumeist zur rituellen Lebenspraxis. Ein stark geprägtes Brauchtum umgibt Eheschließung und Tod.

b. Christentum

Das Christentum stammt aus Palästina. Es setzt die hebräisch-jüdische Religion voraus. Es ist ursprünglich geformt durch seine Auseinandersetzungen mit dem Judentum und der hellenistisch-römischen Kultur. Es ist zentriert auf den Glauben, dass Jesus von Nazareth der Christus (der Messias, der ‚Gesalbte' Gottes) sei, der mit seinem Leben und seiner Lehre den ihm Nachfolgenden die Versöhnung mit Gott gebracht habe und bringe.

Das Christentum ist eine monotheistische Erlösungsreligion. Seine zentrale Glaubensüberzeugung ist das Vertrauen auf Gott, der in Jesus als Christus allen Menschen liebend begegne und im Geist seiner Gemeinde das menschliche Widerstreben auch in den religiösen Werken überwinde. Dieser Glaube an Gottes heilsame Gegenwart in Jesus schließt das Bewusstsein von Gnade und Sünde, Vollendung und Schöpfung, Kirche und Einzelnen polar zusammen. Die fortdauernde Gegenwart Christi in seiner Gemeinde wird sehr unterschiedlich vorgestellt (Verkündigung, Sakramente, Schrift, Amt).

aa. Beginn

Jesus, aus Nazareth in Galiläa stammend, verkündigte als Wanderprediger prophetisch in Worten und Taten die nahe Gottesherrschaft, berief eine Nachfolgeschar zur Erneuerung des Bundesvolkes Israel, wurde in Jerusalem bei einer Wallfahrt zum Passafest von jüdischer Seite wegen religiöser Unruhestiftung verhört und von römischer Seite wegen politischen Umsturzbestrebens gekreuzigt. Die geflohene Nachfolgeschar wurde durch Erscheinungen überzeugt, dass Gott Jesus auferweckt und dadurch dessen Messianität bestätigt habe.

Das frühe Christentum überschritt schon in der ersten Generation den Charakter einer innerjüdischen Erneuerungsbewegung. Dies geschah implizit durch das verehrende Bekenntnis zum erhöhten Jesus (vgl. 1Kor 8,6) und explizit durch die freie Heidenmission ohne Verpflichtung auf die mosaische Tora. Das Judentum antwortete mit der Trennung von den frühchristlichen Gemeinden. Frühchristliche Verselbständigung und jüdische Ausgliederung waren wechselseitig verschränkt. Wegen seiner Herkunft blieb die Beziehung des Christentums zum Judentum spannungsreich bis zu aggressiver Ablehnung und Verfolgung.

Das frühe Christentum wandelte sich aus einer Bekehrungsreligion in eine Traditionsreligion. Während die urchristlichen Gemeinden zunächst nur durch Bekehrung zustande gekommen waren, gab es nun eine immer größer werdende Zahl von Mitgliedern, die in den christlichen Glauben von Kindheit an hineinwuchsen. Jesu aramäisch gesprochenen Worte, zunächst mündlich überliefert, wurden schriftlich in griechischen Texten gesammelt. Die christliche Verkündigung kennt keine heilige Sprache; sie ist für alle Sprachen offen.

Die frühe Christenheit erwartete das baldige Kommen des erhöhten Jesus zum endzeitlichen Gericht (vgl. 1Thess 1,10; 3,13; 4,15f; 5,23). Die sehnende Hoffnung der ersten Anhängerschaft, Jesus werde bald (noch zu ihren Lebzeiten) in Herrlichkeit zum Endgericht kommen, wobei die Stunde nicht bekannt sei (vgl. 1Thess 5,1–7), ging nicht in Erfüllung. Der gemeindliche Ruf ‚marana tha' (unser Herr, komm! 1Kor 16,22 und Did 10,6; vgl. Apk 22,20) verhallte. Das freudig erwartete Kommen (Parusie) fand nicht statt. Die Christenheit musste mit dieser elementaren Enttäuschung fertig werden. Dies gelang.

Die Verkündigung Jesu wurde im Sinne eines verzögerten Kommens verändert interpretiert. Die apokalyptische Erwartungshaltung wurde selbst traditionell. Sie wurde zur Lehre über die letzten Dinge umgewandelt und diente nun hauptsächlich der Abstützung und Abrundung der Paränese (vgl. Did 16 als Appendix zur Kirchenordnung). Nur bei den Christenverfolgungen um 100 hatte die Parusieerwartung noch einmal existentielle Bedeutung (vgl. Apk), indem sie die Leiden der Gegenwart auf das rettende Heilshandeln Gottes hin auslegte (spezielle Stadien der Geschichte, göttliche Legitimation der Visionen als Stilmittel). Stabile Frömmigkeitseinrichtungen wurden aufgebaut.

bb. Entwicklung

Das Christentum, das insbesondere in den Auseinandersetzungen mit dem dualistischen weltverneinenden Erlösungskonzept der synkretistischen Gnosis-Bewegung und mit dem prophetischen Montanismus seine kirchlichen Institutionen festigte, wurde in den ersten drei Jahrhunderten durch politische Leitungsinstanzen des Römischen Reichs beargwöhnt und verfolgt. Im 4. Jahrhundert kam der große Wandel: Das Christentum wurde 311 durch GALERIUS zur anerkannten Religion, 313 bzw. 324 durch CONSTANTINUS I. (ca. 275-337, Kaiseranspruch ab 306) zur bevorzugten Religion, 380 durch THEODOSIUS I. (347-395, Kaiser ab 379) zur privilegierten Religion im Römischen Reich. Es gewann dadurch die religiöse Vorrangstellung in allen Ländern des Mittelmeerraums.

Die politisch sehr verschiedene Entwicklung des Byzantinischen (Oströmischen) Reichs im östlichen hellenistisch geprägten Mittelmeergebiet und die des Weströmischen Reichs im westlichen lateinisch geprägten Mittelmeergebiet brachte dem Christentum eine unterschiedliche Geschichte. Die sprachlich-kulturelle Verschiedenheit des Griechischen und Lateinischen, die kirchlich-theologisch zunächst durch sieben Reichskonzilien (325-787) gebändigt wurde, erhielt immer schärfere Konturen. 1054 wurde die disziplinarisch-kirchenrechtliche Trennung zwischen Rom und Byzanz ausgesprochen (Schisma).

Das lateinische Christentum wurde nach dem Untergang des Weströmischen Reichs gegen Ende des 5. Jahrhunderts zur prägenden Kulturmacht der neuen germanischen Reiche, nachdem die Rückeroberung westmittelmeerischer Gebiete durch das byzantinische Reich im 6. Jahrhundert mit weitgehender Zerstörung und Schwäche geendet hatte. Die von den Goten missionierten germanischen Völker waren von der katholisch-trinitarischen Glaubenslehre der ökumenischen Reichskonzilien geschieden (germanischer Arianismus). Die katholische Taufe von CHLODWIG (Frankenkönig 482-511) wohl 498 in Reims, der Übertritt germanischer Völker vom Arianismus zum Katholizismus und die Krönung von KARL (Frankenkönig 768-814) zum Römischen Kaiser im Jahr 800 stellten die Weichen für das Erstarken des römischen Papsttums. GREGOR I. (Papst 590-604) veranlasste 596 in England erstmals eine christliche Mission, die planmäßig bischöfliche Verwaltungsstrukturen schuf und diese auf das Papsttum als zentrale Entscheidungsinstanz ausrichtete. Diese Mission wurde zum Muster für viele andere europäische Gebiete. Davon unabhängig gab die Mission iro-schottischer Mönche auf dem europäischen Festland einen wichtigen Impuls für das lateinische Mittelalter; das Mönchtum wurde in Westeuropa zu einer eigenständigen Kulturkraft. Doch setzte sich die episkopal (bischöflich) strukturierte Kirchlichkeit schließlich gegen die monastisch (klösterlich) orientierte Kirchlichkeit durch. Dem Papsttum gelang im 8. Jahrhundert der erste Schritt auf dem Weg zur Gründung des Kirchenstaats (PIPPINsche Schenkung der byzantinisch/langobardischen Gebiete um Ravenna 756; konstruktive Legitimation durch die angeblich Konstantinische Schenkungsschrift). Die Geschichte des europäischen Mittelalters war bestimmt durch das spannungsreiche Miteinander und Gegeneinander von politischer Leitung (Imperium) und religiöser Leitung (Papsttum).

Das hellenistische Christentum, das stärker nationalkirchlich organisiert war, wurde im östlichen Mittelmeergebiet im achten Jahrhundert durch den Islam weitgehend vernichtet. Da es in der Mission der slawischen Völker überwiegend erfolgreich war, überdauerte es in den orthodoxen Kirchentümern am Schwarzen

Meer und in Russland. Das westliche Christentum drängte den militanten Ansturm des Islam in Spanien und auf dem Balkan in vielen Jahrhunderten zurück. Das 16. Jahrhundert brachte die Spaltung des lateinischen Christentums und die Bildung von Konfessionskirchen, die sich gegenseitig die religiöse Legitimität absprachen und ihre Lehrsätze zur christliche Heilswahrheit und deren gläubiger Aneignung exklusiv formulierten. Die Reformation teilte das lateinische Christentum in den zentral organisierten römischen Katholizismus, der die Zentralstellung des Papsttums immer weiter stärkte, und den dezentral organisierten Protestantismus, der das bürgerlich-weltliche Leben religiös aufwertete und dem Mönchtum die religiöse Basis entzog.

Die koloniale Ausdehnung der europäischen Reiche nach Amerika, Afrika und Ozeanien wurde durch das Christentum befördert und begleitet. Heutzutage ist das Christentum vornehmlich in Europa, Amerika, Australien, Ozeanien, im südlichen und mittleren Afrika stark vertreten, gering dagegen in Asien und Nordafrika. Das Christentum ist in höchst unterschiedlichen kulturellen Konstellationen präsent. Die programmatischen, gesellschaftlichen und politischen Veränderungen seit der Aufklärung, an denen das Christentum teilweise aktiv beteiligt war, haben eine tiefgreifende Umformung in Gang gesetzt.

cc. Prägung

Der christliche Kalender, die allgemein übliche Zeitrechnung im christlichen Kulturraum, verbindet den von CAESAR (v100-v44) eingeführten und von AUGUSTUS (v63-14) stabilisierten julianischen Kalender des lunisolaren Jahres mit Angaben zu den Festterminen. Der römische Kanonist und Komputist DIONYSIOS EXIGUUS (ca. 470-550) nahm etwa 525 bei seinen Berechnungen der Termine des beweglichen Osterfestes die Geburt Jesu als Fixpunkt für die Chronologie: Jesus sei am 25. Dezember 753 ab urbe condita geboren. Im christlichen Kulturraum war damit eine Chronologie etabliert, die mit der römischen Jahreszählung starr verbunden war durch die Festlegung, das christliche Jahr 1 sei das Jahr 754 nach der Gründung Roms (ab urbe condita). GREGOR XIII. (Papst 1572–1585) nahm 1582 eine Reform des von Caesar v46 eingeführten julianischen Kalenders vor. Die kalendarische Zeit wurde an die astronomische Zeit angepasst: der 5. Oktober wurde zum 15. Oktober. Die Regelung der Schaltjahre, dass jedes vierte Jahr einen zusätzlichen Tag (den Schalttag am 29. Februar) hat, wurde präzisiert: in den Jahren 1600 und 2000 gibt es den üblichen Schalttag, in den Jahren 1700, 1800 und 1900 gibt es keinen Schalttag, und so in den 400-Jahre-Perioden fort. Diese Kalenderreform setzte sich in den christlichen Ländern aus konfessionellen Gründen zunächst nicht überall durch. In den protestantischen Territorien des römisch-deutschen Reichs wurde der Gregorianische Kalender im Februar des Jahres 1700 eingeführt. In 3600 Jahren wird sich ein Überschuss von einem Tag ergeben.

Die christlichen Feste sind inhaltlich durch zentrale Überzeugungen der Urgemeinde bestimmt, wobei kalendarisch an jüdisches und römisches Brauchtum angeknüpft wurde. Ostern feiert die Gegenwartserfahrung des auferweckten Christus in zeitlicher Nähe zum jüdischen Passafest, das jeweils die Kreuzigung Jesu erinnern ließ. Pfingsten feiert die Wirksamkeit des göttlichen Geistes in der Christus verkündigenden und bezeugenden Gemeinde und knüpft kalendarisch an das jüdische Wochenfest an. Weihnachten feiert die Geburt des menschheitlichen Erlösers und knüpft kalendarisch an das römische Fest der Wintersonnenwende (sol invictus) an. Die durch den Vegetationsrhythmus bestimmten Festtermine (Frühlingsbeginn, Saat und Ernte) sind im christlichen Festkalender umgeprägt oder zurückgedrängt. Das Kirchenjahr beginnt mit den vier Adventssonntagen vor Weihnachten.

Die Auferstehungsgewissheit führte auch zu einer anderen Betonung der Wochentage. Sie akzentuierte im beibehaltenen jüdischen 7-Tage-Rhythmus nicht mehr den siebten Tag (Sabbat) als Tag der Ruhe, sondern den achten Tag, mithin den ersten Wochentag als Tag des Herrn, d.h. als Tag der neuen Schöpfung. Die christliche Woche beginnt mit dem Fest der Freude über den lebendigen Christus. Durch das Nebeneinander von Altem und

Neuem Testament bleibt der Charakter des Sabbat (Samstag/ Sonnabend) undeutlich.

c. Islam

Der Islam (Hingabe, Ergebung) stammt von der arabischen Halbinsel. Er ist eine monotheistische Gesetzesreligion, die durch die von MOHAMMED (MUHAMMAD) verkündigten Gottesoffenbarungen bestimmt ist. Diese im Koran überlieferten Offenbarungen bekämpfen den Polytheismus der arabischen Stammesreligionen und gehen anknüpfend und korrigierend auf Judentum und Christentum ein. Vorrangig der Koran und nachrangig Muhammads Lebensäußerungen, seine Taten und Worte, sind die Quellen, aus denen die Gläubigen erkennen können, wie sie ihre Beziehungen zu Gott und den Mitmenschen regeln und welchen Weg (scharia) sie nach Pflichten und Rechten gehen sollen.

Die Zentralidee des Islam ist die das ganze Leben in allen seinen Bezügen umfassende Ergebung in den Willen Gottes. Die Merkmale des Islam, seine fünf Säulen, sind das Glaubensbekenntnis zu Allah (es gibt keinen Gott außer Allah, und Muhammad ist sein Prophet), das fünfmal täglich zu verrichtende rituelle Gebet (morgens, mittags, nachmittags, abends, nachts), das Almosengeben, das Fasten im Monat Ramadan, die Wallfahrt nach Mekka (mindestens einmal im Leben).

aa. Beginn

Der Islam ist geprägt durch seinen Stifter. MUHAMMAD (571-- 632) ist geboren und aufgewachsen in der westarabischen Kaufmannsstadt Mekka. Früh verwaist heiratete er etwa 596 seine Dienstherrin, die deutlich ältere Kaufmannswitwe KHADIDSCHA. Aus dieser monogam geführten Verbindung gingen vier Töchter und zwei früh verstorbene Söhne hervor. Nach dem Tod Khadidschas (619) lebte Muhammad polygam mit mehreren Frauen. Seinen Anverwandten berichtete Muhammad wohl ab 613 von göttlichen Eingebungen, die ihn das im Himmel aufbewahrte Urbuch unverfälscht in arabischer Sprache rezitieren ließen (vgl. die älteste Sure 96). Seine Botschaft, sich dem einen, einzigen, gerechten und barmherzigen Gott zu ergeben, stieß auf kämpferische Ablehnung seitens der mekkanischen Clans, die ihre Wallfahrtskultstätte Kaaba bedroht sahen. Im September 622 wurde Muhammad aus Mekka vertrieben. Er zog mit seinen Anhängern in die Oase Yatrib, später Medina (al-madina an-nabi, die Stadt des Propheten) genannt, und vereinbarte hier ein Schutzbündnis mit den einheimischen arabischen Sippen. Die jüdischen Bewohner wurden verdrängt. Mit seiner Gemeindeordnung gestaltete Muhammad in Medina eine religiös-politische Gemeinschaft (umma), die nicht durch Blutbande, sondern durch die gemeinsame Verehrung Allahs, des einen und einzigen Gottes, zusammengehalten wurde. Muhammad begründete damit das islamische Staatswesen, das theokratisch gestaltet ist. Nach heftigen militärischen Kämpfen setzte Muhammad 630 in Mekka den Islam durch und einte die arabischen Stämme.

bb. Entwicklung

Die Krise nach dem Tod des Propheten am 8. Juni 632 bestand der Islam durch eine allerdings konfliktträchtige Nachfolgeregelung. Im Amt eines Kalifen (Stellvertreters) wurden, wie bei Muhammad, religiöse und politisch-militärische Autorität gebündelt. Mit dem Kalifat wurde das islamische Staatswesen im Sinne einer zentralisierten Theokratie stabilisiert. Die neue Religion wurde durch militärische Eroberungszüge auf der östlichen und südlichen Seite des Mittelmeers und nach Iran sehr erfolgreich verbreitet.

Tiefe Spuren hinterließ die Spaltung des Islam in Sunniten und Schiiten. Auf die ersten vier Kalifen, die Muhammad familiär verbunden waren, folgte die Dynastie der Umayyaden (661–750) in Damaskus. Direkte Nachkommen Muhammads leisteten dagegen militärischen Widerstand; ihre Partei (schia) wurde im Oktober 680 entscheidend bei Kerbala besiegt, Muhammads Enkel HUSAIN (HUSSEIN) fiel in der Schlacht und wird seitdem von den Schiiten als Märtyrer verehrt. Während die Sunniten die Lebenspraxis (sunna) des Propheten und damit die Auslegung des religiösen Gesetzes ins Zentrum stellten, war bei den Schiiten die Gestalt des gerechten Herrschers (des Imam) für die Frömmigkeit prägend.

Die Dynastie der Abbasiden in Bagdad (750-1258), die sich auf ABBAS, den Onkel des Propheten Muhammad zurückführte, gab dem Islam eine universalistische Gestalt, indem Traditionen der hellenistischen und persischen Kultur in den Islam aufgenommen und nichtarabische Muslime in die umma gleichberechtigt eingegliedert wurden. Das Eindringen der Seldschuken führte politisch zur Schwächung des Kalifats und zum Erstarken von Regionalmächten. Rechtsgelehrte übernahmen die religiöse Gestaltung des Islam. Die im Koran ungelöste Spannung zwischen göttlicher Vorherbestimmung und selbstverantwortlicher Freiheit des menschlichen Tuns wurde im 10. Jahrhundert im Sinne der Prädestination aufgelöst, weil alles Weltgeschehen der Schöpfertätigkeit Gottes unterworfen sei und alles Wissen nur von ihm komme. Die Eroberung Bagdads durch die Mongolen 1258 beendete das arabische Kalifat.

Der Islam zerfiel in einen arabischen und einen persischen Kulturkreis. Es bildeten sich regionale Herrschaftsgebiete aus (Sultanat). Die religiöse Kompetenz ging auf Rechtsgelehrte über (ulama). Das Großreich der Mogulkaiser in Südasien und das der Osmanen im östlichen Mittelmeerraum gaben dem Islam eine unterschiedliche Prägung. Die schmerzhafte Begegnung mit dem europäischen Imperialismus brachte völlig neue politische Impulse. Heute ist der Islam im vorderen und mittleren Orient, in Südostasien und Zentralasien sowie in Nordafrika und Mittelafrika stark vertreten. Die derzeit 57 Staaten, in denen der Islam als Staatsreligion dominant oder als maßgebliche Religion großer Bevölkerungsteile einflussreich ist, sind seit 1969 in der ‚Organisation der Islamischen Konferenz' zusammengeschlossen.

cc. Prägung

Im Zentrum des Islam steht das heilige Buch, der Koran (Lesung). Er ist die eine Botschaft des einen und einzigen Gottes, die auf einen das ganze Leben umfassenden Gottesdienst zielt. Die bedingungslose Ausrichtung auf den Willen Allahs folgt dem Vorbild seines Gesandten Muhammad. Religiöses Verhaltensgesetz und mystische Hingabe sind die beiden Pole islamischer Frömmigkeit.

Der Koran, dessen definitive Gestalt unter dem dritten Kalifen UTHMAN etwa zwanzig Jahre nach Muhammads Tod abgeschlossen wurde, ist in 114 Suren gegliedert. Nach einer knappen Eröffnung (Sure 1) werden zunächst die umfänglichen Suren und dann abnehmend die kürzeren geboten. Im Koran sind die in arabischer Sprache offenbarten Gotteszeugnisse gesammelt, die Muhammad als Prophet rezitiert. Die meisten Suren beginnen mit der Formel „Im Namen Allahs, des Allbarmherzigen". Die Offenbarungstexte lassen sich unterscheiden nach ihrer in Mekka 613–622 bzw. in Medina 622–632 erfolgten Verkündigung (mekkanische und medinensische Suren). Der Islam ist die von Allah eingerichtete unveränderliche Religion, für die er die Menschheit geschaffen hat (vgl. Sure 30,30). Muhammad ist der letzte in der Reihe der Propheten (vgl. Sure 33,40). Die in der jüdischen Tora und im christlichen Evangelium niedergelegte Gottesoffenbarung, die durch den Koran bestätigt wird, muss gemäß dem Koran beurteilt werden (vgl. Sure 5,44–49).

Zum Verständnis des Koran, der nach Selbstbekundung direkte Gottesrede an Muhammad ist und von diesem wiederholt wird, sind heranzuziehen die Gepflogenheit (sunna) des Propheten, sein Vorbild, das sich in seinen Reden und Handlungen, in seiner Lebenspraxis zeigt, auch in seinem stillschweigenden Einverständnis mit Reden und Taten, bei denen er gegenwärtig war. Diese Gepflogenheit wurde im Bericht (hadith) mündlich und dann schriftlich überliefert und ist in sechs Sammlungen seiner Taten und Worte zusammengefasst. Besonders wichtig sind dabei seine Anweisungen und Stellungnahmen zur religiöspolitischen Gemeinschaft (umma).

Das religiöse Gesetz (scharia = breiter Weg zur Tränke) regelt umfassend das individuelle, familiäre, soziale und staatliche Leben. Das religiöse Gesetz, dessen Formulierung auf Koran, Sunna, Tradition und Analogie basiert, wird durch Rechtsgutachten (fatwa) weiterentwickelt, in denen ein Rechtsgutachter (mufti) neue Fälle durch Auslegung und Interpretation erfasst.

Eine Zusammenfassung der sittlichen Normen (vgl. Sure 17,22–39) ist durch das Gebot der alleinigen Gottesverehrung Allahs gerahmt. Der Islam besteht in der religiös-politischen Gemeinschaft (umma), der besten Gemeinschaft in der Menschheitsgeschichte (vgl. Sure 3,110). Die Glaubenden setzen sich solidarisch für die Gemeinschaft ein. Nach außen gilt eine Zweiteilung: Haus des Islam und Haus des Krieges. Die islamische Welt soll gegen die nicht-islamische Welt verteidigt werden, auch offensiv. Das islamische Gebiet soll für eine ungestörte Frömmigkeit der Muslime erweitert werden. Das Gebiet des Vertrags hat nur eine zeitlich begrenzte Geltung. Der Leitbegriff für diesen muslimischen Verteidigungswillen ist ‚dschihad‘, die Anstrengung. Diese Anstrengung zeigt sich religiös in der Intensivierung der Frömmigkeitspraxis, in der Intensivierung von Gebet, Fasten usw. Diese Anstrengung kann politisch-militärisch als ‚heiliger Krieg‘ konzipiert werden. Judentum und Christentum genießen als Religion des Buches eine Teilanerkennung. Der Absolutheitsanspruch des Islam erwächst aus seinem Anspruch, authentische Offenbarung des von Juden und Christen nicht bewahrten biblischen Erbes zu sein.

Im Islam ist die Beschneidung (circumcisio), die im Vorderen Orient eine weit zurückreichende Tradition hat, im religiösen Brauchtum als Initiationsritus zu Beginn des Erwachsenwerdens verankert. Der Koran erwähnt die Beschneidung nicht, weder die männliche noch die weibliche. Die männliche Beschneidung, deren Praxis in vielen islamischen Ländern weit verbreitet ist, wird dadurch begründet, dass Allah Abraham als Hohepriester eingesetzt habe (vgl. Sure 2,124) und die Muslime ihrem Vorbild Abraham folgen sollen (vgl. Sure 16,123). Da nach biblischem Bericht Abraham von Gott zur Beschneidung beauftragt worden sei und der Koran diese Beauftragung nicht ausdrücklich widerrufe, so gelte auch für die Muslime die Beauftragung zur Beschneidung. Knaben wird ein Teil der Vorhaut entfernt. Der Zeitpunkt der Beschneidung ist gebietsweise sehr unterschiedlich. Die Beschneidung kann bereits kurz nach der Geburt, aber auch erst im Alter von 20 Jahren vorgenommen werden.

Zumeist geschieht sie im Alter von etwa acht Jahren, wenn die Knaben aus dem Erziehungsbereich der Mutter in den des Vaters übergehen. Die weibliche Beschneidung, bei der zumeist die Klitoris amputiert wird, stammt aus dem vorislamischen Brauchtum und wird in Gebieten des nördlichen Afrika praktiziert. Für die weibliche Beschneidung gibt es keine sichere islamische Rechtsfigur. Sie wird (in argumentativer Analogie zur männlichen Beschneidung) mit dem Erhalt der sexuellen Reinheit begründet; dieses Ziel soll durch Lustverhinderung erreicht werden.

Im Koran wird für Männer und Frauen im Endgericht die gleiche Behandlung durch Gott erwartet (vgl. Sure 33,35), doch die irdische soziale Stellung und Wertung wird als ungleich geschildert. Der Koran greift den älteren biblischen Schöpfungsbericht auf (vgl. Sure 3,1). Männer sollen gegenüber Frauen bevorzugt werden, Frauen den Männern gehorchen (vgl. Sure 4,34). Männern und Frauen wird Keuschheit anempfohlen: Männer sollen ihre Augen von allen Schamteilen abwenden und sich vor Unkeuschem bewahren (vgl. Sure 24,30); Frauen sollen ihre Augen niederschlagen, sich vor Unkeuschem bewahren, ihre Zierde nicht entblößen und ihren Busen mit dem Schleier verhüllen (vgl. Sure 24,31). Zur Wahrung der Keuschheit gelten für Frauen strengere Regeln als für Männer. Männern wird eine begrenzte Polygamie erlaubt (vgl. Sure 4,3). Die koranische Aufforderung, Frauen sollten beim Ausgehen ihr Übergewand tragen, um dadurch ihre Ehrbarkeit zu zeigen und eine Belästigung zu verhindern (vgl. Sure 33,59), wird als Gebot verstanden, Frauen müßten sich in der Öffentlichkeit weitgehend verhüllen. Auch wo der Koran keine konkreten Kleidervorschriften formuliert, wird die koranische Intention, Frauen vor der Lüsternheit der Männer zu schützen, zur Begründung für die Verhüllung der als erogen empfundenen Körperteile genommen, so beispielsweise bei der Verhüllung des Haupthaares durch ein Kopftuch. Die Öffentlichkeit ist weitgehend Männern vorbehalten; Frauen sollten abgesondert leben. Verhüllung und Absonderung von Frauen waren die Leitvorstellungen der vorislamischen begüterten Stadtkultur, die durch den Islam dann in alle Regionen und Bevölkerungsgruppen verbreitet wurden. Der islamische Kalender basiert auf dem 12 Monate mit insgesamt 354 Tage umfassenden Mondjahr. Jeder Monat beginnt mit dem Erscheinen der Neumondsichel (vgl. Sure 2,189), beobachtet von zwei zuverlässigen Zeugen, und hat 29 oder 30 Tage. Das reine Mondjahr wurde von Muhammad in seiner medinensischen Zeit nach seiner ‚Auswanderung' (hidschri) eingeführt, ausdrücklich ohne Schaltmonate, damit die Festzeiten wandern und alle vorislamischen Bezüge zum vegetativen Jahr ausgeschaltet werden (vgl. Sure 9,37). Der zweite Kalif OMAR legte den Beginn der islamischen Zeitrechnung fest auf den ersten Tag des Monats Muharram (15. oder 16. Juli 622) im Jahr der Hidschra; dort im Jahr 1 beginnt der Strahl des islamischen Kalenders, dessen Jahrhundert etwa drei Jahre kürzer ist als das Sonnenjahrhundert. In den islamisch geprägten Ländern gab und gibt es neben dem Hidschra-Mondkalender noch eine Vielzahl anderer Kalender.

Im Jahreslauf gibt es zwei koranisch angeordneten Feste, das Fest des Fastenbrechens am Ende des Fastenmonats Ramadan und das Opferfest. Der neunte Monat Ramadan ist hervorgehoben als Fastenmonat, in welchem der ersten Offenbarung des Koran gedacht wird (vgl. Sure 2,185). Der zwölfte Monat ist der Monat der Pilgerfahrt nach Mekka und des Opferfestes. Pilgerfahrt und Opferfest sind eng mit dem Andenken Abrahams verbunden. Das vorislamische Heiligtum in Mekka, die Kaaba, von Muhammad im Sinne des Islam als abrahamitisch gereinigt, ist der Zentralpunkt der Wallfahrt und aller islamischen Riten. Das Opferfest am 10. Dhul-hidschdscha erinnert daran, dass Abraham bereit war, seinen Sohn Ismail zu opfern (während die Bibel von Isaak erzählt, um die Abstammungslinie von Abraham zu Israel zu ziehen, berichtet der Koran von Ismail, um die zentrale Allah-Verehrung in der Kaaba zu begründen [vgl. Sure 2,124–134]). Das Menschenopfer wurde abgelöst durch das Töten eines Schafs mittels Schnitt durch Halsschlagader und Luftröhre. Dieses Opferfest wird von den Pilgern am Opferplatz Abrahams nahe Mekka, von den Daheimgebliebenen mit Ausrichtung auf

Mekka vollzogen. Zu diesen koranisch geordneten Festen und Fastenzeiten gibt es regional und konfessionell eine Vielzahl anderer Feste und Gedenktage, insbesondere an Ereignisse im Leben Muhammads und seiner Familie, aber auch vieler anderer Frommen.

Innerhalb der siebentätigen Woche ist der Freitag hervorgehoben, weil an ihm die Gemeinde zum Gebet und Gedenken an Allah versammelt werden soll (vgl. Sure 62,9). Der Tag wird nach den fünf Gebetszeiten eingeteilt: Beginn der Morgendämmerung, Tagesmitte, Nachmittagshälfte, nach beginnendem Sonnenuntergang, nach Dunkelheit.

Der Islam kennt keine Heilsmittlerschaft. Es gibt keine Priesterschaft und keine Sakramente. Der Monotheismus ist auf den Schöpfungsgedanken konzentriert. Theologisch umstritten sind die anthropomorphen Attribuierungen Allahs im Koran. Der Islam lehnt die christliche Ursündenlehre, Christologie und Trinitätslehre ab.

III. Jesus der Christus

Für das christliche Glaubensbewusstsein ist der Satz zentral: Jesus ist der Christus. Die Auslegung dieses Satzes hat die christliche Verkündigung seit den Anfängen getragen und beschäftigt. Der christliche Glaube ist Glaube an die von Jesus eröffnete Gottesbegegnung, die alle Gottesferne überwindet. Seit den Anfängen der christlichen Verkündigung ist immer wieder darüber nachgedacht worden, wie die durch Jesus geschehene Erlösung zu verstehen sei und wie sie überzeugend für die jeweilige Gegenwart verkündigt werden könne.

Von Beginn an war die zentrale Überzeugung des christlichen Glaubensbewusstsein umstritten, dass Jesus der Christus sei. Diese Überzeugung unterschied das frühe Christentum vom zeitgenössischen Judentum und von den hellenistisch-römischen Kulten. Diese zentrale Überzeugung, die im Blick auf ihr genaueres Verständnis und ihre Konsequenzen auch innerhalb der Christenheit immer wieder zu heftigen Auseinandersetzungen führte, ist der erste und wichtigste Konfliktpunkt in der Begegnung mit anderen Religionen.

Ist Gott in Leben und Verkündigung Jesu in einzigartiger Weise präsent, so muss Jesu Person und Würde durch diese Gegenwart Gottes qualifiziert sein. Die christliche Theologie hat ihre Aussagen über Jesus als Christus im Blick sowohl auf seine Person (seine Würde) als auch auf seine Wirksamkeit (sein Amt) konfliktreich genauer entfaltet. Aussagen zu Person und Würde müssen zusammenstimmen mit denen zu seiner Wirksamkeit. Das lässt sich in der kirchlichen Lehrbildung beobachten.

Seit der Aufklärung wurde und wird der Vorwurf erhoben, die kirchliche Lehre habe das Anliegen und die Verkündigung Jesu verfälscht. Jesus sei nicht der, als den die kirchliche Verkündigung ihn hinstelle. Die protestantische Theologie hat seit der zweiten Hälfte des 18. Jahrhunderts in intensiven Forschungsbemühungen den historischen Jesus zu erfassen versucht. Sie suchte im historischen Jesus einen normativen Bezugspunkt für die Kritik und den Abbau des kirchlich-dogmatischen Lehrsystems. Sie wollte den geschichtlichen Jesus als Mitstreiter gegen das kirchliche Dogma gewinnen und mit seiner Hilfe eine neue Darstellung des christlichen Glaubensbewusstseins geben.

A. Person und Würde

In den neutestamentlichen Schriften finden sich unterschiedliche Ansätze, die Person und Würde Jesu im Blick auf seine eigentümliche Wirksamkeit auszusagen. In der kirchlichen Lehrbildung der ersten Jahrhunderte wurden diese Vielfalt konzentriert in einen Aussagenkreis, der das Menschsein und zugleich das Gottsein Christi verständlich machen wollte. Wie diese paradoxe Aussage genauer auszuführen sei, dazu gab es und gibt es viele Lehrmeinungen. Deutlich ist allerdings die kirchliche Verwahrung gegen die beiden Vereinseitigungen, die paradoxe Synthese von Menschsein und Gottsein aufzulösen. Sowohl die Behauptung des Ebionitismus, Jesus sei nur Mensch und nicht Gott, als auch die Behauptung des Doketismus, Jesus sei Gott und nur scheinbar Mensch, wurden nachdrücklich verworfen.

Gegen die Aussage von der paradoxen Göttlichkeit Christi richtete und richtet sich der Protest der anderen Religionen und der Einspruch des modernen Bewusstseins. Häufig werden bei solcher Bestreitung besondere menschliche Qualitäten Jesu nicht geleugnet; es wird zumeist durchaus zugestanden, dass Jesus ein bedeutender Lehrer der Menschheit gewesen sei und dass er ein vorbildliches Leben geführt habe, doch wird seine übermenschliche Qualifizierung abgelehnt.

Die christliche Theologie muss seit ihren Anfängen plausibel machen, wie die paradoxe Aussage des gottmenschlichen Personseins Christi zu verstehen ist. Diese Aussage wurde viele Jahrhunderte metaphysisch in den Kategorien der Substanzontologie formuliert. Seit dem neuzeitlichen Zusammenbruch der Substanzontologie blickt die Theologie auf die Motive, die zu den frühkirchlichen Aussagen geführt haben. Diese Motive gilt es in anderer Begrifflichkeit zur Geltung zu bringen. Der Anschein, als hätten die Aussagen des christlichen Glaubensbewusstseins den Charakter einer objektiven Schilderung von unpersönlichen Dingereignissen und Seinsbeständen, ist gründlich zerstört worden. Ihm sollte um des Glaubens willen auch nicht nachgetrauert werden. Um neue Formulierungen bemüht sich die evangelische Theologie schon lange.

1. Verkündigender Jesus

Die vorliegenden Berichte über Jesu Leben, seine Taten und seine Verkündigung sind gänzlich durch die österliche Gemeinde geprägt. Dies ist das Ergebnis der wissenschaftlichen Erforschung der neutestamentlichen Texte. Jesus hat nichts aufgeschrieben. Worte Jesu und Erzählungen von seinen Taten wurden zunächst mündlich überliefert, dann schriftlich gesammelt und aufgezeichnet (Evangelien); außerdem trat die Lehre der Apostel neben die Lehre Jesu (Sammlung apostolischer Briefe, Bericht über apostolische Geschehnisse und Visionen). Die Sprache der dann kanonisch gewordenen Texte ist Griechisch. Jesus lehrte in aramäischer Sprache. Seine Verkündigung ist also nur in einer übersetzten Sprachgestalt erhalten. Der christliche Glaube kennt keine heilige Sprache. Er kann sich in allen Sprachen mitteilen.

Methodisch zuverlässig lassen sich nur diejenigen Worte Jesu als authentisch ermitteln, die gegenüber der Zeitgenossenschaft und der gemeindlichen Verkündigung sperrig sind, die keiner dieser beiden Seitenlinien zugewiesen werden können. Die durch dieses Differenzkriterium ermittelten Quellenstücke reichen bei weitem nicht aus, um ein Lebensbild Jesu zu zeichnen. Die durchweg nur in kleinen Einheiten vorliegenden Quellenstücke lassen sich nicht zu einer biographischen Entwicklungslinie ordnen. Die vorliegenden Quellenstücke sind wesentlich durch die gemeindlichen Traditionsmuster (ihren Sitz im Leben) geformt.

Das sehr restriktive Differenzkriterium qualifiziert nur vergleichsweise wenige Stücke der Jesustradition als authentisch. Diese scharfe Restriktion kann gemildert werden durch ein behutsam angewandtes Verstehbarkeitskriterium: Jesus muss mit seiner Zeitgenossenschaft in mancher Hinsicht übereingestimmt haben, um in seinem Predigen und Wirken auch verstehbar gewesen zu sein. Der historische Jesus darf nicht isolierend als prophetischer Prediger ohne Umfeld beschrieben werden. Jede auf Mitteilung gerichtete Äußerung ist eingebettet in einen gemeinsamen Verständnisrahmen. Dieses Umfeld kann allerdings nur mit einer gewissen Wahrscheinlichkeit ermittelt werden.

Die im Einzelnen höchst strittigen Ergebnisse der schon über 200 Jahre währenden historischen Jesus-Forschung können in wenigen Zügen zusammengefasst werden:

Jesus (griechische Namensform von Jeshua = Gott hilft), aufgewachsen im galiläischen Nazareth aus einer Handwerkerfamilie stammend (vgl. Mk 6,3), wohl kurzzeitig zugehörig der Gruppe um den radikalen Taufprediger Johannes im Jordantal, trat von Kapernaum aus vornehmlich am See Genezareth als Wanderprediger auf, kündigte prophetisch die nahe Gottesherrschaft an (vgl. Mk 1,15), machte in Handlungen und Worten seine Verkündigung zum wirksamen Vorausereignis dieser Gottesherrschaft, konzentrierte die überlieferte jüdische Religion (Gesetz und Propheten) auf die miteinander verschränkten Gebote der Gottesliebe und Nächstenliebe, sammelte eine Nachfolgeschar (die ‚Zwölf'), die das erneuerte Bundesvolk abbilden sollte, wallfahrtete mit dieser etwa im Jahr 30 (zwischen 27 und 34) zum Passafest nach Jerusalem, proklamierte in prophetischen Zeichenhandlungen die Nähe der Gottesherrschaft, zog durch seine scharfe Kritik am Jerusalemer Tempelkult die Feindschaft der Priesterschaft auf sich, wurde zuerst vom jüdischen Hohen Rat (Synhedrium) wegen religiöser Unruhestiftung (Tempelweissagung und Messiasanspruch) verhört (vgl. Mk 14,58–64), dann vom römischen Statthalter (Procurator) Pontius Pilatus wegen politischen Umsturzbestrebens (vgl. Mk 15,26) zum Tode verurteilt und an einem Freitag (14. oder 15. Nisan) gekreuzigt.

Die nach Galiläa geflohene Nachfolgeschar (vgl. Mk 14,50) wurde durch Erscheinungen überzeugt, dass Jesus als von Gott Auferweckter lebe und dass Gott mit dieser Auferweckung die Verkündigung Jesu und seine Messianität gegen das vernichtende Urteil seiner Gegner bestätigt habe.

a. Gottespredigt

Zentral für Jesu prophetisches Auftreten war zweifellos die Ansage der Gottesherrschaft (vgl. Mt 4,17; Mk 1,15). Die von Jesus verkündigte Gottesherrschaft war Verheißung, aber sie war auch schon Wirklichkeit in einzelnen Akten, in Wundern und Statusverleihungen (vgl. Lk 11,20). Diese Wirklichkeit nahm zeichenhaft die angesagte kommende Gottesherrschaft vorweg. In der Verheißung war an einen wunderhaften Anbruch der Gottesherrschaft in Fülle für alle Menschen gedacht. Jesu Vorstellung der Gottesherrschaft hatte einen sittlich-gesellschaftlichen, keinen kultischen Charakter.

Jesus sprach von Gott in der Tradition des Frühjudentums. Der frühjüdische Monotheismus war der selbstverständliche Hintergrund der Gottespredigt Jesu. Er beachtete das Namensgebot, die strikte Einschränkung des Gebrauchs des JHWH-Namens. Er umschrieb Gott durch Himmel (vgl. Lk 15,7.10). Für Jesus war Gott der gütige Vater aller Geschöpfe als Geber und Erhalter des konkreten Lebens (vgl. Mt 6,26–29). Seine Hochschätzung konkreter Kreatürlichkeit bestritt die Exklusivität der jüdischen Bundes- und Gesetzesvorstellung. Jesu Einstellung zum Sabbat (vgl. Mk 2,27; 3,4) verwies auf die Universalität des Schöpfungswohls als Maßstab für alle Gesetze und Institutionen. Jesu Gottespredigt war sowohl Gerichtsrede als auch Gnadenzusage.

Jesu Gerichtsbotschaft berief sich nicht auf das Gesetz, sondern auf den Zorn Gottes. Die jesuanische Gerichtspredigt war gegen die Legitimationsinstanzen des zeitgenössischen Judentums gerichtet, gegen die Vorstellungen von Erwählung, Gesetz und Heilsgeschichte. Die Gewissheit des verbürgten Heils griff Jesus scharf an. Er verkündigte eine neue gütige Zuwendung

Gottes. In Anknüpfung an Johannes den Täufer sah Jesus Israel unter dem kommenden Vernichtungsgericht Gottes und forderte Umkehr (vgl. Lk 13,1–5).

Jesu Gottespredigt war auch Gnadenzusage. Denn anders als Johannes der Täufer verkündigte Jesus eine letzte heilsame Zuwendung Gottes, die sich bereits jetzt an der Stellungnahme zu Jesu Verkündigung entscheide. Die Aufnahme seiner Verkündigung und nicht das mosaische Gesetz war für ihn der Maßstab im drohenden Vernichtungsgericht (vgl. Lk 12,8f). Durch Beispiele aus der jedem vertrauten Alltagserfahrung sagte Jesus die neue Zuwendung Gottes futurisch in kosmischer Weite an. Seine Verkündigung hatte endgültigen Charakter. Die Freude dieser Heilsgegenwart fasste er im Bild von der Hochzeit (vgl. Mk 2,19 mit Jes 54,1–10).

Jesus predigte die anbrechende Gottesherrschaft vorrangig nicht im Sinne von Schrecken und Beängstigung, sondern von liebend-vertrauende Zuwendung. Das zeigt sich in Jesu Anrede Gottes als Vater. Ja, Jesus redete Gott sogar in der Vertrautheitsform ‚Väterchen' oder ‚Papachen' (abba) an. Das war traditionell und neuartig zugleich.

Traditionell war die Anrede Gottes als Vater. Die Vater-Titulatur Gottes war im Alten Orient durchaus verbreitet. Auch zu Jesu Zeiten war die Bezeichnung eines Herrschers als Vater durchaus üblich. In patriarchalischer Vorstellung meinte sie ein enges Treueverhältnis zwischen Herrscher und Volk. In der hebräischen Bundesvorstellung drückte sie JHWHs Treueforderung an das von ihm erwählte Volk Israel aus (vgl. Dtn 32,6; Jes 64,8).

Neuartig war Jesu Anrede Gottes in der Vertrautheitsanrede ‚Väterchen'. Damit gab er der Gottesbeziehung ein völlig neues Gepräge. Nicht Unterwerfung, sondern Nähe und Übereinstimmung prägen die Beziehung. Mit der Anrede ‚Väterchen' werden Jesus und die in seinem Namen Betenden selbst Kinder Gottes, sprechen sie ihr teilnehmendes Vertrauen auf die göttliche Vollkommenheit aus. Indem die Kindschaft pointiert der Knechtschaft gegenüber steht, gewinnt die Gottesbeziehung auch emotional eine freundlich-fröhliche Färbung. Die Gott Vertrauenden vertrauen der Liebe und Fürsorge Gottes.

Jesu Vater-Anrede Gottes hat sich der christlichen Frömmigkeit eingeprägt, insbesondere durch das Vater-unser (pater noster) genannte Gebet Jesu. Dieses Gebet Jesu ist in zwei Fassungen überliefert. Die längere Fassung mit sieben Bitten (vgl. Mt 6,9–13), die in der christlichen Frömmigkeitspraxis normal verwendet wird, will in der Bergpredigt gegenüber falschem Beten das richtige Beten lehren. Die kürzere Fassung mit fünf Bitten (vgl. Lk 11,2–4) will im Reisebericht analog zur Lehrpraxis des Täufers ein Gebetsmuster formulieren. In der kürzeren Fassung fehlen die dritte und siebte Bitte der längeren Fassung; die Anrede ist knapper: Vater. Die je eigene poetische Formung in unterschiedlichem Metrum macht es wahrscheinlich, dass beide Fassungen selbständig überliefert worden sind. Der regelmäßige gottesdienstliche und der zumeist tägliche private Gebrauch des Gebets Jesu hat die christliche Gottesvorstellung geprägt.

b. Erneuerung Israels

Der historische Jesus wollte die Erneuerung des gesamten Gottesvolks Israel. Die Berufung der ‚Zwölf' in die Nachfolge, durch die ältesten Ostertradition belegt (vgl. 1Kor 15,5), war eine markante Zeichenhandlung. Der Zwölferkreis repräsentierte das endzeitlich erneuerte Israel. Jesu Botschaft der Erneuerung Israels hatte eine gesellschaftliche Dimension. Die ‚Zwölf' stehen für die zwölf Stämme Jakobs und sind Zeichen des göttlichen Neubeginns mit Israel. Ihre Einsetzung ist eine Symbolhandlung wie die Tempelreinigung oder wie das vorauslaufende In-Geltung-Setzen des Neuen Bundes im letzten Abendmahl. Ihre Gemeinschaft ist auf das Gottesreich ausgerichtet (vgl. Mk 4,11). Sie gehören zu Jesu Selbstidentifizierung als Menschensohn (vgl. Mt 19,28), sie sind endzeitliche Richter.

Das ganze Gottesvolk, wie es durch die ‚Zwölf' symbolisiert wurde, war Gegenstand seiner Verkündigung der anbrechenden Gottesherrschaft. Das ganze Gottesvolk ohne jede Ausgrenzung sollte in seiner Nachfolge geeint werden. Jesu Verkündigung galt allen Gruppen Israels, gerade auch den Randgruppen. Seine Verkündigung zielte auf Sammlung (vgl. Mk 6,34; Mt 2,6; 9,36; 10,6; 15,10; Lk 19,10) und Integration. Eine Grenze nach außen wurde nicht gezogen, vielmehr die anderen Völker ins Licht der göttlichen Zuwendung gestellt.

Jesu Verkündigung war kritisch gegenüber einem Israel, das seine Legitimation in der Vergangenheit suchte und seine Erwählung zum Bundesvolk Gottes exklusiv als eigene Bevorzugung verstand. Seine Heilszusage galt einem endzeitlich erneuerten Israel. In der von ihm gesammelten Nachfolgeschar sei die bald anbrechende Königsherrschaft Gottes schon jetzt Wirklichkeit. Diese Wirklichkeit trage durch die endzeitlichen Versuchungen und das kommende Endgericht hindurch. Jesus sah den Heilsgrund in der gütigen Zuwendung Gottes, die in seiner Verkündigung vollmächtig gegenwärtig war. In ihr werde das endgültige Heil real antizipiert.

Die Erneuerung Israels ist in den synoptischen Evangelien durch das Bilderfeld der Hochzeit und des Hochzeitsmahls beschrieben: Jesus sei der Bräutigam, Israel sei die Braut, die Jünger seien Begleiter des Bräutigams; sie seien seine Hochzeitsgäste (vgl. Mk 2,19) oder seine Sklaven (vgl. Lk 12,36); Jesu Auftreten sei die hochzeitliche Verbindung des Messias mit Israel.

In der österlichen Verkündigung konnte das Hochzeitsbild mit den Jüngern als Gefährten des Bräutigams abgelöst verändert werden in das Bild von der Kirche als Braut (vgl. 2Kor 11,2; Eph 5,25-27; Apk 21,2). Jesu kultkritische Ankündigung eines neuen Tempels (vgl. Mk 14,58) wurde so aufgenommen, dass der Kirche als Tempel Gottes (vgl. Eph 2,20-22) oder Haus Gottes (vgl. 1Petr 2,4-10) eine befreiende und verpflichtende Nähe zu Gott zukomme, dass den Glaubenden als Steinen an diesem Heiligtum eine besondere Verbundenheit eigne.

In der Bezeichnung ‚die Kleinen' für die Nachfolgeschar (vgl. Mk 9,35-42; Mt 18,1-14 entsprechend dem Menschensohn) klangen die Verhaltensmaßstäbe an. Allein die Gottesbeziehung bestimme die Gemeinschaft. Kleine Ereignisse seien vor Gott groß, Kleines habe große Wirkung.

c. Vollmacht

Jesus predigte und handelte in Vollmacht, in der Vollmacht Gottes. Er verkündete die anbrechende Gottesherrschaft in entscheidendem Sinn. Gegenüber expliziten Würdetiteln war er wohl spröde; vielmehr drückte er seinen Vollmachtanspruch implizit durch die Inhalte und Art seiner Verkündigung aus. Trugen andere an ihn Würdetitel heran, so konnte er dies zurückweisen (vgl. Mk 8,27-33). Daraus spricht wohl eine Distanz zu geprägten Titeln und den darin beschlossenen festen Erwartungen. Daraus spricht wohl auch eine strikte Betonung der Einzigkeit Gottes (vgl. Mk 10,18).

Jesu vollmächtige Wirksamkeit zeigte sich in der Zuwendung zu religiös geächteten (unreinen) Personen, in der Heilung leibseelischer Beschädigungen, in der weiterführend-korrigierenden Auslegung der Tora (Antithesen, vorangestellte Amen-Beteuerung). Die Vollmacht, Sünden zu vergeben und die Gottesbeziehung von allen Brechungen zu befreien, beeindruckte die Nachfolgeschar und die Zeitgenossenschaft. Vollmacht und Kraft zur Sündenvergebung war dann, das zeigt die Aufnahme ins Glaubensbekenntnis, wichtiges Kennzeichen der Kirche und ihrer Verkündigung.

Jesus dürfte von sich selbst als Menschensohn gesprochen haben. In den von den drei synoptischen Evangelien (Markus, Matthäus und Lukas) überlieferten Worten Jesu kommt die Bezeichnung ‚Menschensohn' häufig vor. In der Forschung ist deren Bedeutung immer noch nicht eindeutig geklärt. Vermutlich war diese Bezeichnung ein Bindeglied zwischen Jesu eigener Verkündigung und der Verkündigung der österlichen Gemeinde. Wie Jesus die Bezeichnung gebraucht hat, das wurde von der österlichen Gemeinde aufgenommen, dann allerdings neu und verstärkt qualifiziert.

Jesus sprach, und das ist eigentümlich, vom Menschensohn immer als von einer bestimmten individuellen anderen Person

(‚der Menschensohn'). Auch wenn Jesus vom Menschensohn wie über eine fremden Person redete, könnte er damit doch eine Selbstbezeichnung vorgenommen haben. Denn zu 37 Menschensohn-Worten gibt es direkte Parallelworte, in denen ‚ich' statt ‚Menschensohn' steht. Zudem findet sich beim Apostel PAULUS (gest. ca. 60) das sprachliche Phänomen einer Selbstbeschreibung in Gestalt einer Er-Beschreibung (vgl. 2Kor 12,2–5). Deshalb ist ein genauerer Blick vonnöten, um beurteilen zu können, ob und wie Jesus mit den Menschensohn-Worten eine Selbstbezeichnung vornahm.

Vor Jesus hatte die aus dem Hebräisch-Aramäischen herstammende Bezeichnung wohl keine titulare Bedeutung. Sie meinte zumeist die Gattung Mensch (‚die Menschen') oder ein Einzelwesen Mensch (‚ein Mensch' / ‚jemand'), wohl nur ganz selten auch die Selbstbezeichnung ‚ich'. In der Vision Dan 7 (wohl v167) kam die vergleichend formulierte Bezeichnung (‚wie ein Menschensohn') in den apokalyptischen Kontext einer zukünftigen Hoheitsverleihung und wurde kollektiv gedeutet auf die ‚Heiligen des Höchsten'. Dieser Sinngehalt wurde dann in den Bilderreden im äthiopischen Henoch-Buch (Kap. 37–71, wohl überwiegend vorjesuanisch) und im Traumgesicht 4Esra 13 (wohl nachjesuanisch) individualisiert und mit der Gestalt eines präexistenten endzeitlichen Richters verknüpft, der eine menschenähnliche Gestalt habe.

In den synoptischen Evangelien lassen sich drei Gruppen von Jesusworten zum Menschensohn unterscheiden. Es finden sich Worte vom gegenwärtig-irdischen Menschensohn, Worte vom kommenden (zukünftigen) Menschensohn und Worte vom leidenden Menschensohn.

Worte vom gegenwärtig-irdischen Menschensohn gehören zur ältesten Traditionsstufe im Markus-Evangelium und in der Logienquelle Q, deren Textstücke parallel im Matthäus-Evangelium und Lukas-Evangelium vorliegen. Diese Worte stehen in unterschiedlichen Themenbezügen: Vollmacht zur Sündenvergebung (vgl. Mk 2,10), Vollmacht über den Sabbat (vgl. Mk 2,28), sein Dienen (vgl. Mk 10,45), seine Heimatlosigkeit (vgl. Mt 8,21), sein Kontrast zu Johannes dem Täufer (vgl.

Mt 11,19), sein Verlästertwerden (vgl. Mt 12,32), seine Zeichengabe in Analogie zu Jona (vgl. Mt 12,40). Die Worte lassen sich wohl überwiegend dem historischen Jesus zuschreiben. Bei einigen ist die Authentizität höchst wahrscheinlich (z.b. der Vergleich mit dem Täufer).

Worte vom leidenden Menschensohn kündigen sein Leiden (vgl. Mk 8,31; 9,21; Lk 17,25) und sein Ausgeliefertwerden (vgl. Mk 9,31; 14,41; Lk 24,7) an. Der Sinngehalt alttestamentlicher Menschensohn-Worte, in denen die Sterblichkeit des Menschen ausgesagt wurde (vgl. Jes 51,12; Ps 146,3f; Hiob 25,6), ist nun im Blick auf das besondere Leidensgeschick Jesu spezifiziert. Diese Worte geben wohl die Wahrnehmung der Urgemeinde wieder, gehören zur Gattung retrospektiver Weissagung (vaticinium ex eventu).

Worte vom kommend-zukünftigen Menschensohn knüpfen deutlich an die Vision Dan 7,13 an, sind aber individualisierend (vgl. Mk 13,26 und 14,62) mit dem Gedanken endzeitlichen Richtertums verbunden, wie er im äthiopischen Henoch-Buch formuliert ist. Der zukünftige Menschensohn wird in anderen Worten typologisch profiliert durch Bezugnahme auf Jona (vgl. Lk 11,30), Noah (vgl. Lk 17,26) und Lot (vgl. Lk 17,28). Auffällig ist die explizite Unterscheidung von Jesus-Ich und kommendem Menschensohn; dadurch wird inhaltliche Parallelität und zeitliche Differenz ausgesagt; der Menschensohn ist eine von Jesus deutlich unterschiedene endzeitliche Richtergestalt (vgl. Mk 8,28 und Lk 12,8).

Einige der Menschensohn-Worte, insbesondere die der ersten und dritten Gruppe, dürften authentische Jesus-Worte sein. Da ‚Menschensohn' kein geprägter Würdetitel war und die überlieferten Menschensohn-Worte teilweise der Gemeindeperspektive zuwider laufen, ist die Annahme nicht überzeugend, erst die österliche Gemeinde habe Jesus diese Bezeichnung zugeschrieben. Vielmehr hat die österliche Gemeinde den Sprachgebrauch Jesu aufgegriffen und aus ihrer Perspektive weiter entwickelt. Authentische Jesus-Verkündigung und Deutung Jesu durch die erste Gemeinde sind dadurch verwoben.

Die Annahme der Authentizität wird dadurch gestützt, dass besonders bei Worten vom kommenden Menschensohn eine markante Aussagenschichtung erkennbar ist, wie sie auch in der Gottesreich-Verkündigung Jesu beobachtbar ist. Jesus sah sich selbst völlig eingebunden in das Kommen des Reiches Gottes. Und so wie das Gottesreich gegenwärtig und zukünftig sei, so gelte dies auch für seine Person. Gerade seine explizite Unterscheidung zwischen sich, dem Verkündiger des anbrechenden Gottesreichs, und der endzeitlichen Richtergestalt kann wegen der behaupteten Verhaltensparallelität (der endzeitliche Richterspruch wird bereits jetzt in der Stellungnahme zu Jesus entschieden) verstanden werden als personale Identifikation: der irdische Jesus sah sich als identisch mit dem Menschensohn: in der Zukunft. Jesu Anspruch auf eine entscheidende Position im Kommen des Gottesreichs ist ja unübersehbar. Das wird auch aus seiner Stellung zum Täufer deutlich. Diesen schätzte er als den bedeutendsten Propheten, den größten Menschen ein und sah sich selbst in Überbietung zu dieser menschlichen Höchstgestalt (vgl. Mt 11,1-19).

Dadurch dass schon die apokalyptischen Menschensohn-Worte in Dan 7 kollektiv auf die Gemeinschaft der Heiligen gedeutet wurden, konnte auch die urchristliche Gemeinde sich in den Menschensohn-Worten Jesu mit ihm besonders verbunden denken: Der Menschensohn trete stellvertretend für die Gemeinde ein (vgl. Mk 10,45). Die Gemeinde gehöre dem Menschensohn zu und werde zu ihm erhöht (vgl. Mt 19,28; Lk 6,22f).

2. Verkündigter Christus

Jesus wurde von seiner österlichen Anhängerschar verkündigt als der Gekreuzigte und Auferweckte, als der auch nach seinem Tod Lebendige. Diese erneuernde Gegenwartsbedeutung für die Glaubenden wurde in den neutestamentlichen Schriften durch eine Reihe von Würdetiteln ausgesagt. So wird Jesus titular bezeichnet als Gesalbter (Messias/Christos), Herr (Kyrios), Menschensohn, Gottessohn, Gottesknecht, Retter, Davidssohn,

Lehrer, Prophet, Heiliger Gottes. Diese Würdetitel wurden von der ersten Christenheit zumeist aus der jüdischen Frömmigkeit oder aus der hellenistischen Kultur aufgenommen, teilweise aber auch neu geprägt. Wurden hergebrachte Würdemuster auf Jesus übertragen, so erhielten die vorgeprägten Titel in diesem Übertragungsprozess teilweise eine neue Bedeutung. Die Anwendung auf Jesus führte zur Umprägung des traditionellen Sinngehalts. Die weitere Entwicklung der christlichen Theologie brachte dann manchmal eine nochmalige Sinnwandlung. Die Würdetitel wurden durch ihre Zuschreibung an Jesus auch wechselseitig in ihrem Sinngehalt beeinflusst und angeglichen.

Zentral für die Wahrnehmung Jesu durch die Gemeinde ist die Ostererfahrung, die ihrerseits die Kreuzigung in ein qualifizierendes Licht stellt. Durch Kreuz und Osterglauben erhalten die Würdeaussagen ihr Gepräge. In der Zusammenfassung seiner Missionspredigt (vgl. 1Thess 1,9–10) deutete Paulus beispielsweise die Auferweckung Jesu als seine Einsetzung zum Menschensohn, der seine Gläubigen rettend durch das endzeitliche Gericht bringen werde.

a. Messias / Christus

Der Würdetitel Messias = Gesalbter (Gottes) ist in fast allen neutestamentlichen Schriften belegt. Dieser in der griechischen Übersetzung ‚Christos' und dann im Lateinischen ‚Christus' lautende Titel wurde zum zweiten Eigennamen Jesu. Die Prägung ‚Jesus Christus' zum Doppelnamen wurde besonders durch Paulus und seine Ausstrahlung in die griechisch-römische Welt befördert. Durch die Bezeichnung Jesu als des Gesalbten Gottes wurde seine besondere Zugehörigkeit und Nähe zu Gott, seine besondere Legitimation durch Gott ausgedrückt.

Die religiöse Salbung von Personen und Gegenständen war in den antik-mediterranen Kulturen verbreitet und verständlich. In der hebräisch-jüdischen Tradition war der an ein Salbungsritual anknüpfende Messias-Titel ‚Gesalbter JHWHs' zunächst auf den König bezogen (vgl. z.B. 1Sam 12,3.5; Ps 2,2), gehörte aber nicht zur Amtstitulatur. Gesalbte waren Tabu-Personen (vgl. 1Sam 24,11). Singulär konnte auch der Perserkönig Kyros den Messias-Titel erhalten (vgl. Jes 45,1). Nach dem Ende des Königtums wurde in exilisch-nachexilischen Texten über die Salbung von Priestern berichtet bzw. diese Salbung vorausgesetzt (vgl. z.B. Ex 29,7; Lev 4,3). Die Salbung eines Propheten war selten (vgl. 1Kön 19,16).

Neben Texten mit dem Messias-Titel gab es auch alttestamentliche Texte, in denen ohne Messias-Titel die Erwartung eines Heilsbringers ausgesprochen wurde; dieser Heilsbringer werde, mit charismatischer Würde ausgestattet, eine definitive Wende zum Guten für Israel bringen (vgl. Jes 8f; 11; Mich 5; Sach 9). Andere Texte wurden später im Sinne solcher Ankündigungen für einen Heilsbringer gedeutet. Insgesamt war zumeist die Erneuerung der Königsherrschaft im Blick, häufig bezogen auf die von David abstammende Dynastie.

Seit den Makkabäer-Aufständen (v167–v143) und besonders seit der römischen Eroberung Palästinas v63 wurde ein charismatisch-endzeitlicher Befreier und Retter erwartet, ganz überwiegend mit politischer Zielsetzung. Diese Heilsgestalt wurde öfters mit dem Messias-Titel beschrieben. Vielfältige endzeitliche Heilserwartungen waren aber auch ohne den Messias-Titel wirkkräftig.

In der Wort- und Erzähltradition der neutestamentlichen Schriften begegnet der Messias-Titel in den ältesten Traditionsschichten selten. Zumeist tragen andere ihn an Jesus heran (vgl. z.B. Mk 8,29), aber Jesus weist dies zurück (vgl. Mk 8,33). Jesus wurde wohl in Galiläa als Prophet gesehen (vgl. Mk 6,4; 8,28), während besonders in Jerusalem seine Feinde ihn in den Erwartungshorizont des politisch-herrschaftlich gemeinten Messias-Titels stellten (vgl. Mk 14,61 und implizit die Kreuzesinschrift zum angeblichen Königsanspruch Mk 15,26). Jesus wusste sich in der Vollmacht Gottes. In seiner Verkündigung, seinen Worten und Taten trat er so auf, dass seine Nachfolgeschar seine Messianität nach Tod und Auferstehung predigte, dabei allerdings den Sinngehalt des Messias-Titels deutlich veränderte.

Der im Judentum erhoffte Heilsbringer wurde durch die jesuanische Anhängerschaft erstmalig mit einer geschichtlichen

Person identifiziert: Jesus wurde von seiner österlichen Nachfolgeschar als der Messias, als der Christus verkündigt. Seine Messianität war nicht politisch profiliert. Seine Messianität, die ja mit seiner Kreuzigung untrennbar verwoben war, widersprach den Erwartungen des zeitgenössischen Judentums. Auch die Erwartungen seiner Nachfolgeschar auf eine wunderbare Verwandlung der Welt und eine Regentschaft über das erlöste Israel mussten korrigiert werden (vgl. die Selbstbeschreibung der Emmaus-Jünger in Lk 24,21). Für den österlichen Glauben war Jesus der gekreuzigte Messias, der leidende Christus (vgl. 1Kor 1,23); seine Hoheit bestand in seinem Leiden, seine Macht in seiner Liebe; sein Kreuzestod brachte die Erlösung.

Zur verkündigten Messianität Jesu gehörte in einem bestimmten Traditionsstrang die Vorstellung, der erwachsene Jesus sei durch Gott in einem besonderen Akt zum Messias eingesetzt worden. Dabei wurde eine natürliche Geburt Jesu angenommen. Jesus war ein galiläischer Jude aus einer Handwerkerfamilie; davon erzählen die neutestamentlichen Evangelien. Das Markus-Evangelium und das Johannes-Evangelium haben keine Erzählungen zur Geburt Jesu. Auch Paulus geht auf die Geburt Jesu und deren besondere Qualität nicht ein. Das Matthäus-Evangelium (vgl. Mt 1,18–25) und das Lukas-Evangelium (vgl. Lk 1,26–2,20) berichten von einer Jungfrauengeburt durch Maria; doch genau diese beiden Evangelien knüpfen die Stammbäume Jesu (vgl. Mt 1,1–17; Lk 3,23–38) nicht an Maria, sondern an Josef an! In diesen beiden Evangelien wird Josef als Vater Jesu bezeichnet (vgl. Mt 13,55; Lk 2,33.48; zudem Joh 1,46; 6,42). Das Lukas-Evangelium spricht von den Eltern Jesu (vgl. Lk 2,27.41.43). Mehrere Textaussagen im Markus-Evangelium sind nur bei einer natürlichen Herkunft Jesu verständlich (vgl. Mk 3,21; 3,31-35; 6,1–6).

Die Vorstellung, der erwachsene Mensch Jesus sei in einem besonderen Akt durch Gott in die Messiaswürde eingesetzt worden, knüpfte an Ps 110,1 an. Diese göttliche Einsetzung zum Messias konnte unterschiedlich mit markanten Begebnissen Jesu identifiziert werden, mit Jesu Taufe im Jordan durch Johannes, mit seiner Verklärung (transfiguratio), mit seiner Auferweckung.

Der Bericht von Jesu Taufe durch den Bußprediger Johannes im Jordan dürfte als Ereignisfeststellung historisch zuverlässig sein, nicht allerdings als Ereignisschilderung. Der Taufbericht belegt mit hoher Wahrscheinlichkeit die zeitweilige Zugehörigkeit Jesu zum Kreis der Johannesjünger. Er schildert aus österlicher Perspektive und in Anknüpfung an die traditionelle Königsideologie (vgl. Ps 2,7), wie Jesus in der Jordantaufe mit dem Gottesgeist begabt und in die Messiaswürde eingesetzt worden sei (vgl. Mk 1,9–11). Auch wenn der Messias-Titel nicht gebraucht wurde, war er doch über die Brücke der königlichen Sohnschaftswürde angesprochen.

Eine Messias-Einsetzung mit demselben Psalm-Zitat wurde auch in der Erzählung über Jesu Verklärung berichtet (vgl. Mk 9,7). In der Missionspredigt des Apostels PETRUS (gest. wohl 64) wurde dieses die Messias-Einsetzung anzeigende Psalm-Zitat in Zusammenhang gebracht mit der Auferweckung Jesu (vgl. Apg 13,33f).

Die Einsetzungsvorstellung wurde von einigen frühkirchlichen Schulhäuptern (Theodotianer und ARTEMON in Rom; PAULOS von Samosata [gest. nach 272]) aufgegriffen, um gegen die Vorstellung von der Präexistenz Jesu zu argumentieren und das Menschsein Jesu zu betonen. Die Einsetzungsvorstellung, die auch in manchen biblischen Bekenntnisaussagen durchschimmert (vgl. Apg 2,36; 5,30f), wurde im Zuge der frühkirchlichen Lehrbildung als häretisch abgestoßen. Die Adoptionschristologie (Adoptianismus) wurde zu einem Ketzerklischee.

b. Gottessohn und Kyrios (Herr)

Der Titel ‚Sohn Gottes' war frühjüdisch in der Königsideologie (vgl. Ps 2,7) und in der weisheitlichen Gesetzesfrömmigkeit (vgl. Weish 2,18) beheimatet. In der österlichen Verkündigung der Nachfolgeschar wurde er Jesus beigelegt.

Der Osterglaube brachte einen großen Umschwung: Jesus erhielt eine sehr gesteigerte Wertschätzung. Der Osterglaube erkannte seine Herrlichkeit, dass er Gottes Ebenbild (vgl. 2Kor 4,4) sei, ein durch die Auferweckung verwandelter geistiger himmlischer Mensch (vgl. 1Kor 15,42-53). Damit wurde der himmlische Jesus zum Gegenbild des sterblichen Adam. Doch es gab noch einen anderen Kontrast: Jesus sei der neue Mensch, der in seinem Gottesgehorsam dem Ungehorsam Adams gegenüber stehe (vgl. Röm 5,12-21). Er habe das Leiden angenommen. Er sei versucht worden, aber ohne Sünde (vgl. Hebr 4,15). Die Auferweckung wurde als Beglaubigungsgrund der göttlichen Würdeverleihung verstanden (vgl. Röm 1,4). Der Sohn-Titel nahm dabei ausdrücklich den Gedanken auf, Jesus sei göttliche Allmacht, sei göttliche Alles-Herrschaft übertragen worden (vgl. Mt 11,27 in Verbindung mit 28,18; auch Hebr 1,2). Der Sohn-Titel, der im Frühjudentum nicht exklusiv gemeint war, wurde nun im Judenchristentum, verwoben mit messianischem Sinngehalt und messianischer Tradition, auf Jesus konzentriert. Dem widerspricht nicht, dass Paulus, wie schon Jesus in den Worten der Bergpredigt (vgl. Mt 5,9 zu den Friedensstiftern und Mt 5,45 zu den Feind-Liebenden), weiterhin untitular im Plural von den ‚Söhnen Gottes' schreiben konnte (vgl. Röm 8,14). Da der Sohn-Gottes-Titel auch im Heidenchristentum wegen der zahlreichen Göttersohn-Mythen gut verständlich war, bekam er für die frühe Christenheit große Bedeutung.

Die österliche Gemeinde ging noch einen entscheidenden Schritt weiter. Sie zeichnete Jesus mit dem Kyrios-Titel aus und deutete damit an, dass sie ihm anbetende Verehrung zuteil werden lasse. Der Kyrios-Titel war (ähnlich auch der Retter-Titel) ursprünglich im hellenistischen Götter- und Herrscherkult beheimatet. Die Bezeichnung des auferweckten und erhöhten Jesus als Kyrios brachte eine direkte Konkurrenz zu den Göttern der hellenistischen Fremdreligionen (vgl. 1Kor 8,5) und auch zum römischen Staatskult.

Das österliche verehrende Kyrios-Bekenntnis ist belegt durch den alten vorpaulinischen Ruf der Gemeinde, dass der Herr kommen möge (1Kor 16,22 aramäisch ‚marana tha'; Apk 22,20 griechisch ‚komm Herr Jesus'). Das Kyrios-Bekenntnis, so Paulus, gründe im Auferstehungsglauben (vgl. Röm 10,9) und sei an den Geistbesitz gebunden (vgl. 1Kor 12,3). Die kultische

Verehrung des erhöhten Herrn wurde hymnisch ausgesagt (vgl. Phil 2,11). Ganz in die Nähe Gottes gerückt wurde Jesus durch die Parallelität der beiden Verehrungsformeln ‚ein Gott' und ‚ein Kyrios (Herr)'. Die Grundformel der monotheistischen Frömmigkeit ‚ein Gott' wurde nun mit dem Kyrios-Titel auf den erhöhten Jesus übertragen (vgl. 1Kor 8,6). Der Kyrios-Titel wurde vergleichbar dem Gottesnamen gebraucht (vgl. Phil 2,9).

Schon in den Erzählungen von der Jungfrauengeburt Jesu (vgl. Mt 1,18–25 und Lk 1,26–2,20) trat der messianisch-apokalyptische Vorstellungskreis zurück und der hellenistisch-mythopoetische hervor. Die Vorstellung der Jungfrauengeburt war in den antiken Religionen des Mittelmeerraums verbreitet. Durch sie wurde einer Person göttliche Herkunft zugeschrieben und damit deren besondere Legitimität hervorgehoben.

Die Vorstellung einer vorzeitlichen Existenz Jesu vor der irdischen Existenz begegnet prominent in einem ganz frühen, von Paulus zitierten Hymnus (vgl. Phil 2,6-11) und im Einleitungsabschnitt (Prolog) des Johannes-Evangeliums (vgl. Joh 1,1–18). In dieser Vorstellung eines kosmischen Dramas, in welchem der Heilbringer sich die Welten unterwerfe und die Seinen in die Herrlichkeit führe, sei Jesus aus der Präexistenz ins Menschsein geboren (Inkarnation) und mit seinem Tod in die Herrlichkeit Gottes erhöht. Jesus habe vor seinem Erdenleben ein göttliches Dasein im Himmel gehabt; sein Weg gleiche einer Parabel, aus dem Himmel kommend und nach seinem Erdenwirken in den Himmel zurückkehrend. Der Präexistente sei bei der Weltschöpfung bereits Mittler (vgl. Kol 1,16; Hebr 1,10; Joh 1,3). Bei seinem Weg in Erniedrigung und Erhöhung habe Christus die Mächte und Gewalten der Zwischenwelten besiegt (vgl. Phil 2,10; Eph 1,20f; 4,8–10). Durch die Menschwerdung sei die himmlische Präexistenz mit der irdischen Existenz vertauscht worden; durch Kreuz und Auferstehung, die den Mittelpunkt des Heilswirkens auf Erden bildeten, kehre Christus in die Postexistenz der Herrlichkeit zurück.

Im Johannes-Evangelium wurde die Vorstellung der irdischen Existenz Jesu insofern modifiziert, als auch die Passion seine Sohnschaft nicht verhülle, sondern durchscheinen lasse. Auch das Kreuz wurde in seine Erhöhung, in seinen Hingang zum Vater einbezogen. Die Endzeit sei erfüllt. Christus sende den Geist als Tröster und Unterpfand für die Seinen.

3. Metaphysische Zweinaturenlehre

Neben dem Anfangskonflikt mit dem Judentum gewann wachsend ab dem 2. Jahrhundert die Auseinandersetzung mit der hellenistischen Philosophie und Frömmigkeit an Bedeutung. Die Lehraussagen zu Person und Würde Jesu wurden bei der institutionellen Ausbildung der frühkatholischen Kirche immer stärker hervorgehoben. Die Inkarnationschristologie mit ihrer Zentralaussage ‚Christus ist wahrer Mensch und wahrer Gott' (Christus est vere homo et vere deus) wurde zur Basis der christlichen Heilsverkündigung.

Schon die apostolischen Väter (um 100) bevorzugten die Titel einer göttlichen Hoheitswürde Christi, ließen die menschlichen Würdetitel (Davidssohn, Prophet, Menschensohn) zurücktreten und übertrugen alttestamentliche Gottesprädikate auf Christus (Beispiel für diese Übertragungschristologie in 2Clem 1,1). Der gekreuzigte Christus gebe die vollkommene Erkenntnis des weltschöpferischen Gottes. Christus sei der Führer zur himmlischen Unvergänglichkeit (vgl. 2Clem 20,5).

In der Auseinandersetzung mit der hellenistischen Philosophie wurde die kirchliche Lehre zunehmend in ontologischen Kategorien formuliert. Die ökumenischen Konzilien von Nikaia (325), Konstantinopel I (381), Ephesus (431), Chalkedon (451), Konstantinopel II (553), Konstantinopel III (680-681) fixierten die christologische Zweinaturenlehre: Jesus Christus sei die zweite Person des trinitarischen Gottes und vereine in sich göttliche und menschliche Natur. Der Sohn Gottes habe in der Inkarnation die menschliche Natur freiwillig voll und ganz angenommen. Er habe an der Sünde, die seit Adam allen Menschen eigne, keinen Anteil gehabt. Durch die Jungfrauengeburt sei er aus der menschheitlichen Unheilsgeschichte der Sünde herausgenommen. Durch seinen Kreuzestod habe er die Menschheit erlöst und gebe den Seinen an seiner Unvergänglichkeit Anteil.

In der 451 beschlossenen Formel von Chalkedon, die den Monophysitismus mit seiner Behauptung, Christus habe nur eine Natur, verwarf, außerdem das Herrsein des Geistes bekräftigte, wurde das Geheimnis der gottmenschlichen Einheit durch Negationen zu umgrenzen versucht: die wesentlich verschiedenen zwei Naturen (Gottheit und Menschheit) seien in der Person Christi ungeteilt, ungetrennt, unverwandelt, unvermischt (vgl. DH 300–303, besonders 302). Auf dem 3. Konzil von Konstantinopel wurde 681 gegen die Monotheleten, die nur einen Willen und eine Tätigkeit im Heilshandeln Christi lehrten, die Formel von Chalkedon auch für das Wollen und die Tätigkeiten Christi verbindlich erklärt, indem den beiden zu einer Person und Hypostase vereinigten Naturen ihre Eigentümlichkeit gewahrt bleibe (vgl. DH 553–559). Diese Formel war dann für viele Jahrhunderte die zentrale Aussage zur Würde und Person Jesu. Durch die engen Bezüge dieser christologischen Zentralaussage zur anderen theologischen Themenbereichen wurden allerdings immer wieder neue Akzentuierungen vorgenommen.

Als in der Reformation des 16. Jahrhunderts die Rechtfertigungslehre ins Zentrum der konfessionellen Auseinandersetzungen trat, mussten auch die christologischen Aussagen möglichst genau gefasst werden. Die metaphysische Zweinaturenlehre wurde im Blick auf die wechselseitige Mitteilung der göttlichen und menschlichen Eigenschaften (Idiomenlehre) präzisiert. Dies war umso dringender, als die Aussagen zur Person und Würde Christi auch in den innerreformatorischen Auseinandersetzungen schwerwiegende Folgen für den Streit um die Abendmahlslehre hatten.

a. Personale Einheit

Durch die Lehre von der personalen Einheit (unio personalis) sollte der besondere Seinsstand Jesu, der seine heilsame Wirksamkeit begründete, verständlich gemacht werden. Jesus als das Fleisch gewordene göttliche Wort (vgl. Joh 1,14) müsse sowohl von der menschlichen als auch von der göttlichen Natur bestimmbar sein. In einer doppelten Zeugung, der ewig-göttlichen und der zeitlich-menschlichen, sei die eine Person Jesus Christus gebildet worden. Diese Vereinigung sei die Vereinigung zweier Naturen zu einer Person (unitio personalis), nicht die Vereinigung zweier Personen (unitio personarum).

Die Lehre von der personalen Einheit Christi war durch die inhaltlichen Bestimmungen der beiden wesentlich verschiedenen Naturen bedroht. Die personale Einheit wurde deshalb als Gemeinschaft der Naturen im Schema der Anteilhabe gedacht: Die personbildende göttliche Natur gebe Anteil, der menschlichen Natur werde Anteil gegeben. Die göttliche Natur nehme die menschliche Natur auf. Die Aussage von der Gemeinschaft der göttlichen und menschlichen Natur gelte nur konkret für die Person Christi.

Die personale Einheit Christi sei wahr und wirklich, aber nicht wesentlich. Diese Einheit müsse als wechselseitig lebendig (perichoristikal) gedacht werden. Innerreformatorisch umstritten war, welchen Anteil die menschliche Natur an den Eigenschaften der göttlichen Natur habe. Die lutherische Auffassung von der Realpräsenz Christi im Abendmahl (Konsubstantiation) machte die Annahme erforderlich, der erhöhte Christus sei in Personeinheit, also auch nach seiner menschlichen Natur an allen Orten zugleich präsent (Ubiquitätslehre zur Omnipräsenz Christi). Dem widersprach die reformierte Seite; die menschliche Natur bleibe auch beim erhöhten Christus an die Bedingungen der Geschöpflichkeit gebunden und sei somit nur an einem Ort, nämlich zur Rechten Gottes im Himmel, anwesend.

b. Wechselbestimmung der Naturen

Im Gefolge der innerreformatorischen Auseinandersetzung wurde von lutherischer Seite die Lehre von der Mitteilung der spezifischen Eigenschaften (communicatio idiomatum) an die jeweils andere Natur genauer bestimmt. Während in der patristischen und in der reformatorischen Christologie nur ein eher freier Gebrauch vom Mitteilungsgedanken gemacht worden war, formulierte MARTIN CHEMNITZ (1522-1586) in seiner Schrift „De duabus naturis in Christo" (1570) die Lehre von den drei Genera der Mitteilung und schärfte dadurch die alten Aussagen über das Verhältnis von menschlicher und göttlicher Natur. Die Mitteilung wurde als Wechselbeziehung zwischen göttlicher und menschlicher Natur und zwischen den Naturen und der Person thematisiert. Jede spezifische Eigenschaft der göttlichen und menschlichen Natur müsse auch als Eigenschaft der ganzen Person ausgesagt werden können. Jede Wirkung oder Handlung der Person müsse auch als Wirkung oder Handlung jeder der beiden Naturen ausgesagt werden können. Mitteilung war hier nicht als Verständigung, sondern als Wirklichkeitsteilgabe gemeint. Im Mittelpunkt stand die göttliche Wirklichkeit, die sich selbst mitteile.

Im Blick auf die Eigentümlichkeit (genus idiomaticum) wurde die Mitteilung so gedacht, dass der ganzen Person Christi die spezifischen Eigenschaften (Idiome) der göttlichen und der menschlichen Natur prädiziert werden: Gemäß den Idiomen der göttlichen Natur habe die Person Christi alle Dinge geschaffen. Gemäß den Idiomen der menschlichen Natur sei die Person Christi geboren und habe gelitten. Der wechselseitige Gebrauch der Idiome impliziert dann die Aussagen: In Christo habe Gott gelitten; der Mensch Jesus habe an der göttlichen Allmacht teil.

Im Blick auf die Schuldabtragung (genus apotelesmaticum) wurde die Mitteilung so gedacht, dass der göttlichen Natur und der menschlichen Natur jeweils die Idiome der ganzen Person prädiziert werden: Das Erlösungswerk sei beiden Naturen gemeinsam; die menschliche Natur sei durch das Blut Christi, die göttliche Natur durch die Wundertaten Christi (vgl. 1Joh 3,8) am Erlösungswerk beteiligt.

Im Blick auf die Majestät (genus maiestaticum) wurde die Mitteilung so gedacht, dass der menschlichen Natur die Idiome der göttlichen Natur prädiziert werden: Durch die Inkarnation habe die menschliche Natur in Christo Anteil an den Eigenschaften der göttlichen Natur (Allmacht, Allgegenwart, Allwissenheit, Urteilsmacht). Diese Lehre stand in deutlicher

Spannung zu den Berichten der Evangelien, zu der dort bezeugten Niedrigkeit Christi.

In den Auseinandersetzungen um die Mitteilungslehre sollte hilfsweise die Lehre von den beiden Ständen Christi (De statibus Christi), die an den Hymnus Phil 2,6–11 angeschlossen wurde, einen Ausgleich schaffen. Der Stand der Erniedrigung (status exinanitionis) und der Stand der Erhöhung (status exaltationis) umfassten jeweils bestimmte Phasen der Geschichte Christi, die aus den Aussagen der Bibel und des Glaubensbekenntnisses gewonnen wurden. Der Stand der Erniedrigung sei der Stand der irdischen Existenz Christi, bei den Lutheranern Empfängnis, Geburt, Erziehung, Lehramt, Passion, Tod und Grab, bei den Reformierten auch der Abstieg ins Totenreich (Hadesfahrt). Der Stand der Erhöhung sei der Stand der himmlischen Existenz Christi, bei den Lutheranern der Abstieg ins Totenreich, die Auferstehung, die Himmelfahrt und das Sitzen zur Rechten Gottes (Vereinigtsein mit dem Vater). Die reformierte Theologie ließ die Erhöhung erst mit der Auferstehung beginnen.

Doch die Mitteilungslehre verlangte auch bei Aufnahme der Ständelehre noch eine Präzisierung. Wenn die menschliche Natur Christi auch im Stand der Erniedrigung vollen Anteil an den göttlichen Eigenschaften (deren vollen Besitz) habe, so musste doch im Blick auf deren Gebrauch die Art der Verborgenheit der göttlichen Natur Christi während seines Erdenlebens geklärt werden. Die Tübinger Schule lehrte eine Verhüllung, also einen geheimen Gebrauch. Die Gießener Schule lehrte eine Entäußerung, also den Verzicht auf jeden Gebrauch. Beide Schulen waren einig über den Grundsachverhalt, sie stritten über die Folgephänomene. Die Gießener Schule vermutete bei der Tübinger Schule eine Art Doketismus, dass nämlich die menschliche Natur überhaupt nicht mehr zur Geltung käme und ganz von der göttlichen dominiert werde. Die Tübinger Schule vermutete umgekehrt bei der Gießener Schule eine Art Ebionitismus, dass nämlich die göttliche Natur gar nicht mehr zur Geltung käme und Christus somit auf die menschliche Natur reduziert würde. Die Gießener Schule der Entäußerungslehre (BALTHASAR MENTZER, 1565–1627) setzte sich zu Beginn des

17. Jahrhunderts gegen die Tübinger Schule der Verhüllungslehre durch.

4. Existentielles Zeugnis

Die Aufklärung führte zu einer grundlegenden Umformung der Lehre von der Person Christi. Die neuzeitliche Erkenntniskritik mit ihrer Destruktion der Substanzontologie entzog der spekulativen Inkarnationschristologie und der metaphysisch-objektiven Zweinaturenlehre die Basis. Damit gewannen die Aussagen zur Wirksamkeit Christi die Dominanz für die gesamte Christologie. Die Person Christi ließ sich nicht mehr abgesehen von seiner Wirksamkeit explizieren. Die Wunder und Weissagungserfüllungen, die traditionell als Bewahrheitungsinstanzen für die kirchlichen Aussagen zur Göttlichkeit Christi herangezogen worden waren, verloren durch die naturwissenschaftliche, rationalistische und historische Kritik ihre Überzeugungskraft.

Unter neuzeitlichen Bedingungen steht die christologische Lehrbildung unter einer zumindest doppelten Herausforderung. Aussagen zur Person Jesu müssen einerseits der historischen und philosophischen Kritik standhalten. Sie müssen andererseits die zentrale Bedeutung Jesu für den christlichen Glauben verständlich machen.

a. Geschichtliches Urbild

Friedrich Schleiermacher anerkannte den Epochenbruch der Aufklärung und bemühte sich zugleich, die Kontinuität der kirchlichen Lehrbildung zu erhalten. In seinem zweibändigen theologischen Dogmatik-Lehrbuch „Der christliche Glaube nach den Grundsätzen der evangelischen Kirche im Zusammenhange dargestellt" (1821/22; 2. Aufl., 1830/31) formulierte er die metaphysische Zweinaturenlehre unter den Bedingungen der transzendentalen Erkenntniskritik markant um. Die metaphysische Aussage, Christus sei zugleich Gott und Mensch, überführte er in die Aussage, Jesus Christus sei zugleich urbildliche Kraft

Gottes und geschichtlich-konkrete Person. Er wies damit sowohl eine rein immanent-geschichtliche als auch eine mythisch-ideelle Auffassung Jesu zurück. Schleiermacher hielt beide Aussagen, sowohl die der Urbildlichkeit Christi als auch die seiner Geschichtlichkeit, für unverzichtbar. Beide Aussagen seien für die Selbstdeutung des christlich-frommen Glaubensbewusstseins unbedingt erforderlich.

Das christliche Glaubensbewusstsein wisse sich selbst als ein immer sozial und geschichtlich vermitteltes. Es habe keine monadische Existenz, sondern stehe in einem Traditionsprozess, der auf Christus zurückgehe, geschichtlich und urbildlich. Schleiermacher führte die gegenwärtige Ausprägung des christlichen Glaubensbewusstseins auf die kirchenstiftende Tätigkeit Christi zurück. Diese Tätigkeit Christi ermittelte er durch die Analyse des gegenwärtigen frommen Selbstbewusstseins. Die Tätigkeit Christi setze ihrerseits eine eigentümliche Person voraus, von der diese Tätigkeit ausgehe. Sowohl der in Christus gesetzte absolute Anfang eines neuen Gesamtlebens als auch die Wahrheitsfähigkeit eines einzelnen Menschen für dieses Gesamtleben müssten verständlich gemacht werden.

Gegen die Grundtendenz der Aufklärung, die Person und Würde Jesu allein vom irdischen Wirken her wahrzunehmen und in die moralische Geschichte aller und jedes Menschen einzuordnen, bemühte sich Schleiermacher, die besondere Qualität der Person Jesu im Gedanken seiner Urbildlichkeit auszusagen. Schleiermacher sah Jesus ganz im Licht der Kirche. Die reine Tätigkeit Gottes in der ungebrochenen Kräftigkeit des Gottesbewusstseins müsse für Jesus ausgesagt werden, weil sonst der Anfang und der Charakter der Kirche unverständlich bliebe. Die Annahme, die christliche Kirche ließe sich ohne den urbildlichen Charakter ihres Stifters erklären, postuliere für den Anfang einen frommen Betrug und könne gerade diesen Anfang, der mit einer Aussage zur Urbildlichkeit des Stifters verbunden sei, nicht erklären. Ebenso unerklärlich bliebe auch die Entwicklung des kirchlichen Gesamtlebens, das ja durch die Überzeugung gekennzeichnet sei, nicht über Christus hinausgehen zu können. Christus müsse in seiner Urbildlichkeit sowohl als absoluter

Anfang ohne Wurzeln in der sündigen Vergangenheit als auch als unüberholbarer Stifter des Neuen gedacht werden. Werde die Urbildlichkeit Christi bestritten und nur seine Geschichtlichkeit behauptet, so falle die religiöse Besonderheit der Kirche dahin. Ohne urbildlichen Charakter müsse Christus als gewöhnlicher Mensch aus dem schon vor ihm bestehenden Gesamtleben begriffen werden. Werde die Person Christi aus dem schon Vorhandenen begriffen, dann gelte das auch für das von ihm gestiftete Gesamtleben der Kirche. Das Christentum müsste dann aus dem damaligen Judentum heraus abgeleitet werden. Christus würde zu einem mehr oder weniger revolutionären Verbesserer der jüdischen Lehre und des jüdischen Gesetzes. Ohne die Urbildlichkeit Christi würde die Geltung des Christentums räumlich und zeitlich beschränkt. Die Glaubensaussage der Urbildlichkeit impliziere allerdings die Anerkenntnis des Wunderbaren in der Person Christi. Ohne diese Anerkenntnis könne das Christentum nicht als in sich geschlossenes Ganzes verstanden werden.

Schleiermachers Christus-Lehre war ganz auf die Konstitution des kirchlichen Glaubensbewusstseins fokussiert. Schleiermachers Forderung, das Wunderbare der Person Jesu anzuerkennen, weist zentral darauf hin, dass die religiöse Wertschätzung Jesu keine Angelegenheit irgendwelcher Deduktionen oder objektiver Wissensbestände ist, sondern den Charakter eines Glaubenszeugnisses hat. Der existentielle Charakter des christlichen Glaubenszeugnisses ist nicht aufhebbar. Die Eigentümlichkeit religiöser Aussagen muss in den gegenwärtigen Kontroverslagen benannt und beachtet werden.

b. Gesicht Gottes

Die im 19. und 20. Jahrhundert eindringlich und höchst konfliktreich durchgeführte Erforschung des historischen Jesus hat neben wichtigen Erkenntnisse zur Quellenlage und Methodik auch Ergebnisse zur inhaltlichen Profilierung und Würdigung erbracht. Jesu Verkündigung war durch Weltfreudigkeit und Gottesverbundenheit gekennzeichnet. Jesus war kein apokalyptischer Bußprediger auf Zukunft in Düsternis, sondern prophetischer Bußprediger einer neuen verheißungsvollen Gerechtigkeit in festlicher Freude. Jesus verkündigte die Gottesherrschaft in der Gewissheit, ganz aus dem Willen Gottes zu leben. In seiner Verkündigung breche bereits das völlig Neue an, beginne das Wirklichwerden der Gottesherrschaft. Christus sei das Gesicht Gottes für die Menschen.

Die metaphysische Christologie war in enger Verknüpfung mit der trinitarischen Gotteslehre ausgebildet worden. Diese Verknüpfung wurde aufgesprengt. Die historischen Untersuchungen zur Person Jesu nahmen auf die Anschlussfähigkeit zur Trinitätslehre keine Rücksicht. Eine trinitarisch-deduktive Konstruktion der Christologie wurde abgelehnt. Die Christologie müsse vom zeugnishaften Bild des historischen Jesus ausgehen. Aussagen zur Trinität seien nicht Voraussetzungen, sondern könnten allenfalls Konsequenzen der christologischen Wahrnehmungen sein.

Die neutestamentliche Forschung hat markante Züge der Verkündigung Jesu erhoben, die Jesus in seiner Gottesnähe für den Glauben anschaulich werden lassen. Einen bemerkenswerte Profilierung erlaubt die wohl originale Fremdeinschätzung Jesu durch das zeitgenössische Judentum, die in Mt 11,19 überliefert ist. Hier wird die seine Verkündigung konkretisierende Lebenspraxis Jesu polemisch angesprochen: er sei Schlemmer und Zecher, Sünderfreund, Zöllnerfreund; als Freund der Zöllner und Sünder greife er die göttliche Heilsordnung an; als Fresser und Weinsäufer nutze er die Schöpfungsgaben missbräuchlich. Jesus sagte den Sündern die göttliche Güte zu und erfreute sich an den Früchten der Erde. Jesus praktizierte seine Gesetzeskritik so, dass er Gemeinschaft mit den Gesetzesbrüchigen, den Gottlosen hielt und gerade mit ihnen die guten Gaben Gottes genoss.

Die Jesus-Erzählungen der Evangelien sind ganz durch Lobpreis und Verkündigungszeugnis der österlichen Gemeinde geprägt. Die Erzählstücke sind keine neutralen Tatsachenberichte, sondern lebendige Anrede. Der österliche Glaube, der erhöhte Christus sei mit dem irdischen Jesus identisch, trägt diese

Verkündigung. Der österliche Glaube findet das Zeugnis bestätigt, das Jesus in seiner Gottespredigt abgelegt hat, und macht es zu seinem eigenen Zeugnis. Wie Gott den Menschen erscheinen will, das erkennt der österliche Glaube in Jesus.

B. Wirksamkeit

Jesu Verkündigung der nahen Gottesherrschaft veränderte glaubend das Leben und die Welt. Die Verkündigung führte in einen tödlichen Konflikt. Jesu Kreuzestod, dieses historisch am besten bezeugte Ereignis seines Lebens, dieser so schmerzensreiche schmähliche Tod verlangte verstanden zu werden. Und die österliche Gemeinde verstand diesen Tod nicht als das Ende der Wirksamkeit Jesu, sondern als die äußerste Zuspitzung seiner Verkündigung, die nun in der kirchlichen Verkündigung fort und fort wirke. Das christliche Glaubensbewusstsein versteht sich durch Jesus befreit zur kräftigen Gottesbeziehung, erlöst von existentieller Zerrissenheit.

Die Wirksamkeit Jesu ist vornehmlich durch die Bezugnahme auf die Sündenerfahrung expliziert worden. Sündenbewusstsein spricht eine religiöse Urerfahrung aus. Es ist die Erfahrung des Ungenügens des Menschen angesichts des absoluten Anspruchs Gottes, angesichts der Begegnung mit dem Heiligen. Sündenbewusstsein ist ein religionswissenschaftlich breit belegter Sachverhalt, bei dem göttlich-heilige Ansprüche auf kultischem, sittlichem, sozialem Gebiet aktuell oder der göttlich-heilige Willen generell als verletzt aufgefasst werden; dadurch wird die menschliche Verbindung zum Göttlich-Heiligen als unterbrochen wahrgenommen. Dieser Abbruch der Verbindung kann als situative Störung, aber auch als radikale Entzweiung eingeschätzt werden. Das Sündenbewusstsein wird besonders durch den Vorstellungskreis von Verunreinigung und Befleckung ausgedrückt. Entsprechend wird die Befreiung von Sünde häufig durch rituelle Waschungen in Verbindung mit Gebeten, Opferhandlungen, Askese und Bußgesinnung symbolisiert. Die Entsühnung kann als menschliche Aktivität, aber auch als Annahme göttlich-heiliger Zuwendung vorgestellt werden. Für das christliche Glaubensbewusstsein ist die Überwindung der Sünde allein und endgültig in Christus konzentriert. Der christliche Glaube bringt sowohl eine radikale Verschärfung des Sündenbewusstseins als auch eine Bindung der Erlösung allein an das Christusgeschehen. Der christliche Glaube verneint die je eigene Erlösungsfähigkeit und betont die je eigene Erlösungsbedürftigkeit. Wie die Wirksamkeit Jesu und des von ihm inspirierten Heilsgeschehens genauer zu verstehen ist, darüber hat es im Christentum seit den Anfängen immer wieder und immer noch weitreichende Auseinandersetzungen gegeben.

1. Biblische Vorstellungen

Die biblischen Zeugnisse sprachen die heilbringende Bedeutung und Wirksamkeit Christi in einer Vielzahl von Vorstellungen aus, die vornehmlich auf Kreuzestod Jesu und Ostererfahrung der Gemeinde bezogen sind. Die aus der Umwelt übernommenen Vorstellungskreise wurden durch die Anwendung auf Leben und Wirken Jesu teilweise tiefgreifend verändert.

a. Opferkultische Sühne

Jesu Kreuzestod wurde selten nur aus dem göttlichen Muss (vgl. Mk 8,31), sondern zumeist bereits anfänglich als Sühnopfer verstanden; das belegt die von Paulus zitierte Traditionsformel, Christus sei für die Sünden gestorben (vgl. 1Kor 15,3). Ein solches Verständnis, das analog in den Abendmahlstexten begegnet, knüpfte an die alttestamentlich-jüdische Kulttradition an, wie sie besonders in den priesterschriftlichen Kultgesetzen niedergelegt war (vgl. Lev 1–27) und zentral im Zweiten Tempel nach der Rückkehr aus dem babylonischen Exil geübt wurde.

Die opferkultische Sühnepraxis, wonach bestimmte Vergehen gegen den im Gesetz niedergelegten Willens JHWHs bestimmte priesterliche Sühneriten im Tempel erforderten, wurzelte in der Auffassung, dass gute oder böse Taten förderliche oder strafende Wirkungen haben. Der negative Tat-Ergehen-Zusammenhang, nämlich dass Sünde als dinglich vorhandene böse Tatsphäre Unheil nach sich ziehe, sollte von denjenigen, die strafende Wirkungen zu gewärtigen hatten, durch das Sühnopfer auf einen Stellvertreter übertragen werden. Der Priester als Repräsentant JHWHs vollzog am Opfertier die rituelle Tötung (vgl. Lev 4–7) oder die rituelle Ausstoßung in die Wüste (vgl. Lev 16,7–10).

Paulus formulierte die in Jesus geschehene Erlösung durch den Sühnopfergedanken (vgl. Röm 3,25–26). Das stellvertretende Opfer Christi (vgl. 2Kor 5,14–15) befreie vom Gesetz (vgl. Gal 3,13 unter Bezug auf Dtn 21,23 mit dem Bindeglied des Fluchgedankens). Stellvertretung meine die Übereignung des sündlosen Christus an die Sündenverdammnis um der den Menschen zu schenkenden Gerechtigkeit willen (vgl. 2Kor 5,21; Röm 8,3). Das objektive Heilsgeschehen, das Gott noch im Zustand der menschlichen Feindschaft gegen den menschlichen Willen gewirkt habe (vgl. Röm 5,8–10), werde dem Glauben zugeeignet und wecke Hoffnung.

Im Hebräerbrief wurde die traditionelle Sühnopfervorstellung dahingehend abgewandelt, dass Christus sowohl der die Opferhandlung vollziehende Hohepriester als auch das Opfer sei. Christi himmlische Wirksamkeit beruhe auf seinem einmaligen Selbstopfer am Kreuz, durch das die Sünde aufgehoben sei (vgl. Hebr 9,11–12.24–28). Jesu Niedrigkeit (vgl. Hebr 2,17f; 4,15) sei ein wichtiges Element seines Erlösungswerkes.

Indem Christus als das letzte und einmalige Sühnopfer verstanden wurde, verlor die Opferpraxis mit ihrer alltäglichen Präsenz von Opfertieren, Schlachtopfer, Brandopfer, geweihtem Tierfleisch usw. ihren Sinn und ihre religiöse Basis. Durch den Kreuzestod Christi wurden alle anderen Opfer als wirkungslos erkannt. Sein Opfertod habe die endgültige Sühnung vollzogen. Indem Christi Tod als endzeitliche endgültige Sühne verstanden wurde, war für das Urchristentum die opferkultische Sühne im Tempel bedeutungslos geworden. Dieser Opferkultverzicht, der vorrangig wohl im Kreis der hellenistisch geprägten Urchristenheit scharf vertreten wurde (vgl. Apg 7,44–50), war ein wichtiges Motiv in der Profilierung des urchristlichen Glaubens. Die soteriologische Qualifizierung des Kreuzestodes Jesu führte letztlich zur Aufhebung der Opferpraxis.

b. Mysterienkultische Teilgabe

Bei Paulus begegnet der Vorstellungskreis hellenistischer Mysterienkulte. Die kultische Aneignung des Heilssinns Christi war hier auf Tod und Auferstehung als Geschick einer Mysteriengottheit konzentriert. Paulus beschrieb die christliche Taufe als Begräbnis in den Tod Jesu, die Auferweckung als Beginn eines neuen Lebens (vgl. Röm 6,3–11). Der Getaufte hat also an Christi Tod Anteil, und dann durch dessen Auferstehung am Leben. Die Getauften gehören zum Leibe Christi (vgl. Gal 3,27; 1Kor 12,13).

Die aus den Mysterienkulten stammenden Vorstellungen vom Mit-Sterben und Mit-Auferstehen der Gläubigen mit der Mysteriengottheit sind in der christlichen Frömmigkeitsgeschichte sittlich interpretiert worden. Während für die Mysterienkulte gerade der perfektische Indikativ (vgl. Röm 6,4–6) kennzeichnend war, trat schon bei Paulus der Imperativ hinzu. Nicht in Vorgänge außerhalb des persönlichen Lebens sollen die Glaubenden hineingezogen werden, sondern die Umwandlung des eigenen Lebens durch die göttliche Zuwendung ist das Kernstück des christlichen Glaubens. Luther hat das Mit-Sterben und Mit-Auferstehen existenziell-sittlich gedeutet auf die täglich neue Buße (Sterben) und das täglich neu zu bewährende neue Leben (Auferstehen).

c. Sittliche Versöhnung

Der sittliche Versöhnungsgedanke begegnet vornehmlich bei Paulus (vgl. Röm 5 und 2Kor 5). Die Versöhnung meinte Aussöhnung nach einer Feindschaft; sie sei die Einrichtung einer völlig neuen Beziehung Gottes zu den Menschen; sie sei Kennzeichen für eine neue Schöpfung (vgl. 2Kor 5,17); sie sei kein gleichartiges Wechselgeschehen zwischen Gott und den Menschen, sondern ein Heilsgeschehen, das von Gott ausgehe und in das die Menschen antwortend hineingezogen würden. Paulus fasste das Versöhnungsgeschehen parallel zum Rechtfertigungsgeschehen (vgl. Röm 5,10 mit Röm 5,9 sowie 2Kor 5,19 mit Röm 4,5f). Die Versöhnung bringe eine erneuernde Totalumwandlung des Verhältnisses Gottes zu den Menschen, dadurch auch eine grundlegende Veränderung der Menschen selbst und ihrer nun durch Liebe und nicht mehr durch Selbstsucht gekennzeichneten Existenz. Nicht nur ein rechtliches Schuldverhältnis werde aufgehoben, wie es in den Bildern vom Lösegeld (vgl. Mk 10,45), vom Loskauf bei der Sklavenbefreiung (vgl. 1Kor 6,20; 7,23; Gal 4,4f), von der Befreiung aus der Schuldknechtschaft (vgl. Kol 2,14) formuliert wurde, sondern eine neue Lebensbeziehung konstituiert, wie bei der Versöhnung von Eheleuten (vgl. 1Kor 7,11). Durch die Liebe Gottes werde das menschliche Gesamtleben erneuert (vgl. 2Kor 5,14f; Röm 5,5).

d. Geschichtsspekulative Zeitenwende

Paulus nahm in sein Verstehen von Kreuz und Auferstehung Jesu auch Elemente gnostischer Geschichtsspekulation auf: Der Kreuzestod Jesu ziele auf die Errettung aus der gegenwärtigen schlimmen Weltzeit (vgl. Gal 1,4). Der gegenwärtige Äon habe seine Entfremdungsmacht verloren; er könne die Glaubenden nicht mehr von der Liebe Gottes trennen (vgl. Röm 8,38f). Christi menschheitsgeschichtliche Bedeutung sei konträr zu derjenigen Adams. Christi Gottesgehorsam und Gerechtigkeit überwinde Adams Ungehorsam und Sünde (vgl. Röm 5,12-21). Auf der Seite Adams stehe der Tod, auf der Seite Christi das Leben (vgl. 1Kor 15,21f). Der himmlische Ursprung Christi kontrastiere dem irdischen Ursprung Adams (vgl. 1 Kor 15,45-49). Die Gewalten und Mächte des gegenwärtigen schlimmen Äon seien überwunden und entwaffnet (vgl. Kol 2,15).

Ein anderes heilsgeschichtliches Verständnis der Wirksamkeit Jesu liegt im lukanischen Geschichtswerk (Lukas-Evangelium und Apostelgeschichte) vor: Jesus sei die Mitte der Zeit. Er sei der Urheber (Fürst) des Lebens (vgl. Apg 3,15). Für Lukas stand nicht der Tod Jesu als Sühnopfer im Mittelpunkt, sondern sein durch die Auferweckung bestätigtes Leben, das die Güte Gottes gegenüber den Verlorenen abbilde (vgl. Lk 19,10). Mit der von Jesus angekündigten Geistausgießung beginne die Geschichte der Kirche, die vom Geist Gottes gelenkt werde und das Heil vermittele.

2. Metaphysisches Heilsgeschehen

Die Auseinandersetzungen um das richtige Verständnis Christi als gottmenschlicher Person wurden begleitet von Kontroversen um die Erlösungsbedürftigkeit des Menschen und die Erlösungsfähigkeit Christi. Gerade die Deutung des Kreuzestodes als Sühnopfer brachte in Zusammenhang mit der typologischen Gegenüberstellung von Christus und Adam eine Verschärfung des Sündenbewusstseins. Alle Menschen seien sündig und erlösungsbedürftig, Christus sei für alle Menschen gestorben und bringe allen die Erlösung.

Diese Radikalisierung und Universalisierung der Erlösung führte in Konflikte. Auf der einen Seite wurde die Exklusivität der Erlösungstat Christi bestritten von denen, die eine Ausrichtung ihres Willens am göttlichen Willen mit großer Ernsthaftigkeit betrieben; die Glaubenden müssten und könnten am Gedeihen ihrer Gottesbeziehung mitwirken (Pelagianismus). Auf der anderen Seite wurde die Universalität der Erlösungstat Christi bestritten von denen, die wegen ihres dualistischen Gottesbildes den Menschen unter der Macht widerstreitender göttlicher Kräfte sahen und die unter der Kraft des Bösen lebenden Menschen prinzipiell der Erlösung Christi entzogen hielten (Manichäismus). Durch die kirchliche Lehrbildung wurden Pelagianismus und Manichäismus als unchristlich abgelehnt und verurteilt.

Diese Konflikte um die Bedeutung und Reichweite der in Christus beschlossenen Erlösung hatte weitreichende Folgen für das Selbstverständnis des Christentums und seine Einstellung zu fremden Religionen. Die strenge Allgemeinheit der menschlichen Erlösungsbedürftigkeit und ausschließliche Erlösungsfähigkeit in Christus gab dem christlichen Glauben die Überzeugung, Menschheitsreligion zu sein.

Die frühe Kirche der hellenistisch-römischen Antike und die mittelalterliche Scholastik verstanden die Wirksamkeit Christi objektivierend als eine stellvertretende Genugtuung für die Sünde der Menschheit und die Sünden der Menschen. Christi Erlösungstat war Moment in einem kosmischen Drama, an dem die Menschen nicht beteiligt seien, dessen Wirkungen ihnen dann kirchlich zugeeignet werden könnten. Die Lehre von der durch Christus erbrachten stellvertretenden Genugtuung wurde korrelativ zur Lehre von der in Adam und Eva geschehenen Ursünde verstanden.

a. Ursünde

Im Gedanke der Ursünde (peccatum originale) wird die Sünde nicht als etwas Vorübergehendes, Einzelnes, Vermeidbares aufgefasst, sondern als jeden Menschen in Gänze betreffend. Die Ursündenlehre knüpfte an die historisch-realistisch verstandene Paradieses- und Sündenfallerzählung in Gen 3 an. Die biblische Sündenfallerzählung gab Antwort auf die Menschheitsfrage, woher das Böse und das Übel komme. Sie erzählt, wie Adam und Eva erstmalig in freiem Entschluss das Böse taten und wie diese böse Urtat durch die menschheitlichen Übel Arbeit, Schmerz und Tod bestraft wurde.

Die Ursündenlehre behauptete, die menschliche Sündhaftigkeit resultiere aus dem Sündenfall Adams und Evas, der die geschöpfliche Vollkommenheit des Menschen verändert habe zur sündlichen Erlösungsbedürftigkeit; die Erstsünde Adams sei auch bei den Nachgeborenen strafwürdig. Die Güte des Schöpfers wurde festgehalten durch die Voraussetzung, dass Geschöpflichkeit nicht Sündhaftigkeit sei.

Klassisch formulierte Augustinus die Ursünde als Erbsünde und damit die vollständige Erlösungsbedürftigkeit jedes Menschen ohne eigene Mitwirkung. Diese Auffassung erwuchs seiner Auseinandersetzung mit dem britischen Asketen PELAGIUS (ca. 360–418), der 385 nach Rom kam. Pelagius lehrte in seiner Schrift über den freien Willen die Eigenverantwortlichkeit des Menschen für die Sünde. Der Mensch werde sündlos geboren und könne bei entsprechendem Willen sündlos leben. Die Möglichkeit, den göttlichen Willen zu vollbringen, sei dem Menschen von Gott als Schöpfungsgabe geschenkt; Wollen und Werk (Sein) seien vom Menschen zu realisieren. Gott schaffe also die Möglichkeit, das menschliche Individuum die Wirklichkeit des guten Willens und Werkes. Der Mensch könne gleichermaßen das Gute und das Böse wollen. Der menschliche Wille habe die Wahl freier Entscheidung. Die Sünde als Neigung zum Bösen sei nicht in der Natur des Menschen begründet. Ihr stehe gleichwertig die Neigung zum Guten als Erfüllung des natürlichen Moralgesetzes gegenüber. Geschehene Sünde könne durch eine entsprechende Buße einschließlich guter Werke, vornehmlich durch asketisches Mönchtum, getilgt werden.

Augustinus unterschied in der Auseinandersetzung mit Pelagius zwei Arten von Willensfreiheit. Die erste Willensfreiheit ist die Freiheit, sündigen oder nicht sündigen zu können; sie bestand nach Augustinus im Paradies und ging durch den Sündenfall Adams verloren. Den Menschen nach Adam blieb nur das Sündigen. Alle Menschen trügen Schuld (reatus) dadurch, dass Adam gesündigt habe. Diese Sünde werde physisch vererbt. Dadurch seien auch Neugeborene schon sündig. Die Kindertaufe geschehe zur Vergebung der Sünde.

Die zweite Willensfreiheit sei die Freiheit zum Guten, immer den Willen zum Guten zu haben, damit den göttlichen Willen zu erfüllen und von der Sünde frei zu sein. Dies sei das Ziel des göttlichen Gnadenwerks. Das gute Wollen der postadamitischen Menschen sei von der göttlichen Gnade abhängig. Gott habe aus der Masse der Verderbnis (massa perditionis) eine bestimmte Anzahl zum Heil erwählt und den Rest zur Verdammnis. Der menschliche Wille könne weder ohne die göttliche Gnade noch gegen diese Gnade wirken; die Gnade sei unwiderstehlich (gratia irrestisibilis).

Augustinus stellte das Sünden- und Erlösungsgeschehen in den Zusammenhang eines geschichtsspekulativen Dramas, nämlich des Aufstandes eines Teils der Engel gegen Gott. Nach Satans Verstoßung sollte der göttliche Hofstaat durch heilige Menschen wiederhergestellt werden. Der Sündenfall, durch den Satan die Menschen mit in den Abgrund ziehen wollte, machte ein besonderes Erlösungshandeln Gottes in Christus erforderlich. Augustinus begriff die Sünde von der Sündenfallerzählung her. Durch Evas und Adams schuldhaftes Verstoßen gegen das göttliche Gebot sei das Böse zur Eigenschaft der menschlichen Natur geworden und zur Ursache von Übel und Tod. Zum bösen Übertreten des göttlichen Gebotes gesellte sich die sittliche Unwissenheit und die Begierde nach dem Schädlichen. Daraus entsprangen Irrtum und Schmerz. Die paradiesisch gute Geschlechtlichkeit wurde zu selbstsüchtigem Genuß und Ungehorsam.

Augustinus verband den von QUINTUS SEPTIMIUS FLORENS TERTULLIANUS (ca. 160–220) formulierten Gedanken der natürlichen Sündenvererbung mit dem von EIRENAIOS (IRENAEUS) (Bischof von Lyon ca. 177–202) betonten Gedanken der Menschheitsrepräsentation in Adam. Sünde sei ein Ursprungsfehler (vitium originis). So tauchte der Gedanke bei Tertullianus auf. Und das war sowohl zeitlich als biologisch gemeint. Die Sünde Adams sei demnach bei dessen Nachkommen eine natürliche Fehlneigung (vgl. De anima 41,1). Für Eirenaios war entsprechend der paulinischen Adam-Christus-Typologie Adam der Repräsentant der ganzen Menschheit (vgl. Adversus haereses 5,16,3).

Augustinus lehrte sowohl die Güte der göttlichen Schöpfung als auch die Verderbtheit der menschlichen Natur. Die Lehre von der Ursünde wurde 418 durch die Synode von Karthago als kirchliche Lehre festgeschrieben (vgl. DH 222–224), der Pelagianismus als ketzerisch (häretisch) verurteilt.

Auch die reformatorische Theologie hat die natürliche Fortpflanzung der Sünde gelehrt und die Ursünde also wie einen natürlichen Schaden behandelt (vgl. CA 2). Aber gegen das

Verständnis, mit der Erbsündenlehre sei so etwas wie eine objektive Nachweisfähigkeit der Sünde erreicht, steht markant Luthers Vertiefung und Verinnerlichung des Sündenverständnisses. Luthers Aussage, das Sündersein werde geglaubt (se peccatorem credere), machte auf den radikal-personalen Charakter der Sünde aufmerksam. Die Sünde sei also nicht objektiv zuschreibbar, das Sündenbewusstsein sei Element des christlichen Glaubens. Luthers Sündenauffassung blieb allerdings eingebunden in die Vorstellungen eines überzeitlichen Ringens zwischen Gott und Teufel.

b. Stellvertretende Genugtuung

ANSELM von Canterbury (Anselmus, 1033-1109) wollte in seiner kleinen Schrift „Cur deus homo", die er vermutlich 1095 in England begann und 1098 während seiner Emigration in Süditalien vollendete, das metaphysische Heilsgeschehen in Christus für die Vernunft verständlich machen. Die Glaubenden sollten sich an der Einsicht dessen, was sie glauben, erfreuen und den Ungläubigen Rechenschaft über ihren Glauben ablegen. Sein Vertrauen in die Vernunft sah Anselm in Gott begründet und gebunden: Das Denken basiere auf dem Glauben, das Glauben ziele auf Denken. Gott, über den geredet wird, werde selbst den Weg zur Wahrheit führen. Gott sei Träger und Garant der Wahrheit. Aus dieser Verknüpfung von Denken und Glauben speiste sich Anselms scholastischer Rationalismus.

Anselm wollte einen Beitrag zur rationalen Durchdringung der Inkarnationslehre leisten und formulierte dazu eine rechtlich gefasste Lehre von der stellvertretenden Genugtuung. Anselm sah den Grundmangel des Menschen nicht in der Vergänglichkeit, sondern in der Schuld. Er konzentrierte deshalb das Heilswerk Christi auf das Schuldproblem.

Anselm setzte sich kritisch auseinander mit den Erlösungsvorstellungen der frühen Kirche, die dem Teufel eine eigenständige Bedeutung neben Gott zumaßen. Durch den Sündenfall Adams und Evas, so war die Vorstellung, habe der Teufel ein Eigentumsrecht auf die ganze menschliche Gattung erworben.

Dieses Eigentumsrecht sei dem Teufel rechtmäßig durch freiwillige Selbstübereignung der ersten Menschen zugekommen. Da Gott den Teufel mit Gerechtigkeit und nicht mit Gewalt behandele, sei dem Teufel dieses Eigentum nur dadurch zu nehmen gewesen, dass entweder Gott dieses Eigentum erwarb (Loskauf der Seelen) oder dass der Teufel sich ungerechtfertigterweise an der sündlosen Person Christi vergriff und damit sein Anrecht auf das Menschengeschlecht verlor. Für die zweite Option nahmen einige Lehrer der frühen Kirche an, dass der Teufel über die Person Christi getäuscht werden musste.

Anselm akzeptierte die dualistische Grundauffassung des Nebeneinanders von Gott und Teufel nicht. Die Annahme eines eigenständigen Teufels widerspreche der Allmacht Gottes. Teufel und Mensch seien Gottes Eigentum, so dass Gott in seinem Eigentum gar keinen Rechtshandel mit dem Teufel zu führen brauche. Der Teufel könne als Knecht Gottes sich weder dem Machtspruch noch dem Rechtsspruch Gottes widersetzen. Der allmächtige Gott verfüge in seinem Strafwillen und in seinem Erlösungswillen über alles, was dem Menschen geschehen soll.

Anselm maß dem Teufel nur noch die Bedeutung einer unselbständigen Hilfskraft zu. Dies bedeutete einen qualitativen Sprung in der theologischen Reflexion. Dadurch musste jetzt auch alle Negativität allein aus Gott verstanden werden. Wenn die Rettung der Menschen allein im Willen Gottes begründet ist, so scheint die Frage unabweisbar, ob Gott das ihm zugefügte Unrecht nicht einfach hätte vergeben oder sich eines anderen Mittels zur Rettung hätte bedienen können. Anselm konnte die Inkarnation also nur plausibel machen, wenn er sie aus dem Wesen Gottes selbst begründete.

Anselm verfuhr nach dem methodischen Grundsatz, dass das, was erwiesen werden solle, zunächst beiseite gesetzt werden müsse: er setzte Christus als Inkarnation Gottes beiseite (remoto Christo). Anselm wollte, ohne die Existenz Christi und die Autorität der Bibel annehmen zu müssen, die Inkarnation Christi als notwendig erweisen, indem er sie vernünftig (sola ratione) rekonstruierte. Für diesen Nachweis arbeitete er funktional die Unverzichtbarkeit des Heilswerks Christi heraus.

Der Gottmensch Christus sei das einzige denkbare Mittel der erforderlichen Genugtuung. Anselm wollte die These vernünftig beweisen, dass die Erlösung in Christus so geschah, wie sie notwendig geschehen musste. Zur Inkarnation Christi gebe es vernünftigerweise keine Alternative.

Anselm argumentierte mit Gründen der Notwendigkeit und mit Gründen der Schicklichkeit (Konvenienz). In Gott seien Notwendigkeit und Angemessenheit (Billigkeit, Schicklichkeit) verknüpft: Gott könne nur das ihm Angemessene tun. Dabei unterschied Anselm strikt zwischen einer inneren und einer äußeren Notwendigkeit. Im äußeren Sinne, dass Gott einem ihm fremden Zwange unterliege, könne von einer Notwendigkeit bei Gott nicht die Rede sein; das widerspräche seiner Aseität (Aus-sich-Sein), Freiheit und Allmacht. Wohl aber könne von einer inneren Notwendigkeit die Rede sein, die aus dem Wesen Gottes selbst resultiere, indem Gott an sich selbst gebunden sei und kein Ding ihn davon abbringen könne. Das Schickliche sei das in Gottes Wesen beschlossene Notwendige.

Anselms Voraussetzungen für seinen Erweis der Notwendigkeit der Inkarnation lassen sich in folgende Sätze fassen:

a) Gott handelt so, wie es seinem Wesen zukommt.
b) Die Schöpfung ist auf Vollkommenheit angelegt.
c) Der Mensch ist zur ewigen Gottseligkeit unsterblich geschaffen.
d) Der Mensch ist ein vernünftiges Geschöpf Gottes. Das gesamte Wollen und Tun des Menschen sollte Gott gehören; das tut es aber nicht. Wer das Gott Geschuldete nicht erbringt, sündigt. Der Mensch ist in diesem irdischen Leben weder sündlos noch erlösungsfähig. Durch den Sündenfall ist er vergänglich geworden.

Den Beweisgang für seine These trug Anselm in einer Zweierstufung vor:

a) Erweis der Notwendigkeit des Erlösungsgeschehens:
Der Mensch als vernünftiges Geschöpf schulde Gott immer und ganz den Gehorsam, Wahrheit und Gerechtigkeit unbeugsam festzuhalten. Das tue der Mensch nicht und sündige. Zur Erlangung der Seligkeit müsse die Sünde getilgt werden. Das könne

der sündige Mensch selbst nicht leisten, weil er, um einen Ausgleich für die Schuld zu erreichen, kein überschießendes Verdienst erwerben könne. Gott könne um seiner Ehre und Majestät willen die menschliche Sünde nicht ohne Genugtuung vergeben. Gott könne nicht aus Barmherzigkeit die menschliche Schuld einfach erlassen, das widerstritte seiner Gerechtigkeit. Sünde und Genugtuung müssten einander äquivalent sein. Die Genugtuung sei um der Vollkommenheit der Schöpfung willen erforderlich. Der Mensch könne die erforderliche Genugtuung nicht erbringen. Es bestehe also für die Erlösung sowohl eine negative Notwendigkeit auf menschlicher Seite als auch eine positive Notwendigkeit auf göttlicher Seite.

b) Erweis der Notwendigkeit des Gottmenschen Christus für die Sündenvergebung:
Der Gerechtigkeit Gottes könne angesichts der menschlichen Selbsterlösungsunfähigkeit nur Genüge getan werden, wenn ein Verdienst (meritum) möglich sei. Diese Möglichkeit habe nur der sündlose Gottmensch Christus, weil sein Tod die Gehorsamspflicht gegen Gott übersteige. Die Genugtuungsleistung könne nur von Gott und Mensch in einer Person erbracht werden. Dieser Gottmensch sei sündlos und deshalb nicht zum Sterben verdammt. Er bringe sein Leben nicht erzwungen, sondern freiwillig zum Opfer. Von einem sündelosen Menschen dürfe Gott nämlich den Tod nicht fordern. Gott wäre selbstwidersprüchlich in seiner Gerechtigkeit, wenn er einem Unschuldigen um der strafverfallenen Menschen willen den Tod abverlangte. Der Tod eines Gerechten um der Rettung der Ungerechten willen würde die göttliche Gerechtigkeit dementieren. Der freiwillige Opfertod des Gottmenschen gehe über jede Schuldigkeit hinaus und bleibe nicht ohne Belohnung durch Gott. Christus erwerbe durch seinen Tod, den er wegen seiner Sündlosigkeit Gott nicht schuldete, jenes Verdienst von unendlichem Wert, das Gott nach seiner Gerechtigkeit belohnen müsse. Dieses Verdienst, dessen Christus selber nicht bedürfe, wende Gott den Menschen zu deren Rettung zu. Durch die Genugtuung Christi werde sowohl die Gerechtigkeit als auch die Barmherzigkeit Gottes erfüllt.

Das Erlösungshandeln Christi sah Anselm primär der Ehre Gottes, seiner Majestät verpflichtet. Christi Heilswerk war für Anselm ein objektives Geschehen in metaphysischen Dimensionen. Den Kreuzestod Christi deutete Anselm nicht mehr als Loskauf der Seele aus der Macht des Teufels oder als dessen Überlistung, sondern als Versöhnung der verletzten Gottesehre. Christus ersetze den durch die Sünde des Menschen verursachten Schaden. Christi Heilswerk sei wie die Erfüllung eines Schadenersatzanspruches strukturiert: Der Sünder habe in bezug auf die göttliche Ehre ein negatives Schuldkonto. Da sein Wollen ganz und allein Gott verpflichtet sei, habe er prinzipiell keine Möglichkeit, aufgelaufene Schulden durch ein Guthaben auszugleichen. Der Mensch, der Genugtuung leisten müsse, könne solche keinesfalls leisten, weil er mit allem, was er sei und habe, Gott verpflichtet sei und folglich kein überschießendes Verdienst erwerben könne. Der Mensch sei also selbsterlösungsunfähig. Die Genugtuung sei ein objektives Geschehen, an dem nur Gott und Christus beteiligt seien. Erst die Früchte dieser stellvertretenden Genugtuung würden den Menschen zugeeignet. Und zwar so, dass die Kirche den von Christus erworbenen Verdienstschatz verwalte und besonders durch das Bußsakrament den Menschen mitteile.

Anselms Lehre der stellvertretenden Genugtuung wurde für über sechs Jahrhunderte zum dominanten Lehrtyp der Erlösungslehre im lateinischen Christentum. Allerdings vertrat ABÄLARD (der Beiname Abaelardus wurde für Pierre de Palais oder Petrus Palatinus zum Hauptnamen, 1079–1142) schon bald nach Anselm eine völlig andere Konzeption. Abälard, der wegen seiner wechselvoll-schmerzlichen Liebesgeschichte mit HÉLOÏSE (Heloisa, 1101–1164) berühmt wurde, kritisierte Anselms Satisfaktionslehre, indem er den Liebesgedanken für das Verständnis Gottes ins Zentrum rückt.

In seinem Römerbriefkommentar wies Abälard im Anschluss an Röm 3,26 sowohl die mit der Teufelsvorstellung operierende antike Erlösungsvorstellung als auch die anselmische Satisfaktionslehre als ungenügend ab. Die Heilswirkung Christi sei keine

Erlösung von bösen fremden Mächten und auch keine durch Strafleiden zu vollziehende Genugtuung für menschliche Schuld, sondern sei die Mitteilung göttlicher Liebe. Die sich hier ereignende Gerechtigkeit Gottes stehe nicht im Gegensatz zu seiner barmherzigen Gnade, sondern sei deren Erfüllung. Die Versöhnung geschehe nicht Gott zugute, sondern den Menschen zugute. Gott sei ewig von seiner liebenden Gnade und seiner gnädigen Liebe geleitet.

Abälard gab keine Begründung für die Inkarnation Christi, für sein Leiden und seinen Tod. Berechnungen über die Größe der menschlichen Schuld und die überschießende Größe des Verdienstes Christi stellte er nicht an. Abälard ließ sich von der These leiten, dass sich im Tode Christi die göttliche Liebe offenbare, damit durch diese Hingabe die menschliche Liebe zu Gott entzündet werde. Abälard vertrat eine subjektive Erlösungslehre, die dann im Gefolge der Aufklärung verstärkt beachtet wurde.

3. Existentielle Heilserfahrung

Die Aufklärung führte zu einer grundlegenden Umformung der Lehre von der Wirksamkeit Christi. Die Lehre von der stellvertretenden Genugtuung durch Christus, die auf die Erbsündenlehre mit ihrer Zurechnung der Verfehlung Adams an die Nachgeborenen antwortet, wurde strikt abgelehnt. Es gebe keinen Rechtsgrund für die göttliche Genugtuungsforderung, weil der Mensch schöpfungsgemäß nicht zur Vollkommenheit, sondern zum Vervollkommnungsstreben bestimmt sei. Die Genugtuungsforderung impliziere einen Selbstwiderspruch Gottes zwischen seinem Schöpfungshandeln und seiner Gerechtigkeit. Der Stellvertretungsgedanke sei unsittlich, weil jedem Mensch nur sein eigenes Tun zugerechnet werden könne. Durch den Stellvertretungsgedanken werde das Vervollkommnungsstreben unterminiert. Die alte Lehre widerspreche der grundlegenden Freiheitswürde und Selbstverantwortung des Menschen.

Die historische Erforschung des Lebens Jesu unterstützte die Bestreitung der objektiven Erlösungslehre. Die historische Suche galt dem sittlichen Vorbild, dem wahren Menschen, der Realisation der Menschheitsidee. Jesus wurde in der historischen Konstruktion als derjenige identifiziert, der dieses neue Bewusstsein heraufgeführt habe: Als Anfänger der neuen Zeit sei er der Schlüsselpunkt der Konstruktion von Geschichte und Selbstbewusstsein.

ALBRECHT RITSCHL (1822–1889) verwarf Anselms juridische Fassung der Erlösung als irreligiös. Christi tätiger und leidender Gehorsam sei die Bewährung seiner Verkündigung, nicht Bestandteil eines Genugtuungsgeschäfts zugunsten anderer. Christi Handeln und Reden speise sich aus der Treue zu seinem im Gottesverhältnis wurzelnden Beruf, die Menschen zum Reich Gottes in Liebe zu vereinigen und dadurch seine Herrschaft auszuüben. Die Dogmatik dürfe nicht objektivistisch aus dem Standpunkt Gottes heraus dessen große Taten erzählen, sondern sie müsse das göttliche Heil darstellen, indem sie die göttlichen Wirkungen (wie Rechtfertigung, Wiedergeburt, Verleihung der Seligkeit, Mitteilung des Heiligen Geistes) in den menschlichen Selbsttätigkeiten analysiere und im Medium der menschlichen Lebensgestaltung beschreibe.

a. Existenzsünde

Der dänische Literat SØREN KIERKEGAARD (1813–1855) stellte die von jedem Einzelnen zu verantwortende Sünde ins Zentrum der Aufmerksamkeit. Er setzte das Einzelne gegen das Allgemeine, den Sprung gegen die Kontinuität, das Qualitative gegen das Quantitative. Er protestierte gegen ein Wirklichkeitsverständnis, das alle Unterschiede zu gradualen oder numerischen werden lasse. Das menschliche Leben bestehe nur für das Denken in einem kontinuierlichen Prozess. Gegen ein Wirklichkeitsverständnis, für das im unendlichen Strom der Zeit die Gegenwart zum mathematischen Punkt des Übergangs der Zukunft in die Vergangenheit geworden sei, wollte Kierkegaard die Gegenwart des Augenblicks gewinnen. Das Gegenwärtige sei die Vollkommenheit des Ewigen.

Kierkegaard untersuchte 1844 in seiner pseudonym publizierten Schrift „Begrebet Angst" (Der Begriff Angst), wie aus der anfänglichen Unschuld des Menschen die Sünde hervorgehen konnte und immer neu hervorgehen könne. Die anfängliche Zweideutigkeit suchte Kierkegaard durch den Begriff ‚Angst' zu fassen. Schon in der Unschuld entdeckte Kierkegaard die Angst. Die Möglichkeit ängstige als Nichts. Angst sei wesentliches und unverzichtbares Moment zur Geistigkeit des Menschen. Angst müsse scharf gegen die auf Bestimmtes gerichtete Furcht abgegrenzt werden. Angst beziehe sich auf Möglichkeit, auf das mögliche Wirklich-werden-können der Möglichkeit. Menschliches Bewusstsein sei zwischen Sinnlichkeit und Ewigkeit ausgespannt. Es müsse sich zu beidem verhalten. Es müsse seine eigene Potentialität ergreifen und mit seiner Endlichkeit korrelieren. Angst sei auf die unendliche Weite der Möglichkeit bezogen und zeitlich auf das Zukünftige gerichtet.

Kierkegaard verstand die Sünde als qualitativen Sprung, als schuldhafte Entscheidung gegen den Willen Gottes. Gegen das aufklärerische Entwicklungsdenken sah Kierkegaard den Vorzug der Sündenfallgeschichte darin, dass hier die Sünde in ihrer Plötzlichkeit durch die Qualität des Sprunges erfasst werde. Angst (und damit auch die Sünde) sei immer wieder da, bei jedem Hereinbrechen einer neuen Lebenssituation. Die Angst führe in die Entscheidung zwischen Verzweiflung und Glauben.

Kierkegaard analysierte die Verzweiflung 1849 in der pseudonym publizierten Schrift „Sygdommen til Doeden" (Die Krankheit zum Tode). Verzweiflung sei die Krankheit zum Tode. Für die Verzweiflung sei der Tod immerzu das Letzte, so dass selbst der Tod nicht von dieser Krankheit befreien könne. Verzweiflung sei eine dialektische Krankheit, die in den faktischen Vollzügen menschlicher Geistigkeit niste. Geistigkeit bedeute Selbstheit und somit selbstbezügliche Beziehungshaftigkeit, eine Beziehung, die sich auf sich selbst beziehe. Der Mensch als Vereinigung von Zeitlichem und Ewigem, von Begrenztem und Unbedingtem, von Relativem und Absolutem sei ein Selbst, das sich zu dieser Vereinigung bewusst verhält.

Kierkegaard argumentierte mit der faktisch immer schon aktualisierten Geistigkeit des Menschen und deren Fehlleistungen. Insofern der Mensch Geist sei, habe er nicht die Wahl, Selbst zu sein oder nicht Selbst zu sein. Als Mensch sei er Selbst. Die Selbsttätigkeit des Subjekts habe immer schon angefangen, werde immer schon vollzogen, sei nur im Vollzug und stehe für den Einzelnen nicht zur Entscheidung an. In der für Menschsein konstitutiven Geistigkeit schlummere die Verzweiflung, die im Missverhältnis der Zeit-Ewigkeit-Beziehung gründe. Die Vereinigung von Zeitlichem und Ewigem eröffne die Möglichkeit des Missverhältnisses, sei aber nicht das Missverhältnis. Die Wirklichkeit der Verzweiflung ergebe sich daraus, wie das Selbst sich zu seiner konstitutiven Zeit-Ewigkeit-Beziehung stelle. Werde vom Selbst das Selbstsein schwächlich nicht gewollt oder es negiert oder es trotzig eingefordert, stelle sich immer Verzweiflung ein.

Die psychologische Analyse der Verzweiflung machte Kierkegaard fruchtbar für die theologische Sündenlehre. Sünde sei Verzweiflung vor Gott und damit potenzierte Verzweiflung. Verzweiflung werde zur Sünde durch den Bezug auf das Gottesbewusstsein. Kierkegaard sah den Fehler der traditionellen Sündenlehre darin, Gott als etwas Äußerliches zu betrachten. Gott betreffe aber den geistigen Selbstvollzug des Menschen. Das im Selbstbewusstsein mit gesetzte Gottesbewusstsein werde durch die Sünde auf eine bestimmte Weise negiert. Die Sünde sei ein Missverhältnis des Selbstverhältnisses des menschlichen Selbst, nicht eine substanzhafte Deformation der menschlichen Natur.

Die Definition des Sokrates, Sünde sei Unwissenheit, lasse unberücksichtigt den Trotz, der für die griechische Geistigkeit kein intellektuelles Phänomen gewesen sei. Die Sokratiker hätten das Nicht-Tun des Wahren immer als Zeichen genommen, dass das Wahre nicht erkannt sei. Das Tun sei bei den Sokratikern direkt mit dem Erkennen und Verstehen korreliert. Genau darin sah Kierkegaard den Fehler. Der Übergang vom Erkennen zum

Tun geschehe im Wollen, und darauf lege das Christentum den Finger. Der Sachverhalt, dass jemand mit Bewusstsein des Richtigen das Falsche und Unrechte tue, sei den Sokratikern fern; deshalb müsse immer ein Nichtverstehen aushelfen. Genau im konkreten Interim des Übergangs vom Verstehen zum Handeln beziehe der christliche Glaube seine Position. Der christliche Glaube rechne mit dem Nicht-Verstehen-Wollen und dem Böses-Wollen. Sündenerkenntnis innerhalb des Sündigseins sei eigentlich nicht möglich, deshalb sei Sündenerkenntnis ohne Offenbarung undenkbar. Sünde sei keine Negation, sondern eine Position, weil Sünde immer vor Gott sei. Theologische Rede von der Sünde wie von der Erlösung sei immer paradoxe Rede. So wie die Sünde ganz gesetzt werde, so werde sie auch ganz aufgehoben. Das müsse dem menschlichen Verstand unbegreiflich bleiben.

b. Integrative Beseelung

Während Kierkegaard Sünde und Erlösung auf den Einzelnen konzentrierte, stellte Friedrich Schleiermacher markant deren kommunikativ-soziale Dimension heraus. Schleiermacher betonte in seinem Dogmatik-Lehrbuch „Der christliche Glaube", Christi Wirksamkeit habe der Gründung, Beauftragung und Inspiration der Kirche gegolten. Christlich-individuelle Frömmigkeit sei immer in die kirchliche Gemeinschaft eingebettet und gestalte das Leben in tätiger Liebe. Er wandte sich damit gegen die altprotestantische Auffassung der persönlichen Gnade, dass der Einzelne durch den göttlichen Zurechnungsakt direkt und separat in einen neuen Lebensstand verwandelt werde.

Schleiermacher wies damit auch die Tendenz der aufklärerisch orientierten protestantischen Theologie des 18. Jahrhunderts (Neologie) zurück, die Frömmigkeit zu privatisieren und in eine Tugendunterstützung umzuformulieren. Die Neologie fasste die von Christus ausgehende Erlösung als ein subjektiv-personales Geschehen auf, das sich im Frommen in der Nachahmung des Vorbildes Christi vollziehe, in der sittlichen Vervollkommnung des einzelnen Tugendsamen. Dieser Lehrtyp subjektiver Versöhnung hatte sein Zentrum in der Lehre, dass die göttliche Gnade allein die selbsttätige Tugendübung des Menschen intendiere. In der sittlichen Vervollkommnung werde der Mensch der göttlichen Gnade und Belohnung teilhaftig. Ungeachtet der vergangenen Verfehlungen könne er bei beharrlichem Streben in unendlicher Annäherung das Ziel moralischer Glückseligkeit zu erreichen hoffen.

Nach Schleiermacher ist der Zustand der Gottvergessenheit in allen frommen Gemeinschaften bekannt. Während das Erlösungsbewusstsein in anderen Religionen nur ein Element des religiösen Bewusstseins unter vielen sei, habe es im Christentum zentrale Bedeutung. Dem Christentum sei eigentümlich, Gottvergessenheit und Erlösung nicht punktuell als situatives Einzelgeschehen, sondern als das in allen frommen Erregungen Gegenwärtige zu verstehen.

Die Sünde, die aus der ungleichmäßigen Entwicklung von Einsicht und Wille zu begreifen sei, müsse als Störung der menschlichen Natur aufgefasst werden. Die menschliche Natur werde vollendet durch die befreiende Kraft des Gottesbewusstseins Christi, welches die widerständige Sinnlichkeit überwinde und läutere.

Das christliche Glaubensbewusstsein sei ein Bewusstsein des Übergangs. Es finde sich im Übergang aus der Gottvergessenheit zur Belebung des Gottesbewusstseins, im Spannungsfeld zwischen seiner unseligen Abkehr von Gott und der anfänglich wirksamen Erfahrung der Seligkeit in Gott. Das christliche Glaubensbewusstsein sei konstitutiv auf die Person Jesu als geschichtlichen Anfangspunkt und Urbild der Gottseligkeit bezogen.

Die Ursache der Sünde werde teilweise den individuellen Verfehlungen, teilweise den sozialen Zuständen zugeschrieben. Denn alle Sünde sei in einen Gesamtzusammenhang von Handlungen und Zuständen eingebettet. Menschliche Lebensakte dürften nicht isoliert werden weder in Hinsicht auf ihre Verursachung noch in Hinsicht auf ihre Wirkung. Die Erbsünde sei die menschheitliche Gesamtschuld, an der jeder Mensch tätig und schuldhaft beteiligt sei.

Schleiermacher beschrieb die Wirksamkeit Christi durch die beiden Leitbegriffe Erlösung und Versöhnung. Die Erlösung bestehe in der wachsenden Kräftigkeit des Gottesbewusstseins bei Abnahme des Sündenbewusstseins, die Versöhnung in der Abnahme der Übel bei Zunahme der durch das Gottesbewusstsein motivierten Tätigkeit. Die Erlösung beziehe sich also intern auf das sündige Selbstgefühl der Christen, die Versöhnung extern auf das Weltbewusstsein der Christen.

Schleiermacher begriff Erlösung und Versöhnung als Prozess der Durchdringung und Umbildung des frommen Selbstbewusstseins durch das Gottesbewusstsein Jesu. Die Geschichte der christlichen Frömmigkeit sei die Geschichte der fortdauernd zunehmenden Wirkungen, die, von Jesus ausgehend, die Kirche inspirierend bestimmen. Christus werde als Ermöglichungsgrund des Glaubens erkannt. Das christlich-fromme Selbstbewusstsein wisse sich durch Christus hervorgebracht. Dies gelte religiös und geschichtlich. Christus habe die Kirche als das neue geschichtliche Gesamtleben der Seligkeit gestiftet. Der Glaubensprozess sei wesentlich eingebettet in dieses Gesamtleben.

Schleiermacher hat auf die wesentliche Bedeutung der Glaubensgemeinschaft für das Verständnis von Wirksamkeit und Person Jesu hingewiesen. Eine Beziehung zu Jesus als Christus gibt es nur in der von ihm inspirierten Gemeinschaft. Konflikte um die religiöse Bedeutung Jesu sind immer auch Konflikte um die Kirche, um die Gemeinschaft derer, die sich zu ihm als Christus bekennen. Eine isolierte Wahrnehmung seiner Person und Wirksamkeit würde deren wesentliche Gemeinschaftsbezogenheit ignorieren. Damit würde gerade das verfehlt, was für Jesus zentral ist, seine Gottesnähe und deren Mitteilung an die Gemeinschaft der Glaubenden.

IV. Das Göttliche

In seinen Anfängen betonte das Christentum seine Kontinuität zum hebräisch-jüdischen Monotheismus. Der strenge Monotheismus verband Juden und Christen. Die heidnische Vielgötterei der zahlreichen zeitgenössischen Kulte wurde strikt abgelehnt: Jedes Geschöpf lebe in der Verantwortung vor Gott dem Schöpfer und Richter (vgl. Röm 1,19–21). Neue Überzeugungen und Akzentuierungen machten sich allerdings bemerkbar: Die Prägung der Gotteserfahrung durch die befreiende Verkündigung Jesu, die im Osterglauben wurzelnde neue Deutung des Kreuzestodes und die Verehrung Christi als des erhöhten Herrn schufen Abstand zum Judentum. Gott wurde für die christliche Gemeinde zum Vater Jesu Christi (vgl. 2Kor 1,3; 11,31). Die Erfahrung des lebendigen Geistes inspirierte eine Gemeindeverkündigung an alle Völker.

Die Bindung der christlichen Gotteserfahrung an das Leben und die Verkündigung Jesu bestimmte nicht nur das Außengesicht des Christentums, sondern führte auch zu mannigfaltigen Binnenkonflikten. Wie die monotheistische Grundüberzeugung vom Einen Gott mit der Zentralbedeutung Jesu und seiner fortgesetzten Wirksamkeit in den lebendigen Geistäußerungen zusammenzubringen sei, das trieb und treibt das Nachdenken der christlichen Theologie an. Die diese Glaubensüberzeugungen koordinierende Trinitätslehre ist in ihren spekulativen Höhenflügen immer wieder durch die Jahrhunderte bei Freunden und Gegnern auf Unverständnis oder Ablehnung gestoßen.

Das christliche Glaubensbewusstsein musste sich nach den Missionserfolgen über die antiken Vielgötterkulte verstärkt der Frage stellen, wie der Glaube an die Existenz des einen Gottes auszusprechen und zu begründen sei. Gerade weil das christliche Glaubensbewusstsein sich an Wahrheit, Wahrhaftigkeit und persönliche Überzeugung gebunden weiß, musste es auf den grundsätzlichen Zweifel an der Wirklichkeit des unsichtbaren Gottes antworten, auf diesen Zweifel, der den Gottesglauben wie ein Schatten begleitet. Die Strategien und Argumente, die das Dasein Gottes beweisen wollten, erhielten eine Zentralstelle in der neuzeitlichen Auseinandersetzung um das Selbstverständnis der Wissenschaft. Der kritische Aufweis der positiven wie negativen Unbeweisbarkeit Gottes hat sich dem theologischen Nachdenken tief eingeschrieben. Er steht im Hintergrund der Auseinandersetzungen des Christentums mit der modernen Kultur und den anderen Religionen.

A. Gotteserfahrung

Das christliche Glaubensbewusstsein weiß seine Gotteserfahrung bestimmt durch die Wahrnehmung der beseligenden Kraft, die in der Verkündigung Jesu wirklich geworden ist. Diese Wahrnehmung prägt die Geschichtsauffassung, dass Gott in der von Jesus inspirierten Glaubensgemeinschaft wirkt. Diese zentrale Wahrnehmung betont das Weltverständnis, dass Gott in seinem Schöpfertum die Welt bejaht. Die Kräftigkeit der befreienden Gottesbeziehung, die in der Geschichte sich erweisende Wirkkraft göttlichen Geistes und die Bejahung der Welt im Schöpfertum Gottes sind wesentliche Aspekte christlicher Gotteserfahrung.

Die Aussage, die Welt sei durch Gott geschaffen und werde von ihm erhalten, hat das Christentum mit vielen Religionen gemeinsam. Wird die unterschiedliche mythische Formung dieses Weltschöpfungsglaubens einmal beiseite gesetzt, so bleiben doch gewichtige Unterschiede in der Bewertung der Welt. Die umstrittenere Kampflinie verläuft zur Seite der Wissenschaft. Die weltanschaulichen Implikationen der naturwissenschaftlichen Welterklärung erschweren ein Gespräch über die Bedeutung des Schöpfungsglaubens, der sich nicht auf die mythische Darstellungsform fixieren lässt.

Die Verehrung Jesu und des göttlichen Geistes sind Besonderheiten des Christentums, die es von anderen Religionen scheiden. Insbesondere die Verknüpfung der Aspekte der

Gotteserfahrung in der Trinitätslehre ist ein starker Konfliktpunkt im religiösen Gespräch. Während die Abgrenzung nach außen ziemlich einhellig ist, gibt es nach innen deutliche Konflikte zwischen den Konfessionskirchen.

1. Schöpferische Erhaltung

Die Welt ist durch Gott erschaffen und wird durch ihn erhalten, so formuliert das christliche Glaubensbewusstsein bekenntnishaft sein Weltverstehen. Das Bekenntnis zum Schöpfer und seiner Schöpfung will keine wissenschaftliche Erklärung der Welt liefern, sondern die Gotteserfahrung im Blick auf das Weltbewusstsein orientieren.

Die biblische Schöpfungsaussage war primär theologisch gemeint: Es gebe keine Götter neben dem Einen Gott JHWH, der einen universalen Anspruch auf alle Weltwirklichkeit erhebe. Für andere Götter sei in dieser Welt kein Platz neben dem Einen Gott. Weltdinge dürften deshalb religiös nicht verehrt werden.

Der Glaube an Gott als Schöpfer des Himmels und der Erde schließt eine grundsätzliche Bejahung der Welt ein: Diese Welt ist gut, weil sie von Gott ist; die Welt ist Lob Gottes; und dass Gott sie lobt, ist die umfassende Bejahung der Welt.

a. Biblische Urgeschichte

Das christliche Weltverstehen knüpft wesentlich an die biblische Urgeschichte mit den beiden Schöpfungsberichten Gen 2,4b–25 und Gen 1,1–2,4a an. Der ältere Schöpfungsbericht Gen 2,4b–25 stammt literarisch etwa aus dem v10. Jahrhundert, der jüngere Schöpfungsbericht Gen 1,1–2,4a etwa aus der Zeit um v500. Die mythische Behandlung des Schöpfungsthemas ist mit der Entwicklung des biblischen Monotheismus verwoben.

Der ältere jahwistische Schöpfungsbericht Gen 2,4b–25 erzählt die Menschenschöpfung (Anthropogonie) im Sinne einer Formung (formatio). Durch den Schöpfungsbericht wurde das

Herrsein des monolatrisch wichtigen Gottes JHWH legitimiert: Die in diesem Herrschaftsbereich Lebenden konnten JHWH vertrauen; das Schöpfungshandeln JHWHs galt nicht dem Universum, sondern nur einem begrenzten Lebensraum. Das anthropogonische Handeln JHWHs wurde keineswegs als souverän geschildert: Zweimal korrigiert sich JHWH bei seiner Erschaffung des Menschen; der erste Mensch ist unvollkommen und braucht eine Hilfe (vgl. Gen 2,18). Die für diesen Zweck geschaffenen Tiere (vgl. Gen 2,19) sind unzureichend; deshalb wird verbessernd die Frau erschaffen (vgl. Gen 2,20–22).

In diesem Schöpfungsbericht klingen die Themen Bewässerung, Regen, Vegetation an. Das alles deutet auf mesopotamische Parallelen, auf Enki/Ea, den Gott des Süßwasserozeans, dessen Züge dann vom babylonischen Reichsgott Marduk übernommen wurden. Im syrisch-kanaanäischen Bereich war El der Gott des Wassers. Der für alle Quellenscheidung so schwierige Doppelname JHWH Elohim (vgl. Gen 2,4b) könnte ein Hinweis darauf sein, dass in der jahwistischen Schöpfungsgeschichte, auf die dann Jes 51,3 zurückgreift, die über El vermittelten Enki/Ea-Vorstellungen nunmehr JHWH zugeeignet wurden. Diese Vorstellung konnte dann in der Exilszeit aktualisiert und gegen die Ansprüche des babylonischen Reichsgottes Marduk gewendet werden, dessen henolatrischer Kult für das exilische Israel eine besondere Gefährdung war und in dessen Abwehr der alttestamentliche Monotheismus befestigt wurde.

Die Vorstellung, Israel sei von JHWH als Bundesvolk exklusiv erwählt, ist dem Jahwisten noch fremd: Nach Gen 4,3f wird JHWH vor der Volkwerdung Israels verehrt. Die religiöse Vielfältigkeit wurde nicht als Beeinträchtigung der besonderen Geltung JHWHs empfunden.

Der jüngere priesterschriftliche Schöpfungsbericht Gen 1,1–2,4a schildert in einer Mischung aus Naturkunde und Theologie die Weltschöpfung (Kosmogonie) als souveräne Tätigkeit des weltüberlegenen Gottes. In kunstvoller Komposition werden, gerahmt von Überschrift (vgl. Gen 1,1) und Unterschrift (vgl. Gen 2,4a), in einem doppelten Erzählfaden von Wortbericht und

Tatbericht die Werke dargestellt, die durch göttliches Handeln aus dem anfänglichen Chaos die phänomenologisch aufweisbare Gestaltung von Kosmos, Leben und Menschheit entstehen ließen. Der Wortbericht meldet mit der Formel „und es geschah so" sechsmal den Vollzug des Befehls in der Ausführung. Die den Tatbericht siebenmal abschließende Formel „und Gott sah, dass es gut war" bewertet nicht Gottes Tun, sondern die Tüchtigkeit des Geschaffenen entsprechend der Anordnung.

Gott setzt mit seiner Schöpfung beim Chaos ein (finstere Urflut). Dieses Chaos ist zur Selbstentwicklung unfähig; es bedarf des göttlichen schaffenden Worts. Sukzessiv vollbringt Gott an sechs Tagen acht Werke. Der 3. und 6. Tag sind doppelt belegt. Die Abfolge der Schöpfungswerke: Licht (1. Tag), Feste des Himmels zur Scheidung der Wasser (2. Tag), Trockenes im Meer unter dem Himmel, dann Pflanzen (3. Tag), Sonne, Mond und Sterne an der Himmelsfeste (4. Tag), Wassertiere, wohl nachträglich Vögel (5. Tag), Landtiere, dann Mensch (6. Tag), Gottesruhe nach dem Schaffen (7. Tag).

Die Unstimmigkeiten zwischen Wortbericht und Tatbericht, im Formelgebrauch und in der Füllung des Sieben-Tage-Schemas sind auffällig. Sie lassen an eine naturkundliche Listenvorlage denken, die theologisch absichtsvoll bearbeitet wurde. Am siebten Tag ruht Gott und vollendet dadurch feiernd sein Werk. Der priesterschriftliche Schöpfungsbericht kennt keine Schöpfung aus dem Nichts (creatio ex nihilo). Dieser Gedanke begegnet erst in 2Makk 7,28.

Die priesterschriftliche Erzählung dürfte die Naturkenntnis der damaligen Zeit abspiegeln. In Steigerung der Schöpfungstätigkeit Gottes werden vermutlich die babylonischen Gestirnkulte bestritten. Der Kalender und die Kultordnung Israels werden durch die Schöpfung begründet. Der Weltschöpfer ist auch der königliche Erwähler Israels zu seinem Bundesvolk (vgl. Gen 17 mit Rückbezug auf Gen 1).

Beide biblischen Schöpfungserzählungen verhalten sich kritisch zu einem wichtigen Thema der altorientalischen Reiche: Beide verweigern unausgesprochen eine Schöpfungsbegründung der

Königsherrschaft; der erschaffene Mensch ist herrschaftsfrei. Auch die weiteren Erzählungen der biblischen Urgeschichte (Sündenfall, Kain und Abel, Noah und die Sintflut, Turmbau zu Babel) geben in mythischer Gestalt eine Darstellung differenzierter Welt- und Menschensicht. Die Schilderung guten und bösen menschlichen Wollens, die Herleitung menschlicher Bedrängnisse und Übel ist jeweils getragen vom Vertrauen in die schöpferische Erhaltung durch Gott.

Die Schöpfungsvorstellung brachte für die Entwicklung menschlicher Gesellschaft und ihres Weltverhältnisses einen wichtigen Fortschritt im Blick auf die Wahrnehmung von Differenzen. Anders als in archaischen Gesellschaften, die in ihren Sinndeutungen Verschiedenes und Gegensätzliches als dasselbe behaupteten, wurde mit der Schöpfungsvorstellung Verschiedenes in seiner Verschiedenheit belassen, weil es durch dasselbe erklärt wurde. Die Schöpfungsvorstellung lockerte das Summenkonstanzprinzip der Weltbearbeitung und ordnete das menschliche Handeln dem Willen Gottes zu. Die Zeitvorstellung wurde auf einen Anfang ausgerichtet.

b. Weltbejahung

Durch die Schöpfungsvorstellung ist das Gottesverständnis eng mit dem Weltverständnis verknüpft, und umgekehrt. Die christliche Theologie fand in den als Tatsachenbericht genommenen biblischen Schöpfungserzählungen eine Bestätigung ihres Gottesverständnisses, eine Legitimation der mit diesem Gottesverständnis verbundenen Überzeugungen zum Wesen des Menschen und der ihm angemessenen Ordnungen. Diese Legitimationsinstanz wurde verteidigt. Deshalb kam es mit der Einführung des neuen naturwissenschaftlichen Weltbildes seit der Aufklärung zu heftigen Auseinandersetzungen.

Solange die christliche Theologie die biblischen Schöpfungsberichte als historische Berichte der Weltentstehung, als kosmogonische Welterklärung und nicht als mythische Weltdeutung auffaßte, standen Theologie und Naturwissenschaft polemisch gegeneinander. Die Kirche, sofern sie die Macht dazu hatte, ging gegen Vorkämpfer der neuen Naturwissenschaft juristisch vor. Berühmt geworden ist der Prozess der römischen Inquisition 1633 gegen Galilei und das von ihm in seinem „Dialogo" (1632) vertretene kopernikanische System. Nach langem Kampf um die Wissenschaftsautonomie und den kirchlichen Einfluss auf die Bildungseinrichtungen steht am Ende dieser auf beiden Seiten polemisch geführten Auseinandersetzung die relative Distanz der wissenschaftlichen Theologie zu den Naturwissenschaften. Dies gilt zumindest in Europa. In den USA dagegen kämpft der auf einem buchstäblichen Verständnis des biblischen Schöpfungsberichts fußende Kreationismus noch gegen den Darwinismus an.

Diese Kampflinie zwischen autonomer Wissenschaft und kirchlicher Lehre hat eine wesentliche Implikation der Schöpfungsvorstellung lange verdeckt. Nicht nur die Herrschaft Gottes über die Welt, die Einzigkeit Gottes für diese Welt und der Machtanspruch Gottes auf diese Welt soll ausgesagt werden, sondern ebenso die Bejahung der Welt. Die Schöpfungsvorstellung qualifiziert beide Seiten. Paulus hat die absolute Überlegenheit Gottes in das Bild vom Töpfer und seinem Gebilde gebracht (vgl. Röm 9,20f). Dadurch können Mensch und Welt scharf abgewertet werden. Dagegen kann durch die Schöpfungsaussage aber auch die göttliche Bejahung der Welt hervorgehoben werden. Das hat Jesus in seiner Kritik am mosaischen Gesetz getan. Und diese Aussage hat besondere Bedeutung für die christliche Beurteilung eines zyklischen Wirklichkeitsverständnisses, einer Auffassung ewiger Seinswiederkehr des Leidens, wie sie besonders für den Buddhismus prägend ist.

Das christliche Weltbewusstsein muss im Blick auf Schöpfung und Erhaltung die gleiche umfassende Tätigkeit Gottes aussagen. Es darf keine Graduierung in Gott geben. Die Lehre von der Schöpfung aus dem Nichts (creatio ex nihilo) will hervorheben, dass kein Sachverhalt der Welt von der göttlichen Tätigkeit ausgeschlossen sein darf. Alles stehe in Abhängigkeit von Gott, alles sei getragen von Gott. Die göttliche Tätigkeit könne durch keinen vorgegebenen Stoff begrenzt sein.

Die These, dass das fromme Bewusstsein am besten bei Naturunkenntnis gedeihe, ist falsch. Da Gottes Tätigkeit nicht nach dem Kausalitätsschema gedacht werden kann, ist die Entgegensetzung von naturgesetzlicher Notwendigkeit und Willkürfreiheit nicht auf Gott anwendbar. Für Natur und Freiheitswelt gilt dieselbe göttliche Tätigkeit. Alles wird durch Gott schöpferisch erhalten.

Gott wird als das notwendig Nichtkontingente gedacht. Auch wenn die Welt wesentlich anders-sein-könnend ist, so kann sie in allem Erleben und Erfahren doch wiederum nur von Welt ersetzt werden. Und genau dafür steht Gott: Gott ist dem Erfahren von Welt in prinzipieller Möglichkeit immer schon voraus (vgl. Ps 139,1-18).

Die moralische Motivationskraft erweist die Schöpfungsvorstellung in den derzeitigen Umweltdebatten. Der Leitgedanke einer Erhaltung der Schöpfung will das gesellschaftliche Handeln darauf verpflichten, die göttliche Weltbejahung aufzunehmen und die menschliche Weltgestaltung, die nur bei Beachtung des göttlichen Ordnungswillens gedeihlich sein kann, ebenfalls weltbejahend langfristig zu orientieren.

2. Befreiende Gerechtigkeit

Das Christentum hat in seinem Anfangskonflikt mit dem Judentum ein markant neues Verständnis des göttlichen Gesetzes entwickelt. Die Intention des Gesetzes wurde wichtiger als sein Wortlaut. Die Vielzahl von Einzelregeln wurde der Prüffrage unterworfen, ob hier der Wille Gottes in seiner Zielsetzung noch erkennbar und kräftig sei. Die Liebe, wie sie die Verkündigung Jesu bestimmte und auch sein Leiden prägte, wurde zur befreienden Kraft der Gotteserfahrung und leitete zum rechten Gebrauch des Gesetzes.

Nach urchristlichem Zeugnis hat Jesus das von Mose empfangene göttliche Gesetz, wie es von den Propheten interpretiert worden war, nicht für erledigt erklärt, sondern in seinem Leben bis zum Tod erfüllt. Diese Erfüllung habe einen grundlegenden

Wandel in der Bedeutung des Gesetzes bewirkt. Christi Liebe sei der Schlüssel zum Gesetz, zu seiner Geltung und seinem Gebrauch. Christus allein weise den Weg zu Gott. Ihm nachzufolgen gebe Anteil an der Gerechtigkeit, die Gott allen Menschen in Christus zuwende. Dies im Glauben anzunehmen, eröffne die Freiheit zu Gott und zu den Mitmenschen.

Diese Konzentration des Gesetzes auf den darin sich aussprechenden Willen Gottes bewirkte eine Verinnerlichung des Gesetzesverständnisses. Nicht der äußerliche Vollzug bestimmter im Gesetz vorgeschriebener Handlungen, sondern die Ausrichtung der Willensbildung am Willen Gottes, an seiner Liebe, trat ins Zentrum der christlichen Ethik. Damit wurde das Gewissen zur wesentlichen Instanz der ethischen Orientierung.

Die Bedeutung und der Gebrauch des Gesetzes, das Verständnis der von Jesus bewirkten befreienden Gerechtigkeit gab im Christentum immer wieder Anlass zu Auseinandersetzungen. Besonders in der Reformation brach die Kontroverse scharf auf, in welcher Beziehung das menschliche Tun zu der von Christus inspirierten Glaubensüberzeugung stehe. Erneut wurde darum gerungen, ob das ernste Bemühen um die göttliche Gerechtigkeit, das genaue Befolgen frommer Pflichtenkataloge nicht ein Mittel zur Selbstrechtfertigung des Menschen sein könne. Der Gebrauch des göttlichen Gesetzes stehe in der Gefahr, dessen Intention zu verkehren.

a. Gesetzesforderung

In der Geschichte der hebräisch-jüdischen Religion brachten die Erfahrungen politischer Katastrophen eine deutliche Verstärkung der rechtlichen Formung der Gottesbeziehung. Diese Katastrophen wurden verstanden als Ausdruck göttlichen Strafhandelns. Dessen Berechtigung wurde aus einer neuen Akzentuierung der Bundesvorstellung hergeleitet.

Der Fall Samarias mit dem Untergang des Nordreiches im Jahr v722 war die erste Katastrophe. Religiös bewältigt wurde diese Katastrophe durch den Erwählungsgedanken im Sinne des Privilegrechts (vgl. Ex 34), das eine besondere Bindung Israels an

JHWH feststellte: Weil JHWH Israel erwählt und das Land gegeben habe, müsse sich Israel an JHWHs Willen und seine Gebote halten; JHWH habe durch sein Erwählungshandeln ein Recht auf exklusive Verehrung(vgl. das Fremdgötterverbot in Ex 34,14). Das Nordreich, das die Reichsteilung durch eigene Stätten der JHWH-Verehrung in Bethel und Dan (vgl. 2Kön 12,28f) religiös abgesichert hatte, habe gegen das Bilderverbot JHWHs (vgl. Ex 34,17) verstoßen. Die goldenen Kälber in Bethel und Dan (vgl. die Polemik in Ex 32) waren als Postamente JHWHs, der auf ihnen throne, gedacht. Allerdings war die Eindeutigkeit der Verehrung nicht gewahrt, weil Kälber auch die Postamente Baals sein konnten. Der Untergang des Nordreichs wurde durch die Bundestheologie als Strafe für das Übertreten einer göttlichen Anordnung, nicht als Hinfälligwerden des Bundesverhältnisses verstanden. Der Sinaibund JHWHs mit dem Volk Israel (vgl. Ex 24) sei durch diese Katastrophe nicht berührt. Der Untergang des Nordreichs sei aber Mahnung an das Südreich, an Juda, die exklusive Gottesverehrung JHWHs zu beachten und dessen Gebote zu halten. Diese Gebote wurden durch das Deuteronomium (vgl. 2Kön 22 über dessen Auffinden) bekräftigt und geschärft. Das Reformwerk misslang. Jerusalem und sein von Salomo erbauter JHWH-Tempel wurden v587 (v586) zerstört. Auch diese zweite Katastrophe wurde als Strafhandeln JHWHs gedeutet, der sich fremder Völker bedient habe. Die vom deuteronomischen Gesetzesverständnis geprägte Bundestheologie konstatierte den Bundesbruch (vgl. Dtn 29,25–28). Die Rückkehr aus dem babylonischen Exil wurde als Bestätigung des göttlichen Erwählungswillens und seiner Weisung verstanden.

Tora und Tempel standen im Mittelpunkt der jüdischen Religion während der Zeit des Zweiten Tempels. In jedem Synagogengottesdienst am Sabbat wurde ein Tora-Abschnitt verlesen, übersetzt und kommentiert. Jesu Gesamteinschätzung und Auslegung der Tora, ein historisch sehr komplizierter Sachverhalt, waren auf die Erfassung und Darstellung des göttlichen Willens zentriert. In dieser Zentrierung verschärfte Jesus bestimmte Tora-Forderungen, besonders die Gebote der

Gottesliebe und der Nächstenliebe, und entschärfte andere Forderungen, besonders das Reinheitsgebot (vgl. Mk 7,15; Mt 23,25f), das Opfergebot (vgl. Mt 5,23f) und das Sabbatgebot (vgl. Mk 2,27). Die von ihm unbestrittene Geltung der Tora werde mit der endzeitlichen Gottesherrschaft enden (vgl. Mt 5,18); deren Anbruch habe begonnen (vgl. Mt 11,12). Bei seiner Formulierung des göttlichen Willens äußerte Jesus sowohl weisheitliche als auch eschatologische Argumente.

Die urchristliche Gemeinde betonte in ihrer österlichen Verkündigung den torakritischen Aspekt der Messianität Jesu, beließ die etwas schwebende komplizierte Motivlage teilweise aber auch in Geltung. Die österliche Bewertung des Kreuzestodes Jesu hob vornehmlich die befreiende Gerechtigkeit hervor, die Jesus durch die Erfüllung des Gesetzes den Seinen erworben habe. Der Wille Gottes sei letztgültig in der Verkündigung Jesu und seinem Geschick ausgesprochen und erkennbar. Damit sei das mosaische Gesetz als Weg zum Heil außer Kraft gesetzt.

Das christliche Glaubensbewusstsein hat seitdem die Konzentration des Handelns und Wollens auf die Liebe besonders durch eine Schärfung des Gewissens fruchtbar werden zu lassen versucht. Im Gewissen identifiziert jede Person ihr Wollen und Handeln als von ihr zu verantwortendes Geschehen. Die das Verhalten leitenden Normen und die Handlungen samt ihren Folgen werden als die eigenen anerkannt. Über gut oder böse wird innerlich entschieden, auch wenn von außen gar keine Anhaltspunkte für eine solche Beurteilung gegeben sind.

Der aus der hellenistischen Popularphilosophie stammende Gewissensbegriff wurde von Paulus aufgegriffen, um die Rechtfertigungsbedürftigkeit aller Menschen vor Gott auszusagen: Jeder Mensch begegne im Gewissen dem göttlichen Willen, den Forderungen des Gesetzes. Christus habe das Gesetz erfüllt. Er schenke die Freiheit des Glaubens, der in der Liebe sittlich gestaltet werde. Paulus war sich des Zuspruchs Gottes gewiss, die sittliche Lebensgestaltung an das je eigene Gewissen zu binden (vgl. 1Kor 10,29).

Die Reformation hat diese religiöse und sittliche Bedeutung des Gewissens markant hervorgehoben. Die protestantische

Urszene (Luther auf dem Reichstag zu Worms 1521 vor Kaiser und Reichsständen) ließ die Bedeutung des Gewissens hell aufstrahlen und beleuchtete schlaglichtartig, wie wirkmächtig das Gewissen beim Einstehen für Glaubensüberzeugungen sein kann. Die Hochschätzung der Gewissenhaftigkeit prägte die protestantische Frömmigkeit. Die Treue zum eigenen Gewissen gab die Kraft und Selbständigkeit, sich gegenüber dem Urteil fremder Personen und Institutionen behaupten zu können. Das Gewissen als Ausdruck des innersten Personseins bezeugte im Konfliktfall die Ernsthaftigkeit und die persönliche Zurechenbarkeit des Sagens und Tuns. Die politische Forderung nach Gewissensfreiheit war eine Frucht der Reformation. Die Gewissensfreiheit individualisiert die Frömmigkeitskonflikte, indem mit ihr die soziale Unverfügbarkeit des Glaubens und der Glaubensäußerung anerkannt wird. Das eröffnet die gesellschaftliche Anerkennung der Glaubensvielfalt.

b. Rechtfertigung

Ein elementarer Konflikt wurde mit der Reformation ausgetragen über die Frage, wie die befreiende Gerechtigkeit Christi zu verstehen sei im Blick auf die Einschätzung der je eigenen Frömmigkeit. Es war die Frage nach der Beziehung zwischen der Rechtfertigung, die Gott dem Menschen schenkt, und der menschlichen Frömmigkeitspraxis.

Für die reformatorische Theologie ist die Rechtfertigungslehre das Zentralstück der gesamten Lehrbildung. Deshalb war sie über Jahrhunderte ein Hauptkampfplatz in der Auseinandersetzung der reformatorischen und römischen Konfessionskirchen. Das Verständnis Gottes und seiner Gerechtigkeit stand zur Entscheidung. Alle Kontroversen der Reformatoren mit den römischen Altgläubigen lassen sich von der Rechtfertigungslehre her begründen.

Luthers Konflikt mit der Papstkirche entzündete sich an der Frage, ob die Gerechtigkeit Gottes und die Heiligkeit des Menschen käuflich sei. Luther griff 1517 den Handel mit Ablassbriefen scharf an. Hier wurde behauptet, gegen Geldzahlung könne aus dem Verdienstschatz der Kirche die göttliche Sündenvergebung und somit der Übergang in die ewige Seligkeit sogar für bereits Verstorbene erworben werden. Die Zuwendung der befreienden Gerechtigkeit Christi war hier zu einem Verkaufsgeschäft der Kirche geworden. Der Streit um den Verkauf von Ablassbriefen entwickelte sich schnell zu einem Fundamentalkonflikt über das Selbstverständnis der Kirche, ihre Beziehung zu Christus und ihren Umgang mit der durch ihn eröffneten Gerechtigkeit Gottes.

In der grundlegenden reformatorischen Bekenntnisschrift, im Augsburger Bekenntnis (Confessio Augustana = CA) der evangelischen Stände vor KARL V. (Wahlkaiser 1519–1556) auf dem Reichstag von 1530, begründete die Rechtfertigungsaussage (vgl. CA 4) die Evangeliumsverkündigung und das Kirchenverständnis (vgl. CA 5 und 7). Die Rechtfertigungsaussage meinte die Vergebung der Sünden, die in der Zuschreibung der Gerechtigkeit Christi (imputatio iustitiae Christi) geschehe, und die Zusage ewigen Lebens. Vergebung und Zusage waren die beiden Perspektiven, um die Schnittstelle zwischen altem und neuem Leben nach rückwärts und nach vorwärts betrachten zu können. Rückwärts geblickt sei durch die göttliche Rechtfertigung das alte Leben in sündiger Gottesferne beendet. Vorwärts geblickt nähmen die Gerechtfertigten an den Kräften des neuen Lebens in seliger Liebe teil. Der Grund der Rechtfertigung liege allein in der Gerechtigkeit Christi. Der Mensch könne von sich aus kein Verdienst und keine Würdigkeit erbringen; jeder Synergismus sei abgeschnitten. Alles sei göttliche barmherzige Tätigkeit. Das Medium der Rechtfertigung sei der Glaube.

Die reformatorische Theologie hat immer zwischen Rechtfertigung und Heiligung deutlich unterschieden (vgl. CA 4 und CA 6. 20). Sie dachte die Rechtfertigung primär als einen gottimmanenten deklaratorischen Akt, der die Heiligung als Wiedergeburt des Menschen konsequent bei sich habe. Dieses Verständnis der Rechtfertigung als eines göttlichen Urteils sollte die alleinige Subjektstellung Gottes aussagen und jede Tendenz zur Werkgerechtigkeit verhindern. Alles sei Gott verdankt; der Mensch könne sich darüber kein Zeugnis ausstellen.

Die römische Lehre wurde auf dem antireformatorischen Konzil von Trient festgeschrieben. Das Dekret (die Glaubensvorschrift) über die Rechtfertigung wurde am 13. Januar 1547 beschlossen (vgl. DH 1520-1583). In 16 Kapiteln wurde die römische Lehre dargelegt und in 33 Verwerfungssätzen (canones) von den Irrlehren abgegrenzt. Die Lehrfestsetzung richtete sich vornehmlich gegen die lutherische Lehre von der (instrumental missverstandenen) Glaubensgerechtigkeit (vgl. DH 1533-1534. 1562-1564) und gegen die reformierte Lehre von der doppelten Vorherbestimmung (vgl. DH 1556 und 1567).

Die römische Lehre sagte den göttlichen Akt der Rechtfertigung als eine wirksame Tätigkeit Gottes am Menschen aus, durch welche der Mensch effektiv verändert werde. Rechtfertigung sei nicht nur Vergebung der Sünden, sondern auch Heiligung und Erneuerung bei willentlicher Annahme der eingegossenen Gaben Glaube, Hoffnung, Liebe (vgl. DH 1528 und 1530). Der deklaratorische und der effektive Akt wurden als vereint gedacht. Durch diese Synthese wurde eine Frömmigkeitsgestaltung eröffnet, bei der die Heiligungshandlungen zu Indikatoren des Rechtfertigungsgeschehens werden können. Geschieht das, dann kann das menschlich-werkhafte Glaubensleben die göttliche Gerechtigkeitszusage überlagern.

Nach Jahrhunderten scharfer Polemik zwischen den Konfessionskirchen wurde am Vorabend des dritten Jahrtausends ein Schritt zur ökumenischen Verständigung gewagt. Der Lutherische Weltbund und der Päpstliche Rat zur Förderung der Einheit der Christen formulierten in den 1990er Jahren die „Gemeinsame Erklärung zur Rechtfertigungslehre". Es wurde festgestellt, dass die gegenseitigen Lehrverurteilungen und Verwerfungen der Reformationszeit (in den lutherischen Bekenntnisschriften und Tridentiner Konzilsdekreten) die jetzt geltende Lehre nicht mehr betreffen.

Diese ‚Erklärung' rief im Prozess ihrer Rezeption durch die Mitgliedskirchen des Lutherischen Weltbundes heftige Kritik auf Seiten der deutschen Universitätstheologie hervor. Die Rechtfertigungslehre wurde in dem Dokument von römischer Seite als *ein*, von lutherischer Seite als *das* Zentralstück der christlichen Glaubenslehre eingeschätzt. Der professorale Widerstand richtete sich gegen Formulierungen, die der Befürchtung Nahrung geben konnten, das ganze Dokument könne zugunsten der römischen Position vereinnahmt werden. Wegen dieses Widerstands und wegen des Schlingerkurses der römischen Seite wurde bei der Unterzeichnung am 31. Oktober 1999 noch zusätzlich eine „Gemeinsame offizielle Feststellung" zur Interpretation des Unternehmens vereinbart. Die ‚Gemeinsame Erklärung' hat bisher weder die positiven noch die negativen Wirkungen gezeitigt, die in den heftigen Diskussionen in Aussicht gestellt wurden.

3. Lebendiger Geist

Das christliche Glaubensbewusstsein bekennt, durch den heiligen Geist Gottes begründet und bewegt zu sein. Berufung, Sammlung, Erleuchtung, Heiligung seien die Tätigkeiten des Heiligen Geistes, denen sich die Kirche verdanke. Diese konstitutive Bedeutung des Geistes für das kirchliche Selbstverständnis gab den Konflikten um das Verstehen des Geistes eine große Schärfe.

Der Heilige Geist wurde immer wieder als Legitimationsinstanz für bestimmte Überzeugungen und Forderungen in Anspruch genommen. Unübersehbar ist das Bemühen der institutionellen Kirche, die in der Berufung auf den Geist implizierte Dynamik zu begrenzen und zu kanalisieren. Deutlich ist aber auch das Aufbrechen von Erstarrung und das Lebendigwerden des Glaubens mit der Berufung auf die Wirksamkeit des Geistes verknüpft.

a. Gründung der Kirche

Die neutestamentlichen Glaubenszeugen verstanden den Geist als Gabe der messianischen Heilszeit, der Gottesnähe und Gotterfülltheit. Damit knüpften sie an alttestamentliche Vorstellungen an.

Dort wurde der Geist nicht nur als von Gott gegebenes Lebensprinzip aufgefasst (vgl. z.B. Ps 104,29f), dessen Entzug Tod bedeute (vgl. Gen 7,22), sondern dem Geist wurde die Qualität besonderer Gotterfülltheit zugeschrieben. Der Geist habe Propheten (vgl. Num 24,2) und die ersten Könige (vgl. 1Sam 10,6; 11,6; 16,13) ergriffen und mit Prophetie, Visionen und Träumen begnadet. Der Geist wurde prophetisch besonders in den Heilserwartungen angesprochen (vgl. Jes 11,1–9; 42,1–7). Die Ausgießung des Geistes wurde als Zeichen der Endzeit genommen (vgl. Joel 3,1–5; zitiert in Apg 2,16–21).

Die österliche Verkündigung qualifizierte durch die Ausgießung und die Wirksamkeit des göttlichen Geistes die Konstitution der Kirche und des christlichen Glaubens. Im Konflikt mit dem Judentum wurde die Geisterfahrung zum bedeutenden Motiv der Verselbständigung der Kirche.

Im lukanischen Geschichtswerk (Lukas-Evangelium und Apostelgeschichte) wurde die Ausgießung des Geistes an die Gemeinde 50 Tage nach Ostern historisierend als ein einmaliges Ereignis dargestellt (vgl. Apg 2,1–41; aber auch Apg 10,44–48): Die Wirksamkeit des Geistes, die Kirche zu lenken, wurde in wichtigen Situationen bemerkt: Er trieb bei den Missionsreisen vorwärts und zeigte die Wege (vgl. Apg 8,29–39; 16,6; 19,21; 20,22); er legitimierte den Beschluß des Apostelkonzils (vgl. Apg 15,28) und inspirierte die Verfassung und Tätigkeit der Urgemeinde (vgl. Apg 13,2).

Nach Paulus bestimme die aus der Höhe mitgeteilte Kraft des Geistes die christliche Existenz nach der Erhöhung Christi. Die Gabe des Geistes vergegenwärtige den Geber, Christus (vgl. Röm 8,9; 2Kor 3,17f). Durch den Geistempfang werde die durch Jesus erschlossene Gotteskindschaft realisiert (vgl. Röm 8,14–16; Gal 4,6). Für Paulus war der Geist Movens und Richtschnur christlicher Sittlichkeit. Die Glaubenden sollen im Geiste wandeln (vgl. Gal 5,16). Das Leben im Geiste bringe vielfältige Frucht (vgl. Gal 5,17–26). Der Geist statte die Gemeinde mit mannigfachen Gaben aus (vgl. die Tafeln 1Kor 12,6–10; Röm 12,6–8) und schenke ihre Einheit. Der Geist mache die Glaubenden zu Gliedern des Leibes Christi. Die christliche Gemeinde sei die

Gemeinschaft derjenigen, denen der Geist die Gotteskindschaft erschlossen habe (vgl. Röm 8,15; Gal 4,6). Der Geist sei Angeld (vgl. Röm 8,23) und Unterpfand (vgl. 2Kor 1,22) der künftigen Vollendung. Für Paulus trat der göttliche Geist an die Stelle des Gesetzes. Der Geist bringe den Menschen in Übereinstimmung mit Gott. Der Geist verwandele das unheilige Sein des Menschen unter der Sünde in ein Sein in Christo. Das Gesetz kontrolliere und richte, der Geist wandele um und motiviere.

Während Paulus den heiligen Geist in der Spannung gegenwärtiger Gaben und künftiger Vollendung auffasste, akzentuierte das Johannes-Evangelium deutlich die Gegenwart. Gott sei Geist (vgl. Joh 4,24). Die Gottesbeziehung sei mithin jeder kultischen oder geschichtlichen Beschränkung entzogen. Dass der Mensch Geist besitze, formuliere die Nähe zu Gott. Im Geist erfahre der Mensch die Gegenwart Gottes; in ihm vergegenwärtige sich Gott. Nur dort, wo Geist sei, werde die Erinnerung an Jesus in der christlichen Gemeinde zu einem Zeugnis für Christus. Der Geist sei die Gabe des erhöhten Herrn an seine verlassene Gemeinde (vgl. Joh 14,16f. 18–21 und 16,12–15. 16–24, wo jeweils das Wiederkommen Christi und die Sendung des Trösters [Parakleten] parallelisiert sind). Der Christ sei aus dem Geist geboren. Der Geist als Tröster helfe in der Anfechtung des Verlassenseins. Der Geist sei nicht der Geist wunderbarer Krafterweise, sondern der Geist der in Lehre und Erkenntnis wirksamen Wahrheit (vgl. Joh 14,17; 16,13; 4,23f). Der Geist lehre die ganze Gemeinde (vgl. Joh 6,45; 14,26) und lasse alle Christen die Wahrheit erkennen (vgl. 1Joh 2,20f). Der Geist erinnere die Gemeinde an das von Jesus Mitgeteilte (vgl. Joh 13,7; 16,12; 17,26). Er vertiefe das Verstehen der Gemeinde.

Die Selbstwahrnehmung der Glaubenden in der kirchengründenden Wirksamkeit des göttlichen Geistes hat weitreichende Konsequenzen für die konfliktträchtige Wahrnehmung des Nicht-Glaubens: Christlicher Glaube ist nicht der Schöpfer oder Autor seiner selbst, sondern er ist beseligendes und frei machendes Geschenk des göttlichen Geistes. Dieses Geschenk ist nicht verfügbar.

Das christliche Glaubensbewusstsein nimmt nach außen hin wahr, dass andere Menschen, denen dieser Glaube bezeugt wird, diesen Glauben nicht annehmen oder ihn nach der Annahme wieder verlieren. Dieses Glaubensbewusstsein nimmt nach innen hin wahr, dass der Glaube individuell nicht frei ist von Phasen der Anfechtung. Indem christlicher Glaube sich im Erwähltsein durch Gott gründet, setzt er Vertrauen in Gottes Treue und hat Zuversicht im Zweifel.

Glaubende verstehen ihren Glauben als ein Geschenk, das im vorauslaufenden Handeln und Erwählen Gottes begründet ist. Christliches Erwählungsbewusstsein darf und kann keine Zuschauerposition einnehmen. Es kann nur retrospektiv auf den eigenen Glauben, auf sein passives Konstituiertsein durch den göttlichen Geist formuliert werden. Es kann keine Aussagen in objektiver Neutralität treffen. Es ist immer auf das eigene Zum-Glauben-gekommen-sein bezogen. Indem die menschliche Aneignung der von Gott zugeeigneten Gnade als selbst gnadenvoll durch den göttlichen Geist bewirkt verstanden wird, setzt der Glaube alles Vertrauen in Gott.

Die einzige direkte biblische Belegstelle zur Prädestination ist Röm 9,11–13 und akzentuiert die Erörterung, wie die Erwählung Israels angesichts der Ablehnung des Evangeliums Christi zu verstehen sei und wie die jüdische und die christliche Erwählung aufeinander zu beziehen seien. Diese auf den Anfangskonflikt mit dem Judentum konzentrierte Erwählungslehre wurde mit dem Wachsen der Kirche menschheitlich ausgeweitet, aber auch individualisiert.

Die in der christlichen Theologie ausgebildete Erwählungslehre vereinigt Aussagen, die sich auf den einzelnen Menschen beziehen, mit solchen, die sich auf die Erlösungsgemeinschaft der Kirche und auf die Menschheit beziehen. Die Lehre von Gottes Gnadenwahl führt, wenn sie zu einer objektiven Aussage über die göttliche Heilsverteilung gemacht wird, zu elementaren Spannungen im Verständnis des Glaubens und im Verständnis Gottes. Werden bestimmte Erfahrungssachverhalte als Zeichen der Verworfenheit behauptet, kann diese Lehre zu einem Instrument des Schreckens nach außen und nach innen werden.

Wird die Erwählung objektivierend verstanden als göttliche Vorherbestimmung zu der von Christus gegründeten und vom Geist mitgeteilten Seligkeit, so droht angesichts des Nicht-Glaubens von vielen Personen und Generationen eine ewige Spaltung der Menschheit in Selige und Unselige. Diese Annahme trübt die Seligkeit der Glaubenden und schränkt die menschheitliche Bedeutung Christi ein.

Wenn Gott in seiner Gnadenwahl die ewige Seligkeit oder die ewige Verdammnis des Menschen vorherbestimmt, dann stehen für das Glaubensbewusstsein die barmherzige Güte Gottes und seine Gerechtigkeit gegeneinander. Bestimmt Gott nicht nur zur Seligkeit, sondern auch zur unseligen Verdammnis, dann ist seine Güte begrenzt. Gilt die Verwerfung auch denen, die der christlichen Verkündigung aus zeitlichen oder räumlichen Gründen nicht begegnen konnten, dann ist nicht nur die Güte, sondern auch die Gerechtigkeit Gottes begrenzt, und das ruft das Mitleid der Glaubenden hervor. Erwählt Gott zur Seligkeit auch diejenigen, die im Bösen leben und verharren, dann ist seine Gerechtigkeit begrenzt; diese Gleichbehandlung des Bösen erweckt bei den Glaubenden Abscheu. Deshalb war die Lehre von der Wiedereinbringung aller zur Seligkeit (apokatastasis panton) immer umstritten.

Die Erwählungslehre war bis zur Leuenberger Konkordie (1973) ein Unterscheidungsmerkmal zwischen lutherischer und reformierter Theologie. Die reformierte Theologie lehrte einen absoluten Beschluss Gottes dazu, zu welchem Ziel der Mensch vorherbestimmt sei. Sie vertrat eine doppelte Vorherbestimmung, entweder zur Seligkeit oder zur Verdammnis; der Mensch sei an seiner Heilsbestimmung zum Guten oder zum Üblen in keiner Weise beteiligt. Der reformierte Präzisismus vertrat die göttliche eindeutige Vorherbestimmung jedes menschlichen Lebenslaufes und die Ablesbarkeit des göttlichen Ratschlusses am Lebenslauf (syllogismus practicus).

Die lutherische Theologie lehrte eine allgemeine Vorherbestimmung zur Seligkeit. Für alle Menschen habe Gott in Voraussicht des Sündenfalls erbarmend von Ewigkeit her als Rettungsmaßnahme das Heilswerk Christi beschlossen. Die

Menschen sollen durch Christi Verdienst und die dazu geordneten Heilsmittel gerettet werden. Diese allgemeine Vorherbestimmung im ewigen Gnadenwillen Gottes sei nicht absolut, sondern berücksichtige die menschliche Zustimmung oder Ablehnung der göttlichen Rettungsmaßnahmen. Gottes besonderer Gnadenwille meine deshalb die Menschen, die das für sie vollzogene Rettungswerk auch aneignen und in ihm bleiben, also den eingeschränkten Kreis der Glaubenden, von denen Gott seit Ewigkeit weiß (praescientia), dass sie die im Heilswerk Christi dargebotene Gnade zustimmend aufnehmen. Die Menschen, die das Heilswerk Christi ablehnen würden, hätten sich für die Unseligkeit entschieden. In der lutherischen Theologie wurde also die doppelte Vorherbestimmung (praedestinatio duplex) zu einer einfachen Gnadenwahl gemildert. Zudem hielt die lutherische Theologie die Vorherbestimmung für nicht im menschlichen Lebensschicksal eindeutig ablesbar.

Die durch die Erwählungslehre verursachten internen und externen Spannungen werden dadurch gemildert, dass der konstruktive Charakter dieser Lehre berücksichtigt wird. Dies hat Karl Barth getan (vgl. Gottes Gnadenwahl, 1936; Die kirchliche Dogmatik, §§ 32–35), der die Erwählungslehre durchaus originell in die Gotteslehre hineinzieht. Die Lehre von Gottes Gnadenwahl (Prädestinationslehre), die nicht denknotwendig und nicht erfahrungsgegründet sei, empfange ihre Wahrheit von der Offenbarung in Jesus Christus. Gottes Gnadenhandeln stehe nicht neben seiner Schöpfungstat und sei nicht die Antwort auf den menschlichen Sündenfall, sondern Gottes Verhältnis zum Menschen sei in Ewigkeit von seiner liebevollen Gnadenzuwendung bestimmt. Diese Gnadenzuwendung habe ihren innertrinitarischen Ort in Jesus Christus.

Barths Verständnis markierte scharf die Grenzen gegenüber den mit dem deutschen Nationalsozialismus sympathisierenden Deutschen Christen, die eine auf den Schöpfungsgedanken gestützte völkisch-christliche Erwählungslehre propagierten. Nach Barth gebe es in der Schöpfung keine Offenbarung Gottes neben Christus. Die Versöhnung in Christus sei keine zusätzliche Tat Gottes. Die ganze menschliche Wirklichkeit müsse allein von Gottes Heilswillen her verstanden werden. Erwählung und Verwerfung seien dadurch, dass sie beide an Gottes Offenbarung in Christus gebunden seien, keine gleichwertigen Möglichkeiten. In Christus seien Gottes Zorn und Gottes Liebe offenbar. Die Prädestinationslehre könne keine Bestimmung des Einzelschicksals an diesem Offenbarungsgeschehen vorbei sein. Indem auch die Verwerfung in Jesus Christus ihren Ort habe, sei die menschliche Verwerfung in Christi Kreuz aufgehoben und tröste die Verheißung der Erwählung. Barth lehnte entschieden die individuelle Engführung der Erwählungslehre ab und stellte besonders den prozessualen Charakter der Gnadenwahl heraus.

b. Bändigung des Enthusiasmus

Mit der institutionellen Festigung der frühen Kirche wurden charismatische und enthusiastische Geisterscheinungen zurückgedrängt. Die Geisterfahrung wurde der Autorität des kirchlichapostolischen Amts unterstellt. Diese Bändigung konnte nur im Konflikt durchgesetzt werden.

Hervorzuheben ist hier der Montanismus, die enthusiastische Bewegung einer Neuen Prophetie, die im kleinasiatischen Phrygien im dritten Viertel des 2. Jahrhunderts entstand und sich weit im Osten und Westen ausbreitete. Angesichts des baldigen Weltendes riefen MONTANUS, nach dem die Bewegung benannt wurde, und Prophetinnen wie MAXIMILLA (wohl 179 gestorben) und PRISKILLA zu asketischer Lebenserneuerung, strengem Glaubenszeugnis und verschärfter Kirchenzucht (ohne zweiter Buße) auf. Die apokalyptische Botschaft wurde durch Visionen, Zungenreden und Ekstasen beglaubigt. Der Konflikt ging weniger um Lehraussagen als um Autoritätsinstanzen. Die Montanisten beriefen sich nämlich auf die Autorität des Geistes, die der apostolischen Autorität überlegen sei. Die Neue Prophetie konnte als das dritte Zeitalter nach dem des Vaters (AT) und dem des Sohns (NT) bezeichnet werden (so Tertullianus, De virginibus velandis 1). Die Auseinandersetzung mit dem Montanismus stärkte das Bischofsamt, führte zur Einrichtung von

Regionalsynoden und zur Zusammenfassung neutestamentlicher Schriften zu einem Kanon.

Gegen den frühkirchlichen Enthusiasmus musste die kirchliche Geistauffassung geklärt werden, die darin spannungsreich war, dass sie den Geist einerseits als Geber göttlicher Gnadengaben verstand und andererseits als Gabe, die von Gott den Menschen zugewandt werde. Eine dogmatische Festlegung des Geistbegriffs innerhalb der spekulativen Trinitätslehre erfolgte 381 auf dem Konzil von Konstantinopel: Der Geist sei heilig, ungeschaffen und anbetungswürdig wie Vater und Sohn. Damit wurde der Streit zwischen dem im 4. Jahrhundert bei der gesellschaftlichen Ausweitung des Christentums erstarkten Mönchtum und dem Bischofsamt entschieden. Dem charismatisch-asketischen Mönchtum, das seine Selbsteinschätzung als Geistträger zu seiner eigenen Autorisierung nutzte, wurde durch die Aussage von der Gottheit des Geistes eine wichtige theologische Stütze genommen und zugleich mit der doxologischen Aufwertung des Geistes ein wichtiges Anliegen erfüllt. Die Geistverehrung wurde in die bischöflich beaufsichtigte kirchliche Gottesverehrung eingebunden.

JOACHIM VON FIORE (1131–1202), dessen trinitätstheologische Position 1215 auf dem 4. Konzil im Lateran als Irrlehre verurteilt wurde (vgl. DH 803–807), gab der Geistlehre eine geschichtstheologische Wendung. Er lehrte eine trinitarische Heilsgeschichte: Das vorchristliche Zeitalter des Vater werde abgelöst durch das Zeitalter des Sohnes, dies sei das Zeitalter der verfassten römischen Kirche; Joachim erwartete für das von ihm errechnete Jahr 1260 den Beginn des dritten Zeitalters, des Zeitalters des heiligen Geistes; durch Läuterung solle die römische Kirche in die wahre Kirche übergeführt werden. Das war umstürzend: Die wahre Kirche stand erst noch bevor, war noch nicht da. Damit wurden Tradition, Hierarchie und sakramentale Gnadenvermittlungen der römischen Kirche abgewertet, die Kirchenauffassung grundsätzlich spiritualisiert. In der Frömmigkeitsgeschichte des 13. Jahrhunderts, im Aufkommen der Bettelorden, hier besonders der Franziskaner, hat diese Spiritualisierung der Kirchenauffassung reiche Früchte getragen.

Wurde in der frühen Kirche die Geistlehre primär in der Trinitätslehre formuliert, so erhielt sie in der mittelalterlich-lateinischen Scholastik einen zweiten Schwerpunkt in der Verknüpfung von Gnadenlehre und Anthropologie. Mit Hilfe der aristotelischen Psychologie wurden die Wirkungen des Heiligen Geistes in bezug auf die menschlichen Seelenvermögen nach Potenz, Habitus und Akt konkret als theologische Tugenden beschrieben. Der heilige Geist wirke Glaube, Liebe und Hoffnung und verwandele dadurch menschlichen Intellekt und menschliches Strebevermögen. Die theologischen Tugenden wurden sowohl hinsichtlich ihrer Entstehung als auch hinsichtlich ihrer Wirkung auf die natürlichen Fähigkeiten des Menschen genau expliziert. Die göttliche Gnadengabe helfe der Natur des Menschen auf und vervollkommne sie (gratia perficit naturam). Die effektive Gnadenwirkung des heiligen Geistes verbürge die Gewissheit göttlicher Gegenwart.

Die reformatorische Theologie protestierte gegen diese scholastische Gnadenlehre samt aristotelischer Psychologie. Nicht in der Erfahrung des Menschen gründe der Glaube, sondern der Glaube erhelle und heilige die Erfahrung. Die reformatorische Theologie verknüpfte die Geistlehre mit der Wortlehre. Die innerliche Gabe des heiligen Geistes sei an die äußerlichen Gaben des Wortes und der Sakramente wesentlich gebunden (vgl. CA 5). Gegen den Enthusiasmus, der kritisch gegen Bibel, Kirche und weltliche Obrigkeit aktuelle Geistmitteilungen anführte (vgl. THOMAS MÜNTZER [1468-1525], KASPAR VON SCHWENCKFELD [1489-1561] u.a.), formulierte die reformatorische Theologie, dass der heilige Geist sich an das biblische Wort und die dieses Wort darstellenden Sakramente gebunden habe. Der Geist sei nur im biblischen Wort und seiner Verkündigung. Der Geist sei nie ohne das Wort. Der Geist bestätige das Wort durch sein Zeugnis (vgl. Röm 8,16). Dadurch gewann umgekehrt das biblische Wort neben den Sakramenten vorzügliche Bedeutung als Heilsmittel. In seiner scharfen Abwehr aller Bemühungen, das Zeugnis der Heiligen Schrift durch neue Offenbarungen zu erweitern oder zu korrigieren, erhob Luther sogar gegen das Papsttum und die römische Theologie den Vorwurf des Enthusiasmus (vgl. Schmalkaldische Artikel, 1537). Der Blick auf die kirchliche Tradition und die heute verbreitet auftretenden enthusiastischen Bewegungen (Pfingstler usw.) zeigt, dass das Geistverständnis und die Geisterfahrung eine vorzügliche Bedeutung für die Selbstwahrnehmung des Glaubens und der Kirche haben. Geist erschließt das Leben, offenbart die Wahrheit. Geistlose Tradition ist erstarrte Formeltradition, die gegenwärtiges Leben nicht mehr erhellt. Der Geist erneuert die lebensfördernden Erfahrungen vergangener Generationen. Die in jeder Generation neu zu vollziehenden Zustimmung zur überlieferten Heilsverkündigung ist Zeichen lebendigen Geistes. Die Kirche braucht solche Lebendigkeit, um immer wieder neu sie selbst zu sein.

B. Gottesgedanke

Im Konflikt mit der griechischen Philosophie ist die christliche Theologie eingetreten in die Gedankenwelt spekulativer Metaphysik. Die patristische Theologie wurde selbst zu einer Bildungsschule der antiken griechisch-römischen Kultur.

Die patristische Theologie entfaltete die christlichen Glaubensüberzeugungen und die Regeln christlichen Lebens mit den Kategorien der griechischen Philosophie, die übernommen oder verändernd angeeignet wurden. Die Themen und Inhalte der biblischen Tradition waren teilweise sperrig gegenüber der philosophischen Artikulation und forderten deshalb eine gedankliche Bearbeitung, die Kategoriensprache und Bildsprache miteinander verband. So auch der Gottesgedanke.

Über die inhaltlichen Bestimmungen des Gottesgedankens hinaus wurde immer bohrender nach der Überzeugungskraft und Begründbarkeit des Gottesgedankens gefragt. Der Gottesgedanke war in der mittelalterlichen Scholastik die Brücke, um den kirchlichen Offenbarungsglauben mit der vernünftigen Wirklichkeitserkenntnis zu verknüpfen. Für den die kirchliche

Offenbarungslehre zurückdrängenden Rationalismus war er die Basis der Erkenntnis. Dieser mit der wissenschaftlichen Erkenntnis verknüpfte Gottesgedanke wurde ein Hauptgegenstand der kritischen Selbstanalyse der Vernunft. Deren Ergebnis machte eine neue Begründung des Gottesgedankens erforderlich.

1. Spekulative Trinitätslehre

Die von Jesus gepredigte und gelebte Nähe Gottes wurde von der wachsenden christlichen Kirche als das Zeit und Ewigkeit bestimmende Heilsgeschehen verkündigt. Um die Bedeutung der befreienden Christusbotschaft und die Legitimität der kirchlichen Verkündigung begreiflich zu machen, musste die Beziehung Jesu Christi zum Einen Gott und zur geistgewirkten Verkündigung der Kirche geklärt werden. Der Glaube an das in der Begegnung mit Jesus erfahrene und erwartete Heil drängte gerade in den Auseinandersetzungen mit den hellenistischen Denkschulen zur Formulierung der legitimierenden Gottesrelationen, die für Jesus als den Christus und für die Geistesgegenwart in der Gemeinde geltend gemacht werden können.

Die Lehre von der göttlichen Trinität war vornehmlich motiviert durch erzählerische Elemente biblischer Schriften und spekulative Antriebe theologischer Reflexion. Der lateinische Begriff ‚trinitas' ist erstmals bei Tertullianus belegt (vgl. Adversus Praxean 2,1-4). Tertullianus brachte auch gleich, noch ahnungslos hinsichtlich der spekulativen Abgründe, die Programmformel auf: ein Wesen (una substantia/natura/essentia), drei Personen (tres personae). Dem Neuen Testament war eine Trinitätslehre noch fremd. Wohl aber beggnen triadische Formeln. Besonders prägend war der das Matthäus-Evangelium beschließende Missionsbefehl des auferweckten erhöhten Jesus, alle Völker in seine Nachfolge zu rufen und ‚auf den Namen des Vaters und des Sohnes und des heiligen Geistes' (vgl. Mt 28,19) zu taufen. Die triadische Taufformel implizierte für die theologische Reflexion die Aufgabe, die dreifache Gestaltwerdung Gottes zu profilieren und Vater, Sohn, Geist zueinander in Beziehung zu setzen. Darauf zielte die spekulative Trinitätslehre.

In der frühchristlichen Theologie wurden griechische Denktraditionen mit biblischen Frömmigkeitstraditionen verbunden. Die Ausbreitung der christlichen Verkündigung machte die Auseinandersetzung mit der griechischen Philosophie unumgänglich. Die eschatologisch-apokalyptischen Hoffnungsbilder wurden in eine ontologisch-spekulative Relationenlehre überführt. Die spekulative Trinitätslehre sollte Aussagenreihen zu unterschiedlichen Themenbereichen verknüpfen und aufeinander abstimmen.

Die Trinitätslehre musste so formuliert werden, dass ein Tritheismus abgewiesen und der grundlegende Monotheismus gewahrt wurde: Vater, Sohn und Geist durften nicht den Status selbständiger Entitäten bekommen. Doch mussten alle drei je für sich so profiliert werden, dass die Lehre einen Aussagegehalt hatte.

a. Begegnungsgestalten

Motive für eine explizite Trinitätslehre begegnen erst seit dem dritten Jahrhundert, besonders bei ORIGENES (185–254) und der an ihn anknüpfenden Theologie. Alexandrinische Theologen wie TITUS FLAVIUS CLEMENS (gest. etwa 215) und Origenes suchten die Überlegenheit des christlichen Glaubens in wissenschaftlichen Auseinandersetzungen mit der dualistischen Gnosis-Bewegung und mit hellenistischen Philosophenschulen zu erweisen. Über den Erziehungsgedanken verknüpften sie biblische Heilsgeschichte und griechische Intellektualität.

Für die Entwicklung zur Trinitätslehre war insbesondere die durch das Johannes-Evangelium angeregte und durch die frühen Apologeten entwickelte Logos-Theologie wichtig, die Christi Heilswirksamkeit in seiner präexistenten Verbindung mit dem transzendenten Einen Gott gegründet aussagte. Gegen die Tendenz der Logos-Lehre, die Göttlichkeit Christi zu betonen, wandte sich der Monarchianismus, der die Einheit und Einzigkeit Gottes ganz streng nahm und deshalb Christus als einen von

Gottes Geist erfüllten Menschen (Dynamismus, häufig mit PAULOS VON SAMOSATA identifiziert) oder als Offenbarungsmodus des nach Joh 10,30 wesentlich einzig-einen Gottes (Modalismus, häufig mit einem heute unbekannten SABELLIUS identifiziert) auffasste.

Die Ausbildung der Trinitätslehre bekam einen kräftigen Schub durch den etwa 318 begonnenen arianischen Streit, der sich aufwühlend ausbreitete gerade zu dem Zeitpunkt, als Constantinus I. durch seine militärischen Siege 324 über VALERIUS LICINIANUS LICINIUS (Kaiser 308–324) die östlichen Provinzen und damit das Römische Reich insgesamt unter seine Herrschaft gebracht hatte und nun auf die Einheit der Kirche unter einem Bekenntnis und einer Lehre drang.

Der alexandrinische Presbyter AREIOS (ARIUS) (ca. 260–336) hatte in Predigten über Spr 8,22–25 die dortigen Aussagen zur Geschaffenheit der Weisheit (sophia) auf den Logos-Christus angewendet und deshalb dessen Nicht-Ewigkeit und Veränderlichkeit ausgesagt. Für Areios ging es um die exklusive Verehrung des einzig-einen ewig-unveränderlichen Gottes, dem auch der gegenüber allen sonstigen Geschöpfen einzigartige Logos (vgl. Joh 1,3) nachgeordnet sei. Areios verfocht einen strikten Monotheismus der Absolutheit, Transzendenz, Unveränderlichkeit und vermittlungslosen Ewigkeit gegen alle christologischen Teilungs- und Übertragungsaussagen, die auf ein Ausströmen aus dem Einen (Emanatismus) oder einen Ditheismus hinauslaufen konnten. Er hielt an einem prinzipiellen Unterschied des Vaters gegenüber dem Sohn fest. Der alexandrinische Bischof Alexander sah mit der Bestreitung der Göttlichkeit des Logos-Sohnes die Heilsmittlerschaft Christi und damit die Sakramentsfrömmigkeit bedroht. Eine alexandrinische Synode exkommunizierte Areios, der aber Unterstützung in Palästina und Syrien fand.

Das von Constantinus in seine Sommerresidenz einberufene erste Reichskonzil vereinbarte 325 in Nikaia (Nicäa) eine Glaubensformel, die vornehmlich christologische Aussagen traf, die Wesenseinheit (Homousie) des Sohnes mit dem Vater lehrte, auf den Logos-Begriff verzichtete und abschließend die Aussagen (des namentlich nicht genannten Areios) zur Geschöpflichkeit des Sohnes verurteilte (vgl. DH 125). Diese Glaubensformel (Nicänum) wurde durch kaiserliche Veröffentlichung reichsrechtlich verbindlich.

b. Binnenrelationen

Mit der Einigungsformel des ersten ökumenischen Konzils von Nikaia wurde der Streit erst richtig eröffnet. Unmittelbar nach dem Konzil erstarkte die gerade verurteilte Partei des Areios, überraschenderweise mit kaiserlicher Unterstützung, und gewann die Oberhand. Diese rätselhaften Umschwünge, die sich im Laufe der Streitigkeiten wiederholten, dürften in der Vermengung von Frömmigkeitsanliegen und Machtkalkülen sowie in der Mehrdeutigkeit der Aussageformeln begründet sein. In wechselnden Parteiungen und mit sehr unübersichtlichen Frontlinien wurde jahrzehntelang um die Wesenseinheit Gottes, um die angemessene Formulierung seiner Einzigkeit und Seinsweisen gestritten. Dabei wurde spekulativ die immanente Trinität Gottes zu begreifen versucht.

Eine große Schwierigkeit, eine spekulative Trinitätslehre zu formulieren und zu verstehen, ergab und ergibt sich aus ihrer begrifflichen Darstellung. Insbesondere die Zuordnung griechischer und lateinischer Begriffe war förderlich für Missverständnisse und Verwirrung.

Das Sein Gottes, sein Wesen, seine Einheit wurde griechisch durch ‚ousia‘, lateinisch durch ‚substantia‘ ausgedrückt. Die Begegnungsgestalten Gottes, die biblisch einerseits durch das Beziehungsbild von Sohn und Vater und andererseits durch das Erzählbild vom Geistwirken im Pfingstwunder dargestellt sind, wurden griechisch durch ‚hypostasis‘ und lateinisch durch ‚persona‘ bezeichnet. Beides war höchst missverständlich. Das griechische Wort ‚hypostasis‘ entsprach in direkter Übersetzung dem lateinischen Wort ‚substantia‘; zudem wurde es im Nicänum auch synonym zu ‚ousia‘ gebraucht. Da seit Origenes von drei Hypostasen Gottes im Sinne von drei Seinsweisen Gottes gesprochen wurde und dies lateinisch durch ‚substantia‘ wiedergegeben werden konnte, entstand für lateinische Ohren der

Eindruck, es sei von drei Gottheiten die Rede, also von Tritheismus. Da für griechische Ohren bei der Rückübersetzung des lateinischen Lehnwortes ‚persona' die ursprüngliche Bedeutung von ‚prosopon' als Maske im Theater anklang, wurde so die Vermutung genährt, der eine Gott begegne hier nur in unterschiedlichen Situationen und Masken; der Verdacht war dann, es liege reiner Modalismus vor.

Gegen Areios und die Arianer führte ATHANASIOS (295–373, Bischof von Alexandreia ab 328) einen entschlossenen und nimmermüden Kampf, um den Zentralbegriff von Nikaia, die Homousie (Wesenseinheit) Christi mit dem Vater, aus soteriologischen Motiven zu verteidigen. Dieser Kampfbegriff war vieldeutig. Er konnte sowohl gegen Areios als auch gegen Origenes akzentuiert werden.

In programmatischer Bezugnahme auf die biblische Tradition wurde gegen die Ungleichler (Anhomöer), die eine wesenhafte Ungleichheit von Vater und Sohn vertraten, im reichsrechtlich verbindlichen Bekenntnis von Konstantinopel 360 die Wesensgleichheit (Homoiusie) des Sohns mit dem Vater formuliert, dabei aber unausgesprochen die Homousie (Wesenseinheit) verneint und eine Unterordnung Christi vorgenommen. Diese homöische Glaubensformel, die auch vom gotischen Bischof WULFILA (310–383) unterzeichnet wurde, gab den missionierten Germanenvölker zum Teil lange eine arianische Orientierung (germanischer Arianismus).

Gegen diese Glaubensformel der Gleichler (Homöer) protestierte Athanasios. Sein Anliegen einer Neuinterpretation der Homousie-Aussage samt einer Aussage zur Gottheit des Geistes wurde kraftvoll von den drei kappadozischen Theologen BASILEIOS VON KAISAREIA (330–379), GREGORIOS VON NYSSA (etwa 335–394) und GREGORIOS VON NAZIANZOS (330–390) durchgeführt. Deren spekulative Trinitätslehre sollte sowohl die wesentliche ungeschmälerte Gottheit des Sohns als auch die des Geistes plausibel machen.

Die Kappadozier verbanden die Drei-Hypostasen-Lehre des Origenes und die Homousie-Aussage des Nicänums. Sie nahmen eine begriffliche Unterscheidung von ‚hypostasis' und ‚ousia' vor. Die drei Hypostasen seien innergöttliche Beziehungen der einen ousia. Die Hypostasen seien nicht als Wirkweisen nach außen bestimmt, sondern durch ihre immanenten Beziehungen zueinander. Basileios beschrieb die Binnenrelationen durch Vaterschaft, Sohnschaft, Heiligung, Gregorios von Nazianzos durch Ungezeugtheit (agennesia), Gezeugtheit (gennesis), Ausgegossenheit (ekporeusis).

Theodosius I. machte durch ein Gesetz vom 28. Februar 380 die Trinitätslehre in Verbindung mit der nicänischen Homousie-Aussage zur reichsrechtlich fixierten Grundlage der katholischen Rechtgläubigkeit und sicherte den Rechtgläubigen Privilegien zu. Die Synode von Konstantinopel 381 (vom Westen anerkannt als 2. ökumenisches Konzil) formulierte in diesem Sinn das zum gottesdienstlichen Gebrauch geeignete Glaubensbekenntnis (vgl. DH 150).

Augustinus gab eine eigenständige Darstellung der 381 fixierten Trinitätslehre in seiner Schrift „De trinitate", die er ab 399 in über 20 Jahren ausarbeitete. Die Unterschiedenheit der drei Personen des in Substanz einen Gottes drückte Augustinus durch den Begriff der Relation aus. Die Gottesoffenbarungen in der Heilsgeschichte seien untrennbar Manifestationen der Trinität und nicht der Personen. Die Personunterscheidungen seien vorrangig innertrinitarisch gemeint. Die Ebenbildlichkeit des Menschen zog Augustinus heran, um die göttliche Trinität durch menschliche Entsprechungen zu erläutern. Die Dreiheit Gedächtnis – Verstehen – Wille sowie Geist – Erkenntnis – Liebe sei in ihrer allseitig verschränkten Beziehungshaftigkeit besonders geeignet.

In der Folgegeschichte der Trinitätslehre gewann die Frage, ob der Geist nur aus dem Vater oder aus Vater und Sohn hervorgehe, kirchenpolitisches Gewicht. Die das Bekenntnis von 381 ergänzende Aussage, der Geist gehe aus Vater *und* Sohn als aus einem Prinzip in einer Hauchung hervor (das Filioque), dogmatisierte die Westkirche auf dem zweiten Konzil von Lyon 1274 (vgl. DH 850). Das Filioque wurde zum dogmatischen Trennungsgrund der Ostkirche von der Westkirche. Beide befanden sich bereits seit 1054 im rechtlichen Schisma. Die

Westkirche bestätigte das Filioque noch einmal auf dem Konzil von Florenz 1439 im Dekret an die Griechen (vgl. DH 1300–1302).

Die Trinitätslehre ist in ihrem Ergebnisse selbstverständlicher Bestandteil christlicher Theologie. Sie ist ein Erkennungszeichen, auch wenn die Einzelmomente dieser höchst komplexen Theoriebildung unbekannt oder unverständlich sind. Sie ist abgesunken zu einer Formel, die ihren Kontext verloren hat. Das Christentum hat durch sie den Kampf mit dem Neuplatonismus bestanden. Es hat eine wissenschaftliche Theologie formuliert, die trotz ihrer spekulativen Ausprägung die konstruktive Bindung an die biblischen Aussagen und Sprachbilder nicht aufgeben wollte und konnte. Dadurch blieb die Trinitätslehre schwebend zwischen metaphysischer Gedankenbildung und konstruktiver Koordination biblisch gestützter Themenkreise.

2. Metaphysisches Beweisstreben

Durch die Auseinandersetzung mit der griechischen Philosophie und deren weitgehende Aufnahme wurde im christlichen Glaubensbewusstsein die Tendenz verstärkt, den Glauben als Wissen zu formulieren. In der Spätantike wurden insbesondere platonische Ontologie und biblische Heilsgeschichte, Emanationslehre und Gottesgedanke zusammengebracht. Der neuplatonischen Theologe DIONYSIOS AREOPAGITA (um 500) beispielsweise gab drei Wege an, um die Eigenschaften Gottes zu erfassen. Der Weg der Steigerung (via eminentiae): Die bei den Kreaturen wahrgenommenen Vollkommenheiten kommen Gott im höchsten Maße zu. Der Weg der Verneinung (via negationis): Die Unvollkommenheiten der Kreaturen sind bei Gott zu verneinen; er habe die entgegengesetzten Vollkommenheiten. Der Weg der Begründung (via causalitatis): Aus den in der Welt begegnenden Werken und Wirkungen Gottes wird auf diejenigen Vollkommenheiten geschlossen, die der Bewirker solcher Werke haben müsse (vgl. De divinis nominibus / Über die göttlichen Namen 7,3).

Die metaphysischen Überlegungen der griechischen Philosophie wurden von der christlichen Theologie aufgegriffen. Der durch den Unglauben artikulierte Zweifel an der kirchlichen Gottesverkündigung sollte durch Beweise für das Dasein Gottes überwunden werden. Der Unglaube verlöre seinen schmerzlichen Stachel. Er könnte als Ergebnis eines Mangels an Verstand eingeschätzt werden. Die mittelalterliche Scholastik wollte rationalistisch die kirchliche Verkündigung wissenschaftlich erschließen und stützen. Der christliche Glaube sei wissensfreudig.

a. Ontologischer Gottesbeweis

Die Beweise für das Dasein Gottes nehmen ihren Ausgang von unbestreitbaren Sachverhalten der Wirklichkeit. Sie gehen von einer Aussage aus, der zugestimmt werden muss. Und dann gehen sie zumeist den Weg der Steigerung oder Verneinung. Dabei ist eine entscheidende Klippe, dass das Bewiesene nicht vom Ausgangssachverhalt abhängig werden darf; denn das wäre dem Gottesgedanken unangemessen.

Der ontologische Gottesbeweis, der Gottesbeweis aus dem reinen Gedanken Gottes, geht einen völlig anderen Weg. Er ist von jeder Welterfahrung völlig unabhängig.

Erstmals Anselm von Canterbury formulierte den ontologischen Gottesbeweis in seiner Schrift „Proslogion" (wohl 1077). Anselm ging von einer jedem Denkfähigen verständlichen Erklärung des Wortes ‚Gott' (‚deus') aus. Er gab keine Definition, die ja klassisch durch eine Gattungsangabe und eine spezifizierende Differenzangabe zur Bestimmung der vorliegenden Art bzw. des vorliegenden Falls erfolgt. Dies wäre im Fall des Gottesbegriffs auch unmöglich, weil es einen übergeordneten Gattungsbegriff nicht geben kann. Anselm stellte eine Denkregel auf und analysierte den Denkprozess, den diese Regel steuert. Er gab an, wie gedacht werden solle, damit das mit dem Wort ‚Gott' Gemeinte wirklich gedacht werde.

Das Wort ‚Gott', so Anselm, meint das, über das hinaus Größeres nicht gedacht werden kann (aliquid quo nihil maius cogitari possit). In zwei Gesprächsgängen zwischen einem Weisen und einem Narren untersuchte Anselm den Denkprozess darauf, zu welcher Aussage das Befolgen der Denkregel führe. Der erste Untersuchungsgang (Proslogion 2) operiert mit dem Gegensatz zwischen Dasein und Nichtsein Gottes. Der Weise sagt: Gott ist. Der Narr setzt konträr dagegen: Gott ist nicht. Weil auch der Narr die Worterklärung verstehen und die in ihr formulierte Denkregel erkennen kann, muss er zugeben: Gott ist im Verstand. Der Narr sagt aber weiter: Gott ist nicht außerhalb des Verstandes, nicht im Sein. Da das mental und extramental Seiende größer ist als das nur mental Seiende, muss in Anwendung der Denkregel festgestellt werden: Gott ist im Verstand und im Sein. Denn eine nur mentale Existenz Gottes widerspräche der für Gott aufgestellten Denkregel. Würde nur seine mentale Existenz gedacht, wäre Gott nicht richtig nach der Denkregel gedacht. Gott ist also im Denken und im Sein. Damit ist bewiesen: Gott ist wirklich existent.

Der zweite Untersuchungsgang (Proslogion 3) überführt den konträren Widerspruch zwischen Existenz und Nicht-Existenz in einen kontradiktorischen Widerspruch. Denn der Zweifel ist noch nicht überwunden. Der Narr hält fest: Gott ist nur faktisch, nicht aber notwendig seiend; Gott könnte auch nicht sein. Der zweite Gesprächsgang folgt dem Muster des ersten Gesprächsgangs. Etwas, das als nichtseiend denkbar wäre, ist kleiner als dasjenige, dessen Nichtsein undenkbar ist. Nach der im Gottesbegriff angegebenen Denkregel folgt damit nicht nur die Wirklichkeit, sondern die Notwendigkeit des Daseins Gottes. Gott ist notwendig existent. Wer oder was Gott sei, fand Anselm in der kirchlichen Lehre.

Descartes nahm den ontologischen Gottesbeweis fast etwas beiläufig 1641 in der Schrift „Meditationes de prima philosophia" auf (vgl. V,7). Das minderte aber nicht seine Bedeutung. Der ontologische Gottesbeweis war bei Descartes grundlegend für das gesamte Erkenntnis- und Wahrheitssystem, das durch einen Dualismus von Geist und Sinnlichkeit bestimmt sei. Der Gedankengang von Descartes lässt sich in die Form eines Syllogismus bringen.

Obersatz: Alles was ich klar und deutlich als zu einer Sache gehörig erkenne, gehört dieser Sache auch in Wirklichkeit zu. Untersatz: Ich erkenne klar und deutlich, dass zur Natur Gottes hinzugehört, dass er immer existiert. Schluß: Also existiert Gott, das höchst vollkommene Wesen, in Wirklichkeit.

Descartes setzte den Zweifel methodisch ein, um die Erkenntnis voranzutreiben. Dieser radikale Zweifel bedürfe eines Ankerpunktes. Dieser sei das Denken, das gerade im Vollzug des Zweifelns seiner selbst gewiss werde. Doch dieses reflektierende Selbstbewusstsein bedürfe des Überschritts zum sinnlichen Weltbewusstsein. Und den könne nur der nicht täuschende Gott verbürgen. Deshalb sei es unumgänglich, einen Beweis für die Existenz Gottes zu formulieren, der nicht auf Sachverhalte bezogen ist, die dem methodischen Zweifel unterworfen werden können. Das sei der Beweis aus dem Begriff Gottes als des vollkommensten Wesens (ens perfectissimum, ens realissimum).

Gegen den Begriff Gottes als des vollkommensten Wesens brachte erstmals PIERRE GASSENDI (1592–1655) den empiristischen Einwand vor. Gassendi bestritt, dass die Existenz, wie Descartes behauptete, eine Vollkommenheit sei. Fehle einem Ding die Existenz, so sei es nicht unvollkommen, sondern es sei nicht da.

Um dem empiristischen Einwand Gassendis auszuweichen, wurde der ontologische Gottesbeweis im Rationalismus umformuliert. GOTTFRIED WILHELM LEIBNIZ (1646–1716) und die von ihm geprägte deutschen Schulphilosophie des 18. Jahrhunderts wandelten den Gottesbeweis ab, indem sie Gott als ‚ens realissimum' und ‚ens necessarium' verstanden: Gott sei das allerrealste Wesen, er sei das notwendige Wesen. Die Existenz des notwendigen Wesens, das prädikativ das vollkommenste Wesen sei, könne nicht bestritten werden; die Leugnung sei selbstwidersprüchlich.

b. Kritische Begrenzung

Immanuel Kant legte in seiner „Kritik der reinen Vernunft" (1781) die mit einem doppelten Gottesbegriff operierende

Beweisstrategie offen. Gegen den Begriff des vollkommensten Wesens griff er den empiristischen Einwand auf, gegen den Begriff des ‚ens necessarium' formulierte er neu seinen kritizistischen (logoprädikativen) Einwand. Für den theoretischen Vernunftgebrauch diagnostizierte Kant eine regulative, nicht aber eine konstitutive Bedeutung der Gottesidee.

Kant trug den empiristischen Einwand vor: Er machte auf den besonderen Charakter von Existenzaussagen aufmerksam. Mit der Aussage, etwas sei existent, werde der in Rede stehende Gegenstand als bewusstseinsunabhängig gegeben ausgesagt. Durch die Existenzaussage werde der Inhalt des betreffenden Gegenstandsbegriffs nicht verändert, sondern allein der Aussagenmodus angegeben: Der Gegenstand sei nicht nur im Denken, sondern auch unabhängig davon vorhanden. Würde die Existenzaussage den Gegenstandsbegriff um eine inhaltliche Eigenschaft erweitern, so wäre der in der Existenzaussage gebrauchte Gegenstandsbegriff nicht mehr der angemessene Begriff gerade dieses Gegenstandes. Eine Existenzaussage könne nicht allein begriffsanalytisch bewahrheitet werden.

Vom empiristischen Einwand ist der Begriff des notwendigen Wesens (ens necessarium) nicht getroffen. Dessen Nominaldefinition ist leicht anzugeben: es sei das, dessen Nichtsein unmöglich sei. Wenn sich der Begriff des ‚ens necessarium' überhaupt bestimmt denken lasse, so sei damit der Existenznachweis erbracht, denn dieser Begriff habe die Existenz per definitionem notwendig bei sich. Doch lässt sich dieser Begriff denken? Der seit Descartes oft herangezogene Vergleich mit dem geometrischen Satz von der Dreiwinkligkeit eines Dreiecks sei deshalb nicht stichhaltig, weil die darin ausgesprochene absolute Notwendigkeit des Urteils nur eine hypothetische Notwendigkeit des Gegenstandes in diesem Urteil sei. Nur unter der Bedingung nämlich, dass das Ding existiere, sei auch das Prädikat gemäß des Satzes von der Identität im analytischen Urteil notwendigerweise da. Würden Subjekt und Prädikate zusammen aufgehoben, so gebe es keinen Widerspruch.

Der Begriff des notwendigen Wesens meine eine absolute Notwendigkeit. Er müsse so gedacht werden, dass er durch nichts als Subjekt aufgehoben werden könne. Kennzeichen für ein solch absolut notwendiges Subjekt sei der nach Aufhebung aller seiner Prädikate zurückbleibende Widerspruch, der allein die Unmöglichkeit der Aufhebung gemäß des Satzes vom Widerspruch signalisiere. Von einem solchen Ding könne aber gar kein Begriff gebildet werden, weil es ja gerade allein in der Aufhebung aller Prädikate gedacht werden solle. Sein und Nichts seien hier also identisch.

Die rationale Theologie im Sinne einer Gotteserkenntnis aus dem reinen Begriff läuft, so Kant, ins Leere. Das hatte zwei Konsequenzen: Kant schränkte den Geltungsbereich der theoretischen Vernunft auf mögliche Erfahrung ein, weil die rationale Theologie die Metaphysik nicht begründen könne. Und umgekehrt: Kant zerstörte die konstitutive Beziehung des Gottesbewusstseins zum metaphysisch-objektiven Wissen. Dieses Ergebnis ist ambivalent, es lässt sich sowohl positiv als negativ lesen.

Abgeschnitten wurde der Weg, rationale Theologie mittels reiner theoretischer Vernunftbegriffe und Vernunftschlüsse begründen und explizieren zu wollen. Gott könne im metaphysischen Wissen nicht beweisend denkerisch erreicht werden. Kant destruierte einen ganzen Zweig metaphysischer Wissenschaft und damit zugleich einen Stützpfeiler kirchlicher Theologie.

Abgeschnitten wurde aber auch der Weg des theoretischen Atheismus, der als Widerpart der rationalen Theologie behauptete, die Nichtexistenz Gottes nachweisen zu können. Dieser rationale Atheismus argumentiere genauso mit transzendenten Begriffen wie der Theismus. Beiden fehle aber für solche Bildung transzendenter Begriffe die Legitimation. Von theoretischer Seite lasse sich zur transzendenten Gottesidee weder ein Ja noch ein Nein ausmachen, sondern allein ein Kannsein-oder-nicht-sein.

Die metaphysischen Vernunftideen Gott, Freiheit, Seelenunsterblichkeit regulieren nach Kant nur den Verstandesgebrauch, indem sie den Vollzug der begrifflichen anschaulichen Erkenntnis durch die uneinholbare und unvollendbare Zielvorgabe des Ganzen steuern, ohne dass diese Ideen eine objektive Erkenntnis dieses Unbedingten selbst gestatten. Kants theoretische Vernunftkritik ließ offen, ob die in den Modus der Möglichkeit gesetzte transzendente Gottesidee auf einem anderen Weg erreichbar sei.

3. Existenzvollzüge

Der Gottesgedanke wurde von der neuzeitlichen Erkenntniskritik grundlegend betroffen. Die christliche Theologie, wollte sie sich nicht nur auf das Wiederholen biblischer Aussagen zurückziehen, musste mit dem Zusammenbruch der metaphysischen Substanzontologie eine fundamentale Neuorientierung vornehmen. Dabei konnte sie durchaus ältere Motive aufgreifen. Im Großen Katechismus (1529) gab Luther in seiner Erläuterung des 1. Gebots eine Sacherläuterung des Gottesbegriffs, die an der existentiellen Betroffenheit des Menschen orientiert ist. Gott sei für den Menschen diejenige Instanz, von der alles Gute erwartet und zu der in allen Nöten Zuflucht genommen werde. Das, worauf das menschliche Herz Glauben und Vertrauen setze, sei Gott oder Abgott. Das innige Vertrauen des Glaubens mache die Gottesbeziehung aus.

Der Gottesgedanke kann im Bereich des Gegenstandswissens keine hinreichende Evidenz gewinnen. Er muss im Bereich der unmittelbaren Existenzvollzüge bestimmt und entfaltet werden.

a. Verantwortliches Freiheitshandeln

Immanuel Kant gab zwei einander ergänzende Begründungen für den Gottesgedanken, zunächst aus den individuell-personalen Bedingungen, dann aus den gesellschaftlichen Realisierungsbedingungen des vernünftigen Freiheitshandelns.

In seiner „Kritik der praktischen Vernunft" (1788) formulierte Kant eine moralisch-personale Begründung des Gottesgedankens. Das praktische Vernunftgesetz ziele auf das höchste Gut, das der unbedingte vollständige Gegenstand der praktischen Vernunft sei. Dialektische Verwicklungen entständen daraus, dass im höchsten Gut Tugend und Glückseligkeit vereint seien, und zwar so, dass die Tugend die Ursache der Glückseligkeit sein müsse. Nur wenn Glückseligkeit an Glückswürdigkeit gebunden werde, könne Moralität mit Glückseligkeit vereint werden. Das Streben der Vernunft nach vollständiger Realisierung der Sittlichkeit führe aber in eine Antinomie, weil die unbedingt gebotene Beförderung des höchsten Guts in ihrem Erfolg nicht nur von der Tugend, sondern auch von Naturkenntnis und Naturkraft abhängig sei. Der deshalb mögliche und wirkliche Misserfolg des moralischen Wollens ziehe die Gültigkeit des praktischen Vernunftgesetzes in Zweifel.

Zur wirklichen Aufhebung dieser Antinomie formulierte Kant die beiden Postulate der Seelenunsterblichkeit und des Daseins Gottes. Ein Postulat der reinen praktischen Vernunft sei ein theoretischer Satz, der theoretisch nicht begründbar sei, der aber dem unbedingten Freiheitsgesetz unzertrennlich zugehöre. Das Postulat der Seelenunsterblichkeit sichere das unendliche sittliche Fortschreiten der Person, damit sie ihr Ziel, dem moralischen Freiheitsgesetz angemessen zu werden, erreichen könne. Dieses Postulat ist aber für sich allein nicht tragfähig, sondern abhängig vom Postulat des Daseins Gottes. Erst die Existenz Gottes ermögliche die Verwirklichung des höchsten Guts, das als Objekt des Willens mit dem Sittengesetz unauflöslich verbunden gedacht werden müsse. Der Gottesbegriff, der im theoretischen Vernunftgebrauch transzendent ist, werde im praktischen Gebrauch immanent. Allein Gott könne die wesentliche Harmonie von Glückswürdigkeit und Glückseligkeit herstellen und garantieren. Kant sah in dieser Aussage die christliche Lehre vom Reich Gottes als der harmonischen Proportionierung von Heiligkeit und Seligkeit authentisch interpretiert.

In seiner Schrift „Die Religion innerhalb der Grenzen der bloßen Vernunft" (1793) begründete Kant den Gottesgedanken in gesellschaftlicher Perspektive aus der Konstitution der Kirche. Dieses ethische Gemeinwesen könne nur durch Gott als moralischen Weltherrscher gestiftet werden. Diese unsichtbare Kirche als Ideal der Vereinigung aller tugendhaften Menschen unter der göttlichen moralischen Weltregierung sei das Urbild für die von

Menschen zu stiftende sichtbare Kirche. Auch wenn die Stiftung des Gottesreiches nur von Gott selbst erwartet werden könne, so müsse doch jeder Mensch sich so um das Gottesreich bemühen, als ob er für diese Stiftung entscheidend tätig sei, als ob alles von seinem Einsatz abhänge.

Die moralische Unvollkommenheit der Menschen als verantwortlicher Freiheitswesen dränge zu einer Gemeinschaftsbildung, die nur religiös verstanden werden könne. Da Kant die aufklärerische Prämisse nicht teilte, jeder Mensch sei von Natur gut und damit auch, falls er nicht abgelenkt werde, zu allem Tun des Guten bereit, sondern da Kant vielmehr von der anfänglichen Neigung zur Bosheit bei jedem einzelnen Menschen überzeugt war, sah er die sittliche Aufgabe, diese Ausgangslage zu überwinden und den Prozess der sittlichen Vervollkommnung in Gang zu bringen und zu unterhalten. Das Gute könne nur in einem sittlichen Entwicklungsprozess realisiert werden, den kein einzelner Mensch je für sich bewerkstelligen könne.

Für die Beschreibung des moralischen Zustandes des Menschen unterschied Kant markant zwischen der Menschheit und dem einzelnen Menschen, zwischen der Gattung und dem Individuum. Die ursprüngliche Anlage des Menschen in seinen lebendigen, verständigen und moralischen Vollzügen sei eine Anlage zum Guten. Dieser natürlichen Anlage der Menschheit zum Guten stehe ein angeborener Hang jedes einzelnen Menschen zum Bösen gegenüber. Seine Lehre vom radikal Bösen erläuterte Kant dahin, dass die Neigung zum Bösen nicht wesentlich oder notwendig, sondern der Menschheit zufällig sei, dass sie zugleich aber in jedem einzelnen Menschen als subjektiver Grund der Möglichkeit, von der Befolgung des moralischen Gesetzes bei der Bildung der Maximen abzuweichen, von Geburt an beobachtbar sei. Die Aussage, menschliche Bosheit sei angeboren (natürlich), meine keine naturgesetzliche Bestimmtheit des Menschen, sondern eine allem erfahrbaren Freiheitsgebrauch vorausgehende erste Ausrichtung des Willens auf gesetzwidrige Maximen.

Für die Gattung Mensch gelte: Die ursprüngliche moralische Anlage des Menschen sei gut; am Begriff des moralischen

Gesetzes erschließe sich allererst der Begriff der Freiheit; die Wahrnehmung dieser moralischen Bestimmung gebe ein Gefühl der Erhabenheit; das moralische Gesetz fordere die pflichtbestimmte Güte des Menschen; aus dem Sollen folge notwendig das Können. Für das Individuum Mensch gelte: Das moralische Leben beginne vom Stand der sittlichen Verderbtheit aus; der Hang zu widergesetzlichen Maximen begleite und konterkariere alles sittliche Wollen. Die Verkehrtheit des menschlichen Herzens bestehe in der falschen Zuordnung sinnlicher und vernunftpraktischer Bestimmungsgründe der Freiheit. Sinnlichkeit und Vernunft seien nicht jeweils für sich verdorben, sondern nur in ihrer Zuordnung. Die sittliche Aufgabe sei die Herstellung der richtigen Zuordnung von sinnlichen und vernunftpraktischen Maximen. Diese Verwandlung des Menschen könne nur durch eine Neuschöpfung, eine Wiedergeburt, eine Revolution der Gesinnung geschehen. Nur so könne der Mensch ein moralischguter, tugendhafter, pflichtbestimmter, Gott wohlgefälliger Mensch werden.

Der einzelne Mensch sei unfähig, das moralische Freiheitsgesetz zu verwirklichen. Eine Beförderung zum Guten könne also nur erreicht werden, wenn es gelinge, eine Gesellschaft für die Tugend zu etablieren, die das gesamte Menschengeschlecht umfassen müsse. Außer den vernünftigen Tugendgesetzen für jeden Einzelnen müsse es noch eine gesellschaftliche Vereinigung geben für alle, die das Gute lieben, um das rastlos anfechtende Böse überwinden zu können. Insofern nur die Gesellschaft die Ausbreitung von Moralität fördern könne, sei sie das eigentliche Subjekt jeder sittlich-religiösen Initiative. Diese ethische Gesellschaft stehe, anders als die rechtliche Gesellschaft, nicht unter Zwangsgesetzen, sondern unter Tugendgesetzen. Dieses ethische Gemeinwesen sei die Kirche. Dieses Gemeinwesen könne durch Menschen nicht begründet werden. Allein Gott könne sie stiften.

Nach Kant stehen vernünftige Freiheitspraxis und christlicher Glaube in einem Erschließungs- und Unterstützungszusammenhang. Vernünftige Freiheitspraxis müsse religiös werden, wenn sie nicht an Selbstwidersprüchen zugrunde gehen soll. Kant wies auf mehrere moralische Selbstwahrnehmungen hin, in denen die praktische Vernunft in ihrem Freiheitswollen zum christlichen Glauben gedrängt werde. Die Unzulänglichkeit der Tat, die Unstetigkeit der Gesinnung und die Untilgbarkeit der Schuld seien allein im christlichen Glauben an die göttliche Rechtfertigung aufgehoben und gnadenhaft gewendet. Die Existenzvollzüge vernünftiger Freiheitspraxis seien notwendig von einem Glauben begleitet, der sich im Gottesgedanken ausspreche. Die kirchenbezogene Frömmigkeit, die der Sittlichkeit unterstützend aufhelfe, bekam für Kant, allerdings etwas undeutlich, grundlegende Bedeutung für den Gottesgedanken.

b. Unmittelbares Selbstbewusstsein

Friedrich Schleiermacher ging einen Schritt weiter. Er betonte die Selbständigkeit der Religion sowohl gegenüber dem Wissen als auch gegenüber dem sittlichen Freiheitshandeln. Er begründete die Religion aus der existentiellen Gewissheit oder dem unmittelbaren Selbstbewusstsein. Gleichberechtigt neben Erkennen und Tun sei Frömmigkeit ein für das Menschsein konstitutiver ursprünglicher Lebensakt. Dies mache ihre Selbständigkeit aus.

In seiner anonym publizierten Erstlingsschrift „Über die Religion. Reden an die Gebildeten unter ihren Verächtern" (1799) hat Schleiermacher seine Religionsbegründung in negativer Abgrenzung und positiver Bestimmung vorgetragen.

Die negative Abgrenzung: Die Religion dürfe nicht von Metaphysik oder Moral in Dienst genommen werden. Weder sei Religion ein metaphysisches Wissen jenseitiger Dinge (gegen die vorkritische Theologie sowohl der Offenbarungslehre wie des Rationalismus) noch ein Motivationsquell zum sittlichen Tun des Guten (gegen die aufklärerische Theologie). Weder könne die Religion metaphysisch begründet oder bestritten, noch dürfe sie moralisch in Dienst genommen werden. Religion sei die selbständige Integrationskraft menschlichen Lebens.

Die positive Bestimmung: Religion sei Anschauung und Gefühl des Universums, Sinn und Geschmack für das Unendliche. Von außen bestimmte Anschauung und nach innen prägendes Gefühl des Universums seien immer verbunden. Religion sei die auf Gestaltung drängende Empfänglichkeit für das Unendliche.

Schleiermacher gründete die Religion nicht mehr auf den Gottesgedanken und seine inhaltlich bestimmende Offenbarungsgestalt. Sondern umgekehrt sei der Gottesgedanke allein aus der Religion zu begründen und zu verstehen. Der wissensbasierte Gottesgedanke wirke normierend, und das sei der Frömmigkeit unangemessen.

Die Konstitution der religiösen Erfahrung lasse sich nur in schwebendster Näherung erfassen. Es sei die Beschreibung des Unbeschreiblichen, die Beschreibung des Augenblicks lebendiger Religion, wo Sinn und Gegenstand, Anschauen-Fühlen und Universum noch nicht getrennt sind. Die Religion speise sich allein aus dieser inneren Erfahrung. Für die eigene religiöse Erfahrung könne es keinen Ersatz geben. Ein im Wissen beheimateter Gottesbegriff suggeriere Eindeutigkeit und Demonstrierbarkeit der Religion. Er schneide die Mannigfaltigkeit und das Schwebende gerade ab. Er resultiere aus der in der Religion waltenden Dialektik. Sie wolle das Unendliche darstellen und müsse sich dazu den formalen Gesetzen des Endlichen, des Ausgrenzenden und des Differenten unterwerfen. In der Religion sei der ewige Widerstreit zwischen ihrem Inhalt und der diesem Inhalt unangemessenen Form. Das Unendliche werde in seiner Darstellung verwandelt in ein Endliches. Deshalb suche die Religion den Inhalt gegen die Form festzuhalten und könne es doch nicht, will sie nicht sprachlos werden. So schwanke sie stets zwischen Behauptung und Widerruf.

Die unbegrenzte Mannigfaltigkeit der Anschauungen und Sichtweisen bewirke eine selbstverständliche Selbstbescheidung und ein freundliches Annehmen des Andersartigen. Die Religion lasse eine unbeschränkte Mannigfaltigkeit des Schauens, Urteilens und Darstellens zu. Religion begleite das sittliche Handeln, motiviere und normiere es aber nicht. Religion schließe den Impuls zur Gemeinschaftsbildung ein: Die Frommen suchen Ergänzung und Prüfung ihrer religiösen Wahrnehmung. Die

Unausschöpflichkeit des Universums treibe zu wechselseitiger Mitteilung und zur prüfenden Vergewisserung der Wahrnehmung.

War Schleiermacher anfangs sehr zurückhaltend gegenüber dem Gottesgedanken, so gab er ihm später ein großes Gewicht, aber auch eine eigentümliche Prägung. Selbst wenn eine metaphysische Bestimmung des Gottesgedankens und seine philosophische Beweisbarkeit gelingen sollten, lehnte Schleiermacher für das christliche Glaubensbewusstsein jede Bezugnahme auf den metaphysischen Gottesgedanken ab. Das christlich-fromme Selbstbewusstsein sei selbständig und könne und müsse sich aus sich selbst verständlich machen. Der Gottesgedanke könne nur von der frommen Erfahrung her bestimmt werden. Deshalb behandelte Schleiermacher den Gottesbegriff in seinem zweibändigen Dogmatik-Lehrbuch „Der christliche Glaube" in mehreren verschiedenen Aussagefeldern, jeweils bezogen auf die eigentümlichen Frömmigkeitsbestimmungen oder die Erfordernisse der dogmatischen Konstruktion.

Vor der inhaltlichen Beschreibung der christlichen Frömmigkeit in protestantisch-evangelischer Prägung charakterisierte Schleiermacher grundlegend die Frömmigkeit (vgl. besonders die Einleitung zur 2. Aufl. 1830/31). Frömmigkeit sei weder Wissen noch Tun, sondern Gefühl. Fromme Gefühle seien spezifisch von anderen Gefühlen dadurch unterschieden, dass sie Näherbestimmungen des Gefühls schlechthinniger Abhängigkeit seien.

Dieses für alle Frömmigkeit wesentliche Gefühl schlechthinniger Abhängigkeit, auf das Schleiermacher sein gesamtes Religionsverständnis und seine ganze Beschreibung des christlichen Glaubens stützen will, lasse sich in jedem menschlichen Bewusstsein aufweisen. Konstitutiv für alles Bewusstsein sei das wesentliche Beieinander von Selbsttätigkeit und Empfänglichkeit, von Sich-selbst-so-setzen und Sich-selbst-nicht-so-gesetzt-haben. Selbsttätigkeit und Empfänglichkeit seien mit Freiheitsgefühl und Abhängigkeitsgefühl korreliert. Alles welthafte Selbstbewusstsein bestehe in der wesentlichen Verschränkung von relativem Freiheitsgefühl und relativem Abhängigkeitsgefühl.

Ein schlechthinniges, ein ungeteiltes Freiheitsgefühl könne es für das menschliche Bewusstsein nicht geben. Ginge das ungeteilte Freiheitsgefühl auf das durch Wechselwirkung charakterisierte welthafte Selbstbewusstsein, so müsste dem Subjekt die alleinige Autorschaft jedes Gegenstandes zugeschrieben werden. Ginge das Freiheitsgefühl auf eine innere selbsttätige Bewegung, so müsste das ganze Dasein der Eindrücke und Empfindungen aus eigener Selbsttätigkeit hervorgegangen sein. Die faktische Befindlichkeit des zeitlich-endlichen Selbstbewusstseins schließe also ein ungeteiltes Freiheitsgefühl aus.

Die Unmöglichkeit der Selbstbegründetheit der relativen Selbsttätigkeit äußere sich im Gefühl schlechthinniger Abhängigkeit. Die relative Selbsttätigkeit sei unmittelbar bewusst als selbst empfangen worden seiend. Das Gefühl schlechthinniger Abhängigkeit begleite also das Gefühls relativer Freiheit. Das Woher des Gefühls schlechthinniger Abhängigkeit werde durch den Gottesbegriff angegeben. Gott könne nicht in seinem absoluten An-sich-sein und Für-sich-sein beschrieben werden, sondern immer nur in seiner Bestimmung, die er für das fromme Selbstbewusstsein habe. Bei einem absoluten Abhängigkeitsgefühl gebe es keine Wechselwirkung der frommen Subjekte mit dem Woher dieses Gefühls. Der christliche Glaube sei geprägt durch das Sünden- und Gnadenbewusstsein, in welchem sich der Glauben an die in Jesus von Nazareth geschehene Erlösung ausspreche.

V. Glaubensgemeinschaft

Das Christentum ist eine Glaubensgemeinschaft. Der Glaube, in Jesus als dem Christus begegne göttliches Heil, hat Menschen von Anfang an zusammengeführt. Jesus hat durch seine Verkündigung der nahen Gottesherrschaft Menschen um sich gesammelt. Diese Nachfolgeschar hat im österlichen Glauben nach seiner Kreuzigung ihn als den Lebendigen bekannt und seine Messianität bestätigt gefunden. Die Jesus als Christus Glaubenden und Bekennenden haben ihre Gemeinschaft selbst religiös qualifiziert und gestaltet. Sie verstanden diese Gemeinschaft als Wirkung und Äußerung des Geistes.

Die christliche Gemeinschaft ist die Kirche. Die Glaubensgemeinschaft hat eine bestimmte Sozialgestalt angenommen. Die Ausprägung dieser Sozialgestalt war und ist strittig. Glaubensinhalt und Glaubenspraxis standen und stehen immer wieder im Widerstreit oder in Spannung zur Kirche als der institutionellen Sozialgestalt, die sich der Verkündigung Christi verpflichtet weiß.

Die österliche Nachfolgeschar der an Christus Glaubenden nutzte für die Selbstbezeichnung ihrer Gemeinschaft überwiegend das griechische Wort ‚ekklesia‘, im Deutschen mit ‚Kirche‘ oder ‚Gemeinde‘ übersetzt. Der neutestamentliche Sprachgebrauch war vornehmlich wohl aus der griechischen Übersetzung des Alten Testaments, der Septuaginta, geschöpft und wurde dann neu akzentuiert. Das Wort ‚ekklesia‘, das häufiger in der Apostelgeschichte und in den Briefen des Paulus vorkommt, meint das Versammeln, die Versammlung und dann auch die Gruppe, die sich zur Versammlung einfand. Diese Selbstbezeichnung gewann immer mehr Profil durch das Gegenüber zur jüdischen Synagoge. In den Evangelien begegnet das Wort ‚ekklesia‘ nur im Matthäus-Evangelium, dort an den hervorgehobenen Stellen, wo die österliche Gemeinde ihre Leitung durch ein Wort Jesu legitimierte (vgl. Mt 16,18 und 18,17).

Der historische Jesus verkündete die anbrechende Gottesherrschaft. Jesus sprach nicht von der Kirche, doch gab er den Impuls, Kirche zu bilden und zu formen. In Jesu Verkündigung lagen die Motive, die von der österlichen Gemeinde als Auftrag zur Kirchenbildung aufgefasst wurden.

Über das Selbstverständnis der Kirche, über ihre Verkündigung und gottesdienstlichen Handlungen, über ihre Lehre und Ethik, über ihre Verfassung und Ämter, über ihre Leitung und Außenbeziehung ist viel und heftig gestritten worden. Nicht strittig war dabei die Überzeugung, dass Gemeinschaft sein soll, sein muss. Christlicher Glaube verlangt Gemeinschaft, gedeiht nicht in der Einsamkeit. Christlicher Glaube erhält in der Kirche seine leibliche Gestalt.

A. Selbstverständnis der Kirche

Die Kirche ist eine Gemeinschaft von Glaubenden. Und die Kirche ist selbst ein Gegenstand des Glaubens. Im Gotteslob des Glaubensbekenntnisses wird auch die Kirche aufgeführt: ich glaube an die Kirche (credo ecclesiam). Die Kirche gehört zu den Wirkungen und heilsamen Äußerungen des göttlichen Geistes.

Die Eigentümlichkeit der Kirche zeigt sich in dieser Grundspannung. Die Kirche ist zugleich sichtbar und unsichtbar, heilig und weltlich, einig und vielgestaltig, dauerhaft und werdend, voll des göttlichen Geistes und unter dem Gericht. Die Kirche ist eine Gemeinschaft von Glaubenden und zugleich ein Gegenstand des Glaubens, sie ist der Ort des Lobpreises Gottes und zugleich selbst ein Gegenstand des Lobpreises.

Die Frage nach ihrem Wesen und der Norm ihres Handelns hat die Kirche von Anfang an begleitet. Die Aufgabe, die Dauer ihres eigenen Daseins zu bewältigen, ‚bis der Herr kommt', stifteten ihr die Frage nach ihrer Identität ein. Schon im Neuen Testament begegnen in den synoptischen Evangelien, den johanneischen Schriften und den paulinischen Briefen durchaus unterschiedliche kulturell-religiöse Kontexte (palästinensisches

Judentum, hellenistische Kulte, Gnosis). Die urchristliche Mission musste in ihrer Verkündigung das Evangelium in ganz verschiedene Kulturlagen übersetzen. Bis heute sind unterschiedliche Muster in der Kirche wirksam. Die ganze Vielfalt wird von der Kirchenkunde in den Blick genommen.

Die Selbstreflexion auf das, was sie sein soll und sein muss, ist ein wesentliches Merkmal der christlichen Kirche. Gerade die geschichtliche Offenheit der Kirche auf ihrem Weg durch die Zeiten erforderte ausdrückliche Bemühungen, ihren Standort zu bestimmen, die Kontinuität mit dem Ursprung zu sichern und immer wieder zu prüfen, ob ihr eingeschlagener Weg auf das verheißene Ziel ausgerichtet ist.

Indem die Kirche gesellschaftliche Weite und Verbreitung gewann, musste sie eine institutionelle Rechtsgestalt entwickeln, die ihrem Selbstverständnis und ihrem Auftrag entsprechen sollte. Mit ihrer nach der Konstantinischen Wende sprunghaft gewachsenen politischen Bedeutung musste sie auch ihre Beziehung zu den politischen Machtinstanzen klären und ihre eigenen politischen Ansprüche bestimmen. Dies führte zu immer neuen internen und externen Auseinandersetzungen.

1. Biblische Motive

Der Kirchenbegriff ist besonders durch die Verselbständigung der christlichen Gemeinde, von ihrer Lösung aus dem Judentum geprägt. Nicht so sehr die Nötigung, auf Grund der Parusieverzögerung Strukturen und Ämter zu schaffen, gaben dem Kirchenbegriff seine Kontur, sondern das Selbstverständnis der Anhängerschaft, sich als Gruppe innerhalb des Judentums und dann als Gruppe in der Ablösung vom Judentum zu verstehen.

Die Gemeinde in Antiochia am Orontes betrieb gezielt Mission von Heiden und nicht nur von Proselyten, die aus dem Heidentum schon ganz zum Judentum übergetreten waren: Die Heiden konnten der christlichen Gemeinde ohne Beschneidung zugehören (vgl. Apg 11,19f). Dagegen bestanden vornehmlich Jerusalemer Christen um den Jesus-Bruder JAKOBUS (gest. wohl

62) darauf, dass die aus dem Gesetz Gottes für Israel stammenden Verpflichtungen auch für die Neubekehrten gültig seien. Im innerchristlichen Konflikt um die freie Heidenmission bestätigte das Apostelkonzil (ca. 48), die nicht dem erwählten Volk zugehörigen Heiden müßten nicht erst Juden werden, um der christlichen Gemeinde angehören zu können; allerdings müßten die Reinheitsgebote beachtet werden (vgl. Apg 15,28f). Dieser Kompromiss bestätigte beide Auffassungen und ließ die Stellung zum Judentum unentschieden. Gerade seine Unbestimmtheit eröffnete grundlegend neue Entwicklungen. Paulus verstand die Übereinkunft zur freien Heidenmission nämlich torakritisch: nicht nur auf die Beschneidung, sondern auch auf die Reinheitsgebote und Speisegebote könne verzichtet werden (vgl. Gal 2,11–21); vor Gott gebe es keinen Unterschied zwischen Israel und den Heiden. Abraham sei symbolisch zu verstehen als Vater des Glaubens und nicht genealogisch als Vater einer leiblichen Nachkommenschaft, die ihre Zugehörigkeit durch die männliche Beschneidung markiere.

Die Ablösung vom Judentum sprach sich auch in den auf Jerusalem und den Zionsberg gerichteten Erwartungen aus. Mit der Verzögerung der Parusie des erhöhten Herrn, die wohl in Jerusalem erwartet worden war, und mit der überwiegenden Zurückweisung der österlichen Verkündigung durch das Judentum wurde der mit vielen Erwartungen verbundene Ortsname zum Symbol für die neue Gemeinschaft: Die Kirche wurde als das himmlische Jerusalem verstanden (vgl. Gal 4,26–28; Hebr 12,22–23; Apk 21,10–27). Das himmlische Jerusalem stand gegen das irdische Jerusalem.

a. Leib Christi

Die spannungsvolle konflikträchtige Vielfalt in der frühen Christenheit wurde insbesondere durch das Bild vom Leib Christi integrativ gebunden. Vielfalt und Einheit wurden zusammengebracht.

Für Paulus begründete der Christusglaube die Gemeinschaftsbildung. Weil Gottes Kraft in Jesus als dem Christus konzentriert sei, könne das göttliche Heil nur in der Identifizierung mit Christus bestehen (vgl. Röm 13,14). Dies geschehe sakramental (vgl. Gal 3,13-19) oder inspirativ (vgl. 1Kor 12,12-13). Alle, die zu Christus gehören, seien in ihm auch untereinander verbunden. Die doppelte Verbundenheit der Glaubenden (mit Christus und untereinander), worin die Glaubenseinheit der Kirche gründe und wodurch sie bestimmt sei, veranschaulichte Paulus durch das organologische Bild vom Leib Christi (vgl. 1Kor 12,4-6). Die unteilbare Einheit des Leibes zeige die unteilbare Einheit der Kirche (vgl. 1Kor 1,13).

Paulus hat den Gedanken der Verbundenheit mit Christus in die Immanenzformeln gefasst: Christus ist in mir (vgl. Gal 2,20) bzw. wir sind in Christus (vgl. Röm 6,11; Gal 3,28). Diese Formeln entsprachen den jüdischen Formeln, die eine Verbindung mit Gott aussagten. In der jüdischen Tradition bedeutete das: ich lebe in Gottes Macht und Kraft; ich orientiere mein Leben an Gottes Weisung. Und dies bedeutete nun für die Christus-Verbindung, dass von ihm die heilvolle Kraft ausgehe und ich ihm ähnlich werde. Christus sei die Kraft Gottes. Die Glaubenden gewännen Anteil an Christus, an seinem Tod in der Taufe und an seiner Auferstehung durch den Geist. Christus wirke inspirativ. Dadurch gestalte Gott jeden Glaubenden um.

Indem die Glaubenden Christus ähnlich werden, sei die Kraft Gottes in allen gleich. Die Glaubenden seien in Christus miteinander verbunden; die früheren Trennlinien und Statusgrenzen seien entfallen (vgl. Gal 3,27-29). Für die Teilhabe am einen Christus gebe es keine Vorbedingung; das dokumentiere seine Macht. Die Gleichheit im Glauben ist für Paulus mit geschöpflicher Vielfalt und daraus resultierender sozialer Differenzierung (vgl. 1Kor 11,2-16; 14,33-36) vereinbar. Das Gliedsein am Leibe Christi verpflichte zu gegenseitiger Achtung (vgl. Röm 12,5; 1Kor 12,27). Die Vielfalt der Gaben solle nicht Rivalität heraufführen; alle sollten anerkannt und eingebunden werden.

Kolosserbrief und Epheserbrief, in paulinischer Tradition geschrieben, akzentuierten das Bild etwas anders. Hier wurde das Schwergewicht auf die Aussage gelegt, Christus sei das Haupt des Leibes (vgl. Eph 4,4f.15f). Hier wurde Christus absolute Autorität zugeschrieben, ohne die der Leib und seine Glieder nicht gedeihen könnten. Diese Aussage stand in unübersehbarer Konkurrenz zum imperialen Herrschaftsanspruch römischer Kaiser.

Eine ähnliche Aussage wie das organologische Bild des Leibes bietet das architektonische Bild des Bauwerks (vgl. Eph 2,19-22; 1Petr 2,4-6). Die Glaubenden aus Judentum und Heidentum seien im Geist miteinander und mit Christus verbunden (Bau, Mauer). Christus habe als Eckstein besondere Bedeutung für den Bestand. Die Gemeinde sei der Tempel Gottes (vgl. 1Kor 3,9-17). Dieses Bild hielt Jesu Kritik am Tempelkult deutlich in Erinnerung.

b. Erwähltes Volk Gottes

Die von Jesus inspirierte Gemeinschaft teilte zunächst mit dem Judentum die Überzeugung, dass Gott sein Volk Israel aus den Völkern ausgesondert und im Sinne der Reinheit unterscheidend erwählt habe (vgl. Lev 20,26). Indem die österliche Gemeinde Jesus von Nazareth bekannte als den durch seine Auferweckung bestätigten Messias Israels und sich selbst als Kern des endzeitlichen Gottesvolks verstand, das zeitgenössische Judentum aber in seiner Mehrheit genau diese Einschätzung verwarf, musste die Ausrichtung Jesu auf Israel und die Sendung zu den Völkern neu bestimmt werden.

Die jüdische Zurückweisung der österlichen Verkündigung wurde in der frühchristlichen Gemeinde gedeutet durch Motive der hebräischen Prophetie und Gesetzeserneuerung: die jüdische Ablehnung sei nicht verursacht durch Unkenntnis oder Unverständnis, sondern durch Verstockung (vgl. die Bezugnahme auf Jes 6,9f und Dtn 29,4 in Mk 4,12; Mt 13,14f; Lk 8,10; Joh 12,40; Apg 28,26f; Röm 11,8). Daneben wurde auch der Gedanke herangezogen, Israel solle durch die sich Gott zuwendenden Völker eifersüchtig gemacht (vgl. Dtn 32,21) und dadurch zur Nacheiferung angereizt werden (vgl. Röm 10,19; 11,11f).

Paulus formulierte die Verselbständigung der christlichen Glaubensgemeinschaft und deren menschheitliche Ausrichtung auf alle Völker in der Aussage vom neuen Bund (vgl. 2Kor 3,6), der zum mosaischen Bund als dem alten Bund in einem schwierigen Verhältnis von Fortsetzung, Umbildung und Neuorientierung stand. Dem jüdischen Erwählungsbewusstsein, das auf den Väterbund und die Gabe des Gesetzes zur Willenserkenntnis Gottes konzentriert war, setzte Paulus seine Lehre entgegen, dass in Christus aus allen Völkern die ihm Glaubenden erwählt seien (vgl. Röm 9-11).

Auch wenn die Frage, wie die Kirche als das neue Gottesvolk zu Israel stehe, in den neutestamentlichen Schriften unterschiedlich beantwortet wurde, immer aber wurde das neue Gottesvolk im Sinne einer Entgrenzung verstanden. Die jesuanische Entgrenzung, die auf die Integration aller sozialen Gruppen im erneuerten Israel zielte, wurde nun auf die Völker ausgeweitet.

2. Bekenntnismerkmale

Nach den Ergebnissen der Dogmenhistorik seit FERDINAND CHRISTIAN BAUR (1792-1860) und ADOLF (VON) HARNACK (1851-1930) entwickelte die Kirche in der Phase ihrer institutionellen Etablierung im zweiten Jahrhundert und in Abgrenzung gegen Häresien und schwärmerische Bewegungen drei grundlegende Normen: das Taufbekenntnis wurde zum Glaubensbekenntnis (regula fidei) umgeprägt; der neutestamentliche Kanon wurde fortschreitend als maßgebliche Traditionsquelle definiert; die Bischöfe übernahmen in apostolischer Sukzession und apostolischem Recht die Leitung der Kirche.

Indem das Christentum in der Folge der Generationen zu einer Traditionsreligion und seine Ausdehnung im Römischen Reich beträchtlich wurde, blieb es nicht aus, dass unter denen, die sich zur Kirche hielten bzw. die zur Kirche gehören wollten, auch solche waren, die dem verpflichtenden Urbild nicht oder nicht immer entsprachen. Insbesondere die Frage, wie mit denjenigen, die bei den Verfolgungen durch römische Behörden in der Bekenntnissituation den Glauben geleugnet hatten und dann später wieder zur Kirche in einer zweiten Buße zurückkehren wollten, wie also mit den im Glaubenszeugnis Gefallenen (lapsi) umzugehen sei, diese Frage gab dem immer schwelenden Konflikt um die Grenzen der Kirche konkrete Dringlichkeit. Diese Frage der Selbstunterscheidung der Kirche, die Frage nach der wahren Kirche, war den großen dogmatischen und institutionellen Konflikten eingeschrieben. Diese Frage begleitet die Geschichte der Kirche und provoziert immer neu ihr Bemühen, ihren Glauben und ihr maßgebliches Urbild zu formulieren.

Eirenaios und Tertullianus formulierten gegen 200 die wesentlichen Kennzeichen der Kirche. Wegen ihrer Ursprünglichkeit wirke in der Kirche der Geist Gottes; wegen ihrer Apostolizität hätten die Bischöfe das Charisma der Wahrheit; wegen ihrer Katholizität bekenne die Kirche einen einheitlichen Glauben; wegen ihrer Autorität verpflichte sie alle zu Mitgliedschaft und Gehorsam.

CYPRIANUS (BEINAMEN: THASCIUS CAECILI[AN]US) (ca. 200–258), Bischof von Karthago, hat die heilsentscheidende Bedeutung der Kirche eingängig formuliert: Heil außerhalb der Kirche gebe es nicht (vgl. Epistolae 73,21: Salus extra ecclesiam non est). Gott zum Vater könne nur der haben, der die Kirche zur Mutter habe (vgl. De ecclesiae catholicae unitate 6). Die Kirche wurde so zum ausschließlichen Gnadeninstitut, das für die Gottesbeziehung notwendige Bedeutung habe. Die Einheit der Kirche gründe im Episkopat. Wer nicht mit dem Bischof sei, sei nicht in der Kirche.

Im 381 beschlossenen Glaubensbekenntnis von Konstantinopel (Symbolum Nicaeno-Constantinopolitanum) sind vier Merkmale der Kirche angegeben: Einheit, Heiligkeit, Allgemeinheit (Katholizität) und Ursprungstreue (Apostolizität). Diese Merkmale sind durch neutestamentliche Aussagen nicht direkt gedeckt. Sie sind Resultat der dogmatischen und kirchenpolitischen Entwicklung. Das Glaubensbekenntnis von Konstantinopel wurde genau zu dem Zeitpunkt formuliert, als mit der kaiserlichen Festsetzung der Rechtgläubigkeit (380 durch ein Edikt von Theodosius I.) die Umwandlung des Christentums von einer staatlich verfolgten zur privilegiert-vorgeschriebenen

Religion vollzogen war. Seit der faktischen Bevorzugung durch Constantinus I. (ab 313) waren die Entwicklungen und Auseinandersetzungen in der Kirche immer stärker Gegenstand kaiserlicher Aufmerksamkeit und Einflussnahme. Die vier Kirchenmerkmale formulierten ein Vollkommenheitsideal, das die Gestaltungskraft der Kirche gerade auch in den anstehenden Auseinandersetzungen um Frömmigkeit, Theologie und Gesellschaft auch kontrafaktisch aus dem Wesen der Kirche bestimmen sollte: Die Einheit wurde emphatisch mitten in den heftigen Streitigkeiten um Trinitätslehre, Geistwirksamkeit und Amtswürde beschworen. Die Heiligkeit wurde gegen politischen Zugriff, enthusiastische Bestreitung und gesellschaftliche Einpassung hochgehalten. Die Allgemeinheit (Katholizität) sollte den überall wirksamen Tendenzen zur Besonderung der Regionen und Frömmigkeitsstile, besonders dem Neben- und Gegeneinander des griechischen und lateinischen Reichsteils Widerstand leisten. Die Ursprungstreue (Apostolizität) wurde beansprucht, gerade weil der Wandel gegenüber den apostolischen Zeiten so unübersehbar war, und die Kirche eine Existenz auf Dauer führen musste.

Die vier Merkmale können, auf die bisherige zweitausendjährige Kirchengeschichte geblickt, gedeutet werden als Vollkommenheitsaussagen, die gegen die erfahrbaren Unvollkommenheiten der Kirche provozierend protestieren. Das Vollkommenheitsideal der Kirche soll die Wahrheit behalten gegenüber den Erfahrungen mit der empirischen Kirche. Die Merkmale der Kirche können und müssen gerade in diesem paradoxen Charakter gewürdigt werden, wobei phänomenale und ideale Wandlungen nüchtern zu konstatieren sind.

a. Einheit

Das Glaubensbekenntnis von Konstantinopel verstand unter der Einheit der Kirche nicht die Verbundenheit der Vielzahl der Ortsgemeinden (das ist im Gedanken der Allgemeinheit angesprochen), sondern die Einheit in Glaubensüberzeugung und Verkündigung. Der Einen Kirche des Credo stehen die vielen

Konfessionskirchen aller Erdteile gegenüber. Diese Diskrepanz zwischen der geglaubten Einheit der Kirche und der tatsächlichen Vielheit der Konfessionen verlangt eine dogmatische und praktische Bewältigung.

Der römische Katholizismus setzt die eigene Kirche als die wahre Kirche, die allein Kirche sei. Demgegenüber seien die abweichenden Konfessionsgemeinschaften keine Kirche. Diese Gemeinschaften könnten Kirche werden nur durch Rückkehr in die wahre römische Kirche. Das römische Selbstverständnis ist durch einen Ausschließlichkeitsanspruch bestimmt, der eine scharfe Grenzziehung vornimmt und Unterwerfung unter die eigenen Ansprüche verlangt.

Pietismus und Aufklärung führten im Bereich der lutherischen Landeskirchen eine grundsätzlich neue Sicht der Konfessionskirchen herauf. Polemische Abgrenzung wurde durch affirmative Differenzierung ersetzt. Grundsätzlich wurde zwischen der verfassten Kirche, die konfessionell und institutionell sei, und der Christus-Gemeinde, die sich am Evangelium orientiere, unterschieden. Die Schar der wahren Kinder Gottes sei die Gemeinde der wahrhaft Gläubigen; sie sei kleiner als die verfasste einzelne Landeskirche; sie sei aber auch größer als die verfasste Kirche, insofern sie die Konfessionsgrenzen übergreife. Besonders NIKOLAUS LUDWIG GRAF VON ZINZENDORF (1700–1760) und die von ihm geprägte Herrnhuter Brüdergemeine hatten ein ausgeprägt ökumenisches Interesse. In der Kombination mit dem Biblizismus und überkonfessionellen Organisationen (z.b. CVJM und Studenten-Weltbund) führte diese Tendenz zu einem grundsätzlichen Relativismus gegenüber allen Konfessionskirchen. Bildhaft kann hier die Kirche als Baum vorgestellt werden, der eine Vielzahl von Konfessionskirchen nebeneinander in seinem Geäst habe.

Die im Laufe der Geschichte immer wieder vorgenommenen Kirchentrennungen können unterschiedlichen Charakter haben: Schisma und Häresie. Schisma ist eine Kirchentrennung, die in der Kirchendisziplin, in der kirchlichen Rechtsautorität und Rechtspraxis begründet ist. Häresie dagegen meint eine Kirchentrennung, die durch die gemeinschaftsaufhebende Verwerfung abweichender Lehren zustandekommt. Diese Unterscheidung ist selbst Kennzeichen eines auf Institutionalisierung ausgerichteten Kirchenverständnisses.

Der Glaube an die Einheit der Kirche steht ganz offensichtlich gegen die Wirklichkeit der Kirche. Die Zerrissenheit der Kirche wird von innen und außen häufig polemisch gegen das Christentum ins Feld geführt. Dementsprechend scheint das Bemühen um Einheit die vordringlichste Aufgabe zu sein.

Eine einheitliche Kirche im Sinne einer Gemeinschaft, in der alle Glaubenden in ihren Vorstellungen, Wertungen, Erwartungen und Handlungen übereinstimmen, hat es nie gegeben. Schon in der Urchristenheit gab es sehr unterschiedliche Überzeugungsrichtungen und Denkschulen. Die Einheit der Kirche war seit der ersten Generation eine Aufgabe, ein verpflichtendes Ziel. Aus dem gemeinsamen Grund in der Berufung durch Christus erwuchs die Aufgabe der miteinander und mit Christus verbundenen Gemeinschaft.

Sinnfällig wird die Einheit der Kirche durch den biblischen Kanon. Auch wenn die Schriften dieses Kanons immer wieder unterschiedlich ausgelegt wurden und ausgelegt werden, so ist doch die Bezugnahme auf diesen Kanon selbst ein inhaltliches Merkmal der christlichen Einheit.

Die Einheit der Kirche ist primär keine Angelegenheit der Organisation und des Rechts. Die Einheit der Kirche kann nur in der anerkennenden Verkündigung des Evangeliums gefunden werden. Eine möglichst präzise formulierte Lehreinheit, ein möglichst eindeutiger theologischer Konsens, eine möglichst umfassende Identität von Verfassung, Ritualen, Bräuchen und Lebensführungsregeln ist nicht vonnöten. Mit dem Postulat der Einheit vertraut die Kirche der Wirksamkeit des Geistes, der eine Verbindung und Verbundenheit herstellt, die ein vielfältiges Glaubenszeugnis anerkennt.

b. Heiligkeit

Das Merkmal der Heiligkeit, die reine Gottbezogenheit und Gottbestimmtheit, ist immer als das Proprium der Kirche aufgefasst worden. Aus der geglaubten Heiligkeit der Kirche erklären sich die großen innerkirchlichen und außerkirchlichen Irritationen, wenn die Entscheidungen von Leitungsinstanzen oder das Verhalten maßgeblicher Gruppen in der Kirche mit dem Geist der Verkündigung so gar nicht zusammen stimmen. Die Widerspruchserfahrung des so häufig unheiligen Lebens der Kirche hat im Laufe der Geschichte immer wieder zu Protesten und Reformen der Kirche geführt.

Mit dem Wandel der rechtlich-gesellschaftlichen Lage der Kirche zu Einfluss und Macht, parallel zu ihrem politisch-gesellschaftlichen Aufstieg aus dem Verfolgtsein zur machtvollen Staatsreligion im 4. Jahrhundert, breitete sich ein enthusiastisches Asketentum schnell aus. Eine asketische Lebensführung wurde schon in den frühchristlichen Gemeinden vielfach geübt. Beispielsweise schreckte wohl Origenes in Anknüpfung an Mt 19,12 und 5,29b nicht davor zurück, sich selbst zu kastrieren. Doch nun im 4. Jahrhundert, parallel zur Konstantinischen Wende, erblühte das Mönchtum, eine Lebensform gewollt Vereinzelter ohne Gemeindebindung. Nach dem Vorbild von ANTONIOS DEM GROßEN (ca. 251–356), dessen Leben durch Athanasios in leuchtenden Farben der Heiligkeit geschildert wurde (vgl. Vita Antonii), entwichen viele Einzelne aus dem gemeinschaftlichen Leben (Anachoret = Entwichener) und suchten die Einsamkeit besonders in der Wüste (Eremit = In-der-Wüste-Lebender), um die Vollkommenheit zu erlangen (vgl. Mt 5,48) durch völlige Armut und Lustvermeidung (vgl. Mt 19,21). Die Anachoreten bildeten häufig ungeregelte Gruppen.

Neben dem Anachoretentum breitete sich ab 320 als zweite Art des Mönchtums das Koinobitentum aus. Gegründet durch PACHOMIOS (292–346) führten Mönche ein geregeltes Genossenschaftsleben in einem Kloster, einem abgeschlossenen Bereich. Beide Formen des Mönchtums verbreiteten sich in großer Schnelle von Ägypten aus zunächst in der hellenistischen Ostkirche, dann auch ab etwa 370 in der lateinischen Westkirche. Mönche unterstanden nicht dem bischöflichen Amt und traten teilweise in Konkurrenz zu diesem. Die Reichskirche konnte der Autoritätsfrage nicht ausweichen. Die kappadozische

Trinitätslehre, die in Konstantinopel 381 zum Dogma der Reichskirche wurde, brachte auch hier eine Klärung. Indem der Geist als Hypostase des trinitarischen Gottes wesentlich für alle kirchliche Anbetung wurde, verlor das Mönchtum, das sich enthusiastisch auf einen besonderen Geistbesitz berief, seine theologische Basis. Durch das Konzil von Chalkedon 451 wurde das Mönchtum disziplinarisch dem Bischofsamt unterstellt.

Das in sich zersplitterte Mönchtum erhielt im lateinischen Christentum ein eigentümliches und weithin einheitliches Gepräge durch BENEDICTUS VON NURSIA (ca. 480–547), dessen Regel für die Mönche Sesshaftigkeit (stabilitas loci), Sittenumwandlung (conversatio morum meint Keuschheit und Verzicht auf Eigentum) sowie Gehorsam (oboedientia) vorschrieb. Das Kloster sollte durch die geforderte Arbeit der Mönche Gastfreundschaft, Armenpflege und schulmäßige Erziehung der Jugend bereitstellen. Das benediktinisch geprägte Mönchtum, das sich in mehreren Reformen erneuerte, wurde zu einer großen Kulturmacht des Mittelalters. Nach dem Aufblühen der Städte im 12. Jahrhundert stärkte die große Bewegung der Bettelorden im 13. Jahrhundert die kirchlich-gesellschaftliche Bedeutung des Mönchtums. Im Sinne einer Zwei-Stufen-Ethik wurde das Mönchsein, das an den von Christus im Evangelium gegebenen Ratschlägen (consilia evangelica) ausgerichtet war (Gehorsam, Armut, Keuschheit), als freiwillige Vollkommenheitsbemühung dem nicht-monastischen Christsein der Gottesgebote (praecepta) übergeordnet.

Der große Bruch kam mit der Reformation (vgl. CA 27). Luther gewann in seinem schmerzlich-quälenden Ringen um die mönchische Vollkommenheit die grundstürzende Einsicht, dass nicht die fromme immer scheiternde Gesetzeserfüllung, sondern Gottes zuvorkommende Zuwendung dem Glaubenden geschenkweise Gerechtigkeit, Leben und Seligkeit bringe. Das Mönchtum mit seiner Ausrichtung auf fromme Werke laufe ins Leere, ja schlimmer, es verhindere gerade die vertrauensvolle Gottesbeziehung, es zwinge unter das Gesetz, es sondere aus der christlichen Gemeinschaft aus, es versage gegenüber den allgemeinen Lebensanforderungen und dem allgemeinen Glaubenszeugnis.

Heiligkeit ist zugesprochene und geglaubte Heiligkeit, kein Besitz des Glaubenden (vgl. Joh 15,3). Die Heiligkeit der Kirche gehört in die Relation von Evangelium und Glauben. Die zugesprochene Heiligkeit eröffnet die Freiheit christlicher Existenz und bewährt sich in dieser Freiheit. Die Heiligkeit werde in liebevoller Freiheit gestaltet.

c. Allgemeinheit

Die Allgemeinheit der Kirche (im Glaubensbekenntnis als Katholizität bezeichnet) meint die universale Zusammengehörigkeit der Kirche in der Vielheit der Ortsgemeinden, in der Mannigfaltigkeit der Völker und Kulturen, in der Verschiedenheit der Gesellschaftsordnungen. Die Einbindung der Kirche in unterschiedliche Gesellschaften hebt nicht die Zusammengehörigkeit der Glaubensgemeinschaft auf. Die Allgemeinheit der Kirche fasst auch ihre unterschiedlich organisierte Sozialität zusammen, wie dies durch die Begriffe ‚Kirche' und ‚Gemeinde' angedeutet wird. Kirche und Gemeinde sind nicht nur in ihrer numerischen Größe unterschieden, sondern sie stehen auch für unterschiedliche Arten von Frömmigkeitsgemeinschaften.

‚Gemeinde' meint dann die überschaubare Gemeinschaft der Frommen, meint die fromme Herzensgemeinschaft mit starker Innenbindung und Außenabgrenzung: alle sind untereinander in gegenseitiger Mitteilung verbunden. Die kleinste Form der Gemeinde ist die Hausgemeinde, die Großfamilie, die über Jahrhunderte der innerste Kreis der Frömmigkeit war.

‚Kirche' meint dann eine Gemeinschaft im Großen, meint die von formelhafter Wiederholung und Anonymität bedrohte Gemeinschaft frommer Weltgestaltung. Positivität und Weltgestaltung sind kennzeichnend für die Kirche. Weil der christliche Glaube nicht quietistisch ist, will er sein Außen, die Welt in seinem Sinne sich erschließen. Er geht auf diese Welt als bildbar zu und will diese Welt in seinem Sinne bilden. Die Kirche ist die Bildung der Welt durch den christlichen Glauben.

Wegen ihrer Größe und ihres Umfangs muss die Kirche reglementiert und verwaltet werden. Die im Begriff der Gemeinde gedachte gesellige Lebendigkeit muss dabei als Richtschnur dienen. Die institutionalisierte Kirche muss sich in ihren Ordnungen und in ihrem Selbstverständnis davon leiten lassen, die Freiheit und Lebendigkeit der Gemeinden möglichst fördern zu wollen.

d. Ursprungstreue

Die Ursprungstreue der Kirche wird üblicherweise durch das Merkmal der Apostolizität bezeichnet. Dieses Merkmal gehört dem Stiftungsdenken an, das einen Zustand durch Aufweis der Kontinuität mit dem Ursprung legitimieren will. Dass eine solche Legitimation nötig wird, zeigt eine geschehene Veränderung an. Das Merkmal der Apostolizität antwortet auf die Erfahrung geschichtlichen Wandels, der sich auch und besonders aus der Verkündigungsaufgabe ergibt, den christlichen Glauben den verschiedensten Kulturen mitzuteilen.

Die Aussage, die Kirche sei bleibend die apostolische, darf nicht im Sinne einer Zustandsfeststellung genommen werden. Wäre die Ursprungstreue so gemeint, so wäre diese Behauptung durch die Geschichte der Kirche direkt widerlegt. Denn dass die Kirche sich in vieler Hinsicht immer wieder und immer neu verändert hat und verändert, lässt sich schlechterdings nicht bestreiten. Die Fixierung des apostolischen Zustandes wäre die Verhinderung einer missionarisch ausgreifenden Kirche gewesen und hätte das Merkmal der Apostolizität überflüssig gemacht.

Das Merkmal der Apostolizität verdankte sich dem grundsätzlichen hermeneutischen Problem, wie christlicher Glaube sich je neu artikulieren kann, ohne die Kontinuität mit seinem Ursprung, ohne die Glaubensidentität zu verlieren. Die Legitimation durch Ursprungstreue zielte auf die Bejahung der sich verändernden Kirche. Der Wandel sollte durch eine inhaltliche Autorität abgesichert werden. Das Merkmal der Apostolizität gab eine materiale Fassung des Normativen: Die Kirche gründe auf der apostolischen Bezeugung Jesu als des Christus. Der neutestamentliche Kanon hat, mit historischen Augen besehen, den Begriff des Apostolischen allerdings sehr weitherzig gefasst.

Nur die echten Paulus-Briefe sind im strengen Sinne apostolisch; sie stammen von einem Apostel, der freilich nie Jünger des leiblichen Jesus war. Das Apostolische meint also material eine relative Nähe zu dem ursprungshaften Zeugnis des christlichen Glaubens. Die Normativität liegt nicht in den Zeugen und nicht im niedergelegten Zeugnis, sondern im Bezeugten, d.h. im Evangelium von der Zuwendung Gottes.

Die römische Auffassung von Apostolizität ist auf den Gedanken der apostolischen Sukzession konzentriert, nämlich eine kirchliche Instanz zu schaffen, die im Wandel der Geschichte autoritativ die Kontinuität verbürgt. Dies soll das Bischofsamt, der Episkopat, leisten. Zugespitzt ist dieser Gedanke der apostolischen Sukzession dann in der päpstliche Auffassung der ‚sedes apostolica‘, wonach der Papst in Rechtsprechung und Lehramt unmittelbar apostolische Autorität für die Gesamtkirche beansprucht.

Auf protestantischer Seite ist die Ursprungstreue der Kirche immer im Sinne der Schrifttreue (sola scriptura) verstanden worden. Die Selbstbindung der kirchlichen Verkündigung an das biblische Zeugnis meint eine materiale Eingrenzung der christlichen Wahrheit. Die Reformation benutzte das Schriftprinzip, um gegen die hierarchisch normierte Vermittlung der kirchlichen Lehre die Unmittelbarkeit des biblischen Zeugnisses zu gewinnen und in dieser Bibelorientiertheit dem Evangelium eine sichere exegetische Basis zu geben. Der Protestantismus hat die Ablehnung einer rechtlich sich durchsetzenden Lehrinstanz durchgehalten und hat dem freien Konsens in der Lehrbildung vertraut. In der historischen Forschung hat er sein Schriftprinzip selbst kritisch untersucht und die daraus entspringenden hermeneutischen Anforderungen angenommen.

3. Ordnung

Die Frage, welche Ordnung in Verfassung, Einrichtungen, Ämtern für die Kirche angemessen sei, lässt sich auf die Beurteilung des Kirchenrechts konzentrieren. In der kirchlichen

Rechtsordnung spricht sich das Selbstverständnis der Kirche aus, das auf der durch die Bekenntnismerkmale bezeichneten Basis durchaus unterschiedlich und strittig ist. Das konfessionskirchliche Selbstverständnis wird wesentlich bestimmt durch die Einschätzung der Glaubenslehren. Nach römischem Lehrverständnis sind in den kirchlichen Glaubenssätzen geoffenbarte unwandelbare Wahrheiten überliefert, deren Geltung als Glaubensvorschriften vom kirchlichen, letztlich päpstlichen Lehramt dekretiert werden kann. Ihnen sind die Glaubenden Gehorsam schuldig. Anfragen außerkirchlicher Instanzen sind sie entzogen. Nach protestantischem Lehrverständnis sind die Glaubenssätze bekennende Antworten des Glaubens. Auf ihnen basiert nicht der Glaube, in ihnen drückt sich Glauben aus und teilt sich Glauben mit. Wer solche Lehraussagen ausspricht und nachspricht, erklärt seine Übereinstimmung mit der Glaubenstradition der Kirche.

Das konfessionskirchliche Selbstverständnis bestimmt auch die Einschätzung der Rechtsordnung. Nach römischer Auffassung ist die kirchliche Rechtsordnung göttliche Stiftung, nach evangelischer Auffassung (lutherisch und reformiert verschieden akzentuiert) ist sie auf die Verkündigung ausgerichtet.

a. Stiftungsrecht

Nach Römischer Lehre ist die Kirche die von Jesus Christus gestiftete Heilsanstalt. Die Ordnung der Römischen Kirche sei göttliches Recht (ius divinum). Ihr Wesen sei durch ihren Ursprung charakterisiert. Der Kirche eigne Göttlichkeit, Heilsnotwendigkeit, Apostolizität, Katholizität, Ursprünglichkeit. Die durch Jesus Christus vorgenommene Stiftung der Kirche, deren Kontinuität durch die bischöfliche Sukzession garantiert werde, sei im göttlichen Heilsplan beschlossen.

Die globale Autorität für Leitung, Recht und Lehre in der gesamten katholischen Kirche wurde 1870 vom 1. Vatikanischen Konzil (1869-1870) unter PIUS IX. (Papst 1846-1878) markant auf das Papsttum konzentriert. Der auf dem Konzil von Florenz 1439 im Dekret für die Griechen von EUGEN IV. (Papst 1431--

1447) festgestellte Primatsanspruch (vgl. DH 1307) wurde bekräftigt und ausgedehnt. Um die Kirche als dauerhaftes Erlösungsinstitut in Einheit zu erhalten, habe Christus den Primat in allen Angelegenheiten des Rechts und der Lehre an Petrus und seine Nachfolger auf dem römischen Bischofsstuhl übertragen. Alle Glaubenden individuell und allgemein seien dem römischen Bischof, der die allgemeine Jurisdiktion und das unfehlbare Lehramt habe, zu wahrem Gehorsam verpflichtet (vgl. Pastor aeternus, DH 3050–3075).

Weil die Wirksamkeit der in der Kirche vermittelten Gnade abhängig gedacht wird von der Rechtmäßigkeit der Gnadenvermittlung, wird eine göttliche Autorisierung des Kirchenrechts beansprucht. Der Heilszweck, dem die Kirche verpflichtet und zu dem sie gestiftet worden sei, verlange die Kontinuität zwischen der ursprünglichen Stiftung und der jetzigen Kirche, d. h. eine Sicherung der Rechtskontinuität, die allein die Seligkeit der Menschen garantieren könne. Durch die rechtmäßige Sukzession der Apostelnachfolger sei die heutige Kirche dank bestehender Kontinuität mit der ursprünglichen von Christus gestifteten Kirche identisch. In der Römischen Kirche garantiert das göttlich autorisierte Kirchenrecht die rechtmäßige Tradition der Ämter und der hierarchischen Verfassung und darin die Wirksamkeit der Gnadenvermittlung.

b. Verkündigungsrecht

Nach lutherischer Auffassung ist die Kirchenordnung und alles Recht in der Kirche menschliches Recht (ius humanum). Die Ordnung muss sich vor der Zwecksetzung ausweisen, dass sie der christlichen Verkündigung und Glaubensmitteilung dienlich ist. Die Erhaltung der Ordnung in der Kirche ist eine Liebespflicht (vgl. CA 28).

In der Reformation war das Kirchenrechtsverständnis ein wichtiges Streitthema. Gegen die Rechtsautorität des Papsttums hat Luther scharf protestiert. In seiner Schrift „Von dem Papsttum zu Rom wider den hochberühmten Romanisten zu Leipzig" (1520) stellte Luther seine theologischen und historischen

Argumente gegen den Suprematsanspruch des Papsttums zusammen. Im Laufe der reformatorischen Auseinandersetzung steigerte sich die Polemik Luthers und erreichte ihren Höhepunkt in der Streitschrift „Wider das Papsttum zu Rom, vom Teufel gestiftet" (1545). Gegen die Behauptung, die Kirche als äußerliche Christenheit brauche ein zentrales Kirchenregiment, verwies Luther auf geschichtliche Beispiele von pluraler Kirchenleitung im Römischen Reich oder föderalen Kirchenleitung in der Eidgenossenschaft. Das Papsttum sei nicht göttlichen Rechts, sondern basiere auf einer menschlichen Ordnung. Haupt der Kirche könne nur Christus sein. Die klassischen Belegstellen für die Leitung der Kirche durch den Bischof von Rom als Nachfolger des Petrus (vgl. Mt 16,18f und Joh 21,15–17) legte Luther so aus, dass hier allein Sündenvergebung und brüderlicher Dienst, nicht aber obrigkeitliche Herrschaft und Gesetzgebung gemeint seien.

Die lutherische Kirche versteht sich durch den Auftrag, den göttlichen Heilswillen allen Menschen zu verkündigen. Dieser Auftrag schließt einen Wahrheitsanspruch ein, der nicht durch Beschlussmehrheiten entschieden und nicht durch ein Amt verwaltet werden kann. Der evangelische Gedanke des allgemeinen Priestertums zieht die soziale Konsequenz aus dem allgemeinen Auftrag zu Verkündigung und Glaubenszeugnis. Alle in der Nachfolge Christi Glaubenden stehen unmittelbar in Beziehung zu Gott. Allgemeines Priestertum hebt streng genommen den Begriffs des Priestertums auf, weil Priestertum ja die besondere Mittlerschaft für die Gottesbeziehung zu sein behauptet. Bei allgemeinem Priestertum kann das kirchliche Amt nur eine menschliche Ordnungseinrichtung sein. Angesichts der Arbeitsteilung muss es einige geben, die sich um das Bestehen der kirchlichen Gemeinschaft hauptberuflich kümmern. Dadurch sollen die für die christliche Gemeinde nötigen Tätigkeiten (Predigt, Unterricht, Seelsorge und Nächstenliebe) ordentlich ermöglicht und durchgeführt werden.

Während die lutherische Reformation in der Rechtsordnung stark durch das landesherrliche Kirchenregiment geprägt wurde, entwickelte die reformierte Kirche, die zunächst in den schweizerisch-oberdeutschen Städten blühte, eine stärker die Eigenständigkeit der Gemeinde betonende Rechtsverfassung. Die Kirchenordnung wurde direkt aus der Bibel hergeleitet und mit dem Glauben verbunden. JEAN CALVIN (Cauvin, 1509–1564), der Reformator Genfs, gab der Kirchenordnung eine hervorgehobene Begründung. Die kirchlichen Ämter und Ordnungen, die in einem unmittelbaren Abbildungsverfahren zur Urgemeinde eingerichtet werden sollten, seien Instrumente der Regierung Gottes (vgl. Institutio Christianae religionis, 1559, Buch IV,3,1–9). Für die heutige Bibelexegese hat die reformierte Rechtskonzeption stark konstruktive Züge und bedarf größerer Umdeutungen.

4. Selbständigkeit

Das Selbstverständnis der Kirche prägte kontrovers nicht nur intern ihre Rechtsordnung, sondern auch extern ihren politischen Gestaltungswillen. Die Verhältnisbestimmung zur politischen Macht wurde drängend seit der Konstantinischen Wende im 4. Jahrhundert.

Die neutestamentlichen Schriften nahmen politische Macht nur punktuell und nur im Blick auf den Einzelnen in den Blick. Die insgesamt spärlichen und teilweise gegenläufigen Aussagen thematisierten zumeist nicht das Politische, sondern den Umgang mit der politischen Macht. Drei neutestamentliche Aussagen sind immer wieder herangezogen worden:

Das Münzengleichnis Jesu als Antwort auf die verfängliche Steuerfrage, die Jesu Stellung zur römischen Herrschaft prüfen sollte, machte deutlich, dass eine totale Geltung und Gehorsamsforderung der politischen Macht abgelehnt werden muss, dass ihr angesichts der Reich-Gottes-Erwartung aber eine relative Geltung zugestanden werden kann (vgl. Mk 12,13–17).

Diese Einschätzung wurde durch den von Petrus und den Aposteln geäußerten Vorbehalt vom Vorrang Gottes (vgl. „Gott mehr gehorchen als den Menschen", Apg 5,29; clausula Petri) schärfer akzentuiert. Die clausula Petri zielte auf eine stärkere Begrenzung der obrigkeitlichen Machtansprüche.

Die Äußerung des Paulus von der göttlichen Einsetzung und Ordnung der Obrigkeiten (vgl. Röm 13,1-7), in der späteren Christentumsgeschichte die klassische Belegstelle für ein obrigkeitsfreundliches Verhalten (ähnlich 1Petr 2,13f), war eine Einschätzung angesichts der nahen Gottesherrschaft und des drängenden Missionsauftrags. Ein Zustand, dass Christen selber die politische Macht gestalten müssten, war nicht in Sicht. Das zeigt auch die Fürbitte für den Herrscher (vgl. 1Tim 2,2). Die Forderung des Gehorsams gegenüber der Obrigkeit verband Paulus mit einer nüchternen Schilderung der Leistungen dieser Obrigkeit. Die Bindung der Obrigkeit an den Auftrag Gottes, dem Bösen Grenzen zu setzen (vgl. Röm 13,4), konnte als Bedingung des Gehorsams verstanden werden. Und darin schlummerte ein Widerstandsrecht, das gegen eine das Böse unterstützende Obrigkeit später (besonders in der reformierten Kirche) geltend gemacht werden konnte. Die Vergöttlichung der Obrigkeit, wie sie im Kaiserkult des Römischen Reichs Ausdruck fand, wurde von der christlichen Kirche gerade abgelehnt und von vielen Christen mit dem Märtyrertod bezahlt. In eine solche Verfolgungssituation äußerte sich Apk 13, wo die politische Macht visionär (Tier aus dem Abgrund) als dämonische Bedrohung erschien.

a. Vorrang

Vor und nach der Konstantinischen Wende haben Römische Bischöfe immer wieder ihre besondere Lehrautorität (neben Alexandrien, Antiochien und später Konstantinopel) betont. Mit dem Untergang des Weströmischen Reichs 476 geriet der Römische Bischofsstuhl in eine schwierige Lage. Die direkte politische Einflussnahme war verloren. FELIX II. (Papst 483-492) warb deshalb 484 bei ZENON (oströmischer Kaiser 474-491) für die Freiheit der Kirche, ihre eigenen Gesetze gebrauchen zu dürfen und sie nicht dem königlichen Willen zu unterwerfen (vgl. DH 345). Sein Nachfolger GELASIUS I. (Papst 492-496) formulierte bekräftigend 494 an ANASTASIOS I. (Kaiser 491–518) die Auffassung, die Welt werde von bischöflicher Autorität (auctoritas) und königlicher Macht (potestas) regiert; beide seien von Gott eingesetzt; der Kaiser sei zwar unter den Menschen der Erste an Würde, doch empfange er von den Priestern demütig die Ursachen seines ewigen Heils. Und unter den Priestern sei nach göttlichem Willen der Bischof von Rom der Erste (vgl. DH 347). Gegen den byzantinischen Cäsaropapismus, der besonders durch FLAVIUS IUSTINIANUS (Kaiser 527–565) der Ostkirche aufgezwungen wurde, beharrte der römische Bischofsstuhl auf seiner Eigenständigkeit, ohne seinen Vorranganspruch aufzugeben.

Der Niedergang des Byzantinischen Reichs durch den Verlust großer Gebiete an den Islam im 7./8. Jahrhundert und die Wiederbelebung des Römischen Kaisertums mit der Krönung des Frankenkönigs Karl zu Weihnachten 800 durch LEO III. (Papst 795–816) gaben dem Papsttum neues Gewicht. Im Mittelalter wurde in der Zuordnung von Papst und Kaiser die Zuordnung von kirchlicher und weltlicher Macht symbolisiert.

Im Streit mit der weltlichen Macht darum, wer das Recht zur Einsetzung der Bischöfe habe (Investiturstreit), brachte GREGOR VII. (Papst 1073–1085) in seinem „Dictatus papae" (1075) den Überlegenheitsanspruch des Papsttums zur Geltung. BONIFATIUS VIII. (Papst 1294–1303) beanspruchte 1302 in der Bulle „Unam sanctam", veranlasst durch einen Streit mit PHILIPP IV. (König von Frankreich 1285–1314), eine direkte Weisungsmacht (potestas directa) gegenüber der weltlichen Macht; beide Schwerter, das geistliche und das zeitliche seien nach Lk 22,38 und Mt 26,52 in kirchlicher Gewalt; das geistliche Schwert sei von der Kirche, das materielle Schwert für die Kirche und verantwortet vor der Kirche zu üben; für jeden Menschen sei es heilsnotwendig, dem römischen Bischof untertan zu sein (vgl. DH 870–875).

Die direkten Weltherrschaftsansprüche des Papsttums brachen im 14. und 15. Jahrhundert zusammen. Der Jesuit ROBERTO BELLARMINI (1542–1621) formulierte die durchaus umstrittene Lehre von der indirekten politischen Macht (potestas indirecta) in seiner Schrift „De potestate Summi Pontificis in rebus temporalibus" (1610). Indem der Papst geistliche Anordnungen treffe, übe er indirekt auch weltliche Gewalt aus. Absetzen könne der Papst einen Herrscher nicht, wohl ihn aber mit dem Kirchenbann belegen, der die Gehorsamspflicht der Untertanen gegenüber dem Herrscher aufhebe. Im Kampf gegen die Ideen und Ideale der Aufklärung verlor diese Lehre angesichts der revolutionären Veränderungen in Frankreich und der Etablierung von Verfassungsstaaten ihre Basis. Gegen Ende des 19. Jahrhunderts wandelte LEO XIII. (Papst 1878-1903) die Lehre von der indirekten Macht in die Lehre von der dirigierenden Macht (potestas directiva) ab. Demnach gebe das kirchliche Lehramt für die politischen Ordnungen nur die grundsätzlichen Maßstäbe und Regeln an, erhebe aber keine direkten politischen Forderungen. Kirchliche und bürgerliche Gewalt seien unabhängig voneinander und beide von Gott eingesetzt. Aus der Schöpfung ergebe sich für den Staat die Aufgabe, das Gemeinwohl zu fördern und Gerechtigkeit herzustellen. Staatlichkeit könne unterschiedliche Formen haben, auch die der Demokratie. Da die Kirche Hüterin der vernünftigen und gottgewollten Freiheit sei, werde im Miteinander beider Gewalten das Gemeinwohl am besten befördert.

Das 2. Vatikanische Konzil (1962-1965), das als 21. ökumenisches Konzil gezählt wird, setzte 1965 in der Pastoralkonstitution „Gaudium et spes" dadurch einen neuen Akzent, dass die Eigenständigkeit und Eigengesetzlichkeit von politischer Gemeinschaft und Kirche bejaht wurde (vgl. Nr. 76). Der dem Gemeinwohl verpflichtete Staat sei eine Stiftung Gottes und nicht auf einen Vertrag der Bürger gegründet. Der Staat bleibe an die vorgegebenen sittlichen Grundwerte gebunden.

b. Nebenordnung

Luther hat in seinem Kampf mit der Papstkirche Kirche und politische Macht einander nebengeordnet in der Lehre von den zwei Regimenten Gottes. Er verwarf die päpstliche Zwei-Schwerter-Lehre: Die weltliche Gewalt sei der kirchlichen nicht untergeordnet, beide seien aus eigenem Recht. An die von

Augustinus gemachten Aussagen zur Herrschaft Gottes (regnum Dei) anknüpfend, differenzierte Luther diese Herrschaft in ein Regiment Gottes zur rechten Hand und in eins zur linken Hand, um die Spannung zwischen dem biblisch fundierten Schwertrecht und dem Liebesgebot Christi zu lösen.

Im Reich zur rechten Hand Gottes sei Christus Herrscher. In Christi Reich gelte das in der Bergpredigt formulierte Liebesgebot (vgl. Mt 5), das Evangelium in Wort und Sakrament führe hier zu Gnade und Sündenvergebung, hier tue jeder Christ freiwillig alles Gute, hier sei Gleichheit, Liebe, Gewaltfreiheit.

Das Reich zur linken Hand Gottes sei das Reich des Kaisers, in dem die Gerechtigkeit des Schwertes und der Strafe gelte, allerdings unter Berücksichtigung der Billigkeit; hier sei Herrschaft und insofern Ungleichheit; hier gelte das vernünftig-natürliche Gesetz im Sinne der goldenen Regel (vgl. Mt 7,12).

Luther hielt beide Regimente für unverzichtbar und sich gegenseitig ergänzend. Gott sei der Herr beider Reiche. Durch die beiden Regierweisen Gottes werde das Böse äußerlich eingedämmt und innerlich überwunden. Das geistliche Regiment mache fromm, das weltliche schaffe äußeren Frieden. Der Christ bedürfe zwar nicht des weltlichen Rechts, doch um seines Nächsten willen unterstelle er sich und übernehme auch weltliche Ämter. Das weltliche Reich diene (hier folgte Luther der Augustinischen Lehre) dem geistlichen dadurch, dass der Friede gefördert und so die Verkündigung des Evangeliums ermöglicht werde.

B. Bestehen der Kirche

Die Kirche besteht in den verschiedensten gesellschaftlichen Formationen und in den unterschiedlichsten Kulturlagen. Sie muss ihrem konstitutiven Christus-Bezug im Wandel der Lebenssituationen und Kulturen treu bleiben. Das christliche Glaubensbewusstsein muss sich so darstellen, dass es in verschiedenen religiösen, sozialen, kulturellen Erfahrungshorizonten verstanden werden kann. Die kirchliche Verkündigung und Lebenspraxis muss von Generation zu Generation neu als lebenserschließend bewährt werden. Dies stellt immer neu die Aufgabe der Interpretation der Glaubenszeugnisse. Nur in und durch diese immer neue Interpretation und Aneignung kann der christliche Glaube lebendig bleiben. Sowohl im Zugleich als auch im Nacheinander bedarf die Kirche bestimmter Äußerungen und Einrichtungen, um ihre prozessuale Existenz immer neu bei aller Variabilität identisch in ihrer Christusbeziehung zu erhalten.

Die Kirche ist eine institutionelle Sozialgestalt für das Gedeihen christlicher Frömmigkeit. Diese Frömmigkeit ist bestimmt durch die Verkündigung, die in der Kirche durch Sprachmitteilungen und Zeichenhandlungen geschieht und durch künstlerische Gestaltung der gemeinschaftsbezogenen Riten und Räume unterstützt wird. Die Verkündigung ist den biblischen Büchern als den Anfangszeugnissen des christlichen Glaubens verpflichtet. Deren Verständnis ist ein komplexes hermeneutisches Geschehen.

1. Verkündigung

Die christliche Kirche ist eine Glaubensgemeinschaft, die in und von der Verkündigung Christi lebt. Christliches Glaubensbewusstsein schreibt sein Gewordensein dem Bestimmtsein durch die Verkündigung zu, die durch das Gottesbewusstsein Christi inspiriert ist. Die kirchliche Verkündigung entfaltet die göttliche Heilszuwendung nach Zusage und Verpflichtung.

Waren in der frühen und mittelalterlichen Kirche die festlicherhebende Gestaltung des Gottesdienstes und die auf die Sakramente bezogene Gnadenfrömmigkeit immer stärker entwickelt worden, so brachten die scharfen Auseinandersetzungen der Reformation eine neue Ausrichtung und Gestaltung der kirchlichen Verkündigung. Die reformatorischen Kirchen stellten die Gotteserfahrung befreiender Gerechtigkeit in den Mittelpunkt ihrer Auffassung von der kirchlichen Verkündigung. Für die Verkündigung sei die Rechtfertigungsbotschaft zentral (vgl.

CA 5). Da diese Rechtfertigungsbotschaft sich auf die biblischen Glaubenszeugnisse (hauptsächlich auf Paulus) stützte, traten das mündliche Predigtwort und das Lesen der biblischen Schriften in den Vordergrund kirchlicher Praxis, während die Sakramentspraxis reduziert wurde. Über Gottesdienstverständnis und Frömmigkeitspraxis wurde und wird zwischen den Konfessionskirchen wesentlich gestritten.

Glaubensbewusstsein und Verkündigung haben nicht nur sprachliche Gestalt, sie werden auch künstlerisch-bildlich mitgeteilt. Der Gebrauch der Künste hat im Christentum eine Bedeutung und Ausprägung bekommen, die durchaus different von anderen Religionen ist. Die christlichen Konfessionskirchen profilieren sich auch über ihre Stellung zur Kunst.

a. Predigtwort

Luther stellte den doppelten Charakter der christlichen Verkündigung, Anspruch und Zuspruch, Forderung und Verheißung zu sein, deutlich heraus. Er drückte diesen Doppelaspekt durch das Begriffspaar ‚Gesetz‘ und ‚Evangelium‘ aus.

Der Begriff des göttlichen Gesetzes hat bei Luther eine doppelte Fassung. In seiner Lehre vom zweifachen Gebrauch des Gesetzes unterscheidet Luther den rechtlich-moralischen Gebrauch vom theologisch-geistlichen Gebrauch. Das göttliche Gesetz könne entweder in seiner Leistung für die rechtlich-moralische Normierung oder in seiner Gegenüberstellung zum Evangelium betrachtet werden. Die rechtlich-moralische Normierung gelte für Christen wie Heiden in gleicher Weise. In seiner Gegenüberstellung zum Evangelium erhalte das Gesetz eine ganz andere Bedeutung: Aus dem Gesetz solle erkannt werden, was Sünde sei. Zur Vorbereitung der Evangeliumspredigt sei die Gesetzespredigt dienlich, indem sie das Unvermögen des Menschen gegenüber der göttlichen Forderung aufdecke und in einer radikalen Wendung den Umgang gerade der frommen Menschen mit dem Gesetz entlarve als einen Akt der Selbstrechtfertigung und Immunisierung gegen Gott.

Mit der glaubenden Annahme der göttlichen Gnadenzusage werde der Charakter des göttlichen Gesetzes grundlegend verändert: Die an Christus Glaubenden erfüllten das göttliche Gesetz in und durch die Liebe gern. Der Glauben konstituiere die Person, die Liebe das Werk. Die Konstitution der menschlichen Person im Glauben sah Luther mit dem Beim-Nächsten-Sein der Liebe verknüpft. Die guten Werke könnten nicht als Leistungen gegen Gott ins Spiel gebracht werden, sie seien allein Folgen des Glaubens und Zeichen der Dankbarkeit für Gottes Werk im Glauben. Die guten Werke seien nur dadurch gut, dass sie im Glauben geschehen. Sie seien Früchte des Glaubens.

Die reformatorische Theologie bestimmte vom Gottesdienst her ihr Verständnis und ihre Gestaltung der Kirche. Die Verkündigung sei allen Glaubenden aufgetragen (allgemeines Priestertum). Jede Wortverkündigung, wie groß die Gruppe der Beteiligten auch sei und an welchen Orten und zu welchen Zeiten sie auch stattfinde, sei ein Gottesdienst. Indem die Evangeliumsverkündigung aus dem Bereich bestimmter Zeiten und Orte auf das ganze Leben ausgedehnt wurde (dadurch die Intensivierung des Berufsgedankens), wirkte diese umfassende Inanspruchnahme des ganzen christlichen Lebens auch auf die Gestaltung des Gottesdienstes zurück. Grundlegendes dazu hat Luther in seiner Schrift zur deutschen Messe (1526) dargelegt.

b. Zeichenhandlungen

Die christliche Verkündigung besteht nicht allein in der Wortmitteilung der Überzeugungen des christlichen Gottesbewusstseins, sondern sie stellt sich auch in Zeichenhandlungen dar. Besonders die Teilnahme an diesen Zeichenhandlungen ist für die Glaubensgemeinschaft identitätsstiftend.

Die Ausbildung und Praxis bestimmter Zeichenhandlungen hat für jede religiöse Gemeinschaft wesentliche Bedeutung. Die christlichen Konfessionskirchen vollziehen besonders ausgewiesene und anerkannte Zeichenhandlungen in ihren Sakramenten (Gottesgaben). Das Verständnis der Sakramente und ihre Anzahl sind strittig. Beides gehört zum konfessionellen Profil.

Allgemein verbreitet, bei allerdings divergierendem Verständnis, sind Taufe und Abendmahl. Beiden ist gemeinsam, dass Äußeres und Inneres, die Handlung und die damit verbundene Überzeugung zum Bedeutungshorizont der Handlung deutlich verschieden sind. Diese Verschiedenheit macht erforderlich, dass explizit eine Beziehung zwischen beiden Aspekten hergestellt wird. Die Art der Beziehung ist für das Verständnis der Zeichenhandlung wesentlich und dementsprechend umkämpft.

Die Lehre von den Sakramenten ist in besonderer Weise die Reflexion auf praktisch geübte Frömmigkeit. Bis heute sind insbesondere die Praxis und das Verständnis von Eucharistie/ Abendmahl zwischen der römischen und den reformatorischen Kirchen strittig. Dagegen wurde der innerreformatorische Streit überwunden. Mit der Leuenberger Konkordie (1973) wurden die gegenseitigen Lehrverurteilungen zwischen lutherischen und reformierten Kirchen als die gegenwärtigen Kirchen nicht mehr treffend festgestellt.

Die römische Position zur Sakramentenlehre wurde lehramtlich auf dem Konzil von Florenz durch die Bulle „Exsultate Deo" (22. Nov. 1439) festgelegt, als Papst Eugen IV. in dem Dekret für die Armenier auch eine Unterweisung über die Sakramente gab (vgl. DH 1310–1327). Die sieben Sakramente Taufe, Firmung, Eucharistie, Buße, Letzte Ölung, Weihe und Ehe wurden einzeln nach Materie, Form, Spender und Wirkung dargestellt. Ein Sakrament komme nur durch das Zusammen von Sache, Wort und Spender zustande. Weil die Taufe ebenso wie Firmung und Weihe eine unzerstörbare Prägung (character indelebilis) verleihe, sei bei diesen drei Sakramenten eine Wiederholung unmöglich. Die Weihe diene der Leitung der Kirche, die Ehe dem leiblichen Wachstum der Kirche, die anderen Sakramente der geistlichen Vollkommenheit jedes empfangenden Menschen.

Das gegenreformatorische Konzil von Trient beschloss am 3. März 1547 auf der siebten Sitzung das Dekret über die Sakramente. Die allgemeine Sakramentenlehre wurde durch 13 Verwerfungssätze (canones) besonders gegen die reformatorische Theologie abgegrenzt (vgl. DH 1601–1613). Charakteristisch für die katholische Position sind die Siebenzahl der Sakramente, die von Christus als heilsnotwendig eingesetzt seien und effektiv je bestimmte Gnadenmitteilungen durch den korrekten priesterlichen Vollzug spendeten. Für die reformatorische Theologie sind die Sakramente sichtbares Verkündigungswort (verbum visibile). Entsprechend der Verkündigung des Evangeliums seien sie als Zeichen des göttlichen Willens zwar auch ohne den Glauben gültig. Doch ihre Wirksamkeit sei an den Glauben gebunden. Sie seien nicht schon durch den priesterlichen Sakramentsvollzug (ex opere operato) wirksam, sondern nur im empfangenden Glauben. Die Zeichenhandlungen seien ganz auf die begleitende Verkündigung ausgerichtet. Damit die mit dem Sakrament zusammenstimmende Wirkung auch eintreten könne, müssen Äußeres und Inneres zusammenkommen. Für sich allein könne die äußere Handlung die innere rein geistige Wirkung nicht hervorbringen.

Der Missbrauch der Sakramente war für Luther ein entscheidender Punkt der Kritik an der römischen Papstkirche. Kriterien für die biblisch gestützte Legitimität eines Sakraments seien die göttliche Verheißung, das damit verbundene sichtbare Zeichen und die Stiftung durch Christus. Nach diesen Kriterien müsse die Anzahl der Sakramente stark reduziert werden. Firmung, Letzte Ölung, Weihe und Ehe seien ohne biblisch erweisbare Berechtigung und müssten folglich ihren Status als Sakramente verlieren. Nur Taufe und Abendmahl seien als Sakramente begründbar, weil sie alle an ein Sakrament zu stellenden Bedingungen erfüllen. Luthers Einschätzung des Buße war schwankend. Verheißung und Stiftung seien erfüllt, es fehle aber das Zeichen. Die des Zeichens ermangelnde Buße sei der Weg, zur Taufe zurückzukehren.

c. Taufe

Die christliche Taufe ist die Zeichenhandlung, in der die Zugehörigkeit zur Glaubensgemeinschaft ausgesagt wird. Sie ist, religionswissenschaftlich betrachtet, ein Initiationsritus. Die Taufe begründet die Mitgliedschaft in der christlichen Kirche;

insofern ist sie eine Handlung in der Autorschaft und Verantwortung der Kirche, vertreten durch die taufende Person und die Paten. Die Taufe sagt dem Glaubenden die göttliche Heilszuwendung zu; insofern ist sie eine Handlung in der Autorschaft Gottes, ausgedrückt durch das Taufwort. Die Taufe ist ein hervorgehobenes ausdrückliches Bekenntnis, das die Person, an der die Taufe vollzogen wird, von ihrem Glauben ablegt; insofern ist sie eine Handlung in verantwortlicher Beteiligung der die Taufe begehrenden Person.

Im Verständnis der Taufe kann stärker die objektive Mitteilung der Gottesgabe, deren subjektive Aufnahme im Glaubensprozess, das Bekenntnis seitens des Täuflings oder das Zeugnis seitens der Gemeinde akzentuiert werden. Täufer und Täufling stehen beide unter dem Verheißungswort Gottes. Die Unterschiede im Taufverständnis werden nicht als konfessionstrennend aufgefasst, solange die Taufpraxis dem biblischen Missionsbefehl folgt und eine Mehrfachtaufe (Wiedertaufe) verneint wird. Die den Konfessionskirchen gemeinsame Taufe ist nach innen ein Einheitsmoment, nach außen gegenüber den anderen Religionen das Unterscheidungsmerkmal der christlichen Religion: Wer getauft ist, hat sich zu Christus bekannt.

Im Anfangskonflikt mit dem Judentum trat die christliche Taufe an die Stelle der jüdischen Beschneidung. Jesus selbst hat mit hoher Wahrscheinlichkeit nicht getauft. Die Taufpraxis, die für die österliche Gemeinde von frühester Zeit belegt ist, schloss sich vermutlich an die Taufe Jesu durch Johannes an und erfolgte auf den Namen Jesu (vgl. Apg 2,38). Die durch Johannes vorgenommene Wassertaufe im Jordan war eine Zeichenhandlung der Reinigung, Sündenvergebung und Umkehr, sichernd vor dem endgerichtlichen Zorn Gottes (vgl. Mt 3,7). Indem die österliche Gemeinde die Wassertaufe Jesu durch Johannes als Taufe mit dem göttlichen Geist verstand, wurde diese Taufe mit ihrer inspirierenden Gottesgegenwart zum Muster für die eigene Initiationspraxis.

Jesu Aufforderung zur Nachfolge in die Teilhabe am Gottesreich gab der österlichen Gemeinde den Impuls zur christlichen Missionstätigkeit. Das Matthäus-Evangelium schließt mit der

Schilderung, dass der auferweckte Jesus die Jünger zu Mission und Taufe auffordert (vgl. Mt 28,19 mit triadischer Taufformel). Die Zugehörigkeit zur endzeitlichen Gemeinde Gottes wurde durch die Taufe sinnlich dargestellt. Die Würde, die den Glaubenden durch diese Initiation zugesprochen wurde, war Teilhabe an der Würde Jesu. Denn die Getauften verstand Paulus als mit dem Heiligen Geist beschenkt und mithin im Status der Gotteskindschaft (vgl. Röm 8,14–15; Gal 4,4–5). Die in Christus lebenden Glaubenden seien selber Gesalbte und mit dem Geist Begabte (vgl. 2Kor 1,21–22). Der in den Berichten der synoptischen Evangelien zur Taufe Jesu (vgl. Mk 1,9–11) ausgesprochene Würdestatus wurde im Kirchenbegriff auch der Nachfolgeschar zuteil.

Die christliche Taufe ist eine Befreiungstaufe, eine Hoffnungstaufe. Anders als manche religiösen Reinigungsriten wird sie nicht selbst vollzogen, sondern durch eine fremde dazu qualifizierte Person durchgeführt. Die triadische Taufformel hat keine wesentlich-magische Bedeutung (vgl. Jüngertaufen in Joh 4,2; 7,39). Entscheidend für die Wirksamkeit der Taufe ist, dass die Täuflinge das göttliche Wort kennen und dasselbe als solches anerkennen; dadurch werden sie zu Jüngern Christi.

Die Taufe war zunächst eine Bekehrungstaufe an Erwachsenen, die mit der Verkündigung Christi durch die österliche Gemeinde bekannt geworden waren. Mit dem Wandel des Christentums zur Traditionsreligion wuchsen Kinder in den christlichen Glauben der Eltern hinein. Und es entstand die Praxis der Kindertaufe. Durch deren Verwurzelung in der familiären Sitte und im Brauchtum wurde Christsein zu etwas Selbstverständlichem. Dagegen wurde und wird immer wieder die Forderung nach einer bewussten Glaubenspraxis und einer entscheidenden Hinwendung zum Christus-Glauben erhoben.

Durch viele Jahrhunderte der Kirchengeschichte strittig waren und sind die Kindertaufe und die Wiedertaufe. Die Motive der Konfliktparteien sind jeweils deutlich. Wird das Taufverständnis auf die vollmächtige Mitteilung der Gottesgabe konzentriert, dann ist die Einmaligkeit der Taufe geboten und die Kindertaufe ein Sinnbild für die Vorgängigkeit des göttlichen

Handelns vor dem menschlichen Bekennen. Wird dagegen die Bezeugung des Glaubens zentral für das Taufverständnis, dann muss die Kindertaufe abgelehnt werden und erscheint die Wiedertaufe als denkbar.

Auch wenn die Taufpraxis zwischen den Konfessionskirchen unstrittig ist, so besteht doch eine erhebliche Differenz im Taufverständnis. Dies resultiert aus dem gegensätzlichen Sakramentsverständnis und den unterschiedlichen Beziehungen, in denen die Taufe zu anderen Frömmigkeitsthemen steht. So grenzte sich das Tridentiner Konzil von der lutherischen Auffassung ab, die Sündenvergebung sei bereits in der glaubenden Erinnerung an die Taufe beschlossen (vgl. DH 1623).

Luther allerdings hatte entsprechend seinen Konfliktlinien sein Taufverständnis unterschiedlich akzentuiert. Zunächst betonte er im Gegenüber zur römischen Papstkirche den subjektiven Gebrauch der Taufe; dann stellte er in der Auseinandersetzung mit den Spiritualisten und den Wiedertäufern stärker das objektive Wesen der Taufe heraus.

Nach dem Taufsermon von 1519 war für Luther nicht der einmalige vergangene Taufakt bedeutungsvoll, sondern die jeweilige Aktualisierung der Taufgnade. Luther polemisierte gegen ein Taufverständnis, dass mit dem einmaligen vergangenen Taufakt alle Sünde getilgt und gebannt sei. Vielmehr sei die Überwindung der Sünde ein lebenslanger Prozess. Das Werk der Taufe bestehe in der göttlichen Bundeszusage im Kampf mit der Sünde und in der mit der göttlichen Vergebung einhergehenden Zurückdrängung der Sünde. In der Schrift „De captivitate Babylonica" (1520) charakterisierte Luther die Taufe durch die Leitbegriffe Verheißung (promissio) und Glaube (fides). Die Taufe wirke nicht durch den bloßen Handlungsvollzug (ex opere operato); sie sei eine göttliche Verheißung, die lebenslang den Getauften trösten könne. Die Taufe sei kein ohne Glauben wirksames Gnadenzeichen, sondern ein die Wortbedeutung abbildendes Zeichen, das allein durch den Glauben wirksam werde.

Durch die Konflikte mit spiritualistischen Gruppen um Kindertaufe, Bedeutung der äußeren Taufhandlung und Wiedertaufe hob Luther die objektive Bedeutung der Taufe in Heilszueignung und bleibendem Gottesbund hervor. So betonte er im Großen und Kleinen Katechismus (1529), die Taufe sei Werk Gottes, im Glauben wirksam. Wegen des ewigen Geschenkcharakters der Taufe sei eine Wiedertaufe unmöglich. Kein Taufwilliger könne sich auf seinen Glauben taufen lassen, weil keiner sich seines Glaubens wirklich gewiss sein könne, sondern die Taufe müsse als Gottes Werk aufgefasst werden, nur so könne sie Trost spenden in aller Schwäche des Glaubens. Deshalb verteidigte Luther nachdrücklich auch die Kindertaufe. Die Konfessionskirchen sind bemüht, die spannungsvollen Aspekte der Taufe zu berücksichtigen und zusammenzuhalten. Mit der evangelischen Konfirmation, bei der die Getauften nach einer Glaubensunterweisung ihr Glaubensbekenntnis ablegen, und faktisch auch mit der römisch-katholischen Firmung, bei der die Getauften nach einer Unterweisung ihren Glauben bezeugen und durch den Bischof gesalbt werden, haben die Konfessionskirchen Zeichenhandlungen geschaffen, in denen für die geübte Praxis der Kindertaufe die Glaubensbezeugung nachgeholt wird.

d. Abendmahl

Das Abendmahl ist eine gemeinschaftliche äußere Handlung, die auf eine Vergegenwärtigung Christi gerichtet ist. Dadurch werden die Glaubenden in ihrer Gemeinschaft mit Christus und in ihrer Gemeinschaft untereinander gefördert. In den Einsetzungsworten, die als Wiederholung der Worte Jesu bei seinem letzten Mahl mit seinen Jüngern vor seiner Gefangennahme und Kreuzigung gesprochen werden, wird an die gemeinschaftsstiftende Liebe Christi erinnert; die Liebe der Teilnehmenden wird immer wieder neu angeregt. Das Abendmahl stärkt in den Empfangenden das eigene und das gemeinschaftliche geistige Leben im Sinne Christi. Immer wieder strittig in der Geschichte des christlichen Glaubens war und ist die Art, wie die äußere Handlung auf die inneren Wirkungen bezogen werden kann.

Mehrere neutestamentliche Texte erinnern an die Einsetzung des Herrenmahls: Mk 14,22–25; Mt 26,26–29; Lk 22,15–20; 1Kor

11,23–25, außerdem Joh 6,51–58. Alle diese Texte, die in ihrem Wortbestand gegeneinander zahlreiche Abweichungen haben, sind keine historischen Berichte eines einmaligen Ereignisses im Leben Jesu und seiner Jünger. Diese Texte belegen eine sehr alte Mahlpraxis der ersten Christengemeinden. Brotwort und Kelchwort rahmten nach antiker Sitte das gemeinsam eingenommene Mahl. In einer liturgischen Verdichtung wird der Tod Jesu in seiner Heilsbedeutung gemäß der Sühnopfervorstellung verkündigt, der Bund Gottes mit seiner Gemeinde bekräftigt und das künftige Messiasmahl in der jetzigen Tischgemeinschaft vorweggenommen.

Das Abendmahl ist das Trennungsmerkmal der Konfessionskirchen. Römische Kirche und reformatorische Kirche, aber auf Seiten der Reformation auch lutherische und reformierte Kirche standen scharf gegeneinander. Die Zulassung zum Abendmahl und die Teilnahme daran zeigten an, welche Personen welcher Kirche angehören. Zwischen den Kirchen bedeutet die gegenseitige Anerkennung des Abendmahls (der Eucharistie) die gegenseitige Anerkennung der Kirchlichkeit. Diese Anerkennung verweigert die Römische Kirche nach wie vor den reformatorischen Kirchen, die ihren Streit untereinander jetzt beigelegt haben.

Die Römische Lehre, mit der sich die Reformatoren auseinandersetzten, war auf dem Konzil von Florenz 1439 im Dekret für die Armenier beschrieben. Beim Sakrament der Eucharistie sei material, so wurde den Armeniern befohlen, vor den Einsetzungsworten dem Wein etwas Wasser beizumischen (vgl. DH 1320). Formal sei der sprechende Priester die sprechende Person Christi; durch diese Sprechidentität fände die Wandlung (Konsekration) der Substanzen statt, wobei der ganze Christus in jedem konsekrierten Teil enthalten sei (vgl. DH 1321). Effektiv bringe das Sakrament Einung mit Christus und Stärkung des geistlichen Lebens (vgl. DH 1322 und 846). Dadurch dass im Priester Christus spreche und sein Opfer aktualisiere, wurde die Eucharistie als immer erneuertes Messopfer (Opferdarbringung im Mess-Gottesdienst) verstanden.

Alle reformatorischen Kirchen sind in der Verwerfung des Messopfers einig. In der liturgisch vollzogenen Wiederholung des

Opfers Christi wurde eine Gefährdung des einmaligen Opfertodes Jesu am Kreuz und ein Weg zur Werkgerechtigkeit gesehen. Weil die erlösende und versöhnende Christus-Tat ein für alle Mal geschehen sei, könne die Versöhnung nicht immer neu in der Messe durch den Priester vollzogen werden und sei folglich das Messopfer blasphemisch. Die gesamte Gemeinde könne das Abendmahl unter beiderlei Gestalt (Brot und Wein) genießen. Gegen die römische Auffassung, das in der Messe wiederholende dargebrachte Opfer könne als ein frommes Werk den Lebenden und Verstorbenen mitgeteilt werden, betonte Luther 1520 in der Reformschrift „De captivitate Babylonica", das Sakrament sei wirksam nur im Glauben, der das Verheißungswort annehme. Luther kritisierte die Beschränkung, dass die Gemeinde nur Brot und allein der Priester Brot und Wein genieße, sowie die Transsubstantiationslehre (Wesensverwandlung von Brot und Wein in Leib und Blut Christi) als unbiblisch.

Mit der Ablehnung der Messe fiel der Priesterstand, der besondere Hostienkult, die privaten Messen und der die Privatmessen tragende Finanzapparat dahin. Das Abendmahl sei, so die reformatorische Auffassung, eine Mahlfeier der Gemeinde und darum öffentlich. Die Reformatoren sahen im Wort, in seiner personalen Anrede und Zusage das glaubenweckende Heilsmittel. Sie lehnten eine dingliche und gleichsam naturhafte Mitteilung der Gnadenkräfte ab.

Das gegenreformatorische Trienter Konzil beschloss am 11. Oktober 1551 das Dekret über das Sakrament der Eucharistie (vgl. DH 1635-1661). Darin wurde die reformierte Position verworfen, Christus sei nur im Zeichen bildhaft (HULDREICH ZWINGLI [1484-1531]) oder in der Wirksamkeit (Calvin) gegenwärtig, und wurde gegen Luther die Transsubstantiationslehre und die Konkomitanzlehre festgeschrieben. Die Konkomitanzlehre meint die substantielle Präsenz Christi in den konsekrierten Gaben von der Konsekration an in der Zeit vor dem Gebrauch (ante usum) und nach dem Gebrauch (post usum). Deshalb hatten in der mittelalterlichen Frömmigkeit Aufbewahrung, Anbetung und Verehrung der konsekrierten Gaben (beispielsweise in Fronleichnamsprozessionen) ein so vielfältiges

Brauchtum veranlasst. Bei der Konsekration lehrten die Dominikaner, die Einsetzungsworte seien aus sich zur Wandlung kräftig; die Franziskaner lehrten die unmittelbare Umwandlung durch Gott, begleitend parallel zu den Einsetzungsworten.

Am 16. Juli 1562 wurden Lehre und Kanones über die Kommunion unter beiderlei Gestalten und die Kommunion der kleinen Kinder festgelegt (vgl. DH 1725-1734). Hier wurde den Laien und den nicht die Messe haltenden Klerikern der Kelchgenuss verweigert, aber nur unter Berufung auf die Autorität der Kirche; für kleine Kinder wurde die Verpflichtung zum Sakramentsgenuss verneint. Am 17. September 1562 wurden Lehre und Kanones über das Messopfer beschlossen (vgl. DH 1738-1759). In der Messe werde Christi blutiges (Selbst-)Opfer auf dem Altar des Kreuzes unblutig vergegenwärtigend wiederholt. Die Messe solle in lateinischer Sprache und nicht in der Volkssprache gehalten werden. Die Reform der Messe wurde von PIUS V. (Papst 1566-1572) im Missale Romanum 1570 vorgenommen.

Das 2. Vatikanische Konzil, das von JOHANNES XXIII. (Papst 1958-1963) einberufen worden war, um die Themen zu behandeln, die auf dem wegen der Besetzung des Kirchenstaats durch italienische Truppen 1870 vorzeitig abgebrochenen 1. Vatikanischen Konzil unerledigt geblieben waren, beschloss am 4. Dezember 1963 die Konstitution über die Liturgie (vgl. DH 4001-4048). Während das 1. Vatikanische Konzil ganz von Abgrenzung gegen die Moderne und Konzentration auf das Papsttum bestimmt war, gewann auf dem 2. Vatikanischen Konzil ein Geist der Offenheit und Beteiligung die Oberhand. Für die Messe wurde der Gebrauch der jeweiligen Muttersprache erlaubt (vgl. DH 4036). Die Erneuerung der Liturgie wurde durch zahlreiche Anregungen und Regeln auf neue Wege gebracht. Das Verständnis der Eucharistie wurde daran ausgerichtet, dass die Glaubenden das Geheimnis des Glaubens durch lebendige Teilnahme erfahren möchten (vgl. DH 4048). In diesem Sinne zielte die Liturgiereform darauf, die Klerusliturgie durch eine Gemeindeliturgie abzulösen. Die Gläubigen sollten an der ‚Gemeindemesse' tätig teilnehmen. Das neue lateinische Missale Romanum (1970) hatte Mustergeltung für die Messbücher in den Landessprachen (Messbuch für das deutsche Sprachgebiet 1975). Der vom 2. Vatikanischen Konzil ausgehende Erneuerungsimpuls, der schon bald an Kraft verlor, hat bisher nicht zu einer ökumenischen Einigung mit den reformatorischen Kirchen geführt.

Die aus der Reformation hervorgegangenen lutherischen und reformierten Konfessionskirchen unterschieden sich allerdings ihrerseits trennend in der Abendmahlslehre und in der Abendmahlspraxis. Diese Gegensätze wurden lange trotz der gemeinsamen Frontstellung gegen die Römische Kirche scharf ausgetragen.

Die lutherischen Kirchen übernahmen viele römische Gottesdienstelemente und feierten das Abendmahl wöchentlich im Hauptgottesdienst. Sie begriffen exegetisch und christologisch das Abendmahl vorzüglich als göttliche Gnadengabe der Realgegenwart Christi bei den Sündern in einer sakramentalen Feier. Die Lehre von der realen Gegenwart Christi in Brot und Wein im Sinne einer Konsubstantiationslehre (Leib und Blut Christi real unter Brot und Wein gegenwärtig) erforderte weitreichende Annahmen in der christologischen Zwei-Naturen-Lehre und der Teilhabe der menschlichen Natur an den Eigenschaften der göttlichen Natur (Ubiquitätslehre zur Allgegenwart der menschlichen Natur).

Die reformierten Kirchen gestalteten die Abendmahlsfeiern nüchtern, hielten sie separat nach dem Predigtgottesdienst ab und beschränkten sie auf wenige Tage im Jahr. Die Reformierten verstanden das Abendmahl vorrangig als Gedächtnisfeier an das Erlösungswirken Christi und als verpflichtenden Bekenntnisakt der Glaubenden, durch den der Zusammenhalt der Gemeinde gestärkt werde. Die Lehre von der geistig-erinnernden Gegenwart Christi schränkte die christologische Mitteilungslehre ein.

Die reformatorischen Kirchen in Europa beendeten ihre Trennung mit der Leuenberger Konkordie von 1973. In dieser Konkordie wurden die Lehrunterschiede zu Abendmahl, Christologie und Prädestination, die sich in der Reformationszeit als kirchentrennend ausgeprägt hatten, in neuem Licht gesehen und die jetzigen Lehrauffassungen als diese Kirchentrennung überwindend aufgefasst.

e. Amt

Christlicher Glaube ist sich mitteilender Glaube. Bekenntnis und Verkündigung sind dem christlichen Glauben wesentlich. Alle Glaubenden sind Zeugen des Glaubens. Nur in der gegenseitigen Mitteilung wachsen sie im Glauben. Die Verkündigung ist der christlichen Kirche aufgetragen und bestimmt ihre Frömmigkeit. Die Verkündigung geschieht vornehmlich im Gottesdienst, in der Evangeliumsrede und den Zeichenhandlungen.

Priester begegnen in den meisten institutionalisierten Religionen. Priester führen mit besonderer Autorität religiöse Rituale und Opferhandlungen durch. Sie sprechen im Namen der Gemeinschaft die Gottheit an und erteilen im Namen der Gottheit deren Segen an die Gemeinschaft. Sie sind amtliche Mittler zwischen der religiösen Gemeinschaft und der Gottheit. Priester wirken nicht charismatisch, sondern durch amtliche Stellung.

Jesus und die österliche Gemeinde beanspruchten keine priesterliche Bedeutung im Sinne einer Fortsetzung des jüdischen Opferpriestertums. Auch dort, wo an den Sprachkreis des jüdischen Tempelopferdienstes angeknüpft wurde, sollte gerade die in Christus erfolgte Beendigung dieses Opferkults und des ihn unterhaltenden Priestertums ausgesagt werden.

Mit der Etablierung kirchenorganisatorischer Strukturen wurden etwa ab 100 die charismatischen Elemente der frühkirchlichen Verkündigung zurückgedrängt; es traten ausgewiesene Leitungsämter in den Vordergrund. Das Priestertum hielt Einzug ins Christentum. Die bildliche Redeweise von der heiligen bzw. königlichen Priesterschaft der Glaubenden, die Gott geistliche Opfer bringen (vgl. 1Petr 2,5.9), und die abkürzende Redeweise vom Abendmahl als Opfer wurden im 3. Jahrhundert zur Brücke, die Eucharistie buchstäblich als Opfer und den die Abendmahlsworte sprechenden Kleriker buchstäblich als Priester (Opferpriester) aufzufassen. Das allgemeine (nun auf das Innere beschränkte) Priestertum aller Glaubenden wurde durch das besondere äußere Priestertum der Kleriker überformt. Das Priestertum wurde faktisch auf die Kleriker beschränkt. Die Laien wurden geistlich herabgestuft, sie wurden äußerlich von der Heilsvermittlung durch die Kleriker abhängig. Dies machte sich auch im Mönchtum bemerkbar. Die von Cluny ausgehende Benediktiner-Reform im 11. Jahrhundert beispielsweise gliederte die Klostergemeinschaft neu in Priestermönche und Laienmönche und wies den Mönchsständen, die einen unterschiedlichen Tagesablauf hatten, getrennte Räume zu. Der in der römischen Reichskirche etablierte Vorrang der Kleriker wurde auf dem Konzil von Florenz 1439 durch die Lehre von der sakramentalen Bedeutung der Weihe fixiert, wonach den Geweihten eine unauslöschliche Prägung (character indelebilis) gegeben werde (vgl. DH 1326. 1313).

Die Reformation beendete das besondere Priestertum der Kleriker. An die Stelle des Opferpriesters trat der Prediger, an die Stelle der Messe die Wortverkündigung. Da das antireformatorische Konzil von Trient sowohl für die Eucharistie den Messopfergedanken (vgl. DH 1743) als auch für die Weihe die Verbundenheit von Opfer und Priestertum (vgl. DH 1764) bei Ablehnung eines allgemeinen Priestertums (vgl. DH 1767) formulierte, war damit die bis heute gültige scharfe Konfliktlinie zwischen den Konfessionskirchen markiert.

Nach protestantischem Evangeliumsverständnis haben alle Glaubenden in und durch Christus eine unmittelbare Gottesbeziehung, die keiner besonderen Vermittlung bedürfe. Luther hob in seiner Reformschrift „An den christlichen Adel" (1520) den Unterschied von Klerikern und Laien auf und maß allen Christen nach 1Petr 2,9 und Joh 6,45 die gleiche geistliche Würde zu. Luthers an biblische Aussagen anknüpfende Rede vom allgemeinen Priestertum ist missverständlich und eher verdunkelnd, weil er ja die priesterliche Struktur des Verkündigungsgeschehens gerade bestritt. Es gebe in der Kirche keine Personengruppe, die das Christusgeschehen vermitteln könne und müsse.

Das geistliche Amt des Predigers, das einen besonderen Berufsstand ausmacht, erwächst nach reformatorischer Auffassung aus dem allgemeinen Verkündigungsauftrag und hat keinerlei priesterliche Aufgaben. Es soll die Ordnung unter den gleichberechtigten Christen erhalten und das willkürlich-übermächtige Hervortreten Einzelner verhindern. Deshalb beauftragt die Gemeinde eine oder mehrere Personen mit der Leitung ihrer Zusammenkünfte. Die Leitungsperson soll gerade die Vielfalt der Gaben und Gesichtspunkte in der Versammlung zum Zuge kommen lassen. Deshalb wählen alle Christen einer Gemeinde diejenige Person, der sie das geordnete Amt zur öffentlichen Predigt und Sakramentsverwaltung übertragen wollen und der sie als urteilsfähige Gemeinde gegenüberstehen.

Alle Christen sind zur Verkündigung des Christusgeschehens berufen. Ihr Zeugnis des Glaubens sei mit einem klaren Verständnis des Evangeliums verbunden. Das vorher den Bischöfen und Konzilien bzw. dem Papst vorbehaltene Lehramt sei Sache aller. Ein biblisch fundierter summarischer Begriff des christlichen Glaubens sei allen möglich. Mit seinem Kleinen Katechismus (1529) gab Luther jedem Hausvater die Formulierungen an die Hand, sein Hauswesen zu unterrichten. Gelehrte seien nur zur Einzelexegese vonnöten.

Die reformatorische Theologie bestritt die heilvolle Bedeutung der Riten. Gegen alle menschlichen Satzungen, Ordnungen und Zeremonien wurde das reine Gnadenhandeln Gottes betont. Eine immer stärker ausgefächerte Beachtung von Riten bringe eine immer größere Versuchung zur werkhaften Selbstgerechtigkeit. In der Gestaltung ihrer Einrichtungen und Satzungen habe die Kirche viel Freiheit (vgl. CA 15). Ihre Satzungen müssten allein dem Frieden und guter Ordnung verpflichtet sein. Alle Satzungen und Traditionen, die gemacht würden, um dadurch Gottes Gnade zu verdienen (beispielsweise Klostergelübde, Speisebestimmungen und Fastentage), wurden strikt abgelehnt. Die Ordnung müsse nur der Grundaufgabe der Kirche, ihrer Verkündigung, zweckdienlich sein. Sie könne durchaus an neue Einsichten verändernd angepasst werden (vgl. CA 28).

Der Konflikt zwischen den Konfessionskirchen um das Amtsverständnis wird dadurch noch besonders akzentuiert, dass das Römische Verständnis des Weihesakraments und der Eucharistie Frauen vom Priestertum ausschließt. Wegen seines sakramentalen Charakters bedürfe das christliche Priestertum der Zeichenhaftigkeit und erfordere deshalb eine natürliche Ähnlichkeit des Priesters mit Christus, so die im Auftrag von PAUL VI. (Papst 1963-1978) erstellte Erklärung der Glaubenskongregation von 1976 (vgl. DH 4590-4606, besonders 4600). Die reformatorischen Kirchen in Deutschland haben die Frauenordination zunächst individuell während des Kirchenkampfes und im Zweiten Weltkrieg, dann gesetzlich seit 1958 eingeführt.

In der Römischen Kirche ist die Verheiratung von Priestern verboten. Das Gebot an die verheirateten Kleriker zu sexueller Enthaltsamkeit wurde erstmals Anfang des 4. Jahrhunderts auf der Synode von Elvira beschlossen (vgl. DH 119). Im Jahr 1123 untersagte das 1. Konzil im Lateran (9. ökumenisches Konzil) Klerikern das Zusammenleben mit Ehefrauen oder Konkubinen (vgl. DH 711). Auf dem antireformatorischen Konzil von Trient wurde die Verheiratung von geweihten Klerikern und durch Gelübde gebundenen Ordensleuten untersagt (vgl. DH 1809). Die Reformation beendete den Zölibat.

f. Bildergebrauch

Im frühen Christentum galt zunächst selbstverständlich das jüdische Bilderverbot des Dekalogs. Im Neuen Testament ist die Bilderverehrung Kennzeichen der Heiden (vgl. Röm 1,23.25; Apg 17,29). Vor einem Rückfall in die Bilderverehrung wird gewarnt (vgl. 1 Thess 1,9; 1 Kor 10,7; Gal 5,20).

Trotz des Dekalogverbots entwickelte sich im frühen Christentum aus noch nicht geklärten Gründen eine Bilderverehrung. In vorkonstantinischer Zeit waren zumeist symbolische Darstellungen (Fisch, Brotkorb, Kreuzanker, guter Hirte) und szenische Darstellungen (Abendmahl) besonders an Grabstätten (Katakombenmalerei) bereits vorhanden. Sehr alt ist das Symbol der Hand. Bereits im frühen Christentum bedeutete die Darstellung einer einzelnen Hand die Gegenwart Gottes. Gottvater wurde nicht in ganzer Person dargestellt. Vielmehr wurde die erhobene Hand mit erhobenem Unterarm aus der byzantinischen Herrschergebärde religiös überformt. Die erhobene Hand meint Christus als Weltenherrscher. Aus diesem Herrschaftsgestus entwickelte sich die bildliche Segensgebärde, wie sie in vielen Darstellungen bereits vom Christuskind, das auf dem Schoß seiner Mutter sitzt, gezeigt wird.

aa. Bilderverehrung und Bilderverbot

In der Geschichte der Religion ist es ein weit verbreitetes Phänomen, dass die verehrten Gottheiten bildlich dargestellt wurden. Diese Darstellungen reichen von wenig behauenen Steinen oder wenig geschnitzten Holzpfählen bis zu kunstvollen Darstellungen von Göttern oder Heiligen. Die Bedeutung des Bildes zur dargestellten Gottheit wird durchaus unterschiedlich gedacht. Es kann sowohl eine Wesenseinheit zwischen Bild und dargestellter Gottheit angenommen werden als auch ein Repräsentationsverhältnis. Wegen der besonderen Gegenwartsbeziehung der Gottheit zum und im Bild wird dem Bild kultische Pflege zuteil. So können Opfer dargebracht und Salbungen vorgenommen werden, aber auch Speisen gereicht werden. In häufigen Fällen wird das Bild auch bekleidet und bei Prozessionen hervorgehoben mitgeführt.

Höhlenmalereien können nicht nur als Wunschbeschwörung von Jagderfolgen, als Wunschmagie für die Jagdtiertötung verstanden werden; sie sind auch Verehrungsmedien für chthonische Gottheiten. Also nicht nur religiöse Nützlichkeitspraktiken, sondern auch nutzenfreier Ausdruck anbetenden Betroffenseins durch bestimmte ortsgebundene Jenseitsmächte zeigen sich in den Höhlenbildern. Die Bilder waren teilweise kombiniert mit Altären.

Die Wertung des Bildes in den Religionen prägt nachhaltig die Stellung der Kunst in diesen religiösen Lebens- und Kulturkreisen. So brachte die strikte Ablehnung der Bilder im Islam es mit sich, dass die im Islam bildende Kunst sich allein auf das Ornament und den Schmuck der arabischen Schrift konzentrieren konnte.

Innerhalb der Religionsgeschichte lässt sich beobachten, dass die Vergegenwärtigung göttlicher Macht in Bildern wohl der vorrangige Grund für das Aufkommen von Bilderverehrung bzw. für die Entwicklung der Bilderverehrung aus dem Fetischismus ist. Genau dieser Sachverhalt dürfte im Alten Testament zu der strikten Ablehnung des Bilderdienstes geführt haben. Innerhalb der israelitisch-jüdischen Religion, wie sie uns durch die verschiedenen alttestamentlichen Zeugnisse dargestellt wird, gab es eine Entwicklung von einer bildhaften Darstellung der Gottheit über eine scharfe Auseinandersetzung um bildhafte Darstellung bis hin zu einem strikten Verbot bildhafter Darstellungen Gottes.

Im Alten Testament begegnet das Bilderverbot im Dekalog (vgl. Ex 20,4; Dtn 5,8), eingeschoben in das Verbot der Verehrung anderer Götter (vgl. Ex 20,3.5f; Dtn 5,7.9f). Das Bilderverbot untersagt sowohl den Bilderdienst fremder Götter als auch die Aufstellung von JHWH-Bildern (vgl. Dtn 4,15-20). JHWH ist nicht nur gegenüber anderen Göttern eifersüchtig (Ex 34,14), sondern auch auf die seine Herrlichkeit und Ehre einschränkenden Bilder. Der unsichtbare Gott, der vom Himmel redet (vgl. Ex 20,22) und am Tag seiner Offenbarungsrede gestaltlos war (vgl. Dtn 4,15), darf nicht in Bildern verehrt werden. Diese sind seiner Größe unangemessen.

Im Alten Testament ist es verboten, ein geschnitztes oder gegossenes Bild anzubeten (vgl. Dtn 27,15), fremde Götter im Metallbild zu verehren (vgl. Ex 20,23; 34,17; Lev 19,4) oder ein Bild JHWHs herzustellen, dass den JHWH-Dienst gefährden würde. Einen bildhaften JHWH-Dienst hat es besonders im Nordreich gegeben (vgl. Ri 17,3f). Nach der Reichsteilung v926 wollte Jerobeam I. die Selbständigkeit des Nordreichs auch kultisch verdeutlichen und ließ JHWH in Bethel und Dan jeweils durch die Errichtung eines Stierbildes ehren, das, wohl als Podest für die Gottheit gemeint, die Macht und Hilfefähigkeit JHWHs anschaulich machen sollte (vgl. 1Kön 12). JHWH mit einem Stier zu vergleichen, war in alten Schichten des Alten Testaments durchaus unanstößig (vgl. Num 23,22; 24,8) und lässt Verbindungen zur Geschichte um das goldene Kalb (vgl. Ex 32) herstellen. Wohl auch die Bezeichnung ‚der Starke Jakobs' (vgl. Gen 49,24; Dtn 33,17; 1Kön 22,11) meinte wohl eine Anspielung auf einen Stier. Doch wurde diese Gleichnis-Sprache von den Propheten völlig gemieden.

Der bildlose JHWH-Dienst, wie er besonders in Jerusalem gepflegt wurde, unterschied die israelitische Religion markant von der zeitgenössischen Umwelt. Die Lade im Jerusalemer Tempel war Thronsitz des als unsichtbar gegenwärtig gedachten Gottes. In den alttestamentlichen Epiphanie-Schilderungen (vgl. Ex 19; Ex 33; 1Kön 19; Jes 6; Ez 1) bleiben die anthropomorphen Beschreibungselemente deutlich im Hintergrund. Auch der Tempelweihspruch Salomos (vgl. 1Kön 8,12f) verweist auf die Differenz zwischen dem Schöpfergott und der Kreatur (hier der geschaffenen Sonne).

bb. Byzantinischer Bilderstreit

Seit dem 5. Jahrhundert fand die Bilderverehrung hauptsächlich im hellenistischen Oströmischen Reich eine große Verbreitung. Dabei dürften besonders Mönche die Bilderverehrung gefördert haben. Die Bilderverbreitung führte innerhalb der Ostkirche zu einem heftigen Konflikt. Zwei große Denkschulen standen sich gegenüber.

Die Schule der Bilderverneiner (Ikonoklasten) hielt an der Forderung der Bildlosigkeit fest und untermauerte diese Verneinung christologisch. Nicht nur die Bibel und die kirchliche Tradition verböten die Bilderverehrung, sondern die Gottheit sei auch undarstellbar, Christi Menschheit aber ganz in die Gottheit versenkt und somit ebenfalls undarstellbar. Die Heiligen in ihrer überirdischen Verklärung könnten keine Bildvorlagen sein.

Die Schule der Bilderverehrer (Ikonodulen) argumentierte mit der Förderung der Erbauung und der moralischen Unterweisung. Die Menschheit Jesu lasse gerade die Darstellung zu. In besonderer Weise wurden Christusbilder, Marienbilder und Heiligenbilder in der Volksfrömmigkeit verbreitet.

Der byzantinische Bilderstreit im 8. und 9. Jahrhundert lässt sich nicht eindeutig erhellen. Der Beginn unter LEON (LEO) III. (Kaiser 716–741), der die zweite Belagerung Konstantinopels durch die Araber (717–718) erfolgreich beendet hatte, dürfte sowohl durch muslimische Aktivitäten als auch durch bestimmte christliche Gruppen (Paulizianer) ausgelöst worden sein. Leon III. sah sowohl die Reinheit der Lehre als auch die Stellung des Kaisers innerhalb der Kirche durch das sehr erstarkte Mönchtum bedroht. Der Bilderstreit begann um 726 mit Disputationen und bekam 730 durch ein Kultverbot strafrechtliche Dimensionen. Wegen der päpstlichen Unterstützung des Bilderdienstes wurden die byzantinischen Gebiete des Westens einschließlich der päpstlichen Besitztümer dem Papsttum entzogen und dem Patriarchen von Konstantinopel unterstellt. Der Sohn, CONSTANTINUS V. (Kaiser 741-776), ging scharf gegen die bilderfreundlichen Mönche vor und ließ 754 auf einer Reichssynode die kaiserliche Macht über die Kirche als apostolisch bestätigen. Leon III. charakterisierte die Bilderverehrung als Götzendienst, während Constantinus V. christologisch argumentierte: Ein Bild müsse wesensgleich mit dem Urbild sein; das bedeute ein Bild Christi müsse auch seine göttliche Natur darstellen, das sei aber unmöglich; damit führe eine bildliche Darstellung Christi zu einer Trennung der beiden Naturen Christi, das aber sei Nestorianismus; das einzige wesensgleiche Bild Christi sei die Eucharistie.

Zu einer Beruhigung des Streits kam es unter der vormundschaftlichen Herrschaft (780-790) der Kaiserwitwe IRENE (selbst Kaiserin 797-802). Im Einvernehmen mit HADRIAN I. (Papst 772-795) wurde auf dem 2. Konzil von Nikaia (Nizäa) 787, dem 7. ökumenischen Konzil, die bildliche Darstellung von Jesus, Maria, den Engeln und den Heiligen in Farbe, Stein oder geeigneten Materialien erlaubt (vgl. DH 600-603. 605-608). Die Darstellung stärke Erinnerung und Sehnsucht nach dem Dargestellten, nach dem Urbild. Allein Gott komme Anbetung zu. Bilder und geweihte Gegenstände könnten verehrt werden, denn deren Verehrung gehe auf das Urbild über, so die Begründung unter Rückbezug auf Basileios von Kaisareia in seiner Schrift ‚De spiritu sancto'. Die Verehrung der Bilder führe also zur Verehrung der dargestellten Personen.

Im Westen wurden die Ergebnisse des 2. Konzils von Nikaia, möglicherweise wegen einer falschen lateinischen Übersetzung, durch den Frankenkönig Karl (den Großen) und seine Hoftheologen abgelehnt. In diesem Sinn sprach die Frankfurter Synode von 794 eine Verwerfung aus. Papst Hadrian I. erkannte die Beschlüsse von Nikaia an.

Die Bilderverehrung wurde durch byzantinischen Herrscher LEON (LEO) V. (Kaiser 813–820), MICHAEL II. (Kaiser 820–829) und THEOPHILOS (Kaiser 829–842) erneut unterdrückt. Der politische Umschwung unter der Kaiserwitwe THEODORA führte 843 zu einer Wiederherstellung des Bilderdienstes. Dies wird seitdem am Sonntag der Orthodoxie (am ersten Sonntag der Fastenzeit) festlich erinnert. Insgesamt hat sich in der ostkirchlichen Tradition eine starke Hochschätzung des Bildes mit entsprechender kultischer Verehrung erhalten.

Während die Bilderverehrer zunächst primär didaktisch-moralisch argumentierten, wurde im Verlauf des Bilderstreites auch eine christologische Begründung entwickelt: Im Bild werde das Urbild verehrt; umgekehrt entspringe die Verehrungswürdigkeit des Bildes aus diesem göttlichen Ursprung; dieser göttliche Ursprung wiederum werde durch machtvolle Wunder beglaubigt. Das Bild Christi sei durch die Menschwerdung Gottes in Christo legitimiert, dadurch sei die Materie verklärt und den höchsten Zwecken dienstlich. Zwischen Bild und Urbild bestehe keine physische, sondern eine hypostatische Union.

cc. Heilsgeschichtliche Darstellungen

Bereits Papst Gregor der Große warb für die bildliche Darstellung der Heilsgeschichte aus didaktischen Gründen. Die des Lesens Unkundigen sollten durch Bilder Kenntnis der Bibel erhalten (vgl. Ep. XI, 13). Im Mittelalter gewann die bildliche Darstellung bestimmter Szenen der Heilsgeschichte eine große Bedeutung: Die ‚Armenbibel' will angesichts der verbreiteten Leseunkundigkeit der Bevölkerung die wichtigsten Stationen der Geschichte Gottes mit den Menschen bildlich darstellen und dadurch das heilvolle Handeln Gottes veranschaulichen. Die Armenbibel meint einen Bildzyklus von Marias jungfräulicher Empfängnis Jesu (Verkündigung) bis zur Krönung Mariens, in dem die wichtigsten Ereignisse der christlichen Heilsgeschichte dargestellt und häufig mit Gegentypen aus dem Alten Testament kontrastiert werden.

Ein wichtiges Motiv zur Änderung der Bewertung der Bilder gegenüber dem Alten Testament ist wohl darin zu sehen, dass die frühkirchliche Christologie und Trinitätstheologie Aussagen zur Heilsgeschichte und zur personhaften Existenzweise Gottes trafen. Christus wurde bildlich nicht nur in den heilsgeschichtlich wichtigen Stationen seines Erdenlebens thematisiert, sondern auch in seiner Erhöhung. Der erhöhte Christus wurde in der Würde eines himmlischen Königs dargestellt. Zwei Bildtypen, die bereits in frühchristlichen Zeiten begegnen, sind diesem Thema gewidmet: Der Typus des thronenden Christus war stark am spätantiken Herrscherzeremoniell orientiert. Der Typus der Majestas Domini ließ Christus, ganz von einer Gloriole umgeben, die das Licht als repräsentative Existenzform des Numinosen darstellt und zumeist die Form der Mandorla hat, sitzen auf einem Segment der Himmelskugel (vgl. Jes 66,1) oder des Regenbogens (vgl. Apk 4,3 und Ez 1,28).

Ein letzter Schritt führte zur bildlichen Darstellung Gottes. Der Bildtypus des ‚Gnadenstuhl' stellte seit dem 12. Jahrhundert die Heilige Dreifaltigkeit in Verbindung mit dem Leiden Christi dar: Der thronende Gottvater trägt mit beiden Händen vor sich das Kreuz, daran der leidende und sterbende Christus; oder der Leichnam Christi liegt auf dem Schoß des Vaters; in beiden Fällen schwebt der Heilige Geist in Gestalt der Taube über dem Haupt Christi. Dieses Bildmotiv griff MASACCIO (1401–1428) für eine bildhafte Darstellung der Dreieinigkeit in der Basilica di Santa Maria Novella in Florenz auf: Der personhafte Gottvater trägt das Querholz, an dem der Gekreuzigte hängt; zwischen dem Kopf des Vaters und dem des Sohnes schwebt die Taube des Geistes. Der Gedanke der Trinität soll in der Bezogenheit perspektivisch im Raum dargestellter Weltkörper zur Anschauung gebracht werden.

Innerhalb der Reformation gab es mit den Bilderstürmern (erstmals Wittenberg Januar 1522) eine wirkmächtige Bewegung, die sich gegen den mittelalterlichen Bilderdienst und Bilderschmuck polemisch absetzte. Innerhalb der lutherischen Kirche kam es aber zu keinem radikalen Bruch mit der religiösen Wertschätzung von Bildern. Luther schätzte Bilderbibeln und Bilderkatechismen sehr. Er befürwortete Bilder aus katechetischen Gründen. Demgegenüber lehnte der die reformierte Kirche prägende Heidelberger Katechismus von 1563 Bilder in der Kirche ab, weil Gottes Wort in der lebendigen Predigt und nicht durch stumme Götzen mitgeteilt werden solle (vgl. Frage 98).

g. Kirchenbau

Die frühchristliche Praxis und Auffassung des Gottesdienstes stand in markantem Kontrast zum heidnischen Kultus, der im Freien vollzogen wurde und dessen Kultstätte (Tempel) sakralen Charakter hatte durch die örtlich anwesend geglaubte Gottheit. Für die Christen dagegen konnte kein Bauwerk das Haus Gottes sein (vgl. Apg 7,44–50), sondern die Gemeinde selbst wurde als Tempel Gottes verstanden (vgl. 1Kor 3,16; 2Kor 6,16; Eph 2,21f). Der christliche Gottesdienst fand anfänglich in Räumen statt, die von einem Gemeindemitglied zur Verfügung gestellt wurden (vgl. Apg 2,46; Röm 16,5; Kol 4,15). Diese geschlossenen Räume waren reine Versammlungsstätten und hatten als Orte keine religiöse Bedeutung. Zumindest in den ersten beiden Jahrhunderten gab es keine christliche Sakralarchitektur.

Die ältesten Textnachrichten und Baufunde aus dem 3. Jahrhundert deuten einen Wandel an. In Dura-Europos am Euphrat wurde das bisher älteste nachweislich dem christlichen Gottesdienst gewidmete Gebäude aus dem zweiten Viertel des 3. Jahrhunderts aufgefunden: es ist ein für den Gottesdienstgebrauch eingerichtetes Haus und nur an der Ausstattung in seiner religiösen Nutzung erkennbar. In der zweiten Hälfte des 3. Jahrhunderts scheinen nicht wenige Gemeinden eigene gottesdienstliche Versammlungsgebäude besessen zu haben, dies belegen Textnachrichten bei EUSEBIOS VON KAISAREIA (in Palästina) (ca. 260–340) in seiner „Kirchengeschichte" (vgl. 7,13; 10,2,1). Wie diese Gebäude ausgesehen haben und wie sie gestaltet waren, lässt sich nicht ermitteln. Es lässt sich somit nicht feststellen, ob in vorkonstantinischer Zeit die christlichen Kultusgebäude eine eigene Architektur hatten.

Mit Constantinus I. änderte sich die Lage fundamental. Bald nach seinem Sieg an der Milvischen Brücke (312) ließ Constantinus in Rom die monumentale fünfschiffige Lateransbasilika errichten, das erste herrschaftliche Kirchengebäude, ein mit Thermen und Theatern vergleichbarer Großbau von 100 Meter Länge und 55 Meter Breite. Der außen schmucklose, innen kostbar mit Marmor ausgestattete Ziegelbau, der einen von Säulen getragenem hölzernen Dachstuhl hatte (Satteldach über dem Mittelschiff, Pultdach über den Seitenschiffen), war von Ost nach West gerichtet. Das breite und durch Fenster im Obergaden gut erhellte Mittelschiff, in dem durch Schranken der Prozessionsweg für die Kleriker und das Presbyterium abgeteilt waren, schloss im Westen mit einer Apsis ab.

Constantinus schuf in Rom als zweiten Typ die Memorialkirche. Über dem Grab des Petrus am Vatikan ließ er eine fünfschiffige Basilika errichten, der im Westen ein über die Breite der Halle hinausgehender quergestellter Baukörper vorgelagert war. Dieses hell erleuchtete Querschiff barg schreinartig das an der Apsissehne gelegene Petrus-Grab, zu dem die Pilger vom Torbau des Atriums durch den Triumphbogen am Mittelschiffsende geführt wurden. Die Petrus-Basilika wurde zum Muster für die architektonische Aufbereitung des Märtyrerkults. Die Paulus-Basilika in Rom folgte demselben Muster.

Die rege Kirchenbautätigkeit seit dem 4. Jahrhunderts war am Muster der basilikalen Halle mit apsidialem Abschluss des Mittelschiffs orientiert. Dieser Gebäudetypus, im vorchristlichen Hellenismus am Rande städtischer Platzanlagen zur Aufnahme größerer Menschenansammlungen entwickelt, war sehr tauglich für den christlichen Gottesdienst. Die Gemeindekirchen waren zumeist dreischiffig, die repräsentativen Bauten fünfschiffig, in Nordafrika auch mit einer noch größeren Zahl von Schiffen (bis zu neun). Das Grundmuster der basilikalen Säulenhalle wurde variiert im Typus der Emporenbasilika, der Querhausbasilika, der Kreuzbasilika, der Vierungsbasilika, der Kuppelbasilika, der Doppelbasilika sowie in den variablen Baukörperkomplexen bei

Memorialkirchen. Im 5. Jahrhundert setzte sich überall die Ostung der Gebäude entsprechend der Gebetsrichtung durch. Vornehmlich in der östlichen Reichshälfte breitete sich auch der Typus des Zentralbaus aus.

Der Kirchenbau war seit dem plötzlichen Aufblühen im 4. Jahrhundert eng verknüpft mit der Reliquienverehrung. Religionsgeschichtlich ist die verehrende Aufmerksamkeit für Überbleibsel eines mit heiliger Kraft begabten Menschen, für seinen Leichnam oder Teil desselben, aber auch für bestimmte Besitztümer, weit verbreitet. Im Christentum nahm die Reliquienverehrung ihren Ausgang von den Märtyrergräbern (insbesondere vom Petrus-Grab in Rom) und den über ihnen errichteten Memorialkirchen.

In der gesamten Reichskirche wurde es zur liturgischen Regel, die Eucharistie nur an Altären zu feiern, die durch Reliquien geweiht sind. Dazu wurden Reliquien entweder in den festen Altartisch eingefügt oder auf den beweglichen Tisch aufgelegt. Wegen des großen Bedarfs an Reliquien wurden die Gebeine der Heiligen nicht nur zersplittert, sondern auch zahlreiche Gegenstände, die Christus oder die Heiligen berührt haben sollten (beispielsweise Kreuz, Rock, Dornenkrone, Grabtuch, Schweißtuch, Windeln usw.), zu Reliquien gemacht.

HELENA (ca. 257–330), die Mutter des Kaisers Constantinus I., gab einen großen Impuls zum Aufspüren und Sammeln von Reliquien. Ihr wurde später legendarisch zugeschrieben, das Kreuz Christi wiedergefunden zu haben. Die Vielzahl von Altären in den größeren mittelalterlichen Kirchen führten zu einer immensen Nachfrage und zu einem florierenden Handel mit Reliquien.

Die Reformation brachte für die Reliquienverehrung und für den Kirchenbau einen tiefen Einschnitt. In den reformatorischen Kirchen wurde die Reliquienverehrung abgeschafft. Das Reliquienwesen mit seinen Betrügereien und Fiktionen sei unnötig und unnütz; sein Anspruch, ein frommes Werk zur Sündenvergebung zu sein, wurde als widergöttlicher Unsinn verurteilt. Das antireformatorische Konzil von Trient bestätigte demgegenüber am 3. Dezember 1563 die Verehrung der Reliquien der Heiligen (vgl. DH 1822).

Der Kirchenbau wurde durch die Reformation vorrangig auf die Wortverkündigung ausgerichtet. Die Predigtkanzel neben oder über dem Altar formierte den Kirchenraum. Die Förderung von Gemeindegesang und Kirchenmusik gab der Orgel mit kunstvollem Prospekt zunehmend Gewicht.

2. Heilige Schrift

Für die Gestaltung und Entwicklung von Religion ist höchst bedeutsam, ob Berichte oder Regeln schriftlich niedergelegt sind, die in den Rang heiliger Texte gelangen. Gewinnen bestimmte Texte für eine Religion konstitutives Ansehen, so werden durch die Überlieferung und Auslegung dieser Texte Rahmenbestimmungen für die Mitglieder dieser Religionsgemeinschaft geschaffen. Reformbestrebungen müssen dann immer auch auf diese Texte bezogen sein. Die heiligen Texte sind intern eine wesentliche Legitimationsinstanz für Lehre und Lebensregeln. Die Legitimation erfordert im Außengespräch, die Herkunft der heiligen Texte besonders zu qualifizieren und auszuweisen. Der Blick in die Auslegungsgeschichte belehrt, dass sich höchst widersprüchliche Auslegungsströmungen auf einzelne Stellen berufen konnten. Diese Legitimationskonflikte machten die Ausbildung von Auslegungsregeln unabweisbar.

a. Aneignende Auslegung

Das Christentum entstand aus dem Judentum, für das die heiligen Texte der hebräischen Tradition besonders nach der Zerstörung des Zweiten Tempels im Jahr 70 wesentlich waren. Die jüdische Bibel war für Jesus und seine Anhängerschaft die selbstverständliche heilige Schrift. Aus dieser Tradition schöpften sie; mit dieser Tradition setzten sie sich auseinander. Die Beziehung zur jüdischen Bibel prägt das Werden der frühen Kirche.

Die Ablösung des Christentums vom Judentum führte zu einer komplizierten Aneignung, Umdeutung und Abstoßung der jüdischen Bibel. Das Judentum legte seinerseits den kanonischen Bestand seiner heiligen Schriften teilweise in Abgrenzung zum christlichen Gebrauch fest. Für die christliche Kirche wurde die jüdische Bibel zum Alten Testament, zum Dokument des Alten Bundes. Die alttestamentlichen Schriften wurden aus Perspektive des Glaubens an Jesus als den Christus gedeutet. Das im Alten Testament niedergelegte Reden und Handeln Gottes ziele auf Christus hin; Christus sei die Erfüllung der alttestamentlichen Verheißungen. Aussagen über Israel werden als Aussagen über die Kirche gedeutet.

Die neutestamentlichen Schriften übten entweder eine typologische oder eine allegorische Auslegung der prophetischen und gesetzlichen Texte des Alten Testaments. Bei der typologischen Auslegung wurden die Ereignisse und Gestalten des Alten Testaments zu Vorabschattungen des künftigen Christusgeschehens. Bei der allegorischen Auslegung wurde der Text auf einen tieferen Sinn hin, der im Wortlaut nur gleichnishaft vorliege, entschlüsselt.

Die frühchristliche Auslegungskunst musste darlegen, wie die israelitisch-jüdischen Religionstexte als göttlich inspiriert ins Christentum aufgenommen werden können. Hier sei beispielhaft auf Origenes und seine Ausführungen in „De principiis" IV,1–3 verwiesen. Die Göttlichkeit, d.h. die göttliche Inspiriertheit der biblischen Schriften erwies Origenes eng verzahnt erstens aus der einzigartigen supranationalen Verbreitung des mosaischen Gesetzes und der Lehren Christi (Zustimmungsargument) und zweitens aus der durch diese Wirksamkeit bezeugten Erfüllung von alttestamentlichen und neutestamentlichen Weissagungen und aus der daraus belegten Göttlichkeit Christi (Erfüllungsargument). Gegen MARKION (ca. 85–160) stellte Origenes fest, dass Christus nicht den Unwert, sondern die Inspiriertheit des Alten Testaments erwiesen habe, aber auch erst er. Dies könne von vielen wegen ihrer Unbildung und wegen der Unterschiede zwischen dem buchstäblichen Wortlaut und den Wortlehren (dogmata) an vielen Schriftstellen nicht erkannt werden. Mit

Hinweis auf 1Kor 2,4 und 2Kor 4,7 betonte Origenes die Göttlichkeit jedes Schriftwortes. Hermeneutisch entwickelte Origenes die Lehre vom dreifachen Schriftsinn: Der leibliche (sarkische) Schriftsinn sei der Wortlaut. In ihm liege nicht die Kraft Gottes (vgl. 1Kor 2,5), aber er bessere die Menge. Der seelische (psychische) Schriftsinn für die Fortgeschrittenen führe über den materiellen Inhalt hinaus (vgl. 1Kor 9,9f), erschließe aber nicht das göttliche Geheimnis. Dies tue erst der geistige (pneumatische) Schriftsinn für die Schüler des göttlichen Geistes; die Schriftwissenschaft gehe hier über in die freie Erkenntnisfülle der göttlichen Mysterien.

Origenes praktizierte die Schriftauslegung allerdings im Stil einer Duplizität, nämlich in der Kontrastierung von leiblichem und geistigem Schriftsinn. Der Aufstieg der Seele zu Gott, dieser Kerngedanke der Soteriologie des Origenes, prägte auch den Aufstieg vom leiblichen zum geistigen Schriftsinn. Der geistige Schriftsinn erschließe die Wahrheit des Logos in kosmischer Weite und gebe dem Rezipienten heilswirksame Teilhabe am göttlichen Sein. In erzieherischer Absicht reize Gott dazu, in dem ihm unwürdigen Wortlaut den geistigen Sinn mit dem ihm allein würdigen Gottesbild zu suchen.

Gegen zeitgenössische Tendenzen der Gnosis band Origenes die Geistwirksamkeit grundsätzlich an den Wortlaut der Schrift. Doch angesichts der Widersprüche vieler Schriftstellen sah er die Göttlichkeit und Irrtumslosigkeit der Schrift nicht im Wortlaut, sondern in der pneumatischen Wortlehre. Die eigene Schriftauslegung unterstellte er bei schwierigen Stellen der kirchlichen Lehre. Damit stand er in verbreiteter Praxis. Die allegorische Auslegung wurde wegen ihrer Variabilität schon von Cyprianus und Tertullianus an das Glaubensbekenntnis (regula fidei) und an das kirchliche Lehramt gebunden.

b. Kanonische Geltung

Indem die Kirche sich zeitlich, räumlich, sozial und kulturell ausdehnte, wurde die Frage unabweisbar, welche Erinnerungen und Überlieferungen der Verkündigung Jesu und der ersten

Glaubenszeugen für die christliche Verkündigung und Frömmigkeit maßgeblich sein sollten. Da es sehr verschiedene Frömmigkeitsströmungen innerhalb der Kirche gab, wurde in den Erinnerungsstücken nach Orientierung gesucht. Das Anwachsen der religiösen Phantasieproduktionen verlangte, echtes Glaubenszeugnis von Wildwuchs zu unterscheiden. Die Ausbildung des Kanons begann.

Die jüdische Bibel wurde ergänzt durch die christlichen Schriften. Die Sammlung neutestamentlicher Schriften trat an die Seite der alttestamentlichen Schriften. Um 200 war ein Grundstock neutestamentlicher Schriften eingeführt, denen kanonische Würde zuerkannt wurde; das waren die vier Evangelien, die Apostelgeschichte, die Paulus-Briefe und einige katholische Briefe. Bei einigen neutestamentlichen Schriften bestanden regional lange Zeit Beurteilungsdifferenzen. Umstritten war im Westen der Hebräer-Brief, im Osten die Johannes-Offenbarung. Der Kanon, durch Gebrauch und Angleichung entstanden, war um 400 endgültig festgelegt (vgl. DH 179f. 186. 213).

In den Kanon wurden die Schriften aufgenommen, die erstens durch gottesdienstlichen Gebrauch als wirkmächtige Glaubenszeugnisse und die zweitens durch die behauptete Apostolizität der Verfasser als ursprungsnahe Quellen ausgewiesen waren. Alle Autoren sollten Apostel, d.h. besondere Beauftragte des Herrn, oder Apostelschüler gewesen sein. Sie sollten gleichsam als Augenzeugen die Berichte von Jesus und der Urgemeinde beglaubigen. Seit der reichsrechtlichen Festigung der katholischen Kirche im 4. und 5. Jahrhundert war der Kanon wesentliches Strukturmerkmal jeder kirchlichen Theologie. Die Verbindlichkeit des Kanons wurde gestützt durch die Übernahme der hellenistisch-jüdischen Inspirationslehre, dass die biblischen Bücher ihre Herkunft von einem besonderen Antrieb des göttlichen Geistes hätten, der die Autoren nur als Werkzeuge benutzt habe.

Seit der Fixierung des Kanons musste sich die christliche Theologie an den im Kanon enthaltenen Aussagen legitimieren. Der christliche Glaube war von den Fesseln des Buchstabens bedroht. Die Kanonbildung war ein lebendiger Prozess, in dem sich Glaubensüberzeugungen durchsetzten. Nun mussten umgekehrt Glaubensüberzeugungen vom Kanon beglaubigt werden. Lebendiges Glaubensbewusstsein nahm die Gestalt von Auslegung an. Dem diente in der mittelalterlich-scholastischen Theologie eine besondere Hermeneutik. Die scholastische Auslegungspraxis erschloss die biblischen Texte nach einem vierfachen Schriftsinn. Die biblischen Texte seien historisch (im Blick auf die berichteten Dinge), allegorisch (im Blick auf den Glauben), tropologisch (im Blick auf die Moral) und anagogisch (im Blick auf die Ewigkeit) zu verstehen.

c. Lebendige Auslegung

Die reformatorische Theologie brachte für die christliche Frömmigkeit eine neue Hochschätzung der biblischen Schriften und für die Auslegung dieser Schriften eine neue Wertschätzung des Wortsinnes. Die Lehre vom vierfachen Schriftsinn wurde abgeschafft. Die Übersetzungen in die europäischen Volkssprachen nahmen die Bibel aus der Hand des Klerus und gaben sie in die Hände aller Lesekundigen. Das Lesen der Bibel wurde zu einem wichtigen Impuls der Volksbildung und der allgemeinen Schulpflicht. Dagegen hielt das gegenreformatorische Konzil von Trient an der lateinischen Vulgata-Übersetzung nach Umfang und Textbestand verbindlich fest (vgl. DH 1501–1508).

Das reformatorische Schriftprinzip (sola scriptura) ist ein polemisches Prinzip, eine Kampflosung in der Auseinandersetzung mit dem Papsttum zur einen Seite (Tradition) und dem Schwärmertum (Geisterfahrung) zur anderen Seite. Die heilige Schrift als alleinige Quelle des Evangeliums bildete eine feste Argumentationsbasis gegen die römische und die schwärmerische Theologie. Die römische Verknüpfung von Schrift und Tradition, die beide apostolisch seien und die das Lehramt bindend auslege, wurde von reformatorischer Seite bestritten: Die Kirche könne nicht dieselbe Dignität wie Christus beanspruchen.

Die reformatorische Theologie war, gewonnen aus einer neuen Wahrnehmung der paulinischen Rechtfertigungslehre, auf die Gotteserfahrung befreiender Gerechtigkeit konzentriert. Dies führte zu Gewichtungen und Unterscheidungen innerhalb des Kanons. Die Dignität biblischer Schriften wurde nach dem Kriterium eingeschätzt, ob und wie die Schriften Zeugnis von Christus gaben („was Christum treibet'). Luther betonte immer wieder, dass Christus das alleinige Zentrum der Bibel sei. Sie sei allein auf Christus als Herrn der Schrift ausgerichtet. Die Botschaft von der Rechtfertigung im Glauben sei der Auslegungsschlüssel für die ganze Bibel. Von daher kritisiere sich die Bibel auch selbst. Durch das Evangelium von der freien Gnadenzuwendung Gottes bürge die Bibel für ihre Wahrheit. Die Selbstbeglaubigung (Autopistie) der Schrift meine genauer die Beglaubigung der Schrift als Heiliger Schrift durch Christus als die Wahrheit im Heiligen Geist. Gegen die römische Auffassung, die Schrift gründe auf der Autorität der Kirche, stellte Luther fest, nicht die Kirche autorisiere die Schrift, sondern die Schrift autorisiere die Kirche.

Die Selbstbeglaubigung der Schrift bedeutete hermeneutisch, dass sie sich selbst auslege. Da die Bibel letzte Autorität und höchste Richterin sein solle, könne der Maßstab der Auslegung nicht von außen kommen, sondern nur aus ihr selbst. Sowohl gegen die römischen Altgläubigen wie gegen die Schwärmer verwahrte sich Luther dagegen, die Schrift einem fremden Gesetz zu unterwerfen. Die Selbstauslegung der Schrift schließe ein, dass die Schrift klar und verständlich sei. Die Schrift setze alles ins Licht, sie beweise ihre eigene Klarheit. Da Jesus und die Apostel mit der Schrift argumentierten, müsse sie eindeutig sein. Luther unterschied äußere und innere Klarheit der Schrift gemäß Wort und Geist. Die Anerkennung der Schrift geschehe durch die geistgewirkte Klarheit im Herzen.

d. Absichernde Fixierung

Der nachreformatorische Protestantismus, der die Wahrheit der Lehre in den Vordergrund stellte, stand in scharfem konfessionellem Konflikt mit der römischen Papstkirche. Gegen die auf dem Konzil von Trient festgestellte Traditionslehre der Papstkirche sollte durch die Lehre von der göttlichen Autorschaft der

Bibel eine eindeutige Argumentationsbasis für die Reformationskirchen gewonnen werden. Die Bibel als Urkunde göttlicher Offenbarung wurde als einziges Erkenntnisprinzip für die theologische Lehrbildung anerkannt. Von Gott könne nur durch die Bibel gewusst werden. Das protestantische Schriftprinzip sollte den schöpferischen Vorrang des Offenbarungsworts Christi gegen jede Selbstlegitimation der Kirche sichern. Es beförderte allerdings die Tendenz zum Formelglauben und zu einer geistlosen Fixierung auf den Buchstaben. Diese Gefahr sollte durch die Lehre vom inneren Zeugnis des Heiligen Geistes abgewehrt werden.

Die altprotestantische Orthodoxie verschärfte die Inspirationslehre zur Aussage, Gott selber sei der Autor der Bibel, die schreibenden Menschen nur seine Schreibfedern. Die Inspiration umfasse den Impuls zum Schreiben, die Suggestion der Dinge und die der Wörter. Die Bibel sei identisch mit dem Offenbarungswort Gottes, das den Propheten und Aposteln unmittelbar begegnet sei und dass jetzt in der Bibel mittelbar begegne. Deshalb sei die Bibel der zureichende Erkenntnisgrund aller wahren Glaubensaussagen. Die in der Bibel gegebene Lehre sei die von Gott geoffenbarte Wahrheit und als solche unbedingt anzunehmen. Menschliche Irrtümer in der Bibel gebe es nicht. Die wichtigsten Eigenschaften der Heiligen Schrift seien ihre Autorität, ihre Notwendigkeit und Genügsamkeit für die Glaubensbewahrung, ihre Verständlichkeit und Selbstauslegungskraft sowie ihre mit der Tätigkeit des heiligen Geistes verbundene Wirksamkeit. Die Eindeutigkeit der Bibel nehme der römischen Bindung der Bibelauslegung an Tradition und Lehramt jede Berechtigung.

Inhaltlich sah der Altprotestantismus die Autorität der Bibel gestützt durch die Wunderberichte und die Weissagungserfüllungen. In den Wundern werde die Herrschaft Gottes über die Natur dokumentiert. Wundertäter seien in besonderer Weise als Beauftragte Gottes ausgewiesen. Durch die Wunder Jesu seien auch seine Lehre und sein Herrschaftsanspruch beglaubigt. In den prophetischen Weissagungen trete Gott als Herr der Geschichte auf. Die Propheten seien Verkünder der göttlichen

Vorsehung. In Jesus seien die prophetischen Weissagungen in Erfüllung gegangen. Deshalb seien durch diese Berichte sowohl die Ansprüche Jesu als auch die Zuverlässigkeit der biblischen Schriften beglaubigt. Insbesondere die Wunderberichte wurden in der Aufklärung vehement bestritten.

e. Historische Kritik

Die autoritative Fassung des Schriftprinzips provozierte die Frage der Bewahrheitung des christlichen Glaubens. Die heiligen Schriften des alttestamentlichen und neutestamentlichen Kanons wurden seit dem 17. Jahrhundert Gegenstand sehr intensiver historischer Forschungen. Aus einer normierenden Aufzeichnung des göttlichen Offenbarungswortes wurde eine geschichtlich gewachsene Sammlung von unterschiedlichen Glaubenszeugnissen. JOHANN SALOMO SEMLER (1725–1791) erbrachte mit seiner „Abhandlung von freier Untersuchung des Canon" (1771–1775) den Nachweis der Geschichtlichkeit des Kanons. Die biblisch-kanonischen Schriften wurden nun als historische Quellen behandelt und untersucht. Das bedeutete einen grundlegenden Wechsel ihres Status. Ihre Zuverlässigkeit wurde methodisch überprüft, ihre Eigenart erfasst. Die Methoden der historischen Kritik, verbindlich für alle Textwissenschaften, wurden häufig bahnbrechend in diesen Untersuchungen erstmalig erprobt und fixiert: Textkritik, Literarkritik, Formkritik.

aa. Textkritik

Die Textkritik bemühte sich um Feststellung der ersten Textgestalt der biblischen Schriften, wollte die ursprüngliche Verschriftungsversion ermitteln. In dieser Hinsicht hatte bereits im 17. Jahrhundert der französische Priester RICHARD SIMON (1638–1712) gegen den Willen seiner Ordensoberen wichtige Untersuchungen mit von ihm nicht beabsichtigten Folgen publiziert. Um die Unhaltbarkeit des protestantischen Schriftprinzips und die Unverzichtbarkeit des römisch-katholischen Traditionsprinzips zu zeigen, führte er die Differenzen der erhaltenen Handschriften hinsichtlich der Textgestalt des Alten

Testaments in seiner zunächst unterdrückten Schrift „Histoire critique du Vieux Testament" (1678) vor. Nach seinem Ausschluss aus dem Oratorianer-Orden veröffentlichte er auch entsprechende Untersuchungen zum Neuen Testament. Die Bedeutung textkritischer Analysen lässt sich exemplarisch an chronologischen Angaben des biblischen Buchs Genesis (1. Buch Mose) dartun. Die textkritische Untersuchung der beiden Geschlechterlisten in Gen 5 (Sethitenliste) und Gen 11,10–26 (Semitenliste) ist aufschlussreich, weil die drei überlieferten Textfassungen des Pentateuch hier unterschiedliche Zeitangaben haben. Der samaritanische Text (Sam.) stammt etwa aus dem Jahr v300, der Septuaginta-Text (LXX) ist wohl gut 50 Jahre jünger, der masoretische Text (MT), der heutige Normaltext der jüdischen Bibel, die im Gegenüber zum frühen Christentum festgelegt worden ist, stammt etwa aus dem Jahr 100. Die unterschiedlichen Textzeugen geben Hinweise auf die theologische Aussage, die jeweils verschlüsselt gemacht wird.

In der Sethitenliste (vgl. Gen 5,1–32) wird die Zeit von der Welterschaffung bis zur Sintflut durchschritten. Bei Sam. findet die Sintflut im Jahr 1307 nach Erschaffung der Welt, bei LXX im Jahr 2262, bei MT im Jahr 1656 statt. Durch die Zeitangaben wird das Aufkommen der Sünde unterschiedlich gedeutet. Nach Sam. wächst die Sünde und sterben die drei gottfernen Urväter (Jared, Methuschalah und Lamech) in der Flut. Nach LXX kommt keiner der Urväter in der Sintflut um, wohl um sie deutlich von den Kainiten (Gen 4,17–22) abzurücken. Nach MT hat sich die Sündenverderbnis plötzlich vor der Sintflut eingestellt; nur Methuschala stirbt in der Flut.

In der Semitenliste (vgl. Gen 11,10-24) wird der Zeitraum von der Sintflut bis zur Geburt Abrahams angegeben. Sam. hat einen Abstand von 940 Jahren, LXX einen Abstand von 1070 Jahren und MT einen Abstand von 290 Jahren.

Sam. und LXX setzen die Gesamtdauer von Abrahams Geburt bis zum Exodus aus Ägypten auf 505 Jahre an, MT auf 720 Jahre. Die Zeitangaben für die Patriarchen Abraham, Isaak und Jakob sind zwar in allen drei Textzeugen identisch, doch beträgt in Ex 12,40 der Zeitraum des Aufenthalts in Ägypten gemäß LXX und Sam. 215 Jahre, gemäß MT 430 Jahre. Um die Zahlenangaben im masoretischen Text des Pentateuchs zu verstehen, müssen noch die chronologischen Angaben in den folgenden biblischen Geschichtswerken herangezogen werden. Bei der Fixierung des masoretischen Textes wurden offensichtlich die Zeitangaben des Pentateuchs und des deuteronomistischen Geschichtswerks im Sinne der frühjüdischen Apokalyptik und ihrer Geschichtsspekulation überarbeitet.

Im deuteronomistischen Geschichtswerk (Dtn bis 2Kön) ist die summarische Angabe in 1Kön 6,1 theologisch motiviert: Danach sind vom Exodus aus Ägypten bis zum Beginn des Salomonischen Tempelbaus 480 Jahre verflossen, während die über das Geschichtswerk verteilten einzelnen Zeitangaben eine höhere Summe ergeben. Die zweite Periode vom Baubeginn des Salomonischen Tempels bis zum Baubeschluss des zweiten Tempels umfasst insgesamt wiederum 480 Jahre (430 Jahre Königtum Juda und 50 Jahre Exil).

Das chronistische Geschichtswerk (1Chr bis Esra) rechnet für die Zeit vom Exodus aus Ägypten bis zum nachexilischen Tempel ebenfalls mit zwei Perioden von jeweils 480 Jahren, strukturiert durch zwei Zwölferreihen von Hohenpriestern mit jeweils idealen 40 Jahren. Anders als das deuteronomistische Geschichtswerk ist das chronistische Geschichtswerk jeweils an der Weihe des ersten und des zweiten Tempels orientiert.

Für die Zahlenangaben im masoretischen Text war wohl die Vorstellung eines Weltjahrs von 4000 Jahren leitend: Von der Welterschaffung bis zum Auszug aus Ägypten wurden 2666 Jahre gezählt (1656+290+720 Jahre), Zweidrittel eines Weltjahrs. Werden nun die Angaben des deuteronomistischen Geschichtswerks hinzugerechnet, so ist das Resultat verblüffend: anno mundi 2666 (Exodus) plus 480 Jahre (Tempelbaubeginn Salomos) plus 430 Jahre (Zerstörung Jerusalems) plus 50 Jahre (Exilsende), ergibt a.m. 3626. Wird das Kyros-Edikt auf v538 angesetzt und werden die verbleibenden 374 Jahre in Rechnung gestellt, so fällt das Weltjahr auf v164, d.h. auf die makkabäische Wiederherstellung des Zweiten Tempels nach dessen Entweihung unter Antiochos IV. Der nach der Zerstörung des Zweiten Tempels festgestellte masoretische Text markiert also die Wiedereinrichtung des Tempeldienstes als chronologischen Zentralpunkt. Damit wurde die Hoffnung auf die neuerliche Wiederherstellung des nunmehr zerstörten Tempels ausgedrückt.

bb. Literarkritik

Die Literarkritik fragte nach Verfasser, Entstehungszeit, Einheitlichkeit, Redaktion, Zuverlässigkeit der Quelle. Sie untersuchte analytisch die Kohärenz und Authentizität von Texten und rekonstruierte synthetisch den Prozess ihres Gewordenseins.

Die Bedeutung der Literarkritik lässt sich exemplarisch an der Zuordnung der Evangelien-Bücher dartun: Welche biblischen Texte sind die zuverlässigen Quellenstücke für den historischen Jesus? Die Quellenfrage war zunächst einmal die Alternative zwischen den synoptischen Evangelien und dem Johannes-Evangelium. Die synoptischen Evangelien Matthäus, Markus und Lukas bieten einen durchaus anderen Aufriss des Lebens Jesu (Dauer, Orte, Reisen u.a.) als das Johannes-Evangelium. Die Evangelien müssen also hinsichtlich ihrer Zuverlässigkeit als historische Quellen bewertet werden; dabei ist eine Entscheidung zwischen Johannes und den Synoptikern unvermeidbar.

Im 18. und zu Beginn des 19. Jahrhunderts war das Johannes-Evangelium die bevorzugte Quelle. Die 1835 vorgetragene These des Philologen KARL LACHMANN(1793-1851), das Markus-Evangelium sei das älteste Evangelium, wurde 1838 von CHRISTIAN GOTTLOB WILKE (1786-1854) aus literarischer Sicht umfassend begründet. Gleichzeitig ergänzte CHRISTIAN HERMANN WEIßE (1801-1866) die Markus-Hypothese durch die Annahme, Matthäus-Evangelium und Lukas-Evangelium seien aus dem Markus-Evangelium und außerdem noch aus einer Logienquelle Q geschöpft (Zweiquellentheorie). Die von Matthäus und Lukas benutzte Logienquelle Q habe offensichtlich keine Anhaltspunkte für den Gesamtaufriss geliefert. Der gemeinsame Aufriss von Matthäus und Lukas finde sich nur in den Partien, die mit Markus parallel seien, nicht aber im Logiengut.

Die liberale Leben-Jesu-Forschung der 1860er Jahre, beispielsweise DANIEL SCHENKEL (1813–1885), schied das Johannes-Evangelium als historische Quelle aus. Diese Forscher deuteten Jesus uneschatologisch im Sinne eines geistlich-universalen Heilands, der sich nur der apokalyptischen Vorstellungswelt anpasste, um seinen Anhängerkreis aus der jüdischen Zeremonialreligion in höhere Geistregionen zu führen.

cc. Formkritik

Die Formkritik wollte hinter die literarische Überlieferungsgestalt zurück und erhob den Sitz im Leben, den sozialen und kulturellen Kontext der uns vorliegenden Quelle; sie fragte nach ursprünglichen Absichten und Verbindlichkeiten. Alle diese Bemühungen zielten im letzten auf die Erhellung der Historizität des in der Quelle Berichteten, aber auch auf die Feststellung des Verhältnisses der Überlieferung zum Überlieferten.

Die Bedeutung der Formkritik lässt sich exemplarisch an der Einschätzung der Evangelienberichte dartun. Deren formgeschichtliche Untersuchung erbrachte die durchgängige kerygmatische Prägung aller Überlieferungsstücke. Bahnbrechend wirkte hier RUDOLF BULTMANN (1884–1976) mit seiner Veröffentlichung „Die Geschichte der synoptischen Tradition" (1921). Die formgeschichtliche Untersuchung ergab, dass der österliche Gemeindeglauben die Jesus-Überlieferung gestaltet und überlagert hat. Daraus schloss Bultmann, der Osterglauben der Urgemeinde sei der Träger des Evangeliums. Im Osterglauben der Urgemeinde hatte die christliche Verkündigung ihr Urdatum. Erst der österliche Gemeindeglaube habe die Botschaft des Evangeliums über die Grenzen des Judentums ausgeweitet. Dementsprechend rechnete Bultmann die Verkündigung Jesu zu den Voraussetzungen und nicht zu den Bestandteilen der neutestamentlichen Theologie.

f. Kategoriale Differenzierung

Die historische Forschung ist in ihren Ergebnissen dadurch qualifiziert, dass Urteile über Vergangenheitszeugnisse immer nur Wahrscheinlichkeitsurteile sind. Historische Urteile haben bewusst rekonstruktiven Charakter. Da die Summe der Faktoren, die für die Entstehung, die Eigenart und das Verständnis eines Textes maßgeblich sind, nicht überschaubar ist, aber nur bei der Vollständigkeit der Faktoren ein sicheres Urteil möglich wäre, so geht es in historischen Untersuchungen hauptsächlich darum, den Wahrscheinlichkeitsstatus einer Aussage festzustellen und zu verbessern. Wahrscheinlichkeitsaussagen sind von Glaubensüberzeugungen kategorial geschieden.

Höchst lehrreich ist die literarische Auseinandersetzung, die GOTTHOLD EPHRAIM LESSING (1729–1781) mit JOHANN MELCHIOR GOEZE (1717–1786), Hauptpastor an St. Katharinen in Hamburg, führte. Lessing war damals Hofbibliothekar in Wolfenbüttel (1770–1781) und hatte Zensurfreiheit für Funde aus der herzoglichen Bibliothek. Zwischen 1774 und 1778 veröffentlichte er „Fragmente eines Ungenannten", die er als im Bestand der Bibliothek aufgefundene Manuskripte ausgab.

Der Ungenannte war der Hamburger Gymnasialprofessor HERMANN SAMUEL REIMARUS (1694–1768), der ein deistischer Verfechter der praktischen Vernunftreligion gegen die dogmatische Kirchenreligion war. Von der Familie Reimarus, die Lessing während seiner Hamburger Tätigkeit als Dramaturg kennengelernt hatte, hatte er aus dem Nachlaß die umfangreiche „Apologie oder Schutzschrift für die vernünftigen Verehrer Gottes" erhalten. Die veröffentlichten Fragmente führten zu einer heftigen öffentlichen Diskussion und eröffneten die historischen Untersuchungen zur Person Jesu (Leben-Jesu-Forschung).

Lessings Anliegen der Bibelkritik war vornehmlich kategorialer Art. Er stellte scharf heraus, dass die Bibel als geschichtliche Urkunde die religiöse Wahrheit der christlichen Verkündigung nicht verbürgen, sondern die Bibel allein durch ihren evidenten Inhalt Autorität bekommen könne. Der ‚garstige Graben der Geschichte' könne durch die autoritative Bezugnahme auf heilige Schriften nicht übersprungen werden. Die Gewissheit des Glaubens könne nicht auf geschichtliche Ereignisse der Vergangenheit und deren Nachrichten gegründet werden. Der religiöse Glaube bestehe allein im Selbstvollzug.

Der Glaube sei wie die Vernunft auf eine existentielle Wahrheit gerichtet, die nicht durch Berichte von außen beglaubigt werden könne. Glaube könne nicht auf das Zeugnis anderer hin angenommen werden. Der Berichtscharakter der biblischen Schriften führe die Beglaubigungsfrage unabweisbar herauf. Da im Glauben jeder unvertretbar sei, da die göttliche Heilszusage von jedem Menschen selbst angenommen werden müsse, da keiner seinen Glauben stellvertretend einem anderen überlassen könne, sei der mediale Berichtscharakter der biblischen Schriften dem Charakter des Glaubens und der Vernunft kategorial unangemessen. Hypothetische Berichtsaussagen könnten nicht an die Stelle apodiktischer Einsichten und unvorgreiflichen Glaubens treten. Der Selbstvollzug und die je eigene innere Aneignung könnten nicht suspendiert werden.

g. Hermeneutische Erschließung

Die historisch-kritische Exegese der biblischen Schriften, wie sie nach den grundstürzenden Auseinandersetzungen heutzutage in der christlichen Theologie überwiegend geübt wird, nimmt für die hermeneutische Erschließung keine besonderen Voraussetzungen oder Regeln in Anspruch. Die moderne Theologie betreibt die Auslegung der schriftlichen Zeugnisse des christlichen Glaubensbewusstseins nach den allgemeinen Regeln menschlichen Verstehens. Diese Regeln stellt die Hermeneutik auf, deren Kunstregeln das Verstehen zustande bringen sollen.

Der Wille zum Verstehen ist ein Grundmotiv zwischenmenschlicher Kommunikation. Verstehen ist nicht selbstverständlich, sondern zwischenmenschliche Kommunikation ist immer wieder durch Nichtverstehen bedroht. Verstehen ist die Voraussetzung einer verantwortlichen Billigung. Verstehen und Billigen sind zwei elementar verschiedene Lebensakte. Dies wird bei jedem Gerichtsprozeß offenkundig. Dies wird bei jeder Situation deutlich, wo eine bestimmte Sachlage verstanden werden kann, diese Sachlage damit aber nicht gebilligt wird (beispielsweise ein Betrugsdelikt).

Die allgemeine Hermeneutik geht von der prinzipiellen Gleichartigkeit menschlichen Lebens, Erkennens und Handelns aus. Damit Verstehen zustande kommt, müssen die Verstehenden teilweise höchste Leistungen erbringen, indem sie sich in soziale, mentale und emotionale Prägungen begeben müssen, die ihnen in ihrer geläufigen Lebenswelt völlig fremd sind. Diese individuellen Anforderungen verweisen gerade auf die prinzipielle Erschlossenheit aller menschlichen Lebensäußerungen. Verstehen ist nur dann möglich, wenn der zu verstehende Sachverhalt nicht aktuell, wohl aber prinzipiell dem Verstehenshorizont des Untersuchenden erschließbar ist (Beispiel: Eine noch nicht entzifferte Schrift).

Die Auslegung von schriftlich überlieferten Texten ist eine hermeneutische Aufgabe, die eine Vielzahl von Faktoren zu berücksichtigen erfordert. Das gilt insbesondere in den Fällen, wenn traditionelle Texte mit langer Überlieferungsgeschichte für neue Situationen aktualisiert werden sollen. Folgende Faktoren müssen berücksichtigt werden: der überlieferte Text; die bekannte oder unbekannte Person/Personen, die diesen Text verfasst hat/haben; die bekannte oder unbekannte Person/Personen, für die dieser Text geschrieben worden ist; die Person, die diesen Text auslegt; die Person/Personen, für die dieser Text ausgelegt wird; der Sachverhalt, wie dieser Text überliefert worden ist; der Sachverhalt, zu dem und über den der Text ursprünglich spricht; der Sachverhalt, zu dem und über den der ausgelegte Text sprechen soll. Der Auslegungsprozess kann sich auf einen dieser Faktoren besonders konzentrieren.

Die hermeneutische Erschließung eines Textes zielt auf ein umfassendes Verstehen dieses Textes. Das setzt den hermeneutischen Prozess in einen anspruchsvollen Zusammenhang mit dem Verständnis, das beim Ausleger schon leitend vorhanden war, als die Auslegung begann (Vorverständnis). Im Auslegungsprozess sind Vorverständnis und Textinterpretation miteinander verkoppelt (hermeneutischer Zirkel / Spirale / Ellipse). Die hermeneutische Regelbildung soll verhindern, dass die Auslegung das Vorverständnis des Auslegers wiederholt, und soll erreichen, dass die Auslegung das Vorverständnis korrigieren kann. Die historische Methodik schafft Distanz zum Vorverständnis. Die vorhandene Beziehung zum Text wird außer Kraft gesetzt (beispielsweise bei den Einsetzungsworten des Abendmahls). Der selbstverständliche Textsinn wird eingeklammert und distanziert betrachtet. Ist der Text aus der Situation, in dem er üblicherweise begegnet, gelöst, so kann er in seinen ursprünglichen Entstehungskontext und in die von ihm ausgehende Wirkungsgeschichte eingestellt werden.

Hermeneutik zielt auf umfassendes Verstehen. Dazu gehört mehr als das konkrete Auffassen einer Rede oder Mitteilung; diese muss vielmehr in allen ihren Beziehungen rekonstruiert werden. So soll ein Autor schließlich besser verstanden werden, als er selbst es tat. Diese hermeneutische Formel der Frühromantik, die ihrerseits durch Kant inspiriert ist, kann in doppelter Richtung ausgeführt werden. Einerseits können die Denkmotive eines Autors besser herausgearbeitet werden, als dieser es selbst vermochte und als sie ihm selbst infolge seiner Einbindung in bestimmte Vorstellungskreise bewusst waren. Andererseits können die Wirkungen, die bestimmte Äußerungen erzielten und die teilweise weit über die Intentionen des Autors hinausgingen, für das Verständnis einer Schrift herangezogen werden.

VI. Politische Impulse

Seit der Konstantinischen Wende war das Christentum eng mit der politischen Entwicklung des Römischen Reichs und der ihm folgenden Staaten verflochten. Vornehmlich im Bereich der Bildung und der sozialkaritativen Dienste gewann die Kirche für lange Zeit eine dominierende, teilweise monopolartige Stellung. Seit den Konfessionskriegen und der Aufklärung wurde die kirchlich-institutionelle Prägung des Staats und der Gesellschaft immer stärker bestritten und schließlich aufgelöst.

In diesem Kapitel sollen nur zwei Themenfelder knapp dargestellt werden, die für die menschheitliche Entwicklung besonders wichtig geworden sind, die Friedfertigkeit und die Menschenwürde. Beide sind durch den christlichen Glauben dem politischen Handeln als Prinzipien und Ziele immer wieder bedeutsam gemacht worden. Diese beiden elementaren Impulse für die politische Gemeinschaft waren und sind nach innen und außen konfliktträchtig.

Die Hochschätzung des Friedens und die Ablehnung des Krieges geben dem politischen Handeln eine Grundorientierung, die das elementare Vergrößerungsstreben machtvoller Selbstdurchsetzung und den politischen Herrschaftswillen verneint zugunsten eines kommunikativen Miteinanders und eines umfassenden Gemeinwohls.

Die Menschenwürdezusage des christlichen Glaubens weitet den Horizont politischen Handelns menschheitlich aus. Sie stellt es in den Dienst der unbedingten Werthaftigkeit des Menschen.

A. Frieden und Krieg

Jesus segnete die Friedensstifter (vgl. Mt 5,9). Das Christentum ist eine Liebesreligion. In den neutestamentlichen Schriften wird Gott direkt mit der Liebe identifiziert (vgl. 1Joh 4,18). Für den christlichen Glauben und für die christliche Ethik ist der Liebesgedanke zentral. Jesus verknüpfte die Liebe zu Gott und die Liebe zum Mitmenschen. Er forderte die liebende Zuwendung zum Feind.

Krieg ist eine gewalttätige Auseinandersetzung, in der jede Kriegspartei versucht, durch Einsatz physischer Gewalt die Willensbestimmung des Feindes zu brechen und dem Gegner den eigenen Willen aufzunötigen. Die Gewaltausübung, die durch den Einsatz von technischen Mitteln ungeheuer gesteigert werden kann, ist das Mittel des Krieges; die Durchsetzung des eigenen Willens gegen den Willen des Feindes ist der Zweck des Krieges.

Die Gewalttätigkeiten der Kriegsführung, die gewollten und herbeigeführten körperlichen, moralischen und rechtlichen Zerstörungen des Krieges stehen in einem offenkundigen Gegensatz zum christlichen Glauben. Das Christentum ist eine Religion, in der die Glaubenden ihr sittliches Handeln bestimmen wollen durch die Liebe. Können Menschen, die Gott und ihre Mitmenschen lieben, das Führen von Krieg bejahen, können sie Gewalttätigkeit unterstützen oder selbst daran teilnehmen? Die Frage, ob und wann der Einsatz von Gewaltmitteln erlaubt sei, um das Friedensziel zu erreichen, hat das Christentum in seiner Geschichte immer wieder beschäftigt.

1. Jesu Gebot der Liebe

Nach den synoptischen Evangelienberichten (vgl. Mk 12,28–34; parallel Mt 22,34–40) stellte Jesus die beiden alttestamentlichen Gebote der Gottes- und Menschenliebe zitierend als Doppelgebot der Liebe zusammen. Diese Konzentration fokussierte nicht nur das jüdische Gottesgesetz, sondern brachte auch eine stärkere Beteiligung des religiös-sittlichen Subjekts an seinen Handlungen und Einstellungen. Die Eigenverantwortlichkeit wurde qualitativ sprunghaft gesteigert. Nicht die distanzierende Frage „Wer ist mein Nächster?", die nach vorgegebenen Fallmustern beantwortet werden kann, sondern die zuwendende

Frage „Wem werde ich Nächster?" ist die angemessene Verhaltenssteuerung. Dies zeigt sich besonders in der alle Aggressionsgrenzen überschreitenden Feindesliebe.

a. Gottesliebe und Nächstenliebe

Jesus griff im Doppelgebot der Liebe erstens das Gebot der Gottesliebe aus Dtn 6,5 auf. In Dtn 6 („Schema jisrael") wurde die Forderung, dass die Israeliten ihren Gott JHWH mit allen Sinnen, Kräften und Vermögen lieben sollen, angeschlossen an die Aussage, dass JHWH eine exklusive Herrschaftsbeziehung zu Israel habe. Dieser exklusive Beziehungsanspruch JHWHs wurde durch seine rettende Tat begründet. Die Befreiung Israels aus dem Knechtshause Ägypten und die daraus resultierende Sonderbeziehung JHWHs zu Israel, der Mittelpunkt der hebräisch-jüdischen Geschichtstheologie, fundierte das Gebot der Gottesliebe. Diese Erwählungstat und das Festhalten JHWHs an seiner Beziehung zu Israel, auch wenn seine Treue durch menschliche Untreue konterkariert worden sei, charakterisierte JHWHs Liebe zu seinem Volk. JHWHs Liebeszusage galt dem Volk und erst vermittelst des Volkes den Einzelnen. Die Monolatrie-Forderung gründete im liebevollen Heilshandeln JHWHs. Die menschliche Gottesliebe sei Antwort auf den exklusiven Beziehungsanspruch JHWHs und motiviere die Erfüllung der göttlichen Gesetzesforderungen.

Jesus ging im Doppelgebot der Liebe zweitens auf das Gebot der Nächstenliebe im Heiligkeitsgesetz zurück (Lev 19,18). Das Heiligkeitsgesetz meinte mit dem Nächsten den Volksgenossen. Die Liebesforderung basierte auf der exklusiven erwählenden Zuwendung JHWHs zum Volk Israel, wie die nachklappende Begründung „Ich bin JHWH" zeigt. JHWH als Herr dieses Volkes wolle zwischen den Mitgliedern dieses Volkes Beziehungen, die der Beziehung JHWHs zu seinem Volk entsprächen. Die Gottesbeziehung solle sich in den Beziehungen der Mitglieder des erwählten Volkes abspiegeln. Beides war wichtig: die sittliche Gestaltung des Alltagslebens und die Erhaltung des göttlichen Besitzes, den die Zwietracht zwischen den Mitgliedern des

Volkes zerrütten würde. Die Nächstenliebe prägte das Volksethos.

Eine die Volksgrenze überschreitende Bedeutung erfuhr das Gebot der Nächstenliebe durch die Ergänzung, dass auch der Fremdling, der Beisasse, derjenige der nicht zum Volk Israel gehörte, aber mit den Israeliten zusammen wohnte und lebte, ein Nächster sei (vgl. Lev 19,33–34). Im begründende Nachsatz wurden die Israeliten an ihre eigene Fremdlingszeit in Ägypten erinnert und damit das „wie dich selbst" präzisiert. Ein Fremdling gewesen zu sein, gehörte zur geschichtlichen Erinnerung Israels. Indem Israel seine eigene Geschichte bejahte und annahm, erwuchs ihm auch das Muster seines Verhaltens zu denjenigen, die jetzt in derselben Situation waren, in der es einst gewesen war.

Jesus hat die beiden Gebote der Gottesliebe und der Nächstenliebe nicht erstmalig verknüpft (eine Kombination ist schon im damaligen rabbinischen Judentum bezeugt), wohl aber erstmalig das Doppelgebot als die Summe des Gesetzes und damit die Liebe zugleich als die Erfüllung des Gesetzes ausgesagt (vgl. Mt 22,40). Jesus bündelte das ganze mosaische Gesetz in diesem Doppelgebot und verwandelte damit zugleich den Charakter des Gesetzes: Die Einzelregelungen wurden als Einzelregelungen eingestuft und damit dem Geist der Regelungsidee nachgeordnet. „Gesetz und Propheten", d.h. die gesamte Tradition des jüdischen Glaubens, seien auf dieses Doppelgebot hin und von ihm her zu lesen. Nicht auf das Einhalten einzelner Verhaltensregeln drang Jesus, sondern er forderte, dem ganzen Verhalten die Impulse der Liebe zu geben. Daraus ergaben sich dann Bestätigung und Veränderung der Einzelregeln.

Den Nächsten lieben ‚wie dich selbst': wie ist dieses ‚wie' zu verstehen? Die Selbstliebe gibt das Motivpotential und den Verstehenshorizont, durch den die Beziehung zum anderen geprägt sein soll. Es soll gerade nicht mein Egoismus auf den Nächsten übertragen werden, so als könnte Selbstsucht dann gebilligt werden, wenn sie beim Andern begegnet. Die Selbstliebe ist hier nicht als spiegelverkehrter Egoismus gemeint, den jeder bei sich selbst abstreifen soll, beim Andern aber bejahen kann.

Es ist also keine Selbstverleugnung gemeint, die das bei mir Verneinte dem Andern zugesteht. Das ‚wie' ist auch nicht quantitativ gemeint. Es wird nicht die gleiche Portion Nächstenliebe gefordert, die der üblichen Portion Selbstliebe entspricht. Das ‚wie' gibt an, wie die Zuwendung zum Andern erfolgen soll, als was der Andere behandelt werden soll: Der andere Mensch ist Person, ist ein Selbst, wie ich es bin. Das ‚wie' zielt auf die Sphäre vernünftiger Allgemeinheit, in der ich selbst und der Nächste, auch der Fremdling, gemeinsam einbegriffen sind. Das Doppelgebot der Liebe zielt unausgesprochen auf die Würde menschlicher Personalität.

Jesus bezog in das Gebot der Nächstenliebe selbstverständlich die Fernen und Fremden ein. In seinem Gleichnis vom liebevollen barmherzigen Samariter (vgl. Lk 10,29-37) veranschaulichte er eine tatkräftige Fremdenliebe. Für Priester und Leviten des Gleichnisses sind die eigene Reinheit, die eigene Gesetzesbefolgung wichtiger als die Zuwendung zum Hilfebedürftigen. Obwohl für den Samariter im religiös-ethischen Sinne der Verwundete nicht sein Nächster ist, hilft er spontan, weil er einen Blick für das in der Situation Notwendige hat. Der Samariter lässt dem unter die Räuber Gefallenen das zukommen, was er braucht, ein Dach überm Kopf, Pflege und Essen. Das alles kauft er vom Wirt. Er selbst geht seinen Geschäften nach und kontrolliert auf dem Rückweg nur, ob noch weitere Hilfe not tut. Dann gehen beide getrennt ihren Lebensweg weiter.

b. Feindesliebe

Besondere Bedeutung gewinnt Jesu Nächstenliebegebot durch seine Verschärfung zur Feindesliebe (vgl. Mt 5,43-48). In der Bergpredigt geht dem Feindesliebegebot die Überbietung des Talionsrechts voran. Jesus ersetzte die Vergeltungsregel ‚Auge um Auge, Zahn um Zahn' (vgl. Mt 5,38 mit Zitat aus Ex 21,24), die selbst schon eine starke Zügelung des überbordenden Rachetriebes vorschrieb (nicht Tod für Verletzung, nicht zehn Tote auf Feindesseite für einen Toten auf meiner Seite), Jesus ersetzte die Gleichbehandlungsmaxime ‚wie du mir, so ich dir' durch die

Überbietungsregel ‚Gutes für Böses' (vgl. Mt 5,38–42). Und hieran schließt das Feindesliebegebot an. Feindesliebe ist immer asymmetrisch. Liebe antwortet auf Haß und Aggression. Sie antwortet nicht mit Gleichem, sondern setzt etwas Neues gegen die Feindschaft. Sie hält die Feindschaft aus, indem sie die Feindschaft nicht an ihren Motiven misst und auf diese Motive festlegt. Die Liebe setzt dem Übles-Wollen der Feindschaft das Gutes-Wollen entgegen.

Diese Asymmetrie meint keine Handlungspassivität, keine Hinnahme aller Tätigkeiten durch den Feind, sondern ein Ausrichten der eigenen Handlungen am Ziel, die Feindschaft zu überwinden, diese Handlungen so einzurichten, dass der Feind nicht auf seine Feindschaft fixiert wird, dass er durch mein Handeln seine sittliche Personalität, sollte sie durch diese Feindschaft beschädigt sein, wieder erlangen kann. Feindesliebe bedeutet auch die selbstkritische Frage, wer und was Anlass zur Feindschaft gegeben hat, schließt die Frage ein, ob und wie ich mich ändern muss. Feindesliebe kann aber auch mit begrenzendem und korrigierendem Handeln verträglich sein, wenn dieses Handeln eindeutig erzieherisch ausgerichtet ist auf das Ziel der gemeinsamen Wahrnehmung der sittlichen Aufgabe.

c. Gewaltverneinung

Nach den Berichten der Evangelien hat Jesus in seinem Leben, Leiden und Sterben die Feindesliebe selbst praktiziert. Seine Friedfertigkeit, seine Konfliktbegrenzung und das Eintreten für seine Feinde leuchtete beispielhaft während seiner Passion, in seinen Verhören und seiner Kreuzigung. Seinen Tadel gegen den gewalttätigen Petrus begründete Jesus mit der Sachlogik der Gewalt, die das Verderben, das sie austeilt, selbst auf sich zieht (vgl. Mt 26,52; ähnlich Apk 13,10).

In der Bergpredigt bekräftigte Jesus das Tötungsverbot des Dekalogs, indem er es überbietend als Versöhnungsgebot formulierte (vgl. Mt 5,21–24). Für Jesus gehörte die Seligkeit des Gottesreiches den Friedensstiftern (vgl. Mt 5,9). Nach den Berichten der Evangelien forderte Jesus dazu auf, Unrecht und

Gewalt hinzunehmen; durch freiwillige Verzichtleistung solle dem Bösen die Bosheit genommen werden (vgl. Lk 6,29). Das Böse soll sich tot laufen. Bosheit ist blind. In diesem Sinne bat Jesus auch den göttlichen Vater um Vergebung für diejenigen, die ihn zu Unrecht ans Kreuz schlugen (vgl. Lk 23,34).

Die neutestamentlichen Schriften belegen, dass Gewaltanwendung innerhalb der christlichen Gemeinde durchgängig und eindeutig abgelehnt wurde. Alle Konflikte sollten immer gewaltfrei ausgetragen werden. Zwischen den Christen galt Gewaltlosigkeit und Friedenspflicht. Fluch solle mit Segen und Böses nicht mit Bösem vergolten werden (vgl. Röm 12,14.17). Dass der christliche Glaube ein Tun der Liebe motiviere, war allgemeine Überzeugung unter den Christen. Und dass die Liebe immer das Bestreben meine, dem Mitmenschen zu helfen und ihn zu fördern, war ebenfalls unstrittig. Das Schwert wurde nicht mehr in die Hand von Kämpfern gelegt, sondern war das Bild für die Wirksamkeit des göttlichen Geistes, der im göttlichen Wort kräftig sei (vgl. Eph 6,17; Apk 2,16). Für das individuelle Verhalten auch gegenüber Nichtchristen galt strikt, dass Selbstrache verboten sei (vgl. Röm 12,19).

Im Blick auf die öffentlichen Ordnungsinstanzen finden sich Andeutungen, die das Bild strikter Gewaltverneinung etwas modifizieren. Jesus verlangte nach den Berichten der Evangelien nicht die Beseitigung des Soldatenstandes. Er forderte die um ihr Heil besorgten Soldaten nicht auf, ihre Waffen niederzulegen und ihren Waffendienst zu verweigern. Sein Gebot, keine Gewalt anzuwenden und mit dem Sold zufrieden zu sein (vgl. Lk 3,14), wurde nicht als allgemeines Verbot des Soldatentums verstanden, sondern als Ausrichtung des Soldatentums auf polizeiliche Aufgaben.

Die Bestätigung der Obrigkeit, auch der heidnischen Obrigkeit, trug in sich den Keim zu einer differenzierten Gewalteinschätzung. Jesus ließ dem Kaiser seinen Herrschaftsbereich und damit auch die Gewaltmittel (vgl. Mt 22,21). Paulus bejahte das Schwert der Obrigkeit (vgl. Röm 13,4) und damit auch die obrigkeitliche Gewaltausübung.

Das Gleichnis vom barmherzigen Samariter zeigt eine engagierte Fernenliebe nach geschehenem Raubüberfall. Wie hätte sich, so ein Gedankenexperiment, der Samariter verhalten, wenn er Zeuge des Überfalls geworden wäre? Hätte er erst einmal die Gewaltanwendung geschehen lassen und das Ergebnis des Überfalls abgewartet, um sich dann erst des Verletzten und Ausgeraubten anzunehmen? Die Nächstenliebe verlangt den solidarischen Schutz des Angegriffenen. Gewaltabwehr ist ein Motiv christlichen Handelns.

2. Bedingte Gewaltbejahung

Das frühe Christentum hatte Missionserfolge im Römischen Reich gerade auch unter Soldaten. Deshalb musste die Gewaltverneinung thematisiert und genauer gefasst werden. HIPPOLYTOS VON ROM (Gegenbischof 217–235) hat um 217 in seiner „Traditio apostolica" bei der Einschätzung der Berufe zwei Regeln für den Soldatendienst formuliert: Getaufte und Taufwillige sollten nicht freiwillig in den Militärdienst gehen. Sie sollten, falls sie schon im Militärdienst sind, heidnische Kulthandlungen und das Töten von Menschen verweigern (vgl. Abschnitt 16). Gerade unter Soldaten kam es bei den Christenverfolgungen im Römischen Reich häufiger zum Martyrium.

a. Geschichtlicher Wandel

Die Bedrückung und Verfolgung durch die staatlichen Instanzen endeten im vierten Jahrhundert. Die christliche Kirche bekam Einfluss auf das politische und militärische Handeln. Mit der Bevorzugung des Christentums durch Kaiser Constantinus I. und spätestens mit der reichsrechtlichen Privilegierung des Christentums durch Kaiser Theodosius I., der sich im Jahr 380 taufen ließ und damit der kirchlichen Ordnung unterstellte, musste die christliche Kirche ihre Mitwirkung am öffentlich-politischen Handeln und speziell ihr Verhältnis zum Soldatenstand klären.

Augustinus befürwortete die Mitwirkung von Christen an der Aufrechterhaltung der pax Romana. Auch wenn der Weise nur durch die Ungerechtigkeit der Gegner zum Kriegführen genötigt werde, so müsse er das Kriegführen doch beklagen, denn der Weise ziehe den Frieden immer dem Krieg vor. Auch der gerechte Krieg sei ein Übel und dürfe nur dazu dienen, den Gegner in die gemeinsame friedenssichernde Rechtsordnung zu integrieren. Die theologische Aussage, ein Krieg sei gerecht oder berechtigt, sei nie gemeint gewesen in dem Sinne, ein Krieg sei gut oder erstrebenswert. Das Kriegführen sei immer nur erlaubt als Abwehr des Bösen, als Widerstand gegen ein Unrecht, als Antwort auf eine Ungerechtigkeit, als Maßnahme, den gestörten Frieden wiederherzustellen (vgl. De civitate Dei XIX,12).

b. Kriterien

THOMAS VON AQUIN (1225–1274) hat in seiner „Summa theologica" im Abschnitt über die Liebe und über die der Liebe entgegenstehenden Laster die bei Augustin begegnenden Gedanken zur begrenzten Kriegsführung lehrmäßig entfaltet (vgl. II/II, quaestio 40). Die Leitfrage des Thomas war: „Gibt es einen erlaubten Krieg?" [bellum licitum]. Wie immer stellte Thomas zunächst These und Gegenthese auf. Die These lautete: Jeder Krieg ist Sünde. Die Gegenthese lautete: Kriegführen ist unter bestimmten Bedingungen erlaubt. These und Gegenthese seien biblisch begründbar.

Thomas führte drei Bedingungen für die Erlaubnis zum Kriegführen an. Diese drei Kriterien formulierten das Recht zum Kriegführen (ius ad bellum), während ein ergänzendes viertes Kriterium eine Brücke zum Recht im Krieg (ius in bello) schlug.

Rechtmäßige Instanz: Ein Krieg müsse durch die Obrigkeit (den Fürsten) autorisiert sein (legitima potestas). Privatkriege seien nicht erlaubt. Die Gewaltanwendung von Räuberbanden sei keine Kriegsführung, sondern unterliege der Strafgerichtsbarkeit. Die göttliche Beauftragung des Fürsten, für die öffentliche Ordnung zu sorgen, gelte dem Schutz dieser Ordnung nach innen und außen (Bezugnahme auf Röm 13,4 und Ps 82,4 sowie Augustinus: Contra Faustum 22,75).

Gerechter Grund: Ein Krieg dürfe nur mit einem gerechten Grund geführt werden (causa iusta). Ein solcher gerechter Grund sei beispielsweise die Ahndung von Schuld und Unrecht. Ein gerechter Grund oder gerechter Anlass sei insbesondere das Konfrontiertsein mit einem aggressiven Akt. Greife ein anderer an, so sei die Abwehr dieser Angriffe erlaubt. Ebenso sei die gewaltsame Wiederinbesitznahme von legitimem Eigentum ein gerechter Anlass.

Friedensziel: Ein Krieg dürfe nur mit einer gerechten Absicht geführt werden (intentio recta). Eine solche gerechte Absicht sei beispielsweise die Beförderung des Guten oder die Abwehr des Bösen. Immer müsse der gerechte Krieg auf Frieden abzielen. Mit Hinweis auf Mt 10,34 sei der schlechte Friede abzulehnen, nicht aber der wahre Friede. Jede kriegerische Aktion müsse auf das Erlangen des Friedens ausgerichtet sein. Die Bekämpften und Besiegten seien zur Wohltat des Friedens zu führen.

Angemessene Mittel: Ein Krieg dürfe nur mit einem Waffeneinsatz geführt werden, der verhältnismäßig zum beabsichtigten Zweck der Unrechtsabwehr sei (debitus modus). Dieses vierte Kriterium wurde ergänzend in der spanischen Hochscholastik formuliert. FRANCISCO DE VITORIA (1483–1546) trug in seiner Vorlesung „De iure belli" die Lehre vom gerechten Krieg vor und ging dabei ausführlich auf die Zweifelsfragen ein, was und wie viel in einem gerechten Krieg erlaubt sei. Wahl und Einsatz der Waffen müssten so vorgenommen werden, dass der Krieg nicht größere Übel heraufführe als die, die durch das Kriegführen gerade vermieden oder beseitigt werden sollen.

3. Kirchliche Gewaltmotivation

Ein Sonderfall bedingter Gewaltanwendung sind solche Gewaltaktionen und militärischen Unternehmungen, die durch die Kirche selbst motiviert wurden. Hier sind hauptsächlich die Kreuzzüge zu nennen.

Kreuzzüge waren bewaffnete Pilgerfahrten, militärische Wallfahrten, kirchlich initiierte Kriegszüge. Sie fanden im 11. bis 16. Jahrhundert im Mittelmeergebiet gegen Muslime, im 13. Jahrhundert im Baltikum gegen nichtchristliche Slawen und im 13.–15. Jahrhundert in Zentraleuropa gegen als Ketzer verurteilte christliche Reformbewegungen (Albigenser, Hussiten) statt. Zum Bild des Christentum als Liebesreligion stehen sie in einem auffälligen Widerspruch. Die Kreuzzüge werden anklagend gegen das Christentum vorgebracht. Statt Friedfertigkeit, Lauterkeit und Sanftmütigkeit habe die christliche Kirche durch die Kreuzzüge Gewalt und Unterdrückung praktiziert. Wie ist das Zustandekommen der Kreuzzugsbewegung zu verstehen?

a. Bewaffnete Wallfahrten

Wallfahrten sind kultische Wanderungen, die in sehr vielen Religionen praktiziert werden. Durch das zielgerichtete rituell gestaltete Gehen zu einer ferner gelegenen Kultstätte wird die an einem Ort besonders kräftig geglaubte Präsenz einer transzendenten Kraft zu erreichen gesucht. Diese ortsgebundene Wirkmacht soll dann durch leibhafte Berührung und symbolische Verehrung wirksam auf die Herbeigekommenen übertragen werden. Die Ortsziele von Wallfahrten und zumeist auch die Wege, die zu diesen Orten hinführen, sind religiös definiert. Wallfahrten werden durch rituelle Handlungen, symbolische Zeichen, besondere Kleidung und abweichende Verhaltensregeln unterschieden von den Reisetätigkeiten anderer Bevölkerungsgruppen. Wallfahrten können zur Stärkung der eigenen Frömmigkeit unternommen werden, aber auch zur Abbüßung von Verfehlungen und Strafen. Die Länge und Beschwerlichkeit der Wallfahrt korrespondiert dann der Schwere der Verfehlung. Beispielsweise mit der Wallfahrt nach Santiago de Compostela konnte ein Kapitalverbrechen gesühnt werden. Die Strafwallfahrten konnten, wenn sie an Dritte delegiert wurden, auch Auftragswallfahrten sein.

Die für Wallfahrten charakteristischen Wesenszüge finden sich auch bei den Kreuzzügen. Die Teilnehmer waren dadurch kenntlich, dass sie in einer besonderen Zeremonie das Kreuz genommen hatten: Sie hatten ein Gelübde abgelegt, in einer bestimmten Zeit an einer bewaffneten Pilgerfahrt zu einem bestimmten Zielort teilzunehmen, und ihre freiwillige Teilnahmeverpflichtung durch das Tragen eines Stoffkreuzes auf ihrer Kleidung auch äußerlich anzuzeigen. Kreuzzüge standen unter der Autorität des Papstes; nur der Papst konnte zu ihnen aufrufen. Die Teilnahme an Kreuzzügen war mit der Zusicherung bestimmter Privilegien verbunden: Die Teilnehmer wurden für die Dauer der Teilnahme zu Klerikern; sie unterstanden dem kirchlichen Recht, der kirchlichen Gerichtsbarkeit und dem kirchlichen Schutz. Die Kirche übernahm Garantien für den Erhalt des Eigentums und die Sicherstellung der Familien. Kreuzzüge waren Bußreisen. Den Teilnehmenden wurde Sündenerlass zugesagt, wenn sie aus reinen Motiven teilnahmen.

b. Hilfe und Befreiung

Die Kreuzzugsbewegung, die von 1095 an für gut vierhundert Jahre das lateinische Christentum und die europäischen Länder gesellschaftlich und kirchlich immer wieder beeinflusste, wurde durch den ersten Kreuzzug musterhaft geprägt. Am 27. November 1095 rief URBAN II. (Papst 1088–1099) erstmalig in einer Predigt bei Clermont zu einem Kreuzzug auf. Insbesondere das Hilfeersuchen des byzantinischen Herrschers ALEXIOS I. (Kaiser 1081–1118) zum Beistand gegen die vordringenden Seldschuken, die damals fast ganz Kleinasien erobert hatten und kurz vor Byzanz standen, ließ die gewünschte militärische Unterstützung als gerechten Krieg, ja als Akt der Nächstenliebe zugunsten der bedrängten Griechen, die seit 1054 von Rom kirchlich getrennt waren, erscheinen. Der Gedanke einer gewaltsamen Mission wurde von Urban II. nicht geäußert. Die Gründung der Kreuzfahrerstaaten und die Eroberung Jerusalems 1099 ließen das östliche Mittelmeergebiet (Levante) für etwa zweihundert Jahre zu einem wichtigen Gegenstand der europäischen Politik werden.

Erst nach dem erfolgreichen Abschluss des 1. Kreuzzugs wurden im 12. Jahrhundert die rechtlichen Regelungen und die konzeptionellen Leitgedanken für die Kreuzzüge formuliert. Die Kreuzzugbewegung war sozial, kirchlich, rechtlich, logistisch, finanziell und politisch höchst vielgestaltig. Zahlreiche Vorkommnisse und Ereignisse sind aus den für damalige Zeiten ungewöhnlichen organisatorischen Erfordernissen erklärbar. Große Menschengruppen mussten über weite Strecken bewegt, versorgt und in ihren Aktionen koordiniert werden.

Kreuzzüge sollten die Kriterien des erlaubten Krieges, wie sie in der christlichen Theologie seit Augustinus tradiert wurden, erfüllen. Sie seien durch eine rechtmäßige Instanz in Gang gesetzt: Die Autorität des Papstes, die im 11. Jahrhundert durch die politischen Erfolge im Streit um die Investitur der Bischöfe stark angewachsen war, gab den Kreuzzügen Legitimität. Sie hätten einen gerechten Grund und Anlass: Sie dienten der Abwehr gewalttätig angreifender Feinde des Christentums. Sie hätten ein richtiges Ziel: Sie sollten von Gewalt beherrschten Gebieten Frieden bringen.

Kreuzzüge waren nach dem Urteil der Zeitgenossen gerechte Kriege. Sie dienten vorrangig nicht der Mission, auch wenn der Missionsgedanke, die militärisch zwingende Bekehrung von Nicht-Christen, in einigen Fällen als Kreuzzugsziel genannt werden konnte. Militärische Zwangsbekehrungen waren weder mit den Kriterien für erlaubte Kriege noch mit dem Verständnis der christlichen Taufe vereinbar.

c. Heiliges Land

Durch die Kreuzzugbewegung wurde im lateinischen Christentum die Vorstellung vom Heiligen Land erst populär. Alttestamentliche Motive der endzeitlichen Bedeutung Jerusalems und des verheißenen Landes (beispielsweise Völkerwallfahrt zum Zion) wurden nun in der Werbung zur Beteiligung an Kreuzzügen betont herausgestellt. Die Vorstellung, hier ziehe das neue Gottesvolk wie Mose ins verheißene Land, sollte zur Teilnahme motivieren.

In der frühen Kirche, nachdem die Hoffnung auf das Kommen des erhöhten Herrn ihre Aktualität eingebüßt hatte, wurden Jerusalem und Palästina durch die Christenheit nicht besonders beachtet. Die Kaisermutter Helena bewirkte 326 mit der Wallfahrt nach Palästina und dem Bau der Grabeskirche einen Umschwung. Das Reliquienwesen und die Pilgerreisen blühten auf. Eine besondere Wertschätzung für das Gebiet entstand, wo Jesus, der Gottessohn, gelebt hatte, gestorben und auferstanden war und wo seine Wiederkehr erwartet wurde. Das Grab Jesu als Ort seiner Auferstehung, deren Kräfte hier besonders spürbar sein sollten, wurde sehr verehrt.

Kreuzzüge und Wallfahrten waren allerdings im Christentum immer umstritten. Deren äußerlicher Aktivismus und das damit verbundene Abenteuer standen in Spannung zu einer vorrangig auf Innerlichkeit ausgerichteten Frömmigkeit. Der stabile Ort verhindere die auf einer Reise sich einstellenden Gefährdungen. Demgegenüber schuf die Kreuzzugsbewegung eigene Orden, die auf die eroberten Gebiete konzentriert waren.

d. Ende der Kreuzzüge

Die Kreuzzugsbewegung brach im 16. Jahrhundert zusammen. Die reformatorische Kritik an Papsttum, Reliquienverehrung und Wallfahrten entzogen den Kreuzzügen die theologische Legitimität und soziale Anerkennung. Luther schränkte die scholastische Lehre vom gerechten Krieg in zwei wichtigen Punkten ein: er verwarf jede Kreuzzugsidee und erlaubte nur Verteidigungskriege. Der Krieg gegen die auf dem Balkan angreifenden muslimischen Türken sei ein weltlicher Verteidigungskrieg; deshalb bestehe Untertanenpflicht, an ihm teilzunehmen. Der soldatische Kriegerstand sei ein göttlicher Stand, auch wenn einzelne Personen gegen seine göttliche Intention verstießen. Der Kriegsdienst könne im Glauben durchaus mit gutem Gewissen geleistet werden. Er sei ein Werk der äußerlichen Gerechtigkeit.

Calvin, der ebenfalls die Lehre vom gerechten Krieg vertrat, erörterte die Frage, ob der Schwertgebrauch der christlichen

Obrigkeit mit dem göttlichen Tötungsverbot verträglich sei. Die Antwort könne nur so lauten, dass der strafende Schwertgebrauch die Vollstreckung göttlicher Urteile selbst sei. Alles Strafgeschehen dürfe allein aus der Autorität Gottes geschehen. Die Obrigkeit verliere ihre Frömmigkeit, wenn sie aus falsch verstandener Milde nicht streng gegen alle Gewalttat einschreite. So wie dieses öffentliche Strafrecht gegen Einzelpersonen gelte, so gelte es auch gegen kollektive Friedensstörer.

Dem Einwand, im Neuen Testament gebe es keine Erlaubnis zur Kriegsführung, begegnete Calvin mit dem doppelten Hinweis, in den apostolischen Schriften gehe es vorrangig um das geistliche Reich Christi und nicht um die bürgerliche Regierung, doch sei aus Lk 3,14 zu schließen, dass Christus für die obrigkeitliche Gewaltausübung keine Veränderung gebracht habe. Ein Verteidigungskrieg sei gerechtfertigt. Der Entschluss zum Krieg dürfe nicht durch Begierden veranlasst sein, es müsse ein triftiger Grund vorliegen, das Suchen nach Frieden müsse das oberste Ziel sein, alle anderen Versuche zur Konfliktlösung müßten vergeblich gewesen sein; allein die öffentlichen Erfordernisse dürften entscheidungsleitend sein.

4. Friedensstärkung

Mit der Formulierung eines vernunftorientierten Naturrechts trat das Bemühen um eine staatenübergreifende Rechtsordnung philosophisch und politisch in den Vordergrund. Längerfristig wurde die Lehre vom erlaubten Krieg auch in den kirchlichen Überlegungen und Stellungnahmen überführt in die Lehre von der rechtlich gesicherten Friedensordnung.

a. Kriegsvölkerrecht

Die Entwicklung des Kriegsvölkerrechts war durch die mörderischen Gewaltexzesse in den europäischen Konfessionskriegen des 16. und 17. Jahrhunderts bestimmt. Die Konfessionskriege in Deutschland, Frankreich und England waren zumeist Bürgerkriege, in die auch fremde Mächte verwickelt waren. Sie zeigen eine enge Verflechtung von religiösen, politischen und wirtschaftlichen Motiven. In den Konfessionskriegen wurde die Annahme einer überlegenen Gerechtigkeitsinstanz grundlegend erschüttert. Beide Seiten waren davon überzeugt, einen gerechten Krieg zu führen; beide Seiten sahen das Recht zum Krieg bei ihrer Partei. Die Lehre vom gerechten Krieg (bellum iustum) trat zunehmend in den Hintergrund. Für die sich etablierenden Territorialstaaten wurde die Berechtigung zum Kriegführen (ius ad bellum) ein Merkmal ihrer Souveränität. An die Stelle der eingrenzenden Kriterien trat die rechtliche Verpflichtung, den Kriegszustand durch eine entsprechende Erklärung öffentlich zu machen. Die Kriegserklärung war das einzige unerlässliche Legitimitätskriterium für einen Krieg.

Angesichts der Zerstörungsexzesse war die Entwicklung des Völkerrechts darauf gerichtet, das Recht, wie die Kriege zu führen seien (ius in bello), zu präzisieren und dadurch eine Begrenzung des Krieges zu erreichen. Während die Gerechtigkeitsgründe an Eindeutigkeit verloren, wurde das Kriegsrecht (ius in bello) genauer ausformuliert.

Die politisch-rechtliche Ausbildung des Territorialstaats brachte eine rechtliche Ausweitung der Kriegsbetroffenheit. Nach Grotius sind alle Personen, die zu einem Gemeinwesen gehören, der kriegführenden Partei zuzurechnen. Die Maßnahmen, die zum Erreichen des Kriegsziels erforderlich sind, seien auch erlaubt. Diese Auffassung bereitet die Bahn für einen totalen Krieg, der dann durch die anthropologische Grundannahme von THOMAS HOBBES (1588–1679) gestützt werden konnte, die Grundsituation des Menschen sei nicht der Frieden, sondern der Krieg aller gegen alle (vgl. Leviathan, 1651, Kap. 13).

Gegen diese Entwicklung zum totalen Krieg legte JEAN-JACQUES ROUSSEAU (1712–1778) flammend Widerspruch ein. Rousseau vertrat im „Contract social" (1762) die Auffassung, dass der Krieg eine Auseinandersetzung nur zwischen Staaten sei und dass diese Auseinandersetzung nicht von den Menschen selbst,

sondern gleichsam von bestimmten Funktionären (den Soldaten beider Seiten) geführt werde.
In der Ausgestaltung des Kriegsvölkerrechts im 19. und 20. Jahrhundert hat sich Rousseaus Auffassung durchgesetzt. Krieg wurde als eine zwischenstaatliche Gewaltaktion definiert. Deshalb können bestimmte Rollenzuweisungen unterschieden werden, deshalb müssen Unbeteiligte vor den Kriegshandlungen geschützt werden. So wurden seit der Gründung des Internationalen Roten Kreuzes 1863 vermehrt internationale Vereinbarungen getroffen, die dem Schutz der Verwundeten, der Kriegsgefangenen, der Zivilisten dienten. Das Kriegsrecht (ius in bello) unterscheidet nach den Haager Konventionen von 1907 zwischen Zivilpersonen und Kombattanten; es verbietet unterschiedslose Angriffe gegen den Feindstaat und Methoden der Kriegsführung, die überflüssige Zerstörungen und Schädigungen verursachen. Die Genfer Konventionen von 1949 mit Zusätzen von 1977 schützen als Humanitätsrecht besonders die Verwundeten, Kranken, Kriegsgefangenen und Zivilisten.

b. Friedenssicherung

Die Friedenssicherung ist seit dem Ende des II. Weltkriegs nach den öffentlichen Verlautbarungen ein vorrangiges Ziel des politischen Handelns und der politischen Ordnung. Die von den Massenvernichtungswaffen ausgehende faktische Bedrohung der gesamten Menschheit macht die Friedenssicherung zu einer Notwendigkeit des menschheitlichen Überlebens. Die Zeit des sog. Kalten Krieges nach dem Zweiten Weltkrieg hat gezeigt, dass Waffenstillstand noch kein Frieden ist. Die Androhung von militärischer Gewalt zwingt potentielle Kontrahenten dazu, hohe Aufwendungen für stehende Heere und militärische Rüstungsgüter zu tätigen. Dadurch kommt es zu umfassenden Schädigungen an Gesellschaft, Natur und Wirtschaft. Die Ressourcenverschwendung ist ungeheuer. Das Nicht-Kriegführen (negativer Frieden) ist noch kein Zustand des gedeihlichen Miteinanders (positiver Frieden).

Die politischen Diskussionen um die besten Wege zur Friedenssicherung vollziehen sich heutzutage unter dem Druck, die Selbstvernichtung der Menschheit verhindern zu müssen. Die Kriterien für einen erlaubten Krieg, wie sie in der christlichen Ethik seit Augustinus ausgearbeitet worden waren, versagen völlig bei denjenigen militärischen Auseinandersetzungen, bei denen Massenvernichtungswaffen eingesetzt würden.

Für die Bewertung militärischer Aktionen markiert der Einsatz von Massenvernichtungswaffen eine kategoriale Differenz. Der Einsatz solcher Waffen lässt alle Erlaubnisgründe für einen Krieg hinfällig werden, weil nach dem Einsatz nichts mehr besteht, was Grund für die militärische Aktion hätte sein können. Bleibt nämlich durch die Art der Kriegsführung keine Rechtsordnung mehr übrig, die doch durch die kriegerische Maßnahme wiederhergestellt werden sollte, so ist der gesamte Krieg unsinnig und in seiner moralischen Begründung widersprüchlich. Die christlichen Kirchen haben im Blick auf den drohenden Einsatz von ABC-Waffen und auf die unterschiedlose Führung eines totalen Krieges 1948 das Bekenntnis formuliert, es könne keinen gerechten Krieg geben.

Durch die politische Entscheidung für eine Wiederbewaffnung Deutschlands gab es eine heftige Auseinandersetzung innerhalb des deutschen Protestantismus, ob eine auf atomare Abschreckung ausgerichtete Verteidigungsstrategie unterstützt werden könne und ein Wehrdienst an der Waffe mit der christlichen Liebesethik vereinbar sei. Wehrdienst und Wehrdienstverweigerung wurden schließlich nebeneinander als zwei gleich berechtigte Optionen für christliche Gewissensentscheidungen akzeptiert. Dabei wurde von Seiten der Wehrdienstbefürworter immer betont, dass es sich um eine reine Abschreckungsstrategie zur Verhinderung des Einsatzes von Massenvernichtungswaffen handele. Käme deren Einsatz je zustande, so bedeute dies die physische und moralische Katastrophe.

Ein Krieg ohne Einsatz von Massenvernichtungswaffen ist dagegen völkerrechtlich vorgesehen, allerdings unter sehr engen Bedingungen. Mit der Gründung der Vereinten Nationen wurde eine Monopolisierung erlaubter Kriege vorgenommen. Die UN-

Charta von 1945 formuliert eine allgemeine Friedenspflicht, ein allgemeines Gewaltverbot (vgl. Art. 2,4). Die UN-Charta kennt zwei Ausnahmen von der Friedenspflicht. Erstens ist kriegerische Gewalt erlaubt in dem Fall, dass ein Staat angegriffen wird. Der angegriffene Staat kann sein Selbstverteidigungsrecht geltend machen. Der Selbstverteidigungsfall ist allerdings meldepflichtig und der Beurteilung durch den Sicherheitsrat unterworfen (vgl. Art. 51).

Zweitens kann der UN-Sicherheitsrat nach Kapitel VII der Charta gewaltfreie oder auch gewaltsame Maßnahmen zur Wahrung oder Wiederherstellung des Weltfriedens beschließen.

Bei der Regelung der Gewaltmaßnahmen kommen die gedanklichen Elemente der Lehre vom erlaubten Krieg zum Zuge: Alle rechtmäßige Gewaltanwendung kann nur vom Sicherheitsrat ausgehen; er ist die legitima potestas. Das gilt auch für den Selbstverteidigungsfall, weil der Sicherheitsrat ja die Fallbeurteilung vornehmen muss. Die vom Sicherheitsrat zu beschließenden Gewaltmaßnahmen müssen durch einen gerechten Grund veranlasst sein (vgl. Art. 39). Die Gewaltmaßnahmen dürfen nur darauf gerichtet sein, den Weltfrieden und die internationale Sicherheit zu wahren bzw. wiederherzustellen, und unterliegen der Bedingung der Verhältnismäßigkeit (vgl. Art. 41–42).

Damit ist völkerrechtlich zwischen den Staaten eine Entwicklung intendiert, die innerhalb der einzelnen Staaten bereits erfolgt ist. So wie der Rechtsstaat das Gewaltmonopol für sich beansprucht und durchsetzt, so soll auch global zwischen den Staaten die Gewaltberechtigung in einer Instanz konzentriert werden. Dies wird von den christlichen Kirchen unterstützt.

B. Menschenwürde

Das christliche Gottesbewusstsein bejaht die Würde des Menschen. Die Menschenwürdezusage gehört zum Wesen christlichen Glaubens. Und doch gab es langen und konfliktreichen

Widerstand, die politisch-rechtliche Ausgestaltung der Menschenwürde in den Menschenrechten anzuerkennen. Die christlichen Konfessionskirchen haben in der zweiten Hälfte des 20. Jahrhunderts, nachdem sie zuvor der Menschenrechtsidee ablehnend gegenüber standen, sich zu Befürwortern der Menschenrechte, besonders des Rechts auf Religionsfreiheit gewandelt. Sie haben die Nähe des christlichen Glaubens zu Demokratie und sozialer Partizipation entdeckt.

Die Befürwortung der Menschenwürde strahlt in wichtige Konfliktfelder der Gesellschaft aus. Beispielhaft sollen hier zwei Konflikte angesprochen werden, die auch für den Dialog der Religionen wichtig sind, die Geltung der Frau und die Wirtschaftsordnung. Die Gleichstellung der Frau, rechtlich und sozial, war und ist einer der seit dem 19. Jahrhundert öffentlich ausgetragenen Großkonflikte. Dies gilt auch für die Gestaltung der Wirtschaftsordnung, die seit der beginnenden Industrialisierung höchst umstritten ist.

1. Menschenrechte

Die Menschenrechte haben sich im christlichen Kulturkreis entfaltet. Sie stehen mit christlichen Glaubensüberzeugungen in einem komplizierten Verhältnis der Beförderung und Kritik. Naturrechtliches und antik-stoisches Gedankengut ebnete der Idee der Menschenrechte seit der Aufklärung den Weg. Andere Kulturkreise und andere Religionen verhalten sich zur Übernahme der Menschenrechte sperrig. Deshalb ist die Frage der Universalität der Menschenrechte ein Gegenstand politischer und religiöser Auseinandersetzung.

a. Begründung

Seit dem Ende des Zweiten Weltkrieges hat die Idee der Menschenwürde eine fundierende Bedeutung für die Gestaltung der politischen Ordnung erhalten. Während die Erklärungen der Menschenrechte im 18. und 19. Jahrhundert ohne Bezugnahme auf die Menschenwürde erfolgten, erhielt die Menschenwürdeidee in den Erklärungen der Vereinten Nationen von 1945 und 1948 sowie im Grundgesetz für die Bundesrepublik Deutschland 1949 eine basale Stellung. Die Idee der Menschenwürde hatte nicht nur Überzeugungskraft angesichts der gerade kriegerisch überwundenen Missachtung durch die nationalsozialistische Terrorherrschaft und den Militarismus, sondern auch große konsensschaffende Kraft, weil Menschenwürde aus sehr unterschiedlichen religiösen und ethischen Traditionen begründet werden kann.

Menschenwürde meint das selbstverständliche Wertsein von Menschen vor allen entscheidbaren Anerkennungsbeziehungen. Würde haben Menschen in zwischenmenschlichen Beziehungen und im Selbstbezug, insofern sie Wert an sich haben, insofern sie Zweck an sich sind, insofern sie in kein Kosten-Nutzen-Kalkül eingestellt werden können.

Die Menschenwürdeidee hat in Begründung und Geltungsumfang eine markante Entwicklung durchlaufen. Die Menschenwürde galt zunächst in einer eingegrenzten Gruppe und wurde dann auf alle Menschen ausgeweitet. Diese Tendenz zur allgemeinen Gültigkeit der Würdeidee haben vornehmlich die antike Philosophenschule der Stoa und die jüdisch-christliche Tradition befördert. Die Würde gründe im Vernunftbesitz aller Menschen, so die stoische Lehre bei Cicero (vgl. De officiis I, 107). Der Mensch sei Ebenbild Gottes, so die alttestamentliche Lehre (vgl. Gen 1,26f). Alle Menschen seien in Christus gleich, so die neutestamentliche Lehre (vgl. Gal 3,26–28).

Die Würdebejahung hatte zunächst religiöse und individualethische Auswirkungen, allerdings keine politischen und rechtlichen Folgen (beispielsweise für das Institut der Sklaverei). Das strikte Allgemeinheitspostulat der Menschenwürde ist auch in den gegenwärtigen Gesellschaftslagen eine politisch und rechtlich brisante Aussage.

Menschenwürde begegnet kulturgeschichtlich in vielfältigen Begründungen und Ausformungen. Auch die biblische Tradition birgt unterschiedliche Motive, Menschen Würde zuzusprechen. In den biblischen Schriften kann Würde durch Zugehörigkeit zu einer Abstammungsgemeinschaft oder durch die allgemein qualifizierende Relation zum Göttlichen (Gottebenbildlichkeit) begründet werden. Die Gottespredigt Jesu kann eine scharfe Absage an die Abstammungsgemeinschaft enthalten (vgl. Mt 10,35–38).

aa. Abstammungsgemeinschaft

Die Würdigung von Menschen erfolgte seit der frühesten Gemeinschaftsbildung in religiöser Prägung. Vornehmlich die Zugehörigkeit zu einer identifizierbaren Abstammungsgemeinschaft, die religiös fundiert war, gab den Gruppenmitgliedern Würde. Die Nichtmitglieder der Gruppe, die fremden Menschen hatten keine Würde. Ist in einer Kultur die Abstammungsgemeinschaft das leitende Begründungsmuster, so wird Würde nur den Mitgliedern dieser Gemeinschaft zugesprochen; eine allen Menschen zukommende Menschenwürde ist zumeist nicht im Blick und wird faktisch verneint.

Die Erzählungen der Urgeschichte (vgl. Gen 1–12) entfalteten das Begründungsmuster der Abstammungsgemeinschaft: Adam und Eva seien die Ureltern aller Menschen, die Urgeschichte wurde als Familiengeschichte erzählt: Nach der vernichtenden Sintflut wurden die drei Söhne Noahs (Sem, Ham und Jafet) als die neuen Urväter benannt (vgl. Gen 9,18f); die Völkertafel (vgl. Gen 10) führte diese Genealogie aus.

Auch wenn die biblische Urgeschichte auf die Allgemeinheit der Menschenwürde im Muster der Abstammungsgemeinschaft hinzuführen scheint, so zeigt doch die Herabwürdigung Hams und seiner Nachkommen (begründet durch die Erzählung in Gen 9,20–27), dass das familiare Grundmuster die Allgemeinheit von Würdeaussagen hier nicht stützt, sondern auf Ausgrenzung tendiert.

Die Abraham-Erzählungen können als ein neuer Beginn verstanden werden, durch die auch andere Menschen einschließende Segenzusage der Erwählung eine allgemeine Würdezusage zu treffen. Aber auch dieses Muster ist in Aufnahme und Gebrauch ambivalent, weil die Segnung als eingrenzende Selbstbestätigung und das Für-Andere-Sein als eigene Erhöhung und Bestätigung der Überlegenheit aufgefasst werden kann.

bb. Gottebenbildlichkeit

Das Christentum hat mit Judentum und Islam gemeinsam den Gedanken der Gottebenbildlichkeit des Menschen. Allerdings begegnen in diesen drei Religionen unterschiedliche konkrete Bestimmungen zum Menschen. Die gemeinsame Begründungsfigur für die Würdezusage impliziert nicht ein identisches Menschenbild.

Die Würdebegründung aus der Gottebenbildlichkeit war zunächst eine exklusive Aussage. Die Hochkulturen der Menschheitsgeschichte nahmen ihren Ausgang in der Prädizierung des Herrschers als Repräsentanten des Göttlichen. Das Göttliche wurde in menschlicher Gestalt gesehen; ein lebender Mensch wurde Repräsentant des Göttlichen; so bei den ägyptischen Pharaonen.

Dagegen sprach der biblische erste Schöpfungsbericht (vgl. Gen 1) allen Menschen die in der Gottebenbildlichkeit gründende Würde zu. Der Mensch sei Abbild/Ebenbild Gottes (vgl. Gen 1,26f, auch Ps 8). Die Gottebenbildlichkeit des Menschen wurde verstanden als Herrschaft über die Erde. Der Gedanke der Gottebenbildlichkeit wurde in Gen 5,1-3 konkretisiert durch die Analogie zum Verhältnis von Vater und Sohn. Er wurde in Gen 9,1-7 ausgeführt als Unantastbarkeit des Menschen für andere Menschen und Tiere; umgekehrt werden Tiere als Nahrungsmittel erlaubt. Das Bilderverbot im Dekalog implizierte für das Verständnis der Gottebenbildlichkeit, dass nicht tote Gegenstände, sondern nur lebende Menschen zur Abbildung des Göttlichen taugen.

Im Islam ist der Würdegedanke in der Stellvertreterschaft des Menschen für Gott begründet. Gott habe die Nachkommen Adams geehrt (vgl. Sure 17,70). Der Mensch sei Nachfolger/Stellvertreter Gottes (vgl. Sure 2,30-34). Gott habe dem Menschen von seinem Geist gegeben (vgl. Sure 15,26-34 und 38,71-77). Der Mensch habe ein Vertrauenspfand Gottes (vgl. Sure 33,72). Falls die Stellvertreterschaft daran gebunden wäre, dass die Menschen ihre Verpflichtung, wie sie in der Scharia niedergelegt ist, einhalten (vgl. Sure 33,73), gälte die Würdezusage nur den Muslimen.

b. Aufgabe

Die neuzeitliche Entwicklung zum Verfassungsstaat führte zu einer immanent-säkularen Begründung der politischen Gemeinschaft. Der Staat basiert auf der Verfassungsgebung. Im Verfassungsstaat sind die Normen selbst Setzungen der frei handelnden Subjekte. Politische Macht muss sich deshalb vor der Freiheit aller ausweisen und bedarf der Zustimmung aller. Um die staatliche Macht einzudämmen, wurde der Bereich des Politischen einer grundsätzlichen Selbstbeschränkung unterworfen durch die Formulierung der Menschenrechte.

Für die europäische Rechtskultur ist die Verknüpfung des römischen Rechts mit Überzeugungen des Christentums und Impulsen der Aufklärung maßgeblich geworden. Das europäische heutige Recht wird nicht als gottgesetzt, sondern als geschichtliche Einrichtung gesehen. Es ist durch Rationalität, Personenschutz und Begrenzung der staatlichen Macht gekennzeichnet. Das staatliche Rechtssystem will das Gemeinwohl fördern, will Rechtssicherheit für den Einzelnen herstellen und Gerechtigkeit anstreben. Individuelle Schutzrechte und soziale Gestaltungsrechte müssen unter die Leitidee der Gerechtigkeit gebracht werden.

Menschenwürde ist in Deutschland ein Konstitutionsprinzip der Verfassung. Die Würde des Menschen geht dem Recht voraus und verpflichtet das staatliche Recht auf einen vorausliegenden absoluten Wert. Diese Würde ist ein Prädikat der sittlichen Freiheit der Menschheit. Insofern der Mensch als Gattungswesen sich als Person verstehen kann und muss, hat jeder Einzelmensch Anspruch auf Achtung durch die anderen Einzelmenschen und durch die Ordnung, in der er mit diesen anderen Einzelmenschen lebt. Würde ist erst da, wo der Mensch nicht nur Lebewesen und nicht nur verständiges zwecksetzendes Lebewesen, sondern seine sittliche Freiheit personal annehmendes Lebewesen ist. Würde hat keinen Preis, sie weist jede vergleichende Abwägung ab. Die Menschenwürde ist als Prädikat der Menschheit absolut gültig. Menschenwürde kommt nicht durch Anerkennung anderer zustande. Sie ist dem Träger und dem Adressaten der Würdeaussage vorgegeben. Die der staatlichen Gewalt auferlegte Schutzpflicht widerspricht nicht der Unantastbarkeit. Würde ist ein Sachverhalt, der nicht vom Adressaten durch Zuschreibung oder Anerkennung hergestellt, zu dem aber Stellung bezogen wird. Gemeinschaft, Frieden und Gerechtigkeit gibt es nur bei Respekt für die Menschenwürde. Die Grundrechte sind die inhaltlichen Konkretisierungen der Menschenwürde.

Die Würde-Aussage ist eine indikativische Aussage: Der Mensch, jeder Mensch, hat Würde. Aber diese indikativische Aussage hat eine normative Pragmatik: Der Staat muss die Würde schützen. Auch wenn die Menschenwürde ein überempirisches Faktum ist, so kann sie doch missachtet und angegriffen werden. Deshalb wird alles staatliche Handeln auf Achtung und Schutz der Menschenwürde verpflichtet.

Menschenwürde ist strikt allgemein gültig, sie steht nie zur Abwägung, sie ist immer verbindlich. Sie ist allen Wertungen und Abwägungen voraus. Ihre Beachtung ist konstitutiv für alle Rechtsetzung, Rechtsvollziehung und Rechtsprechung. Sie steht nicht in der Verfügung staatlicher Gewalt. Deren Legitimität speist sich allein aus der Verpflichtung auf die Menschenwürde. An der Beachtung der Menschenwürde entscheidet sich die Qualität staatlichen Handelns. Hier ist der moralische Quellpunkt des Staats, seine metaphysische Voraussetzung. Wie die Menschenwürde politisch zu verstehen sei, wird inhaltlich bestimmt durch die allgemeinen Menschenrechte, die in der Menschenwürde gründen und nachfolgend als subjektiv-öffentliche Grundrechte formuliert werden (vgl. Art. 2–19 GG).

c. Entwicklung

Die Schrecken der europäischen Konfessionskriege stärkten besonders im 17. Jahrhundert die politische Forderung, die

Staatsmacht in ihren Zugriffsrechten zu beschränken. In England wurden mit dem Habeas-Corpus-Act (1679) und dem Bill of Rights (1689) grundrechtliche Regelungen getroffen, in denen die Bürger gegenüber staatlichen Machtaktionen ein Schutzrecht erhielten. Diese Schutzrechte galten nicht für Menschen allgemein, sondern nur für Engländer, genauer: für bestimmte Gruppen von Engländern; sie waren Standesrechte. Doch beschränkten sie die Staatsmacht auf eine Weise, dass diese Standesrechte später zu Menschenrechten verallgemeinert werden konnten.

Großen Einfluss auf die weitere Entwicklung hatte JOHN LOCKE (1632–1704), der in seiner Schrift „Two treatises of government" (1690) gegen Hobbes betonte, dass auch nach Einwilligung in den Gesellschaftsvertrag das Individuum seine natürlichen Rechte und Freiheiten behalte und der gegen diese Rechte verstoßenden Staatsgewalt Widerstand leisten könne. Die Menschen schlössen sich in der Gesellschaft zusammen zur Bewahrung von Leben, Freiheit und Eigentum. Dabei meint Eigentum nicht nur den materiellen Besitz, sondern auch das Recht auf freie Verfügung über die eigene Person mit all ihren Fähigkeiten.

Diese Gedanken wurden leitend in den englischen Kolonien in Nordamerika, deren Siedler während des 17. Jahrhunderts zumeist den religiösen Bedrückungen durch die englische Staatskirche entkommen wollten und größere Freiheit für ihre Glaubensäußerung anstrebten. So verwirklichte beispielsweise ROGER WILLIAMS (1603–1683) die Religionsfreiheit in der 1636 von ihm gegründeten Niederlassung Providence in Rhode Island. Diese independistische Tradition hatte großen Einfluss auf die amerikanische Unabhängigkeitsbewegung. Aus den Erfahrungen einer alltäglichen Praxis des Gesellschaftsvertrags bewahrten die amerikanischen Siedler in ihrem positiven Recht eine große Nähe zum Naturrecht. Indem sie sich in die Tradition der englischen Freiheits-Charten stellten und sich gerade dadurch vom Mutterland lossagen wollten, wurden diese Freiheitsrechte der Engländer auf alle Menschen ausgeweitet.

Die Bill of Rights of Virginia vom 12. Juni 1776, das Fundament für die „Einstimmige Erklärung" zur Unabhängigkeit der amerikanischen Kolonien Englands, sprachen allen Menschen ‚bestimmte angeborene Rechte' zu. Dies wurde in der US-Unabhängigkeitserklärung im selben Jahr wiederholt. Zu diesen Rechten gehörten Teilhaberechte (z.B. Wahlrecht), Prozessrechte und Freiheitsrechte (z.B. Presse- und Religionsfreiheit).

Die 1789 begonnene französische Revolution hatte (anders als die amerikanische Revolution) stark antikirchliche Züge und entfaltete teilweise eine heftige Polemik gegen das durch die Römische Kirche repräsentierte Christentum. In der „Declaration des droits de l'homme et du citoyen" vom 26. August 1789 sprach die Verfassungsgebende Versammlung den Bürgern natürliche, unveräußerliche und geheiligte Menschenrechte zu. Die Erklärung war in ihren philosophischen Grundsätzen stark an der Gesellschaftstheorie Rousseaus orientiert.

In den europäischen Kirchen wurden die Menschenrechte im 19. Jahrhundert überwiegend abgelehnt, weil sie als in der französischen Revolution wurzelnd eingeschätzt wurden. Vor diesem Hintergrund erregte es auf evangelischer Seite einiges Aufsehen, als 1895 der Jurist GEORG JELLINEK (1851-1911) die Menschenrechte historisch nicht auf die französische, sondern auf die amerikanische Revolution zurückführte. Er vertrat die These, alle Menschenrechte wurzelten in der Gewissensfreiheit und Religionsfreiheit und seien somit zuletzt Kinder der Reformation. Diese völlig neue Sicht hob den scheinbar unvereinbaren Gegensatz zwischen Menschenrechten und Christentum auf.

Wurden die Menschenrechte zunächst gegen die alte feudale Ungleichordnung formuliert in optimistischer Hoffnung auf eine völlig neue Rechtsordnung, so war nach dem Zweiten Weltkrieg die Suche nach einer Grundlage für ein humanes Zusammenleben leitend. Am 10. Dezember 1948 beschloss die Generalversammlung der Vereinten Nationen ohne Gegenstimme die ‚Universal declaration of human rights' und stellte damit die Menschenrechte unter ihren Schutz. Hatte diese Erklärung den Charakter einer Empfehlung, so gaben der ‚International covenant on civil and political rights' sowie der ‚International covenant on social, economical and cultural rights', beide 1966 beschlossen und seit 1976 in Kraft, den Menschenrechten eine völkerrechtliche Verbindlichkeit. Die ‚European Convention on Human Rights', die 1950 vom Europarat beschlossen wurde und seit 1953 in Kraft ist, gibt eine judikative Garantie der Menschenrechte, indem ein Gerichtshof Entscheidungen fällen kann, die für die Teilnehmerstaaten bindend sind.

Die Menschenrechte sind von ihrer Genese her vorrangig politische Schutzrechte für individuelle Freiheit. Sie sollen das Leben, die körperliche Unversehrtheit, die Glaubens- und Gewissensfreiheit, die Freizügigkeit, die Unverletzlichkeit der Wohnung, das Privateigentum und das Erbrecht sichern gegenüber staatlichen Eingriffen.

Die sozialen Teilhaberechte lassen sich anders als die liberalen Abwehrrechte nicht als subjektiv-öffentliche Rechte zur Begrenzung staatlicher Macht ausgestalten, sondern nur als Anspruchspflichten gegen den Staat. Der Staat soll hier nicht an Eingriffen in die Freiheitssphäre seiner Bürger gehindert werden, sondern er soll aktiv etwas herstellen. Die Sozialrechte sind nicht auf Verfassungsebene einklagbar, sondern Sache der gesetzlich auszugestaltenden Sozialstaatlichkeit. Diese Ausgestaltung lässt sich nur in Einzelgesetzen regeln.

Erst seit Ende des Zweiten Weltkriegs spielen die Menschenrechte in der christlich-theologischen Diskussion um Gesellschaftsethik und Staatsethik eine wichtige Rolle. Das gilt sowohl für die Römische Kirche wie für die reformatorischen Kirchen.

In der Römischen Kirche bewirkte Papst Johannes XXIII. den eigentlichen Wandel 1963 mit seiner Enzyklika „Pacem in terris" (vgl. DH 3955–3997). Er bezeichnete die Menschenrechte als die für den Frieden notwendige Ordnung. Er erklärte das Recht auf Leben, auf Gottesverehrung, auf freie Wahl des Lebensstandes, auf Gemeinschaftsbildung, auf Ein- und Auswanderung sowie moralische, kulturelle, wirtschaftliche und politische Rechte für legitim und gültig. Er verband markant die Rechte mit Pflichten, beispielsweise das Recht auf Religionsfreiheit mit der Pflicht zur fortwährenden Wahrheitssuche.

Auf evangelischer Seite haben erst die Erfahrungen des nationalsozialistischen Staatsterrors und die Entwicklungen in den transnationalen Kirchenbünden eine große Veränderung gebracht. Da die lutherische Theologie zuvor den Staat vorrangig als Machtstaat verstand, der die Zügellosigkeit sündigen Wollens eindämmen müsse, wurde die Forderung nach Schutzrechten des Individuums überwiegend abgelehnt. Die geschichtliche Ordnung wurde oft mit der göttlichen Ordnung eng verknüpft; daraus ergab sich eine elementare Abneigung gegen Emanzipationsbestrebungen.

Die Evangelische Kirche in Deutschland, die 1975 in der Denkschrift „Die Menschenrechte im ökumenischen Gespräch" eine Nähe des christlichen Menschenbildes zum Menschenbild der Menschenrechte festgestellt hatte, ging 1985 in ihrer Denkschrift „Evangelische Kirche und freiheitliche Demokratie. Der Staat des Grundgesetzes als Angebot und Aufgabe" uneingeschränkt bejahend auf die Menschenrechte ein. Bei allen Aussagen der Denkschrift klingt die Erinnerung an die lebenszerstörende Pervertierung des deutschen Staatswesens durch den Nationalsozialismus immer wieder an. Im Grundgesetz werde durch die Grundrechte dem staatlichen Handeln eine Grenze gezogen gegenüber dem Freiheitsraum jedes Bürgers. Diese in die Verfassung aufgenommenen Menschenrechte seien nicht nur Schutz des Bürgers vor Staatswillkür, sondern auch Auftrag an den Staat, die Verwirklichung der Grundrechte zu ermöglichen. Gegen die ältere Tradition leitet die Denkschrift die Rechte des Einzelnen aus der Verfassung und nicht aus seinen Pflichten gegen den Nächsten ab.

d. Religionsfreiheit

Religionstoleranz meint die obrigkeitliche Duldung abweichender religiöser Auffassungen. Religionstoleranz setzt die Privilegierung einer bestimmten Religionsgesellschaft voraus und verträgt sich durchaus mit dem Staatskirchentum. Wachsende Territorialstaaten wie Brandenburg-Preußen wählten die politische Maxime der Religionstoleranz, um die konfessionelle Mischung ihrer Bevölkerung zu befrieden.

Religionsfreiheit ist eine deutliche Ausweitung und qualitative Steigerung der Religionstoleranz. Positive Religionsfreiheit meint in individueller Perspektive das Recht aller Menschen, die je eigene religiöse Überzeugung äußern und lebenspraktisch betätigen zu können. Positive Religionsfreiheit meint in sozialer Perspektive das Recht von Individuen, ihre religiöse Überzeugung gemeinschaftlich ausüben (gemeinsame Gottesdienstausübung, Kultusfreiheit) und religiös orientierte Zusammenschlüsse bilden zu dürfen. Religionsfreiheit meint in korporativer Hinsicht das Recht der Religionsgemeinschaften, ihre Angelegenheiten nach ihrem Selbstverständnis eigenständig ordnen und in Staat und Gesellschaft die eigenen Überzeugungen vertreten zu dürfen. Negative Religionsfreiheit meint das Schutzrecht von Individuen, zu einer bestimmten Glaubensweise staatlich nicht gezwungen werden zu dürfen.

Religionsfreiheit war und ist ein zentrales Element in der Ausgestaltung der Menschenrechte. Religionsfreiheit meint die staatliche Gewährleistung, religiöse (und weltanschauliche) Überzeugungen bekennen und in der Lebensgestaltung wirksam werden lassen zu dürfen. Religionsfreiheit ist der zusammenfassende Ausdruck für die staatlich garantierte Freiheit des Glaubens, des Gewissens, des Bekenntnisses, der Religionsausübung, der Weltanschauung. Religionsfreiheit, wie sie in den westlichen Verfassungsstaaten und in den internationalen Menschenrechtserklärungen formuliert ist und praktiziert wird, ist subjektiver Anspruch auf Anerkennung und Schutz des für alle geltenden Rechts, religiöse Überzeugungen individuell und kollektiv darstellen, ausüben und gestalten zu können. Die Religionsfreiheit jedes Einzelnen wird begrenzt durch die Religionsfreiheit anderer Menschen und durch die anderen Grundrechte.

Die Religionsfreiheit ist in Europa aus der Reformation erwachsen. Die reformatorische Theologie beförderte nachhaltig den Gedanken der Glaubens- und Gewissensfreiheit. Dass der Mensch allein aus Glauben und ohne eigene Verdienste gerechtfertigt werde, lässt sich so verstehen, dass seine Würde ihm allein durch Gott verliehen wird. Diese Würde wird dem Menschen im Glaubensakt zugeeignet. Der Glaubensakt konstituiert die Person und muss deshalb von jeglicher menschlichen Autorität frei sein. Dies beschränkt die Macht der weltlichen Obrigkeit auf den leiblichen Menschen; Seele und Gewissen müssen frei bleiben. Die Freiheit des Christen ist nach Luther nicht dem Belieben anheim gestellt, sondern ist vielmehr die Freiheit zum Nächstendienst.

Gegen die publizistischen Unterdrückungsmaßnahmen reformationsfeindlicher Fürsten forderte Luther 1523 Gewissensfreiheit und Meinungsfreiheit. Indem die Fürsten dem Gewissen und dem Glauben zu gebieten suchen, setzen sie sich auf Gottes Stuhl. Für Luther hatte der biblisch gebotene Gehorsam gegenüber der irdischen Obrigkeit seine Grenze an der Freiheit des Glaubens selbst, gemäß Apg 5,29 (clausula Petri).

Die Freiheit des Gewissens war für Luther in Glaubensfragen unaufgebbar. Im Gewissen sei der Mensch Gott und nicht der menschlichen Obrigkeit und ihren Satzungen verpflichtet. Aus der Freiheit des Evangeliums leitete Luther auch die Gewissensfreiheit ab. Dieser Freiheitsimpuls markiert die epochale Bedeutung der Reformation in sozialer und politischer Hinsicht.

Dadurch dass die von Luther betriebene kirchliche Reformation die religiöse Bedeutung der persönlichen Glaubensgewissheit verstärkte und jeden Einzelnen auf die Gottesbeziehung ansprach, wurde die Glaubensfreiheit zu einer unverzichtbaren religiösen und politischen Forderung. Calvin und die von ihm bestimmten Kirchen haben mit der starken Betonung des Bundesgedankens und der presbyterial-synodalen Kirchenorganisation starke Anstöße für die Entwicklung der Freiheitsideen in Europa und Nordamerika gegeben.

Die Reformation führte zur konfessionellen Spaltung mehrerer Länder Europas. Die exklusiven konfessionellen Ansprüche wurden in Bürgerkriegen ausgetragen, so besonders im deutschen Sprachgebiet, in Frankreich und England; die Niederlande erhoben sich gegen die spanische Herrschaft.

Im Augsburger Religionsfrieden von 1555 für das Römische Reich deutscher Nation wurde ein Recht zur Reformation (ius reformandi) für die weltlichen Landesherrschaften vereinbart. Allein der Landesherr der konfessionell homogenen Herrschaftsgebiete entschied über die Konfessionszugehörigkeit (römisch oder lutherisch). Die Untertanen erhielten ein Recht zur Emigration (ius emigrandi). Das Recht zur Reformation galt nicht für die geistlichen Landesherrschaften. Dadurch wurde im Reich die Dominanz der Altgläubigen gesichert. Für die Kaiserwahl verschafften sich die altgläubigen Habsburger, die als Könige von Böhmen die vierte weltliche Landesherrschaft mit Wahlrecht (Kurstand) selbst inne hatten, zusammen mit den drei geistlichen wahlberechtigten Landesherrschaften die entscheidende stabile Mehrheit. Deshalb wurde die Absetzung des katholischen Habsburgers und die Neuwahl eines Reformierten zum König von Böhmen Anlass für den Ausbruch des 30jährigen Krieges. Im Westfälischen Frieden von 1648 wurde die reformierte Kirche als dritte privilegierte Religionsgesellschaft anerkannt.

Im angelsächsischen Raum forderten die Independenten im englischen Bürgerkrieg des 17. Jahrhunderts Religionsfreiheit gegenüber der anglikanischen Staatskirche. Religionsfreiheit wurde in der Bill of Rights of Virginia 1776 als Grundrecht aufgeführt (vgl. Art. 16). In den Verfassungen und Rechtskorpora des 19. und 20. Jahrhunderts wurde die Religionsfreiheit wachsend zu einem allgemeinen Menschenrecht ausgedehnt.

In Deutschland regelte die Weimarer Reichsverfassung vom 11. August 1919 das Verhältnis von Staat und Kirche völlig neu. Die Staatskirche wurde abgeschafft (vgl. Art. 137 WRV). Die Selbständigkeit von Kirche und Staat wurde festgeschrieben und zugleich die besondere Stellung der Kirchen im Staat anerkannt. Den Kirchen wurde sowohl Freiheit vom Staat als auch Freiheit im Staat zugesichert. Die Kirchen erhielten Selbständigkeit im Rahmen des staatlichen Rechts. Innerkirchliche Angelegenheiten wurden nicht mehr durch Staatsorgane oder staatliche Kirchenorgane geregelt. Der Staat machte sich weltanschaulich neutral. Die Kirchen behielten ihre Stellung im öffentlichen Leben, indem sie Körperschaften des öffentlichen Rechts und nicht privatrechtliche Vereinigungen wurden. Ihre Wirksamkeit ist mithin auf das Gemeinwohl ausgerichtet. Auch an den staatlichen Schulen blieb der Religionsunterricht Pflichtfach (Art. 149 WRV). Die religionsrechtlichen Artikel 136-139 und 141 der Weimarer Reichsverfassung wurden 1949 ins Grundgesetz der Bundesrepublik Deutschland übernommen (vgl. Art. 140 GG). Die positive Religionsfreiheit ist fester Bestandteil des demokratisch-liberalen Verfassungsstaates geworden. Jeder kann seiner religiösen Überzeugung Ausdruck geben. Nicht nur die verschiedenen Konfessionen und religiösen Kleingruppen haben eine rechtliche Garantie ihrer Glaubensäußerungen, sondern auch diejenigen, die sich von aller Religion losgesagt haben und lossagen wollen. Der Atheismus bzw. die Irreligiosität werden wie eine Religionsäußerung behandelt. Atheisten haben eine Garantie ihrer Glaubens-Nichtäußerung.

Stand früher die positive Religionsfreiheit, also die Freiheit, die eigene Religion ausüben zu können, im Mittelpunkt der Auseinandersetzung, finden heutzutage auch scharfe Auseinandersetzungen um die negative Religionsfreiheit statt, also um die Freiheit, in der eigenen Lebensgestaltung nicht durch Symbole oder Kundmachungen einer bestimmten Religionspraxis beeinträchtigt zu werden (beispielsweise im Blick auf die Erziehung der eigenen Kinder durch ein Kruzifix im Klassenzimmer oder durch ein Schulgebet).

Während die reformatorischen Kirchen die Gewissens- und Religionsfreiheit zumindest grundsätzlich bejahten, verneinte die Römische Kirche lange eine inhaltlich ungebundene Religionsfreiheit. Sie wollte den aus dem Liberalismus erwachsenden Pluralismus abwehren. Abweichende Glaubensüberzeugungen und Gewissensentscheidungen könnten allenfalls politisch geduldet werden zur Vermeidung größerer Übel (vgl. DH 3176f. 3250f). Diese Einschätzung wurde auf dem 2. Vatikanischen Konzil 1965 aufgegeben. In der Erklärung „Dignitatis humanae" wurden die Religionsfreiheit und Gewissensfreiheit bejaht (vgl. DH 4240-4245). Die Religionsfreiheit sei nicht gnadenhafte Duldung, sondern ein Gerechtigkeitselement. Die Personalität des Menschen verlange ein freies Gewissen. Glaube könne individuell und sozial nur ohne jeden Zwang in der Sphäre der Freiheit gedeihen.

Der säkulare Staat hat seine religiöse Neutralität erklärt und einen Pluralismus institutionalisierter öffentlicher Religion etabliert, um den inneren und äußeren Frieden sicherzustellen. Daraus ergeben sich neue Aufforderungen zu kommunikativen Beziehungen zwischen den Religionen und zu politischen Regelsetzungen für die Religionen.

Bei seiner Garantie von Religionsfreiheit und Gewissensfreiheit steht der säkulare Staat in dem Dilemma, für den Erhalt seiner Neutralität darauf angewiesen zu sein, dass die Mehrheit der Bürger eine religiöse Haltung einnimmt, die in Übereinstimmung mit diesen Grundrechten steht. Religionsfreiheit kann politisch in einer offenen Gesellschaft nur gelingen, wenn die Religionsgesellschaften selbst grundsätzlich die Religionsfreiheit bejahen und nicht den Staat zur Durchsetzung ihrer Überzeugungen instrumentalisieren wollen.

In den politisch-rechtlichen Konflikten um die Religionsfreiheit zeichnen sich zwei antagonistische Grundmuster ab. Einmal wird Religion als öffentliches Gut verstanden, das den Zusammenhalt der Gesellschaft ermögliche, das deshalb auch bestimmten Qualitätsanforderungen genügen müsse. Zum andern wird Religion als individuelles Gut verstanden, das eine strikte Neutralität des Staats und Zurückhaltung von allen Ungleichbehandlungen und jeglichen Qualitätsanforderungen verlange. Die mit der Rechtsordnung verbundene Werteordnung kann auf Dauer nur bestehen, wenn ein Großteil der Staatsbürger diesen Werten zustimmt und den Staat in seinen Grundintentionen trägt. Dem demokratischen Staat muss also daran gelegen sein, dass eine Frömmigkeit gedeiht, die Freiheit und Vielfalt bejaht. Die Religionsneutralität des Staates hat dort ihre Grenze, wo fundamentalistische Religionsgruppen mit aggressivem Exklusivitätsanspruch auftreten.

2. Gesellschaftskonflikte

Von den zahlreichen gesellschaftlichen Konflikten werden hier nur zwei knapp behandelt, an denen das christliche Verständnis der Menschenwürde stark beteiligt ist: die soziale Stellung der Frau und die Wirtschaftsordnung. Beide Themenfelder sind in der jetzt zweitausendjährigen Geschichte des Christentums kontrovers beurteilt worden. Im 20. Jahrhundert hat es in beiden Feldern wesentliche Veränderungen der Sozialordnung gegeben.

Die gesellschaftliche Geltung der Frau ist im Christentum durch unterschiedliche Impulse der biblischen Tradition und gegensätzliche Auffassungen vom angemessenen Evangeliumszeugnis verschieden akzentuiert. Durch die Frauenemanzipation seit der Aufklärung haben sich bestimmte interne Konflikte zwischen den Konfessionskirchen eher verschärft. Die Ordination von Frauen zum kirchlichen Predigtamt und der Priesterzölibat markieren wesentliche Differenzen beim Geschlechterthema.

Die Wirtschaftsordnung liefert seit der Aufklärung, besonders seit der umwälzenden Industrialisierung im 19. Jahrhundert immer wieder reichlich Stoff für scharfe gesellschaftliche Konflikte. Kapitalismus und Sozialismus, Marktwirtschaft und Zentralverwaltungswirtschaft standen gegeneinander. Nach dem 2. Weltkrieg hat das christliche Menschenbild die Konzeption der Sozialen Marktwirtschaft in Deutschland stark beeinflusst. Die freie marktförmige Wirtschaftstätigkeit wurde verknüpft mit sozialstaatlichen Sicherungen, die das individuelle Freiheitshandeln in die Erfordernisse einer Solidargemeinschaft einbanden. Der christliche Glaube drängt auf eine menschendienliche Gestaltung der Wirtschaftstätigkeit. Angesichts der tiefgreifenden politisch-sozialen Veränderungen muss die Soziale Marktwirtschaft auf die krisenhaften Herausforderungen neu ausgerichtet werden.

a. Geltung der Frau

Durch religiöse Bilder, Berichte und Regeln wird die soziale Stellung von Frauen und Männern, werden die Muster für Selbstwahrnehmung und Fremdwahrnehmung, werden die Lebensentwürfe und Beurteilungen tiefgreifend geprägt. Die Einschätzung der Geschlechterrollen und Geltungsmuster war für das christliche Glaubensbewusstsein lange kein eigenständiges Thema. Theologische Aussagen zur Geltung der Frau waren eingebettet in individualethische und sozialethische Erörterungen. Für die christlichen Einstellungen sind sowohl die alttestamentlichen Erzählungen und Wertungen wichtig als auch der Zusammenhang mit dem Erlösungsglauben.

Am Anfang der Bibel stehen zwei Schöpfungsberichte. Die Zuordnung und Wertung der Geschlechter ist in diesen beiden Schöpfungsberichten unterschiedlich.

Im älteren Schöpfungsbericht (vgl. Gen 2,4b–25) wird zunächst Adam (Mensch, Mann) geschaffen (vgl. Gen 2,7), dann der Garten Eden, den der Mensch bebauen und bewahren soll (vgl. Gen 2,8.15). JHWH will ihm eine Hilfe geben (vgl. Gen 2,18). Da diese unter den Tieren nicht gefunden wird, formt JHWH aus einer Rippe Adams die Menschin / Männin (vgl. Gen 2,20–22; in Gen 2,23 wird aitiologisch das Wortpaar isch – ischa erklärt). Das Hilfe-sein der Frau meint die existentiell notwendige Ergänzung und Unterstützung des Mannes. Die Wertung der Geschlechter ist gestuft; der Mann erfährt eine höhere Wertschätzung als die Frau. Zugleich wird die natürliche Bezogenheit und Zusammengehörigkeit der beiden Geschlechter betont, auch gegenüber der familialen Autorität der älteren Generation. Allein Mann und Frau werden hier als Schöpfungsordnung eingesetzt.

Im jüngeren priesterschriftlichen Schöpfungsbericht (vgl. Gen 1,1–2,4a) werden Mann und Frau zugleich geschaffen, beide zum Ebenbild Gottes (vgl. Gen 1,27). Beide Geschlechter sind gleichwertig. Beide sind zur Herrschaft über die Erde eingesetzt.

In der Sündenfallerzählung, die den älteren Schöpfungsbericht fortsetzt und literarisch mit ihm entstanden ist (vgl. Gen 3), wird die soziale Geltung der Frau noch eindeutiger abgewertet; im Strafwort JHWHs wird die Frau dem Herrsein des Mannes untergeordnet (vgl. Gen 3,16). Die Sündenfallerzählung verstärkt die Geschlechterzuordnung des älteren Schöpfungsberichts und steht spannungsreich gegen den jüngeren Schöpfungsbericht. Die Ambivalenz von Schöpfung und Sündenfall hat in die biblische Frömmigkeit tiefe Spuren eingegraben. Häufig ist die Wertung der Sündenfallerzählung dominant gewesen. Sie wurde als Bestätigung einer patriarchalischen Schöpfungsordnung genommen.

Die jüdische Bibel erzählt von sehr unterschiedlichen einzelnen Frauen (beispielsweise Deborah, Esther, Judith, Ruth). Nach den Mustern einer patriarchalischen Gesellschaft waren Frauen in Ehe und Familie der Autorität des Mannes untergeordnet. Durch Verlöbnis und Eheschließung, die durch die Familien von Braut und Bräutigam zumeist im Rahmen der Sippe oder des Stammes vereinbart wurden, war eine Frau ausschließlich an ihren Mann gebunden (vgl. Dtn 22,22-29), ein Mann aber nicht ebenso an seine Frau. Eine Sexualverbindung außerhalb einer bestehenden Ehe war der Frau nicht erlaubt, wohl aber dem Mann gestattet, sofern er dabei keine Ehe oder Verlobung verletzte. Die Ehe konnte von Seiten des Mannes durch einen Scheidebrief aufgelöst werden (vgl. Dtn 24,1); die Frau hatte kein Recht auf Ehescheidung. Die lustvolle Geschlechtspraxis innerhalb der Ehe wurde besonders geschützt (vgl. Dtn 24,5).

Die Mutterschaft stand im Lebenszentrum der Frau (vgl. Ex 20,12; Dtn 5,16). Die Vielzahl von Kindern wurde als göttliches Geschenk und göttlicher Segen angesehen (vgl. Gen 1,28; Ps 127,3). Durch eine Schwagerehe (Leviratsehe) sollten Name und Erbe von Familien erhalten werden: Der (älteste) Bruder eines sohnlos (kinderlos) Verstorbenen sollte dessen Witwe heiraten und der erste Sohn aus dieser Verbindung als Nachkomme des Verstorbenen gelten (vgl. Dtn 25,5-10).

Für Ehebruch und Scheidung formulierte die jüdische Bibel ein detailreiches Regelwerk. Bei selbstverständlicher Geltung der Polygamie sollten bestimmte Schutzrechte für Frauen gesichert werden. Das Idealbild einer in Haushalt und Familie umsichtigen und erfolgreichen Frau zeichnete das weisheitliche Buch der Sprüche Salomos (vgl. Spr 31,10-31).

Im Neuen Testament lassen sich Impulse zur Gleichgeltung der Frau bei bestehender Ungleichgeltung beobachten. Die Aufhebung der Geschlechtertrennung im christlichen Gottesdienst und in der Gemeinde war langfristig bedeutsam und beförderte die Gleichgeltung der Frau.

In den Evangelien wurde unter Rückbezug auf den älteren Schöpfungsbericht die Ehe als göttliche Einrichtung bezeichnet (vgl. Mt 19,4–6 mit Zitat von Gen 2,24). Die lebenslange Monogamie wurde selbstverständlich vorausgesetzt. Im Sinne einer Verschärfung des mosaischen Gesetzes wurde die Praxis des Scheidebriefes abgelehnt; nur Ehebruch dürfe ein Scheidungsgrund sein (vgl. Mt 5,31f). Weder dem Mann noch der Frau wurden Scheidung und anschließende Wiederverheiratung gestattet; für beide sei es in gleicher Weise Ehebruch (vgl. Mk 10,11f). Auffällig ist Jesu selbstverständliche Gleichbehandlung von Frauen.

Paulus verstand die Ehe als vollständigen leiblichen Besitzanspruch der Eheleute aufeinander. Die Ehe gelte bis zum Tod eines Ehepartners; dann sei Wiederverheiratung möglich (vgl. 1Kor 7,39). In der Gemeinschaft seien die Aufgaben unterschiedlich verteilt und gewichtet. Der Mann sei das Haupt der Frau, die Frau der Körper des Mannes. In gegenseitigem Dienst sollten sie ihre Einheit wie die unterschiedlichen Glieder eines Leibes praktizieren. Die eheliche Beziehung bilde die Beziehung ab, in der die Gemeinde zu Christus stehe. In Erinnerung an die Sündenfallerzählung forderte Paulus, die Frau solle im Gottesdienst ihr Haupt bedecken, der Mann aber nicht (vgl. 1Kor 11,3–16). Klar betonte Paulus die religiöse Gleichwertigkeit der Frau (vgl. Gal 3,28).

In neutestamentlichen Briefen wurden auch Muster einer abgestuften Geltung der Geschlechter vorgetragen, unter Berufung auf die ältere Schöpfungserzählung und die Sündenfallerzählung (vgl. 1Tim 2,13f). Danach solle die Frau still lernen und nicht im Gottesdienst lehren (vgl. 1Tim 2,11f); ihre Seligkeit bestehe im Gebären und Aufziehen frommer Kinder (vgl. 1Tim 2,15). Frauen seien ihren Männern untertan (vgl. Eph 5, 22–24), Männern ihren Frauen besonders zugewandt (vgl. Eph 5,25–33). Beides wurde organologisch durch die Zugehörigkeit zum Leib Christi begründet. Soziale Abstufung (vgl. 1Petr 3,1) und religiöse Gleichwertigkeit (vgl. 1Petr 3,7) konnten in einem Text miteinander verbunden werden. Dass die Frauen Miterben der göttlichen Gnade seien, wurde in einer für beide Geschlechter gültigen Ethik festgehalten (vgl. 1Petr 3,8-17). Die Briefe des Paulus belegen verantwortliche und leitende Tätigkeiten von Frauen in frühchristlichen Einzelgemeinden. Das änderte sich mit der Entstehung der frühkatholischen Kirche seit dem zweiten Jahrhundert. Deren gestufte und großräumig-wirksame Leitungsämter waren Männern vorbehalten; Frauen wurden in karitative Tätigkeiten eingegrenzt. Das Christentum bildete zwei Lebensmuster aus, in denen Frauen geachtet wurden: Jungfrauenschaft und Mutterschaft. Durch asketische Lebensführung, seit dem 4. Jahrhundert vornehmlich in Nonnenklöstern, konnten Jungfrauen und Witwen den moralischen Makel überwinden, wie Eva zur Sünde verführen zu können. Bei faktisch-ideeller Unterordnung unter den Mann wurde die Frau in ihrer ehelich-familiären Situation dadurch gestärkt, dass für beide Geschlechter eine echte Monogamie und Treuebindung gefordert und die Scheidung erschwert wurde.

In den christianisierten Ländern des Mittelalters wurde die sozial-familiäre Geltung der Frau religiös durch die sakramentale Auffassung der lebenslänglichen Konsensehe verbessert. Zugleich aber wurden Frauen aus allen kirchlich-priesterlichen Ämtern definitiv ausgeschlossen. Politisch-öffentlichen Einfluss erlangten nur adelige Frauen in Stiften und Klöstern.

Die Reformation mit ihrer grundlegenden Kritik asketisch-frommer Werke wertete Ehe und Familie auf. Da anfängliche Bildungsimpulse für Mädchen bald erlahmten, brachte der Wegfall der Klöster faktisch für Frauen eine soziale Eingrenzung. Erst der Pietismus am Ende des 17. Jahrhunderts eröffnete Frauen ein größeres religiöses Tätigkeitsfeld und schuf Bildungseinrichtungen für Mädchen.

Die Aufklärung beendete nicht nur die Hexenprozesse, sondern veranlasste auch erste Schritte auf dem langen Weg zur rechtlich-sozialen Gleichstellung der Frau. Dieser Weg war in den westlichen Industriegesellschaften durch widerstreitende Faktoren immer wieder in die Länge gezogen. Nach der rechtlichen Gleichstellung musste die beruflich-soziale Entfaltung erstritten werden.

Die reformatorischen Kirchen in Deutschland unterstützten im 20. Jahrhundert zunehmend die völlige Gleichgeltung der Frau in allen gesellschaftlichen Bereichen. Der erste Schritt zur innerkirchlichen Gleichgeltung im Blick auf das Predigtamt war 1908 die Öffnung des Theologiestudiums für Frauen. Zunächst mit geringeren Rechten als ‚Pfarrvikarinnen' beschäftigt, wurde in den EKD-Landeskirchen die Frauenordination schließlich zwischen 1958 und 1991 mit gesetzlicher Regelung überall eingeführt. Die reformatorischen Kirchen bemühen sich im gesellschaftlichen Wandel, der seit den 1960er Jahren in kräftigen Schüben erfolgt, die beruflich-soziale Gleichstellung der Frau auch außerkirchlich zu befördern.

b. Wirtschaftsordnung

Das Ende des Kalten Krieges hat den Prozess der globalen Verflechtung der Wirtschaftsakteure beschleunigt. Die gewachsene Dynamik hat zu Spannungen in der Wirtschafts- und Sozialordnung der Industriegesellschaften geführt. Angesichts neuer Anforderungen durch kulturelle, demographische, politische und soziale Umbrüche ist deshalb eine strukturelle Weiterentwicklung der globalen, internationalen und nationalen Wirtschaftsordnung nötig. Dazu wollen die Kirchen einen Beitrag liefern, indem sie in der öffentlichen Diskussion zu Gerechtigkeit, Solidarität und Verantwortlichkeit auffordern. Die Massenarbeitslosigkeit und die daraus resultierende Massenverarmung müssen abgebaut werden, die vielfältigen gesellschaftlichen Integrationsanforderungen gemeistert, die finanzielle Bedrohung der sozialstaatlichen Sicherung abgewehrt, der ungebremste Naturverbrauch gezügelt und die globalen Konkurrenzkonflikte geordnet werden. Die christlichen Kirchen beteiligen sich an den heftigen Auseinandersetzungen, indem sie Überzeugungen des christlichen Glaubensbewusstseins zur Geltung bringen, die sich in wichtigen menschheitlichen Entwicklungen bewährt haben.

Die symmetrische Wechselseitigkeit der Tauschbeziehungen (do ut des) muss aus theologischer Sicht für das Gedeihen des sozialen und individuellen Lebens korrigiert werden durch die partielle Asymmetrie von Solidarbeziehungen. Die asymmetrische Zuwendung zeigt sich im Einstehen der Stärkeren für die Schwächeren. Für das langfristige Gedeihen ist es allerdings wichtig, symmetrische Beziehungen anzustreben, in denen Freiheit und Solidarität verknüpft sind.

Die biblische Tradition ruft zur Wahrung des Eigentums auf und schärft zugleich seine soziale Verpflichtung ein. Die Sozialpflichtigkeit des Eigentums, die dessen Machtcharakter eindämmen will, muss in kapitalorientierten Industriegesellschaften ergänzt werden durch eine möglichst breite Beteiligung am wachsenden Produktivvermögen. Die Bedeutung des benötigten Sachkapitals wird für die automatisierte Industrieproduktion immer größer. Deshalb haben die Verfügungsrechte über das Produktivkapital und dessen Erträge wachsende Bedeutung. Ein möglichst großer Teil der Bevölkerung im allgemeinen und der Arbeitnehmerschaft im besonderen sollte am Produktivkapital beteiligt werden, beispielsweise durch Investivlöhne. Dadurch würde eine immer tiefere Spaltung der Gesellschaft verhindert und der politische Umverteilungskampf gemildert. Das hätte für die Unternehmen den Vorteil, die Kapitalbeschaffungskosten senken und die Arbeitsmotivation der Mitarbeiter verbessern zu können.

Zahlreiche biblische Aussagen zielen auf den Schutz der Armen, damit deren Lebensgrundlage nicht beschädigt und deren Notlage nicht von den Stärkeren ausgenutzt werde (vgl. Zinsverbot, Mundraub, Pfandverbot, Entlohnungsgebot). In der Christentumsgeschichte sind die karitativen Aktivitäten, die der christliche Glaube wesentlich motiviert, sehr verschieden organisiert worden. In der heutigen freiheitlich-sozialen Demokratie gibt es sowohl wirtschaftsrechtliche wie sozialrechtliche Sicherungen. Für die Leistungsfähigkeit der Wirtschaft, deren Produktivität ja die sozialen Sicherung vornehmen soll, sind das Einhalten der Wettbewerbsregeln und die machtbegrenzende Offenheit der Märkte bedeutsam. Die soziale Sicherung muss die Eigenverantwortung im angemessenem Umfang einbinden.

Das christliche Menschenbild impliziert auch Impulse für den bewahrenden Umgang mit den natürlichen Grundlagen menschlichen Lebens. Der biblische Auftrag zur Herrschaft über die Erde (vgl. Gen 1,28) meinte nicht die Ausbeutung, sondern die Kultivierung der Erde. Die konstitutive Leiblichkeit des Menschen erfordert unumgänglich ein nachhaltiges Wirtschaften. Keine Generation kann sich aus der Verantwortung für die folgenden Generationen stehlen. Zur langfristigen Sicherung der natürlichen Lebensbedingungen müssen die Wirtschaftsabläufe besser auf die natürlichen Prozesse und Potentiale abgestellt werden.

Das christliche Menschenbild hat die Wertschätzung der Arbeit sehr befördert. Das Christentum bewirkte eine völlig neue Hochschätzung der handwerklich-körperlichen Arbeit und gab dadurch wichtige Impulse für die Kulturbemühungen. Paulus bestritt denen, die nicht arbeiten wollen, das Lebensrecht (vgl. 2Thess 3,10). Durch die Reformation wurden alle Berufsstände als religiös gleichwertig beurteilt. Der weltliche Beruf zum Nutzen des Nächsten wurde als Gottesdienst verstanden. Die moderne Arbeitswelt ist durch diese christlichen Impulse stark geprägt worden. Gerade indem das christliche Menschenbild auf die Vielfalt menschlicher Gemeinschaftsbezüge und Freiheitstätigkeiten hinweist, motiviert es die Bereitschaft zu einem neuen Arbeitsverständnis. Für den Abbau der Massenarbeitslosigkeit sind nicht nur Verbesserungen der Erwerbsarbeit wichtig, sondern auch eine Stärkung der freien gesellschaftlichen Initiativen. Dadurch würde die Kulturleistung der Arbeit in ihren vielfältigen Dimensionen besser wirksam.

Ausblick: Dialog der Religionen

Der interreligiöse Dialog ist nötig, darüber sind sich fast alle einig. Über Durchführung und Ziel eines solchen Dialogs der Religionen herrscht aber große Uneinigkeit. Die Interessen derjenigen politischen Instanzen, die von außen zu diesem Gespräch auffordern, und die Motivation der möglichen Teilnehmer aus den Religionen sind höchst unterschiedlich. Es reicht von einer äußerlichen Beruhigung des gesellschaftlichen Nebeneinanders bis zu einer Missionsstrategie unter neuer Fahne.

Dialoge werden geführt mit dem Ziel der Verständigung. Die miteinander in Wechselrede Tretenden wollen hören, was die Beteiligten über bestimmte Themen denken und wissen, welche Erwartungen und Hoffnungen sie mit solchen Begegnungen verbinden, wie sie die Teilnehmer kennen und einschätzen, wie sie sich selbst sehen. Der Dialog eröffnet das Kennenlernen anderer Traditionen und zielt auf Verständnis für andere Kulturen. Im Dialog bringen die Teilnehmenden jeweils das Selbstverständnis der eigenen Religion ein. Und die anderen Teilnehmenden müssen genau dieses Selbstverständnis aufnehmen und mit ihrer eigenen Religion korrelieren. Dadurch entstehen neue Blicke auf die fremden Religionen und auf die eigene.

Ein gelingender Dialog hat vorrangig zur Voraussetzung den Willen, verstehen zu wollen, die Anderen und sich selbst. Dieses Verstehen-wollen schließt die Bereitschaft ein, Neues kennen zu lernen und die bisherigen Vorstellungen und Vorausurteile und Erwartungen zu korrigieren. Dialoge sind Wege des Lernens und der Offenheit zur Selbstkorrektur.

Dialoge erfordern, wenn sie Großgruppen betreffen, Teilnehmer, die zu diesen Gesprächen Auftrag und Vollmacht haben. Es muss klar sein, wer überhaupt am Gespräch teilnimmt und wer für wen spricht. Im Fall der Religionen ist also eine interne Formierung nötig, damit eingeschätzt werden kann, welche Verbindlichkeit und soziale Durchsetzungskraft mit bestimmten Äußerungen verbunden ist. Das macht eine Schwierigkeit im

Dialog der Religionen aus, dass die Positionalität der möglichen Teilnehmer so unterschiedlich und unübersichtlich ist, dass Instanzen, die sich verbindlich mit weitem Geltungsradius äußern können, vielfach allererst geschaffen werden müssen.
Dialog der Religionen meint primär den Dialog der Weltreligionen. Das Ziel kann keine Welteinheitsreligion sein. Diejenigen Religionen sollen ins Gespräch gebracht werden, die in zahlreichen Ländern der Erde vertreten sind und ihr Nebeneinander gestalten müssen. Die Weltreligionen sind Religionsgemeinschaften mit langer Tradition. Auch die jüngste Weltreligion ist doch bald 1400 Jahre alt. Sie hatten in unterschiedlicher Weise untereinander Kontakt.

Die drei abrahamitischen Geschichtsreligionen bildeten lange eine Gruppe, die Wiederkehrreligionen eine andere. Das Judentum verlor nach der Vertreibung aus Judäa sein regionales Zentrum. Der Islam dehnte sich kämpferisch gegen das Christentum, später auch gegen den Hinduismus aus. Hier sind die scharfen Frontlinien: Zwischen Hinduismus und Islam auf dem indischen Subkontinent, zwischen Islam und Judentum in Israel/Palästina, zwischen Islam und Christentum im Libanon, Sudan, Indonesien und vielen anderen Ländern, jetzt zunehmend auch in europäischen Ländern.

Alle diese Konflikte sind keine rein religiösen Konflikte; immer ist der religiöse Konflikt eingebunden in eine Vielzahl anderer Faktoren und Motive. Aber zumeist dient der religiöse Konflikt zur Bezeichnung des gesamten Konfliktbündels. Viele Religionskonflikte sind keine Außenkonflikte zwischen Völkern und Staaten, sondern Binnenkonflikte zwischen Bevölkerungsgruppen desselben Staates. Das steigert die Dringlichkeit der Konfliktbewältigung.

Der interreligiöse Dialog ist besonders dann erforderlich, wenn Religionen von einer oder von beiden Seiten Ausschließlichkeitsansprüche erheben. Dies liegt insbesondere bei den abrahamitischen Religionen vor. Überzeugungsgemeinschaften stehen scharf gegeneinander. Auf Grund der politisch-rechtlichen Lage wird eine Strategie des schiedlichen Nebeneinanders gesucht.

Politisch-pragmatische Beweggründe, den interreligiösen Dialog zu fordern und zu führen, sind unübersehbar. Da ein aggressives Gegeneinander der geschichtlich-konkreten Religionen eine Gefährdung des gesellschaftlichen Friedens in den vielfach multireligiös gewordenen Staaten und eine Bedrohung des globalen Friedens zwischen den Staaten bedeutet, gilt es die Aggressivität von Religionen abzubauen und die Verständnisbereitschaft zu fördern. Der Dialog zielt auf das gesellschaftlich-politische Miteinander. Die religiösen Mythen, Vorstellungen, Rituale und Bräuche werden möglichst beiseite geschoben, allein die sittliche Motivation ist wichtig und soll das Miteinander stützen.

Die Diskussionen um die Dialogfähigkeiten der Religionen werden häufig nach den Kategorien eingeschätzt, die von der Pluralistischen Religionstheologie formuliert wurden (vgl. The myth of Christian uniqueness. Toward a pluralistic theology of religions, 1987). Diese Kategorien benennen drei Grundeinstellungen im Blick auf die Geltungsansprüche der Religionen: Exklusivismus, Inklusivismus und Pluralismus.

Der Exklusivismus, der außerhalb der eigenen Religion kein Heil anerkenne, basiere auf einer strikten Offenbarungslehre mit Abweisung aller anderen Ansprüche. So verstanden sind Religionen mit einem Anspruch auf universale und ausschließliche Geltung darauf angelegt, das Nebeneinander vielfältiger Kulte in ein Gegeneinander zu verwandeln und dieses Gegeneinander möglichst überwinden zu wollen durch Ausdehnung der eigenen Praxis. Welche Wege zu einer solchen Ausdehnung gegangen werden, hängt von der zentralen Überzeugung einer Religion und ihren politisch-sozialen Machtmitteln ab. Hier besteht keine Dialogbereitschaft. Dieser Exklusivismus ist in den abrahamitischen Religionen mit ihrem universalen Geltungsanspruch anzutreffen.

Der Inklusivismus, der alle Religionen ins eigne Heil einschließe, meine eine Hinneigung aller Religionen zur eigenen Religion. So verstanden wird der Inklusivismus besonders von der Römischen Kirche vertreten, um bei exklusivistischer Grundüberzeugung den eigenen Dialogwillen theologisch zu begründen. Die Rede des Paulus auf dem Areopag kann zum Muster dienen (vgl. Apg 17,22–31). Die Trinitätslehre kann hier sehr flexibel und integrativ eingesetzt werden. Der Dialog kann geführt werden als eine neue Gestalt von Mission.

Der Pluralismus, für den die Religionen gleichwertige Wege zur letztgültigen Heilswirklichkeit seien, sehe die Religionen als gleichberechtigte Phänomene der letztlich unerkennbaren Transzendenz. So verstanden hat der Pluralismus, zentriert auf die Heilserfahrung, Ähnlichkeit mit der hinduistischen Auffassung, dass die Transzendenz nur partiell wahrnehmbar sei und dass endlich, welche religiöse Vorstellung auch vorhanden sei, alles zum Einen führe (vgl. Bagavadgita 4,11). Die Religionen werden dann gerne durch das Gleichnis vom Blinden und dem Elefanten charakterisiert: Der Blinde ertaste den Rüssel als Schlange, die Beine als Säulen usw. Der Elefant werde nicht als Einheit wahrgenommen, sondern seine Gliedmaßen separiert und falsch identifiziert.

Die Kategorisierung, die von der Pluralistischen Religionstheorie vorgenommen wird, ist für den interreligiösen Dialog nicht besonders fruchtbar, weil das Hauptproblem, der konkurrierende Wahrheitsanspruch, einfach beiseite geschoben wird. In den geschichtlich-konkreten Religionen begegnen die drei Grundeinstellungen häufig in unübersichtlichen Gemengelagen.

Für den Dialog ist wichtig zu ermitteln, welche Bilder die Teilnehmer jeweils davon haben, wie jeder die jeweils anderen Religionen vorlaufend sieht und wertet. Christen müssen wissen, welche Bilder, Vorstellungen und Wertungen Muslime von ihnen haben und umgekehrt. Der erste Schritt im Dialog ist zu formulieren, wie die Teilnehmenden aus der je eigenen Perspektive die anderen Teilnehmenden sehen und werten. Das ist die Aufgabe der Theologie der Religionen, einem neuen Themengebiet, das die jeweils anderen Religionen zu begreifen und zu beurteilen sucht.

So wie jede Theologie die Überzeugungen, Ritualpraxis und sozialen Handlungsmuster einer konkreten Religionsgemeinschaft voraussetzt und lehrmäßig formuliert, so ist auch die Theologie der Religionen immer perspektivengebunden. Die große Vielzahl ganz unterschiedlicher Religionen und Kulturen, mit denen das Christentum durch die imperialistische Expansion der europäischen Mächte besonders im 19. Jahrhundert konfrontiert wurde, machte eine eigene Reflexion dieses Themenfeldes nötig. Die in die Ferne drängenden Missionsgesellschaften lieferten die praktischen Motive. Das Christentum hat eine Theologie der Religionen explizit im 20. Jahrhundert entwickelt. Kennzeichnend für die heutige Lage ist das Bewusstsein, wie vielfältig die Religionen und wie schwierig die Vergleiche sind. Die Religionen lassen sich nach Riten, Mythen, Ethos, Sozialorganisation beschreiben. Eine Zuordnung von einzelnen Riten (beispielsweise von Reinigungsriten) oder einzelnen Lehrsätzen (beispielsweise zur Schöpfung) aus verschiedenen Religionen ist wenig aussagekräftig, weil durch die Einbindung in die jeweiligen Grundüberzeugungen eine sehr verschiedene Akzentuierung erfolgt, die etwas vermeintlich Ähnliches in ein gänzlich anderes Licht stellt.

Das Christentum hat sein eigenes Profil gefunden und geschärft auch in vielen Außenkonflikten. Es hat im Laufe seiner Geschichte ein sehr unterschiedliches Gegenüber gehabt: Seine Lösung aus dem Judentum, seine Verfolgung durch den Kaiserkult des Römischen Reichs, seine Dispute mit den griechischen Philosophenschulen und Religionsströmungen, seine missionarische Überwindung der keltischen, germanischen und slawischen Religionen, sein Kampf mit dem Islam, sein Missionseifer gegenüber den einheimischen Religionen der Kolonialländer Afrikas und Amerikas, seine Begegnung mit den süd- und ostasiatischen Religionen Hinduismus und Buddhismus. In allen diesen Begegnungen, gerade wenn das Christentum missionarisch auftreten wollte, musste immer wieder die Verständnisfähigkeit hergestellt und das eigene Anliegen formuliert werden.

Konstitutiv ist sein Herkunftskonflikt aus dem Judentum, das als Gegenüber immer wieder, auch politisch und rechtlich, unterdrückt und verfolgt wurde, seitdem die christliche Kirche über die entsprechenden Machtmittel verfügte. Nach der rechtlichen Emanzipation seit der Aufklärung brachte erst die millionenfache Ermordung europäischer Juden durch den nationalsozialistischen Staatsterror des Deutschen Reichs im 2. Weltkrieg nun auch religiös eine neue Wahrnehmung und Bewertung des Judentums auf Seiten der christlichen Kirchen. Mit dieser neuen Zuwendung zum Judentum war verbunden auch eine neue Öffnung für die anderen nichtchristlichen Religionen.

Der Ökumenische Rat der Kirchen, 1937 beschlossen und 1948 in Amsterdam gegründet, hat seit seinen Anfängen, da er starke Impulse aus der internationalen christlichen Missionsbewegung erhielt, nicht nur den Dialog zwischen den christlichen Kirchen, sondern auch den interreligiösen Dialog zu fördern gesucht. Bereits auf der Gründungsversammlung 1948 thematisierte er das Verhältnis zum Judentum, 1961 das Verhältnis zu den nichtchristlichen Religionen.

Die Römische Kirche legte die Grundlagen für ihre Beteiligung am interreligiösen Dialog auf dem 2. Vatikanischen Konzil. In der Erklärung „Nostra aetate" wandte sich das Konzil 1965 den nichtchristlichen Religionen zu (vgl. DH 4195–4199). Ausdrücklich angesprochen wurden Hinduismus, Buddhismus, Islam und Judentum. Die Gemeinschaft der Völker, denen Ursprung und Ziel in Gott gemeinsam sei, solle gestärkt, der Frieden gefördert werden. Die Zuwendung zu den anderen Religionen sei ein Anliegen des Glaubens. Die Wahrnehmung und Anerkennung einer verborgenen Kraft in Welt und Leben begegne seit alters in den Kulturen der verschiedenen Völker. Dies bestimme den religiösen Sinn. Die Unruhe des Herzens solle in Riten, Ethos und Lehre zur Ruhe gebracht werden. Das religiöse Geheimnis werde im Hinduismus mythisch und philosophisch ausgesprochen. Im Buddhismus werde ein Weg zur völligen Befreiung durch Erleuchtung gelehrt. Dem Islam, der Gottesglaube, Schöpfung und Gerichtserwartung teile und wo Gott durch ein sittliches Leben verehrt werde, gelte ein neuer Anfang des Verständnisses nach den Feindseligkeiten der Vergangenheit. Beim Judentum, mit dem ein gemeinsames Erbe geteilt werde, sei jeglicher religiöse Antisemitismus zu verurteilen und seien die alten christlichen Verwerfungsurteile wegen der Tötung Jesu zu bedauern. Das brüderliche Verhalten zu allen Menschen wurzele in der Gottebenbildlichkeit. Diese eine Würde aller Menschen veranlasse die Verwerfung jeglicher Diskriminierung.

Allerdings ist die Position der Römischen Kirche nicht spannungsfrei. Dialog und traditionelle Mission stehen unklar und ungeklärt nebeneinander. Das 2. Vatikanische Konzil hat 1965 mit dem Dekret „Ad gentes" auch die Aufgabe der Evangelisation betont. Dabei wird die Mission nicht als Ausdehnung, sondern als Bestimmung der Kirche aufgefasst. Papst Paul VI. in einem Mahnschreiben 1975 und JOHANNES PAUL II. (Papst 1978-2005) in einer Enzyklika 1990 haben den Missionsauftrag bekräftigt (vgl. DH 4570-4579. 4890-4896). Um allen relativierenden Auffassungen in interkonfessionellen und interreligiösen Gesprächen eindeutig entgegenzutreten, bekräftigte im Jahr 2000 die Glaubenskongregation mit der Erklärung „Dominus Iesus" den strikten Anspruch der Römischen Kirche auf universelle und einzige Heilsmittlerschaft (vgl. DH 5085-5089). Papst Johannes Paul II. lud im Oktober 1986 nach Assisi zu einem Gebet der Religionen für den Frieden ein. Dies war eine viel beachtete Werbung für den Dialog der Religionen.

Die Evangelische Kirche in Deutschland hat in bisher drei Denkschriften seit 1975 Impulse für eine bessere Beziehung der Christenheit zur Judenheit geben wollen. In diesen Denkschriften sollen christliche Vorurteile gegenüber dem Judentum abgebaut und Brücken der Begegnung gebaut werden. Die drei Denkschriften sind theologisch unterschiedlich akzentuiert im Sinne einer wachsenden christlichen Annäherung an das Judentum.

Eine ähnliche Zielsetzung, über den Islam zu informieren, die religiöse, soziale und rechtliche Lage der Muslime zu schildern und Konstellationen für einen Dialog zu skizzieren, verfolgt die Evangelische Kirche in Deutschland mit zwei Denkschriften seit 2000. Dabei werden wachsend auch die Erfordernisse angesprochen, die auf islamischer Seite für einen Dialog erfüllt sein müssen. Die Muslime müssen ihren eigenen Willen zum Dialog bekunden, sich gegen eine fundamentalistische Terrorbereitschaft abgrenzen und repräsentative Vertretungsinstanzen schaffen, die verbindlich die islamische Frömmigkeit formulieren. Der intendierte Dialog mit dem Islam ist national und global durch die aktuellen politischen und sozialen Entwicklungen, die mit den religiösen Themen eine komplizierte Gemengelage bilden, schwierig und drängend zugleich.

Die schmerzliche Geschichte des Christentums, die scharfen Auseinandersetzungen zwischen den Konfessionskirchen und die politischen und theologischen Veränderungen, die schließlich den interkonfessionellen Dialog ermöglichten, können Hinweise darauf geben, welche Gesichtspunkte im interreligiösen Dialog zu beachten sind.

Das Christentum hat durch seine Kirchlichkeit eine eigene institutionelle Gestalt für die Frömmigkeit entwickelt. Dadurch ist es selbständig gegenüber der politisch-staatlichen Gemeinschaft. Es kann sich religiös eigenständig formulieren. Mit seiner Kirchlichkeit hat es auch eine eigene Zugehörigkeitsgrenze. Man kann aus ihm austreten. Es will nichts sein als Glaubensgemeinschaft. Der institutionelle Dialog ist dadurch erschwert, dass die anderen Religionen ähnliche Frömmigkeitsinstanzen nicht haben. Diese müssen sich allererst bilden. Diese Entwicklung hat begonnen, ist aber langwierig. Der interreligiöse Dialog findet jetzt vornehmlich auf der Ebene individuell-familiärer Lebensführung im Zusammenhang von Eheschließung und Partnerschaft statt.

Der Dialog der Religionen ist nicht nur ein politisches, sondern selbst ein religiöses Anliegen. Im gegenseitigen Austausch, der nicht auf Vereinheitlichung zielt, sondern die anerkannte Vielfalt kommunikabel machen soll, wird die Kenntnis der anderen Frömmigkeit auch zur Vertiefung der eigenen führen.

Abkürzungsverzeichnis

Das Verzeichnis listet vornehmlich die Abkürzungen der biblischen Bücher und Quellen auf, wobei auch die mit Zahlen beginnenden Abkürzungen alphabetisch eingeordnet werden. Nicht aufgeführt werden die geläufigen Abkürzungen, die im „Duden – die deutsche Rechtschreibung" (24. Auflage 2007) verzeichnet sind.

Apg	Apostelgeschichte des Lukas
Apk	Apokalypse (Offenbarung) des Johannes
CA	Confessio Augustana (Augsburger Bekenntnis)
1Chr	1. Buch Chronik
2Clem	2. Brief des Clemens
Dan	Buch Daniel
DH	Denzinger: Enchiridion, hg. v. Hünermann
Did	Didache
Dtn	Buch Deuteronomium (5. Mose)
EKD	Evangelische Kirche in Deutschland
Eph	Brief an die Epheser
Ex	Buch Exodus (2. Mose)
Ez	Buch Ezechiel (Hesekiel)
Gen	Buch Genesis (1. Mose)
Jer	Buch Jeremia
Jes	Buch Jesaja
Joh	Evangelium nach Johannes
1Joh	1. Brief des Johannes
1Kön	1. Buch Könige
Kol	Brief an die Kolosser
1Kor	1. Brief an die Korinther
2Kor	2. Brief an die Korinther
Lev	Buch Leviticus (3. Mose)
Lk	Evangelium nach Lukas
LXX	Septuaginta
2Makk	2. Makkabäerbuch
Mk	Evangelium nach Markus
MT	Masoretischer Text
Mt	Evangelium nach Matthäus
Neh	Buch Nehemia
Num	Buch Numeri (4. Mose)

1Petr	1. Brief des Petrus
Ps	Psalmen
Q	Logienquelle für Lk und Mt
Ri	Buch Richter
Röm	Brief an die Römer
Sam.	Codex Samaritanus
Spr	Sprüche Salomos
1Thess	1. Brief an die Thessalonicher
1Tim	1. Brief an Timotheos
Weish	Buch Weisheit Salomos

Literaturverzeichnis

Das Verzeichnis notiert die Literatur zu Themenblöcken des Buches nach Autorennamen und Sachtiteln in alphabetischer Ordnung. Die Verfassernamen werden in der heute gebräuchlichen Schreibweise aufgeführt. In gleicher Weise wird bei den Ortsnamen verfahren. Bei den Literaturtiteln ist für die Einordnung das erste Wort unter Übergehung des Artikels maßgebend. Ausführliche Titel werden in einer sinnvollen Kurzfassung wiedergegeben, die nicht als solche gekennzeichnet wird. Hat ein Verlag mehrere Erscheinungsorte, wird nur der erste Ort notiert. Bibliographische Informationen und deren Abkürzungen werden für alle Titel in deutscher Sprache gegeben.

BEKENNTNISSCHRIFTEN DER EVANGELISCH-LUTHERISCHEN KIRCHE, herausgegeben im Gedenkjahr der Augsburgischen Konfession 1930, 12. Aufl., Göttingen 1998.
BEKENNTNISSCHRIFTEN DER REFORMIERTEN KIRCHE, hg. v. Ernst Friedrich Karl Müller, Leipzig 1903 (Nachdruck Zürich 1987).
DENZINGER, Heinrich: Enchiridion symbolorum definitionum et declarationum de rebus fidei et morum. Kompendium der Glaubensbekenntnisse und kirchlichen Lehrentscheidungen [lat./dt.], 40. Aufl., ins Deutsche übertragen und unter Mitarbeit von Helmut Hoping hg. v. Peter Hünermann, Freiburg im Breisgau 2005. [Abk.: DH]
LEXIKON FÜR THEOLOGIE UND KIRCHE, 3. Aufl., hg. v. Walter Kasper u.a., Bd. 1–11, Freiburg im Breisgau 1993–2001.
DER NEUE PAULY. Enzyklopädie der Antike, hg. v. Hubert Cancik / Helmuth Schneider, Bd. 1–12 in 13, Stuttgart 1996–2002.
REALLEXIKON FÜR ANTIKE UND CHRISTENTUM, bisher Bd. 1–21, Stuttgart 1950ff.
RELIGION IN GESCHICHTE UND GEGENWART, 4. Aufl., hg. v. Hans Dieter Betz u.a., Bd. 1–8, Tübingen 1998–2005.
THEOLOGISCHE REALENZYKLOPÄDIE, hg. v. Gerhard Müller u.a., Bd. 1–36, Berlin 1977–2004.

I.A. Motive

ARISTOTELES: Organon [gr./dt.], Bd. 1–3, Hamburg 1997–1998.
BACHOFEN, Johann Jakob: Das Mutterrecht, Stuttgart 1861 (Auswahlausgabe Frankfurt am Main 2003).

COMTE, August: Cours de philosophie positive, Bd. 1–6, Paris 1830–1842 (Nachdruck Brüssel 1969).

DARWIN, Charles: On the origin of species by means of natural selection, or the preservation of the favoured races in the struggle of life, London 1859; [dt.] Über die Entstehung der Arten durch natürliche Zuchtwahl oder die Erhaltung der begünstigsten Rassen im Kampfe um's Dasein, Stuttgart 1920 (Nachdruck Darmstadt 1992).

DESCARTES, René: Discours de la méthode pour bien conduire sa raison et chercher la vérité dans les sciences (1637), hg. v. Laurence Renault, Paris 2000; [dt.] Bericht über die Methode, die Vernunft richtig zu führen und die Wahrheit in den Wissenschaften zu erforschen [franz./dt.], übers. v. Holger Ostwald, Stuttgart 2005.

EINSTEIN, Albert: Über die spezielle und die allgemeine Relativitätstheorie, Braunschweig 1917.

ENGELS, Friedrich: Der Ursprung der Familie, des Privateigentums und des Staats. Im Anschluß an L. H. Morgan's Forschungen, Hottingen-Zürich 1884; Marx-Engels-Gesamtausgabe, Bd. I/29, 1990.

FICHTE, Johann Gottlieb: Die Bestimmung des Menschen (1800), hg. v. Horst D. Brandt, Hamburg 2000.

GALILEI, Galileo: Dialogo, Florenz 1632 (Nachdruck 1999); [dt.] Dialog über die beiden hauptsächlichsten Weltsysteme, übers. v. Emil Strauß, Leipzig 1891 (Nachdruck Darmstadt 1982).

GESCHICHTLICHE GRUNDBEGRIFFE. Historisches Lexikon zur politisch-sozialen Sprache in Deutschland, hg. v. Otto Brunner / Werner Conze / Reinhart Koselleck, Bd. 1–8 in 9, Stuttgart 1972–1997 (Studienausgabe 2004).

GROTIUS, Hugo: De iure belli ac pacis libri tres, Paris 1625 (Nachdruck in 2 Bänden, Hildesheim 2006); [dt.] Drei Bücher vom Recht des Krieges und des Friedens, übers. v. Walter Schätzel, Tübingen 1950.

HISTORISCHES WÖRTERBUCH DER PHILOSOPHIE, hg. v. Joachim Ritter u.a., Bd. 1–13, Basel 1971–2007.

KANT, Immanuel: Gesammelte Schriften, Akademie-Ausgabe, Bd. 1–29 in bisher 32, Berlin 1900ff.

LOCKE, John: An essay concerning human understanding (1690), hg. v. Roger Woolhouse, Nachdruck London 2004; [dt.] Versuch über den menschlichen Verstand, übers. v. Karl Winckler, Bd. 1–2, Leipzig 1911–1913 (Nachdruck Hamburg 2006).

LUTHER, Martin: Werke, Kritische Gesamtausgabe, Bd. 1–57 in 69, Weimar 1883–2000 [Weimarer Ausgabe].

MORGAN, Lewis Henry: The ancient society, or researches in the lines of human progress from savagery through barbarism to civilization, London 1877 (Nachdruck Tucson 1995); [dt.] Die Urgesellschaft. Untersuchungen über den Fortschritt der Menschheit aus der Wildheit durch die Barbarei zur Zivilisation, übers. v. W. Eichhoff / Karl Kautsky, 1891, 2. Aufl., Stuttgart 1908 (Nachdruck Lollar 1979).

NEWTON, Isaac: Philosophiae naturalis principia mathematica (1687), 3. Aufl., London 1726 (Nachdruck Cambridge, Mass. 1972); [dt.] Die mathematischen Prinzipien der Physik, übers. v. Volkmar Schüller, Berlin 1999.

PICO DELLA MIRANDOLA, Giovanni: Oratio de hominis dignitate (1487), Opera, 1496; [dt.] übers. v. Gerd von der Gönna, Stuttgart 1997.

SPENCER, Herbert: A system of synthetic philosophy, Bd. 6-8: The principles of sociology, Bd. 1-3 in 4, London 1876-1896.

I.B. Radikale Religionskritik

BARTH, Karl: Die kirchliche Dogmatik, Bd. 1-4 in 13, Zürich 1932-1967.

BONHOEFFER, Dietrich: Widerstand und Ergebung. Briefe und Aufzeichnungen aus der Haft, hg. v. Eberhard Bethge, Gütersloh 1983.

[Diels/Kranz] DIE FRAGMENTE DER VORSOKRATIKER, griechisch und deutsch von Hermann Diels, 6. Aufl., hg. v. Walther Kranz, Bd. 1-3, Zürich 1951-1952 (Nachdruck 1996).

FEUERBACH, Ludwig: Das Wesen des Christentums (1841), Nachwort von Karl Löwith, 4. Aufl., Stuttgart 2002.

FREUD, Sigmund: Gesammelte Werke, hg. v. Anna Freud, Bd. 1-18, Frankfurt am Main 1952-1968.

HEGEL, Georg Wilhelm Friedrich: Gesammelte Werke, Akademie-Ausgabe, Bd. 1-21 in bisher 20 [von 22], Hamburg 1968ff.

MARX, Karl : Zur Kritik der Hegelschen Rechtsphilosophie (1844), hg. v. Martina Thom, Leipzig 1986.

— / ENGELS, Friedrich: Werke, Bd. 1ff, Berlin 1956ff.

II.A. Beschreibung von Religion

AUGUSTINUS, Aurelius: Retractationes, hg. v. Almut Mutzenbecher, Opera, Corpus Christianorum. Series Latina, Bd. 57, Turnhout 1984; [dt.] Die Retractationen in zwei Büchern, übers. v. Carl Johann Perl, Paderborn 1976.

— : De vera religione, hg. v. Klaus-Detlef Daur, Opera, Bd. 4,1, Corpus Christianorum. Series Latina, Bd. 32, Turnhout 1962; [dt.] Die wahre Religion, übers. v. Carl Johann Perl, Paderborn 1957.

— : De civitate Dei, hg. v. Bernhard Dombart / Alfons Kalb, Opera, Bd. 14,1-2, Corpus Christianorum. Series Latina, Bd. 47-48, Turnhout 1955; [dt.] Der Gottesstaat, übers. v. Carl Johann Perl, Bd. 1-3, Salzburg 1951-1953.

DER BEGRIFF DER RELIGION, hg. v. Walter Kerber, München 1993.

BERGUNDER, Michael: Wiedergeburt der Ahnen, Münster 1994.

CICERO, Marcus Tullius: De natura deorum, hg. v. Andrew R. Dyck, Cambridge 2003; Vom Wesen der Götter [lat./dt.], übers. v. Olof Gigon / Laila Straume-Zimmermann, Darmstadt 1996.

DURKHEIM, Émile: Les formes élémentaires de la vie religieuse, le systeme totémique en Australie, Paris 1912; [dt.] Die elementaren Formen des religiösen Lebens, übers. v. Ludwig Schmidts, Frankfurt am Main 1983.

FEIL, Ernst: Religio. Die Geschichte eines neuzeitlichen Grundbegriffs, bisher Bd. 1-3, Göttingen 1986-2001.

FRAZER, James Georges: The golden bough, Bd. 1-2, London 1890 (Nachdruck 1990 der 3. Aufl. in 9 Bänden); [dt.] Der goldene Zweig. Das Geheimnis von Glauben und Sitten der Völker, übers. v. Helen von Bauer, Reinbek 2000.

GELLIUS, Aulus: Noctes Atticae, hg. v. Peter Kenneth Marshall, Bd. 1-2, Oxford 1968 (Nachdruck 2004-2005); [dt.] Die attischen Nächte, übers. v. Fritz Weiss, Darmstadt 1975.

HAUßIG, Hans-Michael: Der Religionsbegriff in den Religionen. Studien zum Selbst- und Religionsverständnis in Hinduismus, Buddhismus, Judentum und Islam, Berlin 1999.

HANDBUCH RELIGIONSWISSENSCHAFT. Religionen und ihre zentralen Themen, hg. v. Johann Figl, Innsbruck / Göttingen 2003.

HERBERT OF CHERBURY, Edward Herbert, Baron: De veritate, London 1645 (Nachdruck Stuttgart-Bad Cannstatt 1966).

HOCK, Klaus: Einführung in die Religionswissenschaft, Darmstadt 2002.

INTERNATIONAL BULLETIN OF MISSIONARY RESEARCH, Ventnor (NJ) 1981ff.

KIPPENBERG, Hans Gerhard / STUCKRAD, Kocku von: Einführung in der Religionswissenschaft, München 2003.

LACTANTIUS, Lucius Caelius Firmianus: Divinae institutiones, hg. v. Eberhard Heck, bisher Bd. 1-2, München 2005ff

LEEUW, Gerardus van der: Einführung in die Phänomenologie der Religion, München 1925, 2. Aufl., Gütersloh 1961.

— : Phänomenologie der Religion, 1933, 2. Aufl., Tübingen 1956 (Nachdruck 1977).

LÜBBE, Hermann: Religion nach der Aufklärung, Graz / Darmstadt 1986.

LUHMANN, Niklas: Funktion der Religion, Frankfurt am Main 1977 (Nachdruck 2004).
— : Die Religion der Gesellschaft, Frankfurt am Main 2000.
MCLENNAN, John Ferguson: Primitive marriage. An inquiry into the origin of the form of capture in marriage ceremonies, Edinburgh 1865 (Nachdruck London 1998).
MÜLLER, Friedrich Max: Introduction to the science of religion, London 1873; [dt.] Einleitung in die vergleichende Religionswissenschaft, Straßburg 1874.
MÜLLER-KARPE, Hermann: Geschichte der Gottesverehrung von der Altsteinzeit bis zur Gegenwart, Paderborn 2005.
— : Grundzüge früher Menschheitsgeschichte, Bd. 1–5, Darmstadt 1998.
OHLIG, Karl-Heinz: Religion in der Geschichte der Menschheit. Die Entwicklung des religiösen Bewußtseins, Darmstadt 2002.
OTTO, Rudolf: Das Heilige. Über das Irrationale in der Idee des Göttlichen und sein Verhältnis zum Rationalen, Breslau 1917 (Nachdruck München 2004).
RELIGION. Entstehung – Funktion – Wesen, hg. v. Hans Waldenfels, Freiburg im Breisgau 2003.
SCHLEIERMACHER, Friedrich: Über die Religion. Reden an die Gebildeten unter ihren Verächtern (1799), hg. v. Günter Meckenstock, Berlin 2001.
SUNDERMEIER, Theo: Was ist Religion? Religionswissenschaft im theologischen Kontext, Gütersloh 1999.
TYLOR, Edward Burnett: Primitive Culture. Researches into the Development of Mythology, Philosophy, Religion, Language, Art and Custom, Bd. 1–2, London 1871; [dt.] Die Anfänge der Cultur. Untersuchungen über die Entwicklung der Mythologie, Philosophie, Religion, Kunst und Sitte, Leipzig 1873 (Nachdruck 2005).
VAN GENNEP, Arnold: Les rites de passage, Paris 1909; [dt.] Übergangsriten, übers. v. Klaus Schomburg, 3. Aufl., Frankfurt am Main 2005.
WACH, Joachim: Religionswissenschaft. Prolegomena zu ihrer wissenschaftstheoretischen Grundlegung, Leipzig 1924 (Nachdruck Waltrop 2001).
WEBER, Max: Gesammelte Aufsätze zur Religionssoziologie, Bd. 1–3, Tübingen 1920–1921 (Nachdruck 1988).

II.B. Christentum im Kreis der Weltreligionen

GROßE RELIGIONSSTIFTER, hg. v. Peter Antes, München 1992 (Nachdruck Augsburg 2001).

HUTTER, Manfred: Die Weltreligionen, München 2005.
METZLER-LEXIKON RELIGION. Gegenwart – Alltag – Medien, hg. v. Christoph Auffarth / Jutta Bernard / Hubert Mohr, Bd. 1–4, Stuttgart 1999–2002 (Nachdruck 2005).
RELIGIONEN DER WELT, hg. v. Christoph Auffarth / Jutta Bernard / Hubert Mohr, Stuttgart 2006.
DIE RELIGIONEN DER WELT. Ein Alamanach zur Eröffnung des Verlags der Weltreligionen, hg. v. Hans-Joachim Simm, Frankfurt am Main 2007.
WÖRTERBUCH DER RELIGIONEN, hg. v. Christoph Auffarth / Hans G. Kippenberg / Axel Michaels, Stuttgart 2006.

Hinduismus

BHAGAVAD GITA. Der Gesang des Erhabenen, übers. v. Michael von Brück, Frankfurt am Main 2007.
BHAGAVAD-GITA. Wege und Weisungen, übers. v. Peter Schreiner, Zürich 1991.
ENCYCLOPEDIA OF HINDUISM, hg. v. Denise Cush / Catherine Robinson / Michael York, London 2008 [tatsächlich: 2007].
THE HINDU WORLD, hg. v. Sushil Mittal / Gene Thursby, New York 2004.
MEISIG, Konrad: Shivas Tanz. Der Hinduismus, Freiburg im Breisgau 1996 (Sonderausgabe 2003).
MICHAELS, Axel: Der Hinduismus. Geschichte und Gegenwart, München 1998 (Sonderausgabe 2006).
MÜLLER, Friedrich Max: Lectures on the origin and the growth of religion as illustrated by the religions of India, London 1878; [dt.] Vorlesungen über den Ursprung und die Entwickelung der Religion mit besonderer Rücksicht auf die Religionen des alten Indiens, Straßburg 1880.
OBERLIES, Thomas: Hinduismus, Frankfurt am Main 2007.
PÖHLMANN, Horst Georg: Begegnungen mit dem Hinduismus, Frankfurt am Main 1995.
RIG-VEDA-SANHITA, the sacred hymns of the Brahmanas, hg. v. Friedrich Max Müller, Bd. 1–6, London 1849–1874.
DER RIG-VEDA, aus dem Sanskrit ins Deutsche übers. v. Karl Friedrich Geldner, Bd. 1–4, Cambridge 1951–1957 (Nachdruck 2003).
RIG-VEDA. Das heilige Wissen, aus dem vedischen Sanskrit übers. v. Michael Witzel, Frankfurt am Main 2007.
THE SACRED BOOKS OF THE EAST, hg. v. Friedrich Max Müller, Oxford 1879–1900.

SCHLEGEL, Friedrich: Ueber die Sprache und Weisheit der Indier. Ein Beitrag zur Begründung der Alterthumskunde. Nebst metrischen Uebersetzungen indischer Gedichte, Heidelberg 1808.
SCHOLZ, Werner: Hinduismus, 3. Aufl., Köln 2006.
STIETENCRON, Heinrich von: Der Hinduismus, 2. Aufl., München 2006.
UPANISCHADEN. Ausgewählte Stücke, übers. v. Paul Thieme, Stuttgart 1966 (Nachdruck 1994).
ZIMMER, Heinrich: Indische Mythen und Symbole. 5. Aufl., München 1993.

Buddhismus

BRÜCK, Michael von: Einführung in den Buddhismus, Frankfurt am Main 2007.
— : Zen. Geschichte und Praxis, München 2004.
BUDDHA: Reden, aus dem Pali-Kanon übers. v. Ilse-Lore Gunsser, Stuttgart 1957 (Nachdruck 2006).
— : Mein Weg zum Erwachen, auf der Grundlage des Pali-Kanons hg. v. Detlef Kantowsky, Zürich 1996.
KANTOWSKY, Detlef: Buddhismus, Braunschweig 1993.
KLIMKEIT, Hans-Joachim: Der Buddha. Leben und Lehre, Stuttgart 1990.
SCHERER, Burkhard: Buddhismus, Gütersloh 2005.
SCHUMANN, Hans Wolfgang: Handbuch Buddhismus. Die zentralen Lehren: Ursprung und Gegenwart, Kreuzlingen 2000.
ZOTZ, Volker: Buddha, Reinbek 1991.

Judentum

ALBERTZ, Rainer: Religionsgeschichte Israels in alttestamentlicher Zeit, Bd. 1-2, 2. Aufl., Göttingen 1996-1997.
DER BABYLONISCHE TALMUD, übers. v. Lazarus Goldschmidt, Bd. 1-12, Frankfurt am Main 2002.
BASNIZKI, Ludwig: Der jüdische Kalender. Entstehung und Aufbau, Königstein 1986.
BIBLISCHE ENZYKLOPÄDIE, hg. v. Walter Dietrich / Wolfgang Stegemann, Bd. 1-10 in bisher 8, Stuttgart 1996ff.
DONNER, Herbert: Geschichte des Volkes Israel und seiner Nachbarn in Grundzügen, Bd. 1-2, 3. Aufl., Göttingen 2000-2001.
ENCYCLOPAEDIA JUDAICA. Das Judentum in Geschichte und Gegenwart, hg. v. Jakob Klatzkin, Bd. 1-10 (A-L), Berlin 1928-1934.

ENCYCLOPAEDIA JUDAICA, hg. v. Cecil Roth u.a., 4. Aufl., Bd. 1–16, Jerusalem 1978.

GAL-ED, Efrat: Das Buch der jüdischen Jahresfeste, Frankfurt am Main 2001.

HANDBUCH ZUR GESCHICHTE DER JUDEN IN EUROPA, hg. v. Elke-Vera Kotowski, Bd. 1–2, Darmstadt 2001.

DIE HEILIGE SCHRIFT [hebr./dt.], vollständiger hebräisch vokalisierter Text nach der masoretischen Überlieferung und neu korrigierte Übers. v. Leopold Zunz, Basel 1997.

KAISER, Otto: Der Gott des Alten Testaments, Bd. 1–3, Göttingen 1993–2003.

MAIER, Johann: Judentum von A bis Z. Glauben, Geschichte, Kultur, Freiburg im Breisgau 2001.

MATTHIAE, Karl / THIEL, Winfried: Biblische Zeittafeln. Geschichtliche Abrisse, chronologische Übersichten, Überblickstafeln und Landkarten zur alt- und neutestamentlichen Zeit, Berlin / Neukirchen-Vluyn 1985.

MONOTHEISMUS IM ALTEN ISRAEL UND SEINER UMWELT, hg. v. Othmar Keel, Fribourg 1980.

NEU, Rainer: Von der Anarchie zum Staat. Entwicklungsgeschichte Israels vom Nomadentum zur Monarchie im Spiegel der Ethnosoziologie, Neukirchen-Vluyn 1992.

POLIAKOV, Léon: Histoire de l'antisémitisme, Bd. 1–4, Paris 1955–1977; [dt.] Geschichte des Antisemitismus, übers. v. Rudolf Pfisterer, Bd. 1–8, Worms 1977–1989.

RENDTORFF, Rolf: Theologie des Alten Testaments. Ein kanonischer Entwurf, Bd. 1–2, Neukirchen 1999–2001.

SCHÄFER, Peter: Geschichte der Juden in der Antike. Die Juden Palästinas von Alexander dem Großen bis zur arabischen Eroberung, Stuttgart 1983.

THIEL, Winfried: Die soziale Entwicklung Israels in vorstaatlicher Zeit, 2. Aufl., Neukirchen 1985.

TREPP, Leo: Der jüdische Gottesdienst. Gestalt und Entwicklung, Stuttgart 1992.

Islam

ANTES, Peter / DURÁN, Khalid / NAGEL, Tilman / WALTHER, Wiebke: Der Islam. Religion – Ethik – Politik, Stuttgart 1991.

FORWARD, Martin: Mohammed – der Prophet des Islam. Sein Leben und seine Wirkung, übers. v. Rita Breuer, Freiburg im Breisgau 1998.

HALM, Heinz: Die Schiiten, München 2005.
HOURANI, Albert Habib: Die Geschichte der arabischen Völker, 4. Aufl., Frankfurt am Main 2003.
DER ISLAM. Ein Lesebuch, hg. v. Maria Haarmann, 3. Aufl., München 2002.
ISLAM-LEXIKON, hg. v. Adel Theodor Khoury / Ludwig Hagemann / Peter Heine, Bd. 1-3, 2. Aufl. Freiburg im Breisgau 1999.
KHOURY, Adel Theodor: Einführung in die Grundlagen des Islam, Graz 1978.
— : Der Islam und die westliche Welt. Religiöse und politische Grundfragen, Darmstadt 2001.
— : Wer war Muhammd? Lebensgeschichte und prophetischer Anspruch, Freiburg im Breisgau 1990.
KLAUSNITZER, Wolfgang: Jesus und Muhammad. Ihr Leben, ihre Botschaft. Eine Gegenüberstellung, Freiburg im Breisgau 2007.
KLEINES ISLAM-LEXIKON. Geschichte – Alltag – Kultur, hg. v. Ralf Elger / Friederike Stolleis, München 2001.
DER KORAN. Arabisch-Deutsch, übers. u. kommentiert v. Adel Theodor Khoury, Gütersloh 2004.
KRÄMER, Gudrun: Geschichte des Islam, München 2005.
OHLIG, Karl-Heinz: Weltreligion Islam, Mainz / Luzern 2000.
RUDOLPH, Ulrich: Islamische Philosophie. Von den Anfängen bis zur Gegenwart; München 2004.
SCHIMMEL, Annemarie: Das islamische Jahr. Zeiten und Feste, München 2001.
— : Die Religion des Islam. Eine Einführung, Stuttgart 1990.
— : Und Muhammad ist Sein Prophet. Die Verehrung des Propheten in der islamischen Frömmigkeit, Düsseldorf 1981.
SO SPRACH DER PROPHET. Worte aus der islamischen Überlieferung, ausgewählt u. übers. v. Adel Theodor Khoury, Gütersloh 1988.
TWORUSCHKA, Monika und Udo: Islam Lexikon, Düsseldorf 2002.

III. Jesus der Christus

ABÄLARD (ABAELARDUS), Petrus: Opera omnia, hg. v. Jaques-Paul Migne, Patrologiae cursus completus. Series Latina, Bd. 178, Paris 1855 (Nachdruck Turnhout 1995).
— : Der Briefwechsel mit Heloisa, übers. v. Hans-Wolfgang Krautz, Stuttgart 2001.
ANSELM VON CANTERBURY (Anselmus Cantuariensis): Cur deus homo [lat./dt.], übers. v. F. S. Schmitt, 4. Aufl., München 1986.

DIE APOSTOLISCHEN VÄTER, hg. v. Andreas Lindemann/Henning Paulsen, Tübingen 1992.
AUGUSTINUS, Aurelius: Enchiridion. Das Handbüchlein [lat./dt.], übers. v. Paul Simon, 2. Aufl., Paderborn 1962.
AUGUSTIN HANDBUCH, hg. v. Volker Henning Drecoll, Tübingen 2007.
BECKER, Jürgen: Jesus von Nazaret, Berlin 1996.
BEYSCHLAG, Karlmann: Grundriß der Dogmengeschichte, Bd. 1–2 in 3, Darmstadt 1982–2000.
BULTMANN, Rudolf: Theologie des Neuen Testaments, 9. Aufl., Tübingen 1984.
CHEMNITZ, Martin: De duabus naturis in Christo, Jena 1570.
EBNER, Martin: Jesus von Nazaret in seiner Zeit. Sozialgeschichtliche Zugänge, Stuttgart 2003.
EIRENAIOS (Irenaeus Lugdunensis / Irenäus von Lyon): Adversus haereses. Gegen die Häresien [gr./lat./dt.], übers. v. Norbert Brox, Bd. 1–5, Freiburg im Breisgau 1993–2001.
GNILKA, Joachim: Wie das Christentum entstand, Bd. 1–3, Freiburg im Breisgau 2004.
HAHN, Ferdinand: Theologie des Neuen Testaments, Bd. 1–2, Tübingen 2002.
HANDBUCH DER DOGMEN- UND THEOLOGIEGESCHICHTE, 2. Aufl., hg. v. Carl Andresen / Adolf Martin Ritter, Bd. 1–3, Göttingen 1998–1999.
DER HISTORISCHE JESUS. Tendenzen und Perspektiven der gegenwärtigen Forschung, hg. v. Jens Schröter / Ralph Brucker, Berlin 2002.
KÄHLER, Martin: Der sogenannte historische Jesus und der geschichtliche biblische Christus, 1892, 3. Aufl., hg. v. Ernst Wolf, München 1961.
KARRER, Martin: Jesus Christus im Neuen Testament, Göttingen 1998.
KIERKEGAARD, Søren: Begrebet Angst, Kopenhagen 1844; [dt.] Der Begriff Angst, übers. v. Hans Rochol, Hamburg 2005.
— : Sygdommen til døden, Kopenhagen 1849; [dt.] Die Krankheit zum Tode, übers. v. Hans Rochol, Hamburg 2005.
KLAUCK, Heinz-Josef: Die religiöse Umwelt des Urchristentums, Bd. 1–2, Stuttgart 1995–1996.
KOLLMANN, Bernd: Einführung in die Neutestamentliche Zeitgeschichte, Darmstadt 2006.
KÜHN, Ulrich: Christologie, Göttingen 2003.
LUTHER, Martin: Sermon von der Betrachtung des heiligen Leidens Christi, 1519; Weimarer Ausgabe, Bd. 2.
NEUES TESTAMENT UND ANTIKE KULTUR, hg. v. Kurt Erlemann u.a., Bd. 1–4, Neukirchen-Vluyn 2004–2006.

PAULUS. Leben – Werk – Umwelt – Briefe, hg. v. Oda Wischmeyer, Tübingen/Basel 2006.
RATZINGER, Joseph (Papst Benedikt XVI.): Jesus von Nazareth, bisher Bd. 1, Freiburg im Breisgau 2007.
RITSCHL, Albrecht: Die christliche Lehre von der Rechtfertigung und Versöhnung, Bd. 1-3, 2. Aufl., Bonn 1882-1883 (Nachdruck Hildesheim 1978).
ROLOFF, Jürgen: Jesusforschung am Ausgang des 20. Jahrhunderts, München 1998.
SCHLEIERMACHER, Friedrich: Der christliche Glaube nach den Grundsätzen der evangelischen Kirche im Zusammenhange dargestellt, 1821-1822, Kritische Gesamtausgabe, Bd. I/7, Berlin 1980; 2. Aufl., 1830-1831, Kritische Gesamtausgabe, Bd. I/13, Berlin 2003.
SCHMID, Heinrich: Die Dogmatik der evangelisch-lutherischen Kirche, 1843; 11. Aufl., hg. v. Horst Georg Pöhlmann, Gütersloh 1990.
SCHRÖTER, Jens: Jesus von Nazaret. Jude aus Galiläa – Retter der Welt, Leipzig 2006.
SCHWEITZER, Albert: Geschichte der Leben-Jesu-Forschung (1. Aufl. 1906 unter dem Titel: Von Reimarus zu Wrede), 9. Aufl., Tübingen 1984.
STEGEMANN, Wolfgang: Jesus und seine Zeit, Stuttgart 2007.
STRAUß, David Friedrich: Das Leben Jesu, kritisch bearbeitet, Bd. 1-2, Tübingen 1835-1836 (Nachdruck 1984).
TERTULLIANUS, Quintus Septimius Florens: De anima, hg. v. Jan Hendrik Waszink, Amsterdam 1947 (Nachdruck Hildesheim 2007); [dt.] Über die Seele, übers. v. Jan Hendrik Waszink, Werke, Bd. 1, Zürich 1980.
THEIßEN, Gerd / MÄRZ, Annette: Der historische Jesus. Ein Lehrbuch, 3. Aufl., Göttingen 2001.
THEISSEN, Gerd: Die Religion der ersten Christen. Eine Theorie des Urchristentums, 2. Aufl., Gütersloh 2001.
VIELHAUER, Philipp: Geschichte der urchristlichen Literatur, 4. Aufl., Berlin 1985.
WREDE, William: Das Messiasgeheimnis in den Evangelien, Göttingen 1901.
ZELLER, Dieter: Christus unter den Göttern. Zum antiken Umfeld des Christusglaubens, Stuttgart 1993.

IV.A. Gotteserfahrung

ASKANI, Hans-Christoph: Schöpfung als Bekenntnis, Tübingen 2006.
HILBERATH, Bernd Jochen: Pneumatologie, Düsseldorf 1994.

JÜNGEL, Eberhard: Das Evangelium von der Rechtfertigung des Gottlosen als Zentrum des christlichen Glaubens, 1998, 3. Aufl., Tübingen 1999.
KANITSCHEIDER, Bernulf: Kosmologie. Geschichte und Systematik in philosophischer Perspektive, Stuttgart 1984.
— : Von der mechanistischen Welt zum kreativen Universum. Zu einem neuen philosophischen Verständnis der Natur, Darmstadt 1993.
LINK, Christian: Schöpfung. Schöpfungstheologie angesichts der Herausforderungen des 20. Jahrhunderts, Gütersloh 1991.
LUTHERISCHER WELTBUND / PÄPSTLICHER RAT ZUR FÖRDERUNG DER EINHEIT DER CHRISTEN: Gemeinsame Erklärung zur Rechtfertigungslehre. Gemeinsame offizielle Feststellung. Anhang (Annex) zur Gemeinsamen offiziellen Feststellung, Frankfurt am Main / Paderborn 1999.
MOLTMANN, Jürgen: Die Quelle des Lebens. Der Heilige Geist und die Theologie des Lebens, Gütersloh 1997.
ROTH, Michael: Sinn und Geschmack für das Endliche, Leipzig 2002.
URKNALL ODER SCHÖPFUNG? Zum Dialog von Naturwissenschaft und Theologie, hg. v. Wilhelm Gräb, Gütersloh 1995.
VARIATIONEN ZUR SCHÖPFUNG DER WELT, hg. v. Eva Schmetterer / Roland Faber / Nicole Mantler, Inssbruck 1995.
WARD, Keith: Religion and creation, Oxford 1996.
WELKER, Michael: Gottes Geist, Neukirchen-Vluyn 1992.

IV.B. Gottesgedanke

ANSELMUS CANTUARIENSIS (Anselm von Canterbury): Monologion. Proslogion. Die Vernunft und das Dasein Gottes [lat./dt.], übers. v. Rudolf Allers, Köln 1966.
BASILIUS CAESARIENSIS (Basileios von Kaisareia): De spiritu sancto. Über den Heiligen Geist [gr./dt.], übers. v. Hermann Josef Sieben, Freiburg im Breisgau 1993.
BERING, Johannes: Prüfung der Beweise für das Dasein Gottes aus den Begriffen eines höchstvollkommenen und notwendigen Wesens, Gießen 1780.
BIENERT, Wolfgang A.: Dogmengeschichte, Stuttgart 1997.
DESCARTES, René (Cartesius, Renatus): Meditationes de prima philosophia (1641). Meditationen über die Erste Philosophie [lat./dt.], übers. v. Gerhart Schmidt, Stuttgart 1986 (Nachdruck 2005).
GASSENDI, Pierre: Disquisitio metaphysica seu dubitationes et instantiae adversus Renati Cartesii metaphysicam et responsa, Amsterdam 1644.

GREGORIUS NAZIANZENUS (Gregorios von Nazianzos): Orationes theologicae. Theologische Reden [gr./dt.], übers. v. Hermann Josef Sieben, Freiburg im Breisgau 1996.
GREGORIUS NYSSENUS (Gregorios von Nyssa): Opera, hg. v. Werner Jaeger u.a., bisher Bd. 1-10 in 14, Leiden 1960ff.
GRESHAKE, Gisbert: Der dreieine Gott. Eine trinitarische Theologie, 4. Aufl., Freiburg im Breisgau 2001.
KANT, Immanuel: Kritik der praktischen Vernunft, Riga 1788; Gesammelte Schriften, Akademie-Ausgabe, Bd. 5.
— : Kritik der reinen Vernunft, 1781, 2. Aufl., Riga 1787 [= B]; Gesammelte Schriften, Akademie-Ausgabe, Bd. 3.
— : Die Religion innerhalb der Grenzen der bloßen Vernunft, Königsberg 1793; Gesammelte Schriften, Akademie-Ausgabe, Bd. 6.
LEIBNIZ, Gottfried Wilhelm: Monadologie und andere metaphysische Schriften [franz./dt.], übers. v. Ulrich Johannes Schneider, Hamburg 2002.
LUTHER, Martin: Deudsch Katechismus (Der große Katechismus), 1529; Weimarer Ausgabe, Bd. 30,I.
SCHLEIERMACHER, Friedrich: Der christliche Glaube, 2. Aufl., 1830-1831, Kritische Gesamtausgabe, Bd. I,13, Berlin 2003.
— : Über die Religion, 1799, Kritische Gesamtausgabe, Bd. I,2, Berlin 1984.
— : Über die Religion, (2.-)4. Aufl., Kritische Gesamtausgabe, Bd. I,12, Berlin 1995.

V.A. Selbstverständnis der Kirche

ATHANASIOS (ATHANASIUS ALEXANDRINUS): Vita Antonii. Vie d'Antoine [gr./franz.], hg. v. Gerhardus Johannes Marinus Bartelink, Sources Chrétiennes 400, Paris 1994 (Nachdruck 2004); [dt.] hg. v. Adolf Gottfried, übers. v. Heinrich Przybyla, Leipzig 1986 / Graz 1987.
BELLARMINI, Roberto: Tractatus de potestate summi pontificis in rebus temporalibus, Rom 1610; [dt.] Abhandlung von der Macht des Papstes in zeitlichen Dingen, München 1768 (Mikrofiche-Ausgabe Wildberg 1999).
CALVIN, Johann: Institutio Christianae religionis, 5. Aufl., Genf 1559, Opera selecta, 2. Aufl., hg. v. Peter Barth / Wilhelm Niesel, Bd. 3-5, München 1957-1962; [dt.] Unterricht in der christlichen Religion (1559), übers. v. Otto Weber, Neukirchen 1955 (Nachdruck 1997).
CAMPENHAUSEN, Hans Freiherr von: Kirchliches Amt und geistliche Vollmacht in den ersten drei Jahrhunderten, 2. Aufl., Tübingen 1963.

CYPRIANUS (CYPRIANUS THASCIUS CAECILI[AN]US): Opera omnia, hg. v. Jaques-Paul Migne, Bd. 1-2, Patrologiae cursus completus. Series Latina, Bd. 3-4, Paris 1886-1891 (Nachdruck Turnhout 1971).
— : Opera, Bd. 1-4 in 6, Corpus Christianorum. Series Latina, Bd. 3, Turnhout 1972-2004.
— : [dt.] Sämtliche Schriften, Bd. 1-2, Bibliothek der Kirchenväter, Bd. 34 und 60, Kempten 1918-1928.
GRANE, Leif: Die Confessio Augustana. Einführung in die Hauptgedanken der lutherischen Reformation, 5. Aufl., Göttingen 1996.
HARNACK, Adolf (von): Entstehung und Entwickelung der Kirchenverfassung und des Kirchenrechts in den zwei ersten Jahrhunderten, Leipzig 1910.
HAUSAMMANN, Susanne: Alte Kirche, Bd. 1-5, Neukirchen-Vluyn 2001–2005.
HAUSCHILD, Wolf-Dieter: Lehrbuch der Kirchen- und Dogmengeschichte, Bd. 1-2, 3. Aufl., Gütersloh 2005-2007.
KÜHN, Ulrich: Kirche, 2. Aufl., Gütersloh 1990.
LEISCHING, Peter: Kirche und Staat in den Rechtsordnungen Europas. Ein Überblick, Freiburg im Breisgau 1973.
LUTHER, Martin: An den christlichen Adel deutscher Nation von des christlichen Standes Besserung, 1520; Weimarer Ausgabe, Bd. 6.
— : Von der Freiheit eines Christenmenschen, 1520; Weimarer Ausgabe, Bd. 7.
MARKSCHIES, Christoph: Zwischen den Welten wandern. Strukturen des antiken Christentums, Frankfurt am Main 1997.
NOWAK, Kurt: Das Christentum: Geschichte, Glaube, Ethik, 1997, 3. Aufl., München 2004
ROLOFF, Jürgen: Die Kirche im Neuen Testament, Göttingen 1993.
STEINACKER, Peter: Die Kennzeichen der Kirche. Eine Studie zu ihrer Einheit, Heiligkeit, Katholizität und Apostolizität, Berlin 1982.

V.B.1. Verkündigung

DAS ABENDMAHL. Eine Orientierungshilfe zu Verständnis und Praxis des Abendmahls in der evangelischen Kirche. Vorgelegt vom Rat der Evangelischen Kirche in Deutschland, Gütersloh 2003.
ALAND, Kurt: Taufe und Kindertaufe, Gütersloh 1971.
BADER, Günter: Die Abendmahlsfeier, Tübingen 1993.
BELTING, Hans: Das echte Bild. Bildfragen als Glaubensfragen, München 2005.

BRANDENBURG, Hugo: Die frühchristlichen Kirchen Roms vom 4. bis zum 7. Jahrhundert: der Beginn der abendländischen Kirchenbaukunst, 2. Aufl., Regensburg 2005.
DER BYZANTINISCHE BILDERSTREIT [gr./lat. Quellentexte], hg. v. Hans-Jürgen Geischer, Gütersloh 1968.
CALVIN, Jean: Petit traité de la sainte cène de notre Seigneur Jésus Christ (1541), Paris 1997; [dt.] Das Abendmahl des Herrn, übers. v. Wilhelm Rotscheidt, 2. Aufl., Eberfeld 1909.
CHRISTLICHE KIRCHEN FEIERN DAS ABENDMAHL. Eine vergleichende Darstellung, hg. v. Norbert Beer, Kevelaer / Bielefeld 1993.
CONRAD, Dietrich: Kirchenbau im Mittelalter, 3. Aufl., Leipzig 1998.
FABER, Eva-Maria: Einführung in die katholische Sakramentenlehre, Darmstadt 2002.
FÜHRER, Werner: Das Amt der Kirche. Das reformatorische Verständnis des geistlichen Amtes im ökumenischen Kontext, Neuendettelsau 2001.
GESCHICHTE DES PROTESTANTISCHEN KIRCHENBAUES, hg. v. Klaus Raschzok / Reiner Sörries, Erlangen 1994.
HEIDELBERGER KATECHISMUS, hg. v. der Evangelisch-Reformierten Kirche, Neukirchen-Vluyn 1997.
IN CHRISTUS BERUFEN. Amt und allgemeines Priestertum in lutherischer Perspektive, hg. v. Reinhard Rittner, Hannover 2001.
DIE KIRCHE IM WORT, hg. v. Eberhard Mechels/ Michael Weinrich, Neukirchen-Vluyn 1992.
DAS KIRCHLICHE AMT IN APOSTOLISCHER NACHFOLGE, Bd. 1, hg. v. Theodor Schneider / Gunther Wenz, Bd. 2, hg. v. Dorothea Sattler / Gunther Wenz, Freiburg im Breisgau / Göttingen 2004–2006.
KOCH, Wilfried: Baustilkunde, Gütersloh 2006.
KÖHLER, Walter: Zwingli und Luther, Bd. 1, Leipzig 1924, Bd. 2, Gütersloh 1953.
KOEPF, Hans / BINDING, Günther: Bildwörterbuch der Architektur, 4. Aufl., Stuttgart 2005.
KÜHN, Ulrich: Sakramente, 2. Aufl., Gütersloh 1990.
LIPFFERT, Klementine: Symbol-Fibel, eine Hilfe zum Betrachten und Deuten mittelalterlicher Bildwerke, 7. Aufl., Kassel 1981.
LUTHER, Martin: De captivitate Babylonica ecclesiae praeludium, 1520; Weimarer Ausgabe, Bd. 6; [dt.] Von der babylonischen Gefangenschaft der Kirche, Lateinisch-deutsche Studienausgabe, Bd. 3.
— : Deutsche Messe und Ordnung des Gottesdiensts, 1526; Weimarer Ausgabe, Bd. 19.
— : Der kleine Katechismus für die gemeine [d.h. ungelehrten] Pfarrherrn und Prediger, 1529; Weimarer Ausgabe, Bd. 30,I.

— : Sendschreiben an die Christen in Livland, 1525; Weimarer Ausgabe, Bd. 18.
— : Vom Abendmahl Christi. Bekenntnis, 1528; Weimarer Ausgabe, Bd. 26.
MESSBUCH. DIE FEIER DER HEILIGEN MESSE, für die Bistümer des deutschen Sprachgebietes, Freiburg im Breisgau 2006.
MISSALE ROMANUM ex decreto sacrosancti concilii Tridentini restitutum summorum pontificum cura recognitum, Bd. 1–2, Regensburg 1963.
MISSALE ROMANUM ex decreto sacrosancti oecumenici concilii Vaticani II instauratum, 3. Aufl., Città del Vaticano 2002.
MÜLLER, Hans Martin: Homiletik. Eine evangelische Predigtlehre, Berlin 1996.
REHM, Johannes: Das Abendmahl, Gütersloh 1993.
SCHILLER, Gertrud: Ikonographie der christlichen Kunst, Bd. 1–5 in 7, Gütersloh 1966–1991.

V.B.2. Heilige Schrift

DIE BIBEL. Einheitsübersetzung der Heiligen Schrift, Stuttgart 2006.
DIE BIBEL nach der Übersetzung Martin Luthers, Bibeltext in der revidierten Fassung von 1984, Stuttgart 2006.
[BIBEL] Zürcher Bibel, Zürich 2007.
BORMANN, Lukas: Bibelkunde. Altes und Neues Testament, Göttingen 2005.
BULTMANN, Rudolf: Die Geschichte der synoptischen Tradition, 1921, 10. Aufl., Göttingen 1995.
CAMPENHAUSEN, Hans von: Die Entstehung der christlichen Bibel, Tübingen 1968 (Nachdruck 2003).
EGGER, Wilhelm: Methodenlehre zum Neuen Testament. Einführung in linguistische und historisch-kritische Methoden, 5. Aufl., Freiburg im Breisgau 1999.
GOEZE, Johann Melchior: Goezes Streitschriften gegen Lessing, hg. v. Erich Schmidt, Stuttgart 1893 (Nachdruck Nendeln 1968).
HARNACK, Adolf: Marcion. Das Evangelium vom fremden Gott. Eine Monographie zur Geschichte der Grundlegung der katholischen Kirche, 2. Aufl., Leipzig 1924 (Nachdruck Darmstadt 1996).
HEILIGE SCHRIFTEN. Eine Einführung, hg. v. Udo Tworuschka, Darmstadt 2000.

KARPP, Heinrich: Schrift, Geist und Wort Gottes. Geltung und Wirkung der Bibel in der Geschichte der Kirche von der Alten Kirche bis zum Ausgang der Reformationszeit, Darmstadt 1992.

KRAUS, Hans-Joachim: Geschichte der historisch-kritischen Erforschung des Alten Testaments, 3. Aufl., Neukirchen-Vluyn 1982.

KÜMMEL, Werner Georg: Das Neue Testament. Geschichte der Erforschung seiner Probleme, 2. Aufl., Freiburg im Breisgau 1970.

LACHMANN, Karl: De ordine narrationum in evangeliis synopticis, in: Theologische Studien und Kritiken 8, 1835, S. 570-590.

LESSING, Gotthold Ephraim: Sämtliche Schriften, hg. v. Karl Lachmann, 3. Aufl., hg. v. Franz Muncker, Bd. 1-18, Leipzig 1886-1924 [Nachdruck als Sämtliche Werke, Berlin 1979].

— : Werke, hg. v. Herbert Göpfert, Bd. 1-8, München 1970-1979.

LUTHER, Martin: Ein Sendbrief vom Dolmetschen, 1530; Weimarer Ausgabe, Bd.30,II.

— : Eine Unterrichtung, wie sich die Christen in Mose sollen schicken, 1525; Weimarer Ausgabe, Bd. 16.

NOVUM TESTAMENTUM GRAECE ET LATINE, hg. v. Barbara Aland / Kurt Aland, Stuttgart 2005.

ORIGENES: De principiis [gr.], hg. v. Paul Koetschau, Werke, Bd. 5, Leipzig 1913; [dt.] Vier Bücher von den Prinzipien, übers. v. Herwig Görgemanns und Heinrich Karpp, 3. Aufl., Darmstadt 1992.

REIMARUS, Hermann Samuel: Apologie oder Schutzschrift für die vernünftigen Verehrer Gottes, hg. v. Gerhard Alexander, Bd. 1-2, Frankfurt am Main 1972 [Teilveröffentlichung durch Lessing in den sogenannten Wolfenbütteler Fragmenten, 1774-1778].

SCHENKEL, Daniel: Das Charakterbild Jesu. Ein biblischer Versuch, Wiesbaden 1864.

SCHLEIERMACHER, Friedrich: Hermeneutik, hg. v. Heinz Kimmerle, 2. Aufl., Heidelberg 1974.

SCHNELLE, Udo: Einführung in die neutestamentliche Exegese, 6. Aufl., Göttingen 2005.

— : Einleitung in das Neue Testament, 6. Aufl., Göttingen 2007.

SCHOLDER, Klaus: Ursprünge und Probleme der Bibelkritik im 17. Jahrhundert. Ein Beitrag zur Entstehung der historisch-kritischen Theologie, München 1966.

SEMLER, Johann Salomo: Abhandlung von freier Untersuchung des Canon, Bd. 1-4, Halle 1771-1775 (Mikrofilm Wolfenbüttel 2001).

SIMON, Richard: Histoire critique du Nouveau Testament, Bd. 1-3, Rotterdam 1689-1693 (Nachdruck Frankfurt am Main 2005); [dt.] Kritische

Schriften über das Neue Testament, Bd. 1-3, übers. v. Heinrich Matthias August Cramer, Halle 1776-1780.

—: Histoire critique du Vieux Testament (1678), Paris 1680, 2. Aufl. Rotterdam 1685 (Nachdruck Frankfurt am Main 2005).

SÖDING, Thomas: Wege der Schriftauslegung. Methodenbuch zum Neuen Testament, Freiburg im Breisgau 1998.

SYNOPSIS QUATTUOR EVANGELIORUM, hg. v. Kurt Aland, 15. Aufl., Stuttgart 2005.

WILKE, Christian Gottlob: Der Urevangelist oder exegetisch kritische Untersuchung über das Verwandtschaftsverhältniß der drei ersten Evangelien, Dresden / Leipzig 1838.

WEIßE, Christian Hermann: Die evangelische Geschichte kritisch und philosophisch bearbeitet, Bd. 1-2, Leipzig 1838.

VI.A. Frieden und Krieg

ANGENENDT, Arnold: Toleranz und Gewalt. Das Christentum zwischen Bibel und Schwert, Münster 2007.

AUGUSTINUS, Aurelius: Contra Faustum, Opera, Bd. 6,1. De utilitate credendi, hg. v. Joseph Zycha, Wien 1891.

FONK, Peter: Frieden schaffen – auch mit Waffen? Theologisch-ethische Überlegungen zum Einsatz militärischer Gewalt angesichts des internationalen Terrorismus und der Irak-Politik, Stuttgart 2003.

GROTIUS, Hugo: De iure belli et pacis libri tres, Paris 1625; [dt.] Drei Bücher vom Recht des Krieges und des Friedens, übers. v. Walter Schätzel, Tübingen 1950.

HIPPOLYTOS VON ROM: Traditio apostolica. Apostolische Überlieferung [lat./ dt.], übers. v. Wilhelm Geerlings, enthalten in: Didache / Traditio apostolica, Fontes Christiani, Bd. 1, Freiburg im Breisgau 1991.

HOBBES, Thomas: Leviathan (1651), hg. v. Richard Tuck, Cambridge 2005; [dt.] Leviathan oder Stoff, Form und Gewalt eines kirchlichen und bürgerlichen Staates, hg. v. Iring Fetcher, übers. v. Walter Euchler, 13. Aufl., Frankfurt am Main 2006.

JASPERT, Nikolas: Die Kreuzzüge, 2. Aufl., Darmstadt 2004.

KANT, Immanuel: Zum ewigen Frieden, Königsberg 1795; Gesammelte Schriften, Bd. 8.

KIRCHE UND FRIEDEN. Kundgebungen und Erklärungen aus den deutschen Kirchen und der Ökumene, hg. v. der Kirchenkanzlei der EKD, EKD-Texte 3, Hannover 1982.

LUTHER, Martin: Ob Kriegsleute auch in seligem Stande sein können (1526), Weimarer Ausgabe, Band 19.
– : Von weltlicher Obrigkeit, wieweit man ihr Gehorsam schuldig sei (1523), Weimarer Ausgabe, Bd. 11.
MATHYS, Hans-Peter: Liebe deinen Nächsten wie dich selbst. Untersuchungen zum alttestamentlichen Gebot der Nächstenliebe (Lev 19,18), Fribourg / Göttingen 1986.
RILEY-SMITH, Jonathan: Wozu heilige Kriege? Anlässe und Motive der Kreuzzüge, aus dem Englischen von Michael Müller, 2. Aufl., Berlin 2005.
ROUSSEAU, Jean-Jacques: Du contrat social (1762), hg. v. Jean-François Braunstein, Paris 2004; [dt.] Vom Gesellschaftsvertrag oder Grundsätze des Staatsrechts, übers. v. Hans Brockard / Eva Pietzcker, Stuttgart 1983 (Nachdruck 2006).
SUTOR, Bernhard: Vom gerechten Krieg zum gerechten Frieden? Stationen und Chancen eines geschichtlichen Lernprozesses, Schwalbach im Taunus 2004.
THOMAS VON AQUIN: Summa theologica. Die deutsche Thomas-Ausgabe [lt./dt.], Bd. 1–36 in bisher 24, Salzburg 1933ff.
VITORIA, Francisco de: Relectiones. Vorlesungen. Völkerrecht, Politik, Kirche [lat./dt.], Bd. 1–2, hg. v. Ulrich Horst / Heinz-Gerhard Justenhoven / Joachim Stüben, Stuttgart 1995–1997.

VI.B. Menschenwürde

BIELEFELDT, Heiner: Philosophie der Menschenrechte, Darmstadt 1998.
BRIESKORN, Norbert: Menschenrechte. Eine historisch-philosophische Grundlegung, Stuttgart 1997.
BRUGGER, Winfried: Menschenwürde, Menschenrechte, Grundrechte, Baden-Baden 1997.
CICERO, Marcus Tullius: De officiis. Vom pflichtgemäßen Handeln [lat./dt.], hg. v. Heinz Gunermann, Erweiterte Ausgabe, Stuttgart 2003.
DIE DENKSCHRIFTEN DER EVANGELISCHEN KIRCHE IN DEUTSCHLAND, hg. v. Kirchenamt der EKD, Bd. 1–4 in 10, Gütersloh 1978–1993 (Nachdruck 2003).
DIE ENTWICKLUNG DER MENSCHEN- UND BÜRGERRECHTE von 1776 bis zur Gegenwart, 6. Aufl., hg. v. Gerhard Commichau, Göttingen 1998.
EVANGELISCHE KIRCHE UND FREIHEITLICHE DEMOKRATIE. Der Staat des Grundgesetzes als Angebot und Aufgabe, EKD-Denkschrift, Gütersloh 1985.

FEMINISTISCHE THEOLOGIE UND GENDER-FORSCHUNG, hg. v. Irene Dingel, Leipzig 2003.
FÜR EINE ZUKUNFT IN SOLIDARITÄT UND GERECHTIGKEIT. Wort des Rates der Evangelischen Kirche in Deutschland und der Deutschen Bischofskonferenz zur wirtschaftlichen und sozialen Lage in Deutschland, Hannover / Bonn 1997.
GEMEINWOHL UND EIGENNUTZ. Wirtschaftliches Handeln in Verantwortung für die Zukunft. Eine Denkschrift der Evangelischen Kirche in Deutschland, Gütersloh 1991.
GESCHICHTE DER FRAUEN, hg. v. Georges Duby / Michelle Perrot, Bd. 1-5, Frankfurt am Main 1993-1995 (Nachdruck 2006)
GESCHICHTE DES PRIVATEN LEBENS, hg. v. Philippe Ariès / Georges Duby, Bd. 1-5, Frankfurt am Main 1989-1993.
HANDBUCH DER WIRTSCHAFTSETHIK, hg. v. Wilhelm Korff u.a., Bd. 1-4, Gütersloh 1999.
HARATSCH, Andreas: Die Geschichte der Menschenrechte, 2000, 3. Aufl., Potsdam 2006.
HECKEL, Martin: Die Menschenrechte im Spiegel der reformatorischen Theologie, Heidelberg 1987.
HUBER, Wolfgang / TÖDT, Heinz-Eduard: Menschenrechte, Stuttgart 1977.
JELLINEK, Georg: Die Erklärung der Menschen- und Bürgerrechte, 1895, 4. Aufl., München 1927.
KÜHNHARDT, Ludger: Die Universalität der Menschenrechte, München 1987.
LOCKE, John: Two treatises on government (1690), hg. v. Peter Laslett, Cambridge 1960 (Nachdruck 2003); [dt.] Zwei Abhandlungen über die Regierung, übers. v. Hans Jörn Hoffmann, hg. v. Walter Euchner, Frankfurt am Main 1977 (Nachdruck 2006).
MECKENSTOCK, Günter: Wirtschaftsethik, Berlin 1997.
DIE MENSCHENRECHTE. Erklärungen, Verfassungsartikel, internationale Abkommen, hg. v. Wolfgang Heidelmeyer, 4. Aufl., Paderborn 1997.
OESTREICH, Gerhard: Geschichte der Menschenrechte und Grundfreiheiten im Umriß, 2. Aufl., Berlin 1978.
PERRY, Michael J.: The idea of human rights. Four inquiries, Oxford 1998.
PUNT, Jozef: Die Idee der Menschenrechte. Ihre geschichtliche Entwicklung und ihre Rezeption durch die moderne katholische Sozialverkündigung, Paderborn 1987.
QUELLEN ZUR GESCHICHTE DER FRAUEN, bisher Bd. 1, hg. v. Barbara Patzek, Stuttgart 2000; Bd. 3, hg. v. Anne Conrad / Kerstin Michalik, Stuttgart 1999.

TROELTSCH, Ernst: Die Soziallehren der christlichen Kirchen und Gruppen, Gesammelte Schriften, Bd. 1, Tübingen 1912, Neudruck 1994.
ULRICH, Peter: Zivilisierte Marktwirtschaft. Eine wirtschaftsethische Orientierung, 2. Aufl., Freiburg im Breisgau 2005.
ZUR GESCHICHTE DER ERKLÄRUNG DER MENSCHENRECHTE, hg. v. Roman Schnur, 2. Aufl., Darmstadt 1974.

Ausblick

BARTH, Hans-Martin: Dogmatik. Evangelischer Glaube im Kontext der Weltreligionen, 2. Aufl., Gütersloh 2002.
CHRISTEN UND JUDEN. Eine Studie des Rates der Evangelischen Kirche in Deutschland, Gütersloh 1975.
CHRISTEN UND JUDEN II. Zur theologischen Neuorientierung im Verhältnis zum Judentum. Eine Studie des Rates der Evangelischen Kirche in Deutschland, Gütersloh 1991.
CHRISTEN UND JUDEN III. Schritte der Erneuerung im Verhältnis zum Judentum. Eine Studie des Rates der Evangelischen Kirche in Deutschland, Gütersloh 2000.
CHRISTLICHER GLAUBE UND NICHTCHRISTLICHE RELIGIONEN. Theologische Leitlinien. Ein Beitrag der Kammer für Theologie der Evangelischen Kirche in Deutschland, EKD-Texte 77, Hannover 2003.
DANZ, Christian: Einführung in die Theologie der Religionen, Wien 2005.
DEHN, Ulrich: Hinduismus und Buddhismus. Informationen und Anregungen zur Begegnung für Christen, 2. Aufl., Berlin 2000.
DER EINE GOTT UND DIE WELT DER RELIGIONEN. Beiträge zu einer Theologie der Religionen und zum interreligiösen Dialog, hg. v. Markus Witte, Würzburg 2003.
HICK, John: Problems of religious pluralism, Houndmills 1985.
HORIZONTÜBERSCHREITUNG. Die pluralistische Theologie der Religionen, hg. v. Reinhold Bernhardt, Gütersloh 1991.
INTERNATIONALE THEOLOGENKOMMISSION: Das Christentum und die Religionen, Erklärung vom 30. September 1996, hg. v. Sekretariat der Deutschen Bischofskonferenz, Arbeitshilfen Nr. 136.
KLARHEIT UND GUTE NACHBARSCHAFT. Christen und Muslime in Deutschland. Eine Handreichung des Rates der EKD, Hannover 2006.
KRITERIEN INTERRELIGIÖSER URTEILSBILDUNG, hg. v. Reinhold Bernhardt, Zürich 2005.
MIT ANDERN FEIERN – GEMEINSAM GOTTES NÄHE SUCHEN, hg. v. Liturgische Konferenz der EKD, Gütersloh 2006.

THE MYTH OF CHRISTIAN UNIQUENESS. Toward a pluralistic theology of religions, hg. v. John Hick / Paul F. Knitter, Maryknoll 1987.
RELIGIONEN, RELIGIOSITÄT UND CHRISTLICHER GLAUBE. Eine Studie, Gütersloh 1991.
SCHMIDT-LEUKEL, Perry: Theologie der Religionen. Probleme, Optionen, Argumente, Neuried 1997.
SCHELIHA, Arnulf von: Der Islam im Kontext der christlichen Religion, Münster 2004.
THEOLOGIE DER RELIGIONEN. Positionen und Perspektiven evangelischer Theologie, hg. v. Christian Danz / Ulrich H. J. Körtner, Neukirchen-Vluyn 2005.
ZUSAMMENLEBEN MIT MUSLIMEN IN DEUTSCHLAND. Gestaltung der christlichen Begegnung mit Muslimen. Eine Handreichung des Rates der Evangelischen Kirche in Deutschland, Gütersloh 2000.

Personenregister

Das Register verzeichnet die Namen historischer Personen in der heute geläufigen Form, Personennamen der griechischen und römischen Antike werden angegeben nach „Der neue Pauly", die Papstnamen in der deutschen Namensform, Literarische Personen werden nicht aufgeführt,

Abaelardus 139f
Abbas 93
Alexios I. 268
Amenophis III. 77
Anastasios 212
Anselm 135–141, 178f
Antiochos IV. 84, 251
Antonios 202
Aristoteles 20
Areios (Arius) 173, 175
Artemon 114
Aśoka 74
Athanasios 175, 202
Augustinus 47, 132–134, 176, 213, 265f, 269, 274
Augustus 89
Aurangzeb 71

Bachofen 29
Bar Kochba 80
Barth 39f, 166f
Basileios (Basilius) 175, 235
Baur 197
Bellarmini 212
Benedictus 203
Bonhoeffer 40–42
Bonifatius VIII. 212
Buddha 72–74
Bultmann 252

Caesar 89f
Calvin 210, 225, 271, 287

Chemnitz 120
Chlodwig 88
Christus s. Jesus
Cicero 46f, 277
Clemens 172
Comte 28, 51
Constantinus I. 87f, 173, 199, 202, 210f, 239f, 257, 264
Constantinus V. 235
Cyprianus 198, 243

Darwin 28, 153
David 77, 112
Descartes 21, 179–181
Dionysios Areopagita 177
Dionysios Exiguus 89
Durkheim 52f

Einstein 28
Eirenaios (Irenaeus) 134, 198
Engels 29
Eugen IV. 207, 218
Eusebios (Eusebius) 238

Felix II. 211
Feuerbach 34–36
Fichte 17
Ficino 15
Figulus 46
Frazer 51
Freud 36–38

Galerius 87
Galilei 20, 153
Gassendi 180
Gelasius I. 211
Gellius 46
Gobineau 81
Goeze 253
Gregorios von Nazianzos 175f
Gregorios von Nyssa 175
Gregor I. (der Große) 88, 236
Gregor VII. 212
Gregor XIII. 90
Grotius 19, 272

Hadrian I. 235
Harnack 197
Hegel 34
Helena 240, 270
Héloïse 139
Herbert of Cherbury 49
Hippolytos 264
Hobbes 272, 282
Husain (Hussein) 92
Husserl 54

Irenaeus s. Eirenaios
Irene 235
Iustinianus 212

Jakobus 193f
Jehuda ha-Nasi 81
Jellinek 283
Jesus 40–44, 75, 85f, 89f, 99–146, 148, 153–159, 162–167, 171–173, 190–197, 200–209, 214–225, 228–237, 240, 248, 251f, 257–263, 270f, 277, 294
Joachim von Fiore 168
Johannes XXIII. 226, 284
Johannes Paul II. 305

Kant 16, 31, 180–187, 256
Karl der Große 88, 212, 235
Karl V. 159
Khadidscha 91
Kierkegaard 141–144
Konstantin s. Constantinus I.
Kritias 33
Kyros 79, 112, 250

Lachmann 251
Lactantius 46f
Leeuw 54
Leibniz 180
Leo III. 212
Leo XIII. 213
Leon III. 234f
Leon V. 236
Lessing 253
Licinius 173
Locke 282
Luhmann 64f
Luther 15, 119, 129, 135, 158–160, 169, 183, 203, 208f, 213f, 216f, 219, 222f, 225, 229f, 237, 246, 270, 287

Mahavira 69
Markion 242
Marx 35f
Masaccio 237
Maximilla 167
McLennan 52
Mentzer 121
Michael II. 236
Mohammed s. Muhammad
Montanus 167
Mose/Moses 38, 75, 77, 79, 81, 154, 269
Müller 68
Müntzer 169
Muhammad 75, 91–94, 97f

Newton 21

Omar 97
Origenes 172, 174f, 202, 242f
Otto 54

Pachomios 202
Paul VI. 230f, 305
Paulos von Samosata 114, 173
Paulus, Apostel 39, 108, 111,
    113, 115f, 127–130, 153, 157,
    162f, 191, 194–197, 206, 211,
    216, 221, 239, 244, 263, 294f,
    298, 302
Pelagius 133
Petrus 114, 208–210, 239f, 262
Philipp IV. 212
Pico della Mirandola 15
Pippin 88
Pius V. 226
Pius IX. 207
Platon 21, 33, 177
Priskilla 167

Reimarus 253
Ritschl 141
Rousseau 272f, 283

Sabellius 173
Salomo 78, 156, 234, 250
Schenkel 252
Schlegel 68
Schleiermacher 49, 122–124,
    144–146, 187–189

Schwenckfeld 169
Semler 248
Siddartha s. Buddha
Simon 248
Sokrates 21, 143
Spencer 29

Tertullianus 134, 167, 171,
    198, 243
Thales 19
Theodora 236
Theodosius I. 87, 176, 198,
    264
Theophilos 236
Thomas von Aquin 265
Tylor 51

Urban II. 268
Uthman 94

Van Gennep 63
Vitoria 266

Weber 53
Weiße 251
Wilke 251
Williams 282
Wulfila 175

Xenophanes 32

Zinzendorf 200
Zwingli 225

Sachregister

Das Sachregister gibt nur diejenigen Themen und Begriffe an, deren Vorkommen und Ort aus dem Inhaltsverzeichnis nicht ersichtlich sind.

Ablasshandel 158f
Abstammungsgemeinschaft 4, 62, 97, 278f
Adoptianismus 114
Altes Testament 90f, 109, 112, 117, 127, 150, 161, 191, 233f, 237, 242, 244, 248f, 258, 269, 277, 292
Anachoretentum 202
Angst 142
Animismus 51
Anthropogonie 149f
Apostelkonzil 162, 194
Arbeit 298
Arianismus 173–175
Aufklärung 2f, 7, 9f, 12f, 16, 18f, 26, 28, 31, 39, 49, 89, 99, 122f, 140, 152, 200, 213, 248, 257, 276, 280, 291
Augsburger Bekenntnis 159
Augsburger Religionsfriede 287f
Autonomie 10, 18, 153

Beschneidung 79, 82f, 95f
Bibel, Christliche 97, 121, 136, 169, 206, 210, 234, 236, 238, 245–247, 253, 292
–, Jüdische 76, 81, 97, 241f, 244, 293
Bilderstreit, Byzantinischer 234–236
Bilderverbot 156, 231–233, 279
Bilderverehrung 231–236

Chronologie 249–251
clausula Petri 210f, 287

dharma 70
Dialektische Theologie 39
Differenzkriterium 101

Entzauberung 24
Ergriffenheit 48
Erleben 53
Erwerbswirtschaft 24f
Exklusivismus 301

Feste, Islamische 97f
–, Jüdische 82–85
Filioque 176f
Formkritik 252

Gemeindekirchen 238f
Gewissen 15f, 157f
Gewissensfreiheit 158, 283f, 286f, 289f
Glaubensbekenntnis 91, 107, 121, 176, 192, 197–199, 204, 223, 243
Gottebenbildlichkeit 15, 278–280, 305
Gottvergessenheit 145

Henotheismus 50, 70, 77
Höhlenbilder 232

Idiomenlehre 118

Sachregister

Initiation 63, 70, 82, 219–221
Inkarnation 116f
Inklusivismus 301f
Investiturstreit 212, 269

Jainismus 69

Kalender, Christlicher 89f
–, Islamischer 97
–, Jüdischer 83, 151
Kanon 81, 101, 168, 197, 201, 205, 242–248
Karma 71f, 75
Kaste 69–74
Katholizismus 9, 56, 88f, 117, 176, 198–200, 204, 207, 219, 223, 244, 248
Konfessionskirchen 2f, 10f, 49f, 89, 149, 158, 160, 200, 207, 216f, 220, 222–224, 227, 229f, 276, 291, 306
Konfessionskriege 18, 25, 31, 257, 271f, 281
Konkomitanzlehre 225
Koinobitentum 202
Konstantinische Wende 202, 210f, 257
Konsubstantiation 119, 227
Koran 93f
Kosmogonie 150f
Kreationismus 153
Kreuzzüge 267–270

Leuenberger Konkordie 165, 218, 227
Literarkritik 251f
lutherisch 119, 121, 160, 165f, 200, 207–209, 218, 222, 224, 227, 237, 285f

Magie 51

Manichäismus 131
Massenvernichtungswaffen 274
Memorialkirchen 239
Menschensohn 107–110
Messbarkeitsstreben 22f
Mönchtum 74f, 88, 202f
Monarchianismus 172f
Monolatrie 50, 76, 78, 259
Monotheismus 38, 50f, 69, 76–79, 85, 91, 98, 103, 116, 147, 149f, 172f
Montanismus 167f
Mündigkeit 41
Mystik 40, 58

Naturrecht 19, 271, 276, 282
Neues Testament 91, 100f, 109–113, 125, 161, 168, 171, 191f, 197f, 205, 210, 223, 231, 242, 244, 248f, 252, 257, 263, 271, 277, 293f

Offenbarung 40, 58f
Ostern 90, 162

Parusieerwartung 86f, 193f
Pelagianismus 131, 134
Pfingsten 90
Pluralismus 301
Polytheismus 50
Prädestination 53, 93, 164–167, 227
Präexistenz 108, 114, 116, 172
Priestertum 209, 217, 228–231
Protestantismus 17f, 89, 206, 246f, 274

Reformation 7, 12, 16, 31, 48, 89, 118, 155, 157f, 160, 203, 206, 208f, 215, 224,

227, 229, 231, 237, 240f,
247, 283, 286–288, 298
reformiert 53, 119, 121, 160,
165, 207, 209–211, 218,
224f, 227 238, 288
Religion, Natürliche 47f
Religionstoleranz 285f
Religionszugehörigkeit 56
Reliquienverehrung 240

Sabbat 79, 83, 90f, 103, 108,
156f
Sakramentenlehre 218f
Satisfaktionslehre 135–141
Satzpostulat 20
Schriftprinzip 245, 247f
Schriftsinn 242f, 245
Selbstbestimmung 15
Sinngebung 53
Sinnsystem 65
Summepiskopat 207f

Taufe Jesu 113f
Textkritik 248–251
Tora 76, 79, 81–84, 86, 94,
107, 156f, 194
Totemismus 52f
Transsubstantiationslehre 225f

Ubiquitätslehre 119, 227
Übergangsriten 63
Überprüfbarkeitspostulat 20
Unabhängigkeitspostulat 20

Veden 68
Verstehbarkeitskriterium 102
Vertrautheitsunterbrechung 58
Verzweiflung 142f

Wallfahrten 70, 85, 267, 270
Weihnachten 90
Westfälischer Friede 288
Widerfahrnis 57
Wirklichkeitserschließung 47
Wissenschaft 4, 6, 10, 13, 18–
33, 37, 44–55, 68, 101, 122,
148f, 152f, 171f, 177f, 182,
248

Zweifel 21, 180
Zweinaturenlehre 117–122
Zweiregimentelehre 213f
Zweiquellentheorie 251

www.ingramcontent.com/pod-product-compliance
Lightning Source LLC
Chambersburg PA
CBHW051207300426
44116CB00006B/457